リーガル・リサーチ

LEGAL RESEARCH

第5版

いしかわまりこ
藤井康子
村井のり子
········ 著 ········

指宿 信
齊藤正彰
········ 監修 ········

日本評論社

第1版まえがき

　どのような分野でも、学習を深めようとするならば、過去の文献、資料を適切に選び、数多く読むことが基本です。法学分野の学習では、法令集、判例集、議会議事録などを手にしたり研究論文や図書を読む機会が多いことでしょう。文献、資料の有無を調査し収集することをリサーチといい、法学分野でのリサーチを特に、リーガル・リサーチと呼びます。資料（図書、雑誌、データベース、インターネットコンテンツ）にどのような特徴があるか、資料はどこにあるのか（図書館や書店、データベース、インターネット）について理解しておくと、適切な資料へ早くたどりつくことができます。また、法学分野に不可欠な法令集、判例集などの資料を探すためのツールについて知ると、リーガル・リサーチに必要充分な資料を効率よく入手できるようになります。

　本書のねらいは、リーガル・リサーチを、初めての人にも理解していただけるよう、わかりやすく解説することにあります。
　第 I 部「リサーチの方法」では、リサーチとは何か、リサーチに必要な基礎知識として資料の特性やそのありかを内容と形態から解説し、リサーチの方法と手順について紹介しています。じっくり読んでリサーチの基礎を理解してください。
　第 II 部以降の「法令を調べる」、「判例を調べる」、「文献を調べる」では、リーガル・リサーチで重要な法令集、判例集、論文集についての基本的な知識と具体的な資料やリサーチツール（辞典、事典、目録、索引、データベース）を紹介しています。リサーチを始める前や、どの資料によるべきか迷った場合などに、事典をひくように利用してください。
　本書には、リーガル・リサーチの事典としても使っていただけるよう、事項、資料名、ツール名からひくことのできる索引を付けています。マーカーを使ったり、所蔵場所を書きこんだりして、読者自身のリサーチハンドブックに作り変えていただき、六法と一緒にキャンパスを持ち歩いてもらえれば、著者としてうれしく思います。

さいごに、著者は、法学分野の資料を専門に取扱い、大学図書館（室）での
さまざまなリサーチのアドバイス経験に基づいて本書の構想を練ってきま
したが、多くの助言をいただいて書き上げることができました。監修をして
いただきました指宿信先生、井田良先生、山野目章夫先生、夏井高人先生を
はじめ、要所に助言をくださいました山本順一先生（筑波大学）、藤原静雄
先生（國學院大學）、町村泰貴先生（亜細亜大学）、岩隈道洋さん（中央大学）、
山田雅子さん（慶應義塾大学日吉メディアセンター）に篤くお礼を申し上げ
ます。

　　2003年2月

　　　　　　　　　　　　　　　いしかわまりこ・藤井康子・村井のり子

第5版へのまえがき

　昨今の大学の教育方法を俯瞰してみると、教室の枠の中で教師から学生に対する一方向の講義に加えて、学生たちに主体的に学ばせる教育方法——自主的にテーマを発掘し、リサーチし、議論し、結論を導き出すといったアクティブラーニング（能動的学修）——を取入れている学部、大学院が増えているようです。その際に必要とされるのは課題発掘能力であり、リサーチ力であり、互いに議論を深めることができる共同作業能力です。図書館もカウンターで本を貸し出すだけではなく、リサーチやレポート作成、ゼミナール形式の共同作業を実現できるラーニングコモンズの場所を積極的に提供するようになっています。そして社会では、司法制度改革により誕生した法科大学院で学んだ人たちが法曹界、政界、ビジネス界そのほかの分野で活躍を始めています。新しい教育実践を受けた人たちの頼もしい台頭です。

　この本は2003年の初版刊行以来、初学者を含む法情報を調べる人たちへの手助けとなるよう"できるだけわかりやすい表現をする""資料やデータベースは網羅的に収集する"をモットーに執筆してきました。初版から13年目となるこの第5版では、あらたに監修に加わっていただいた齊藤正彰先生のご助言のもと、大学の教育方法や実務社会に呼応した内容をめざして、見直しをし、大幅な書き直しをしました。

　読者の皆様方が、ご自身のご関心、目的、方法に相応した効率的なリサーチを進めるにあたって、この本が役に立つことを心より念じております。

　最新情報の収集については、國學院大学の小澤直子講師、スタッフの方たちにお世話になりました。篤くお礼を申し上げます。

　2016年3月

いしかわまりこ・藤井康子・村井のり子

凡　例

　本書で紹介する資料（図書、雑誌、新聞）やデータベース等は、法学部の
ある大学図書館、法学部や法科大学院図書室・資料室に所蔵されていると思
われるタイトルを選びました。それら資料の書誌については、以下のように
表記します。

『掲載資料タイトル』（著・編者、出版社、出版年）

なお、雑誌など継続して刊行されている資料については、

「論文タイトル」（著者）掲載資料名　巻号（出版年）頁

「データベース名」（作成者、販売者）

「ウェブサイト名」（作成者）URL

　出版年や収録内容年については、西暦の順番で記しています。ただし、判
例の判決等言渡しや法令公布等は元号で表記されているため、第Ⅱ部「法令
を調べる」、第Ⅲ部「判例を調べる」では、適宜、元号を優先した表記にし
ています。

　印刷体およびデジタル資料は、2015年12月までに刊行された資料を取り上
げました。継続して刊行されている資料の書誌的事項は、2015年12月現在の
最新号にもとづいて記しています。

　インターネット上のコンテンツ（テキスト内容）を示す場合、ホームペー
ジ、ＷＷＷ、ウェブサイト、URL などさまざまな表現がありますが、本書
では、ウェブサイト、ウェブページ、URL と記しています。ウェブサイト
はファイル全体、またはトップページを指し、その一部について言及する際
にはウェブページと記しています。

　ウェブサイトは、2015年12月を基準に、内容を確認して記しました。

情報の変更などのフォローについて

　日本評論社のウェブサイト（https://www.nippyo.co.jp/）に本書『リーガ
ル・リサーチ』のページを設け、本書で紹介する URL へのリンクを設けま
す。また、本書刊行後それらの変更も随時行う予定です。

LEGAL RESEARCH

目　次

リーガル・リサーチ

3. 法令を探す

3. 判例を探す　　　　　　　　　　　　　　　　　　212

5. 法曹業務のためのハンドブック・ガイドブック　　385

1. リーガル・リサーチの基礎知識

1.1 リーガル・リサーチとは

　課題についてレポートを書いたり、問題解決をするために調べものをする。そのような機会は決して少なくないでしょう。説得力のあるレポートや報告書作りをしようとすれば、事実関係や関連する事柄についての資料を探し、文献を読み、それらを自分の考えのよりどころや裏づけとしながら、論理的に結論を導くことが求められます。分野を問わず、こうした一連の作業のことを、リサーチ（research）といいます。

　たとえば、教科書に「憲法13条」とある場合に、実際に六法を開いて、憲法13条の条文を確認する、これもリサーチの1つです。しかし、リサーチには多様な広がりと深さがあります。それは、リサーチの目的によって、どの範囲の資料をどれだけ調べる必要があるか、ということと密接に関係しています。

　「法令」の条文を調べるという場合、六法の条文を読むだけでは十分理解できないことがあります。条文やその法令自体がどのような趣旨で定められているのか、どのような政策や立法事実を背景に定められたのか、また詳細を定める下位の法令（政令、府省令、規則など）とその規定や、関連する別の法律として何法の何条があるのか調べる必要にせまられることがあるでしょう。さらにその法令に明示されていない事柄について、どのように考えるべきか知りたい場合もあるでしょう。

　そのように、ふみこんだリサーチには、多種多様な資料が必要です。

　「法令」がどのような趣旨で作られ、国会で議論されたかについては、国会会議録を利用します。国会に法案提出される以前には審議会が設けられた場合もあり、その審議会議事録資料も参考になります。

　「判例」は、現実に起こった事件について、裁判所が法令をどのように解釈し、適用しているかを示しています。

　「文献」によれば、法律の制定趣旨や解釈、判例についての解説や考え方、そして事件の背後にあった社会的事実などをさまざまな書き手から知ること

図1−1　法令・判例・文献の関係

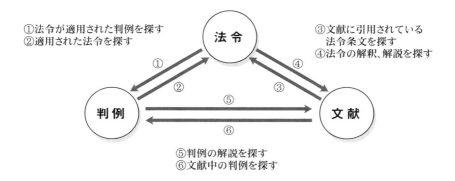

ができます。文献には論文、研究書、体系書、教科書、また、ある法律を一条文ごとに解説しているコンメンタール、専門用語の定義などことばの意味を知る辞典、事実を知るための新聞、統計、白書などがあります。

　法令、判例、文献を主たる資料とするリサーチをリーガル・リサーチ（legal research）といいます。

1.2　リーガル・リサーチの第一歩

　リーガル・リサーチは、まず「何を明らかにしたいか」をはっきりさせることから始めます。そして、情報を集め整理する段階で、法令・判例・文献の間を、図1-1のように行き来することにより、相互関連的に、理解を深めていきます。

　これらの法令・判例・文献を行き来する過程で、必要とする法令・判例・文献資料のタイトル、著者（編者）、出版社、出版年月、掲載誌、掲載ページ、URLなどの資料や情報を特定する事項を明らかにし、それらを手がかりに、その資料・情報がどこにあるのか所在を調べ、入手へと進みます。

　それでは、法令や判例、文献を探すには具体的にどのような方法があるのでしょうか。本書では、リーガル・リサーチの第一歩として、法律学で必要とされる資料とその探し方を紹介します。

図1−2　リサーチMAP

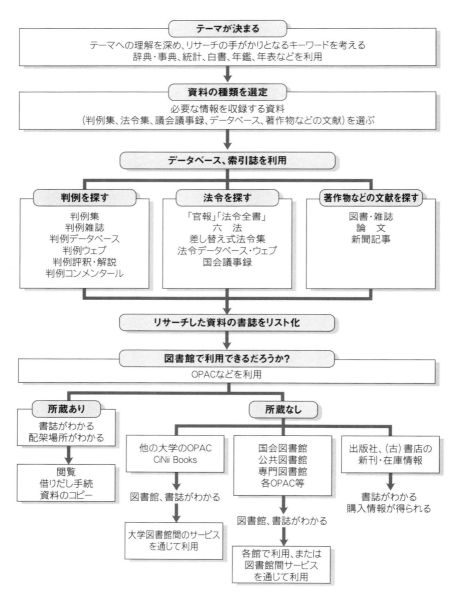

テーマが決まる
テーマへの理解を深め、リサーチの手がかりとなるキーワードを考える
辞典・事典、統計、白書、年鑑、年表などを利用

資料の種類を選定
必要な情報を収録する資料
（判例集、法令集、議会議事録、データベース、著作物などの文献）を選ぶ

データベース、索引誌を利用

判例を探す
判例集
判例雑誌
判例データベース
判例ウェブ
判例評釈・解説
判例コンメンタール

法令を探す
「官報」「法令全書」
六　法
差し替え式法令集
法令データベース・ウェブ
国会議事録

著作物などの文献を探す
図書・雑誌
論　文
新聞記事

リサーチした資料の書誌をリスト化

図書館で利用できるだろうか？
OPACなどを利用

所蔵あり
書誌がわかる
配架場所がわかる

閲覧
借りだし手続
資料のコピー

所蔵なし

他の大学のOPAC
CiNii Books

図書館、書誌がわかる

大学図書館間のサービス
を通じて利用

国会図書館
公共図書館
専門図書館
各OPAC等

図書館、書誌がわかる

各館で利用、または
図書館間サービス
を通じて利用

出版社、（古）書店の
新刊・在庫情報

書誌がわかる
購入情報が得られる

本書は、「第Ⅰ部　リサーチの方法」で、適切なリサーチを実現する基礎知識を紹介します。そして、リサーチする資料は内容別に、法令集、判例集、文献に大きく分けることができますので、第Ⅱ部以降でそれぞれの特徴を紹介をしましょう。

まず、図1-2のリサーチMAPをごらんください。そしてリーガル・リサーチのイメージをつかみましょう。

1.3　適切なリサーチのために

どのような資料があるのか？　めざす情報はどこにあるのか？　データベースやインターネットはどのように使ったらよいのか？

ここでは、これらの問いに答えるため、リサーチの基礎知識を解説します。

1.3.1　資料の種類と特徴

法分野の資料には、図書（研究書、教科書、論文集などの書籍）、雑誌のほか速報性にすぐれている点で重要な新聞やインターネット上のテキスト、画像など、さまざまな形態があります。各形態の特徴について知っておきましょう。

特徴を知ると、図書を選んだらよいのか、雑誌のほうがよいのかなど、そのときどきの課題・問題にあった資料選びができるようになります。

1.3.2　リサーチの強力なツール、索引データベースと目録データベース

本書の巻末には索引を付けています。ABC、五十音順にことばが並んでいますが、これは文中にでてくることばで、その右に主たる解説ページを示しています。つまり索引は、ある記述がこの本のどこにあるか、探しやすい順にことばを並べ、解説に至れるようにしています。

①索引　目的とする対象を特定します。

本書がリーガル・リサーチで利用をすすめる索引は、図書の巻末にみられるような特定の資料の本文中の記述を探すものではなく、より広く法令、判例、文献にせまることができる索引データベース（以下DBと略すことがある）です。法令索引DBには、これまでに公布された法令の題名すべてを一覧させるものがあり、判例DBには適用した法令からどのような裁判があっ

たかを一覧させるものがあります。また、文献索引 DB は、どのような著作があるか論文等の書誌的事項（資料を特定するためのデータである図書の題名、著者名、出版年、出版者（社）情報。雑誌に掲載された論文や記事については、論文名、著者名、掲載誌名、掲載巻・号・ページ、出版年など）を示してくれます。

たとえば、教科書の引用でみつけた論文を探す際、論文名と著者名しか記載がなく論文を収録している図書や雑誌題名が明示されていない場合があります。そのような時でも、文献索引 DB（例「法律判例文献情報」）を使い、著者名から論文検索をすれば、論文がどのような題名の図書または雑誌の何号、何ページに載っているかを確認できます。そして同時に同じ著者のもっと新しい論文も発見できるかもしれませんし、さらに、論文の主題から検索し直せば、同主題の別の研究者の論文の発見につなげられます。このような文献索引 DB を利用すれば、広く、深く対象に接近することが可能になるのです。

②**目録**　特定した資料の物理的所在を明らかにします。

索引で、どの資料（判例集、図書、雑誌など）に収録されているかわかれば、次にはその情報をもとに蔵書目録 DB（OPAC）（オパック）を利用します。

蔵書目録 DB（OPAC）（Online Public Access Catalog）は、図書館の蔵書を調べるもので、その仕様は図書館によって異なります。書名・雑誌名、著者名などの書誌的事項の一部や、件名（主題を表すことば）など、さまざまな項目から検索ができ、どのような資料を所蔵しているか、各資料の書誌的事項と請求記号—1などを表示します。請求記号の一部には、各資料をそのテーマにそって分類した番号〔→ p.25〕が付けられています。資料の配架は、分類番号順になっていますので、請求記号を読むことによって目的の資

1—**請求記号**　図書館で資料を識別するために、資料1点1点につけられる番号・記号です。資料の見やすい位置に請求番号を付したラベルを貼り、OPAC に示される請求記号と資料の同定ができるようにしています。分類番号や記号は資料のテーマ（主題、分野）による分類〔→ p.25〕、書棚上の位置を示しています。請求番号は、図書館によって付け方が異なりますので、利用図書館の請求記号ルールを確かめましょう。

料に至ることができます。

　各館 OPAC〔→ p.27，p.306〕の他、所蔵図書館を横断検索できる CiNii Books〔→ p.308〕、カーリル〔→ p.316〕で、その所蔵館をつきとめ、貸出を受けたりコピーを依頼することができます。

　しかし OPAC を利用しても、『法学セミナー』という雑誌にどのような論文があるか、『日本経済新聞』にどのような記事があるかを調べることはできないのです。それらを調べるには、索引 DB を利用します。書誌的事項を調べる索引 DB と所蔵・所在を調べる目録 DB の違いを認識しましょう。

　索引 DB、目録 DB のほかに、印刷体の索引誌、目録誌もあります。これらリサーチのためのツールを利用した網羅的な検索技術を身につけましょう〔→ p.24〕。

1.3.3　資料がある場所

　資料は図書館、書店・古書店、データベース、ウェブサイト上などにあります。

(1)　図書館の種類

①**大学図書館**　研究者、学生の教育研究のために、主に学術書を収集しています。

②**専門図書館**　特定の分野、主題にもとづいて資料を収集し、利用サービスをしている図書館です。一般公開していない場合もあります。本書では、法令や判例、議会資料、政府刊行資料等を専門的に収集している図書館を以下のページで紹介しています〔→ p.133〕〔→ p.317〕。

③**公立図書館**　都道府県、東京都の特別区を含む市町村など地方公共団体の設置する図書館です。住民向けに一般資料や郷土資料を収集・提供するサービスをしていますが、市区町村立図書館が住民への貸出サービスを中心にしているのに対し、都道府県立図書館はより専門性の高い研究資料や大部な資料を収集保存し、提供しています。また、利用者の依頼にもとづく市区町村立図書館への資料貸出や資料に関する専門性の高い質問に答えるサービスなどを行って市区町村立図書館を支援し、都道府県内の資料サービスネットワークの中心的役割を果たしています。

④**国立国会図書館**　国内で発行された出版物を「納本制度ー2」により収集しており、日本で最も多く資料を所有している図書館です。納本制度は、新刊書店では入手できない非売品の図書や限定本も確実に所蔵できる大きな利点があり、国立国会図書館は情報収集において特別な役割を果たしています。収集資料の書誌的事項は、全国書誌として NDL-OPAC において速報が公開されています。

　また、国立国会図書館は、国会議員や司法・行政諸機関、国民に向け参考調査サービスをしています。国会・議員向けには、法案などの分析や国政審議に役立つ資料の提供、議案起草の支援サービスを行い、国会議事堂内に国会分館を置いています。司法・行政諸機関に対しては、最高裁判所、各府省に支部図書館を設置し支部図書館を窓口に資料の貸出、所蔵調査等のサービスを行っています。国民向けには、所蔵資料に対する質問に答えたり、専門性の高い資料の探し方などの相談にのる調査サービスをしています。質問は、直接の申し込みだけでなく、近隣の公立図書館、大学図書館を通じてもできます。また、利用登録者に対して雑誌のコピーサービスをインターネット（https://www.ndl.go.jp/jp/registration/index.html）で行っています。18歳以上の国民（日本在住の外国人も含む）ならば、誰でも利用できます。

(2) データベースとウェブサイト

　期待する結果を簡単に引き出せると考えがちですが、効率のよい検索方法を知っておきましょう。検索漏れを防いだり、適切な絞り込みをすることが可能です〔→ p.29, p.33〕。

2ー**納本制度**　国立国会図書館法（昭和23年法律第5号）24条、25条に納本制度が明示され、民間の出版物に対しても「文化財の蓄積及びその利用に資するため、発行の日から30日以内に、最良版の完全なもの一部を国立国会図書館に納入しなければならない」と定めています。官庁出版物は各府省の支部図書館経由で、地方公共団体の出版物は郵送で、商業出版物は主として（社）日本出版取次協会経由で国立国会図書館に納入されます。しかし、実態として全出版物が納本されているわけではありません。

2. リサーチの対象となる資料

　リーガル・リサーチの対象となる資料には、内容からみると法令集、判例集、また研究書、実務書、教科書など著作物である文献と、辞典や統計・白書などの参考資料、索引や目録など文献や資料の有無を示すリサーチツールがあります。形態からみると、紙に印刷された資料とデジタル資料に分けられます。これらの各特徴を覚えておくと、課題・問題に応じてどの資料を参考とすべきか、どのようなツールを使えば、資料をみつけることができるかがわかってきます。

2.1　内容別にみた資料

　本書では、法律学に関する資料を、内容の特徴から、4種類に分類し解説します。
①判例集、国・地方公共団体の法令集、国会・地方公共団体の議会議事録など、公の記録や文書
②上記以外の著作物　研究書、論文、教科書、コンメンタール（逐条解説）、新聞記事など
③参考資料　辞典・事典、統計、白書、年表、年鑑など
④論文・記事を探すための索引、資料の所在を記述している目録

2.2　形態別にみた資料

　その形態から、大きく2つに分類します。
①紙に印刷された資料　本書では、図書、雑誌、新聞に分類し、印刷体資料と表記します。
②デジタル資料　電子書籍、オフラインデータベース、オンラインデータベース、インターネット上に発信された情報などがあります。

2.3　印刷体資料

　印刷体資料には、次のようなものがあります。
①**図書**　単行本、全集、叢書、双書、差し替え式図書
②**雑誌**　学会誌、紀要、商業誌、政府・各種団体広報誌
③**新聞**　日刊紙、国・各種団体の広報・機関紙

2.3.1　図書

　図書とは、書籍・本のことです。図書の最終ページには、「奥付」が付されています。奥付に記された書誌的事項（書名や著者名・編者名・訳者名、出版社、印刷会社、発行・印刷の年月日、版数、価格等）は、資料を特定したり、文献リストの作成、論文やレポート執筆で引用する際の主要な情報源となります。初めて発行された図書は、初版といわれます。その後、印刷部数が増やされる場合がありますが、これを増刷（または、重版）といい、その回数により第二刷、第三刷といいます。増刷時には、誤植は修正されますが、原則として内容の改変はしません。その後、初版に加筆や修正をし、内容を変えて出版する場合は改版といい、その回数により第二版（新版、改訂版などといわれることもあります）、第三版といいます。増刷、改版の有無は「奥付」の初版発行年月日に続く表記によりわかります。法学分野では、法令の改正や判例の変更などに伴い改版されることが多いようで、目次の前にある前書きにその詳細が書かれていることがあり参考になります。一見すると同じ図書でも、版の違いにより内容が大きく異なっていることがあるのは注意すべき点です。図書の特定や引用をする場合には、どの版にもとづいているのか、版数の表示をすることが重要なのです。価格については、現在はカバーに表記されるのが一般的です。奥付は日本の図書にみられる特徴的なもので、旧憲法時代の出版法の規定が今なおひきつがれ、付されているものです。海外の出版物の多くは、書誌的事項をタイトルページの裏に記しています。

〔奥付の例〕
　　伊藤真の民法入門　第5版

●──1997年 5 月15日　第 1 版第 1 刷発行
　　　　2000年 7 月 5 日　第 2 版第 1 刷発行
　　　　2005年 4 月10日　第 3 版第 1 刷発行
　　　　2009年12月20日　第 4 版第 1 刷発行
　　　　2014年 6 月20日　第 5 版第 1 刷発行

著　者　伊藤　真
発行者　串崎　浩
発行所　株式会社　日本評論社
　　　　〒170-8474　東京都豊島区南大塚3-12-4
印刷所　精文堂印刷株式会社
製本所　株式会社難波製本
《以下、省略》

(1) 単行本

　全集や叢書などに対して、単独で発行される図書のことをいいます。単行本には小説やノンフィクションがありますが、リーガル・リサーチの対象となる法律学の単行本には、研究者などが執筆する特定テーマを掘り下げて論じたもの（研究書）や、特定分野の法（たとえば憲法）の全体像や論点について記述しているもの（概説書・体系書）、大学の講義で使われる教科書、法務に携わってきた人などが執筆し実践にすぐにも役立つ実務書などがあります。

(2) 全集、選集

　特定の分野やテーマ、個人などの論文を編集しています。たとえば、末弘厳太郎著『末弘著作集』（日本評論社、1952年）があります。

(3) 叢書、双書、講座

　特定の、または関連するテーマのもとに、シリーズとして編集され、継続的に刊行されます。

(4) 差し替え式図書（加除式図書、ルーズリーフ式図書ともいう）

　その形態から差し替え式と呼ばれていますが、図書といいながら、それぞれのページは、ひもで綴じられたり、バインダー式になっています。内容の追加、削除、書き換えなど変更のあるページだけを新たに印刷し、変更のあったページを取り除き新しい印刷ページ（追録）を台本（基本となる部分）に加えます。この差し替え作業（または加除作業）によって最新の内容を保つことができます。差し替え作業は追録発行後、適宜行われ、巻頭などに作業の記録が付されています。法令集〔→ p.80〕や判例要旨集〔→ p.227〕にみられます。このような形態は、法律分野に特徴的で、日本ばかりでなく海外にも広くみられます。

2.3.2　雑誌

　雑誌は終刊を予定せず継続的に発刊される出版物で、論文や記事を収録しています。出版までに時間のかかる図書よりも、速報性がある点に特徴があります。法改正や時事的な問題を調査する際には、チェックすべき資料です。年刊、半年刊、季刊、隔月刊、月刊、旬刊、週刊などの定期刊行雑誌と、不定期に刊行されるものがあります。

　図書館等では、一定の期間経過後、半年・1 年分をまとめて製本して、保存しています。保存に耐える表紙が付けられ、外見が変わりますので、注意しましょう。なお、図書館によっては、雑誌と新聞等をあわせ「逐次刊行物」と表示している場合もあります。

(1)　雑誌の巻号表示

　雑誌には、必ず「巻号」表示が付けられています。たとえば、月刊の場合1 年間を「巻」で表し、各月分を「1 号〜 12号」などとします。また、創刊号を 1 号として通し号数が付けられる雑誌もあります。巻号、通し号数については、〔→ p.360〕も参照してください。

(2)　法律雑誌の種類

　法律学に関する雑誌はおおよそ以下のように種類分けできます。
①学会・学術団体などが発行する研究報告誌、学会誌　学会は、研究者（学者）を中心に組織される団体で、定期的に研究大会を開催し、学会員の研究

成果の発表やそれに対する検討、議論、交流を行っています。日本公法学会、日本私法学会、日本刑法学会のような大きな学会から、専門領域をしぼった学会、法律学以外の学問領域と交流する学際的な学会までさまざまです。学会誌は、前年研究大会の報告や会員の寄稿、公募による論文などを掲載しています。以下に2、3のタイトルをあげますが、詳しくは、〔→ p.237, p.331〕を参照してください。

『憲法問題』（全国憲法研究会編、三省堂）

『私法』（日本私法学会、有斐閣）

『刑法雑誌』（日本刑法学会、有斐閣）

②大学・大学院・研究所などが発行する紀要　大学や学部が、研究発表を目的に発行しています。法学系以外の社会科学系、人文科学系学部で発行される紀要にも法学に関連性のある論文が掲載されることがあります。

③書店で購入できる雑誌　判例を主に掲載するもの：『判例時報』『判例タイムズ』『労働判例』『金融・商事判例』など。

　　各法分野の論文を掲載するもの：『法律時報』『ジュリスト』『法学セミナー』『法学教室』など。

　　特定分野の論文を掲載するもの：『旬刊商事法務』『知的財産法研究』『国際商事法務』など。

④最高裁判所・国会・国の行政機関・地方公共団体などが編集・発行する雑誌　最高裁判所が発行する判例集、判例索引や国立国会図書館が発行する雑誌、各機関の広報を収録・掲載する雑誌があります。各府省・政府関係機関発行の雑誌タイトルを知りたい場合は、全国官報販売協同組合の「雑誌定期購読」サイト https://www.gov-book.or.jp/magazine/index.php をみてみましょう。

⑤法学関係以外の雑誌　総合雑誌（ex.『文藝春秋』『中央公論』『世界』など）や、ビジネス雑誌（ex.『週刊ダイヤモンド』『週刊東洋経済』『エコノミスト』『日経ビジネス』など）にも、法に関係した記事、論文が掲載される場合があります。

　　また、政党が発行する雑誌や企業の広報誌などに法律にかかわる記事が載ることがあります。

2.3.3　新聞

　新聞社が発行する日刊紙、国・行政機関・政党・各種団体の発行する機関紙等があります。発行頻度により、日刊、週刊、旬刊、月刊等があります。なお、図書館によっては、雑誌と新聞等をあわせ「逐次刊行物」と表示している場合もあります。

(1) 日刊紙

　カバーするエリアにより、全国紙、ブロック紙（首都圏、中京圏、近畿圏など）、地方紙（一般に都道府県単位）に分けられます。また、同じ日付でも版数—3によって、内容・構成が異なる場合があります。法律関係では、新制定法・改正法の解説や、国会における審議の進行状況や内容、注目される裁判の予定や結果、判決の要旨、それらに対する識者の意見、コメント等が載ります。全国紙の地方版やブロック紙、各地方紙では、地方公共団体の議会、条例・規則や地方裁判所のニュースを載せることがあります。

(2) 国・各種団体の発行する新聞・機関紙

　国が発行する代表的な機関紙として『官報』〔→ p.69〕があります。また、司法関係では最高裁判所が発行する『裁判所時報』、そのほか『日弁連新聞』、各地弁護士会新聞、各種団体、政党が発行する新聞・機関紙があります。

　どのような新聞があるかについては、『雑誌新聞総かたろぐ』『日本新聞年鑑』で調べられます。

2.3.4　印刷体資料の保存

(1) マイクロフィルム・マイクロフィッシュ

　印刷体資料で稀少な資料や劣化が心配される資料、保存に場所をとる資料

3—**新聞の版数**　新聞は、同じ日付のものでも、版や発行ブロックの違いがあり、紙面構成は全国必ずしも同じではありません。全国紙では、発行地域と輸送の時間により、複数の締め切り時間を設けていたり、地域によって内容・構成に違いがある場合があります。紙面の一番上に、日付・曜日・号数と並んで数字で「何版」と表示されているのが版数です。縮刷版〔→ p.380〕は、本社のある地域の最終発行版をもとにつくられていることが多いようです。新聞記事の引用の際には、注意します。

について、写真に撮影して利用に供するものがあり、その形式⎯4により、マイクロフィルム、マイクロフィッシュと呼ばれています。リーダー機で拡大閲覧でき、コピーもできます。資料の復刻（覆刻）⎯5に利用される場合のほか、新聞や学位論文などに多い保存形式で、法学分野では後述する官報、法令全書、議会資料などがマイクロ化されている例があります。

(2) オンデマンド出版

on demand「必要なものを求めに応じて」という意味から転じて、従来の出版のようにあらかじめ大量の部数を作らず、注文に応じて印刷・製本して届けるしくみの出版です。1冊当たりの価格は一般の出版物よりも高くなりますが、法律のように専門性の高い分野につきものの、品切れや絶版による資料の入手困難を解決し、将来にわたり安定的に提供される手段です。このしくみで復刻された資料が、書店のインターネットウェブサイトで検索できたり、書店で販売されていることがあります。

2.4　デジタル資料

わたしたちは、パーソナルコンピュータ（以下 PC と略す）を日常的に利用していますが、コンピュータで作成したり、再生しているテキスト（文字情報）、音楽、画像や写真などは、デジタルテキスト、デジタル音楽、デジタル画像やデジタル写真と呼ばれています。これらは文字コードによって記され、電子機器に記録でき、再生できます。本書では、これらを総称してデジタル資料といいます。リーガル・リサーチが対象とするのはおもにテキストですが、PC 以外にも、携帯電話、スマートフォン⎯6、タブレットコンピュータ⎯7などで閲覧でき、ハードディスク、CD-ROM、DVD-ROM、ネッ

4⎯**マイクロフィルムの形**　マイクロフィルムはその幅により、16、35、70ミリ幅があり、オープンリールまたはカートリッジに収められています。フィッシュは、シート状のフィルムに複数ページを焼き付けた形態です。ネガフィルム形式とポジフィルム形式があります。

5⎯**復刻（覆刻）**　絶版になっている書籍など、かつて印刷されたときの版がすでに失われている場合に、複製を作成することを復刻といい、この複製本を復刻本といいます。

トワークサーバー、その他 USB メモリースティックなどによってデータの
コピー、交換が簡単にできます。また、検索ソフトを使うことによって、膨
大なデータの中から必要な部分を短時間に探しだせる点、リンクにより関連
情報との行き来を可能にしている点が印刷体資料との大きな違いです。リス
ト化、並べ替え、プリントアウト、別媒体への保存、編集加工も容易です。
　次項以下で、電子書籍、データベース、インターネットウェブサイトを概
観してみましょう。

2.4.1　電子書籍

　資料には、形態からみると紙に印刷された資料とデジタル資料があると述
べました〔→ p.9〕が、電子書籍は、デジタル資料のひとつとしてネットワ
ークからダウンロードしたり、あるいは ID を取得して当該電子書籍所在先
にアクセスして閲覧するもので、有料・無料の書籍があります。閲覧は、
PC、タブレットコンピュータのほか専用端末として電子書籍リーダー、ス
マートフォン、携帯電話で可能なものなどがあります。印刷体書籍をデジタ
ルに作り換えたもの、あるいははじめから電子書籍として作られたものがあ
りますが、デジタルならではの検索機能やリンクを用いているものが多く、
動画、音などを取り込んでいるものもあります。法律分野でも、電子書籍の
販売を始めている出版社があり、点数が増えています。インターネットの電
子書店サイトに入り、キーワードに「電子書籍」を含めて検索すると、多く
の電子書籍、六法がヒットし、購入ができます。

6―**スマートフォン**　通常の携帯電話より容量が大きくアプリケーション
　ソフトのインストールができる点が大きく異なり、Word、Excel や
　PDF ソフトなどが利用でき PC に近い機能をもつ。操作は、画面を
　直接タッチしたり、入力用ペンを用いる。異なる OS（AndoroidOS、
　BlackberryOS、iOS、WindowsPhone など）の製品があり、中にはオ
　ープンソースをベースとしたソフトをインストールできるものがある。

7―**タブレットコンピュータ**　板状のディスプレーから成る。操作は、画
　面を直接タッチしたり、入力用ペンを用いる。スケジュール管理や文
　書作成ができるが、おもにはネットワークからダウンロードしたソフ
　ト の 再 生 を 中 心 と す る 機 器。異 な る OS（AndoroidOS、
　BlackberryOS、iOS など）の製品があり、中にはオープンソースを
　ベースとしたソフトをインストールできるものがある。

2.4.2　データベース

　データを集めて統合し、必要に応じて特定のデータやその一部を取り出せる形態のものをいいます。図書、雑誌や新聞、法令集や判例集、辞典・事典は、それ自体データの集積ですが、それらの内容を有機的に検索できるしくみをもっています。

　DB を利用した検索は、手軽で万能だと思われるかもしれませんが、過去のすべての資料がデジタル化されているわけではない点に注意を要します。いずれの DB を利用する場合にも、データの更新頻度や採録の対象、いつの内容にもとづいているか（内容現在）〔→ p.80〕を確認することが重要です。

　DB は、さまざまな媒体で提供されています。本書でとりあげる DB のほとんどは、ネットワークに接続しているオンライン DB ですが、ネットワークに接続せず、CD-ROM、DVD-ROM やメモリースティックで提供されているオフライン DB もあります。また、DB には有料のものと、インターネット上で無料公開されているものがあります。有料 DB については、大学や大学図書館、公立図書館、会社などの機関、団体があらかじめ作成元や提供元と契約を結ぶ形態が主流で、法分野で個人が利用料金を個別に支払う課金形態の DB はほとんどありません。所属機関や利用する図書館によって契約している有料 DB は異なりますので、利用できる DB とその内容を確認しておくことがリサーチへの近道です。

(1)　オンラインデータベース

　プロバイダー、DB 作成・提供機関のサーバー、ホストコンピュータに接続して利用する DB を指します。ウェブブラウザーソフト上で利用できる形態が一般的です。ゲートウェイ[8]でネットワークがさらに広がります。

　有料／無料いずれのサービスもありますが、有料 DB では、あらかじめ作

8―ゲートウェイ　接続しているホストコンピュータを経由して別のホストに接続し、他のネットワークからの DB 利用を可能にしている方式をいいます。たとえば、G-Search という DB は、DB の一部がG-Search を契約する会員のほかに @nifty、so-net、BIGLOBE などのウェブサイトにゲートウェイされ、各プロバイダー契約者に提供されています。

成元や提供元と契約を結ぶ形態が中心です。最新情報をより早く提供することが商品価値のひとつでもあるために、週、日、時間単位でデータが更新されるDBがあります。有料、無料を問わず採録の対象、更新頻度、作成経緯などを確認することは製品信頼の上で重要です。

　有料DBには、法令のDB、判例のDB、文献を探すための索引DBなど単体のDBがある一方、それらを統合し、法令・判例・文献をシームレスに検索できるようにした統合型DBがあります。

(2)　オフラインデータベース

　CD-ROM、DVD-ROM、メモリースティックに収められたDBがあります。

『〔電子版〕現行法規』（CD-ROM）

『模範六法』（CD-ROM）

『大審院判決録判例集閲覧システム』（CD-ROM）

『現代法律百科大事典』（CD-ROM）

雑誌『判例百選』『ジュリスト』『労働判例』（DVD-ROM）

『法律新聞』（DVD-ROM）

『法律学全集』（DVD-ROM）

『D1-Law nano 法令 COMPLETE』『D1-Law nano 判例20000』（メモリースティック）

2.4.3　インターネットウェブサイト

　利点は、ネットワークにつながる環境にあれば、情報を有する機関、個人などから、時間・場所を問わず、発信される情報の収集を可能にしている点です。一方、欠点としてはひとたびアップロードされた情報も予告なしに削除されることがある点、書き手は必ずしも特定できず（なりすましによる発信）、またいつ書かれて発信されたものかの検証が困難な場合がある点です。リーガル・リサーチに使えるサイトを以下の分類にそって概観してみましょう。

　1　ウェブ情報（政府や各種団体が開設するサイト）

　2　ウェブ・ブログ情報（企業・個人が開設するサイト）

　3　知的集積情報＝機関リポジトリ

　4　書き込みをして作り上げていく情報＝ Wikipedia

(1) ウェブ情報（政府や各種団体が開設するサイト）

①内閣・諸官庁　行政府は、各所管府省がウェブサイトを公開しています。法令の条文そのものから法案・審議会情報など立法に関する情報、また通達やガイドラインなど、法令に準ずる情報や施策などを公開しています。総務省が作る「電子政府の総合窓口」サイトを入り口に、情報のありかをリンクからたどり、入手することができます。所管府省の諸情報、統計、白書、「法令データ提供システム」という無料公開法令DBがあります。

②国会　立法府は、衆議院、参議院、国立国会図書館がそれぞれウェブサイトを公開しています。衆・参議院サイトには、国会審議にかけられる法律案やその修正案などがあり、DB「国会会議録検索システム」（無料公開）では検索をしながら本・委員会議録を読み、審議状況を知ることができます。また、国立国会図書館が編集する「日本法令索引」は、全法令の制定・改正を追跡することのできる索引DB（無料公開）ですが、会議録における発言と法令索引のデータがリンクされ、法令名から審議記録を検索することが容易になっています。国会での審議は映像記録としても「衆議院TV」「参議院インターネット審議中継」として残されています。その他、国立国会図書館は納本制度により、どの図書館よりも網羅的な資料収集をしていますが、ウェブページNDL-OPACで文献索引DB「雑誌記事」、所蔵書籍の検索を無料公開しています。国内出版物については、どの機関が作る索引・目録よりも網羅性が高く、また週単位で情報更新されています。

③裁判所　司法府は「裁判所」サイトを公開しています。裁判例の情報は、かつては裁判所が発行する印刷体判例集のみでしたが、所蔵している図書館も限られ、休刊する判例集もあり、判例の効率よい検索が困難でした。現在では、判例DB「裁判例情報」（無料公開）で判例を検索して読むことができます。その他、最高裁判所規則集や司法統計、申立て用の書式集があります。

④地方公共団体　全都道府県の議会情報や公報、条例、規則類にアクセスすることができます。

　なお、引用をする場合には、「ウェブ上の文献の引用方法」〔→ p.42〕を参照してください。

(2) ウェブ・ブログ情報（企業・個人が開設するサイト）

　法情報に関するウェブ・ブログの書き手は、弁護士、裁判官、研究者から学生まで広範にみられます。ブログは時系列に記事が並び、関連情報へのリンクとで構成されることが特徴でもあり、書き手により社会的事件、法改正、裁判や海外の動向、ロースクール生活の雑感など、いろいろなテーマが見られます。

［例］

　「日本裁判官ネットワーク」ブログ　現職裁判官やサポーターが、裁判所ニュースや日々の出来事について、感想などを公開しています。

　https://blog.goo.ne.jp/j-j-n

「弁護士　猪野　亨のブログ」日々のニュースに対する意見、感想などを公開しています。

　http://inotoru.blog.fc2.com/

　著名な書き手によると思われるものであっても、個人が書いたとみられるインターネット上のコンテンツは、出版された資料と同等に信頼性のあるものとして扱うことはできません。理由は、著者の特定が必ずしもできないこと、出版、編集、査読等のプロセスを経ていないので信頼性が乏しいことがあげられます。そのため、個人の発信するインターネット上のコンテンツからの引用は避けたほうが良いでしょう。どうしても引用〔→ p.41〕したい、せざるをえない場合には、同じ内容の記述が出版資料の中にないかを検索・確認し印刷体資料から引用することを優先します。印刷体資料がない場合には、「ウェブ上の文献の引用方法」〔→ p.42〕を参照し引用してください。

(3) 知的集積情報——機関リポジトリ

　リポジトリ（repository）といわれる学術情報などをまとめているサーバーがあります。

　リポジトリは容器や集積所のことですが、大学、研究所の学術財産（論文、学位論文、統計・実験データ、教材など）をそのサーバーに集積した総体を示すことばとして使われています。研究成果等は、これまでも、大学・研究所内で発行される印刷体の紀要等に収録されてきましたが、リポジトリに集積し公開することにより、誰でも容易にアクセスができます。現在、研究者

が成果物を公表するばかりでなく、多くの大学が紀要や学位論文を過去にさかのぼってデジタル化し、有料、無料で公開しています。公開は大学等機関が独自に行っている場合、国立情報学研究所の『JAIRO Cloud』（共用リポジトリサービス）で行われている場合、同研究所の文献索引 DB「CiNii Articles」〔→ p.356〕に取り込まれている場合があります。

(4) 書き込みをして作り上げていく情報——ウィキペディア

　ウィキペディア（Wikipedia）は、無料で利用できる百科事典です。従来の事典と異なり、誰でもが参加して執筆、編集できる百科事典生成プロジェクトで、寄付により運営されています。多くの閲覧者、書き手により改良を重ね、良いものを作ろうという発想で、全世界でさまざまな言語のもとに生成されています。ウィキ（wiki）という文書作成フリーソフトウェアを用い、ブラウザから直接、ウェブ上の文書を書き換えられるようにして自由な参加を可能にしています。執筆者は本名でも匿名でも参加することができます。

　同サイトの編集基本方針は、1）中立的な観点にもとづいて記述されなければならず、異なった観点については公平に好意的に表現しなければならない、2）記事に加える情報は検証が可能でなければならず、まだ人類の知識となっていない独自の調査は載せない、3）著作権を侵害しない、とされています。

①**使い方**　ウィキペディアのウェブサイト https://ja.wikipedia.org/wiki/ の検索ボックスに調べたいことばを入力して各項目を開きます。また、同サイト内にある、「ポータルとは？」「ウィキポータル」には、「社会科学－法学分野」への入り口があり、項目に至ることもできます。

　サーチエンジン Google、Yahoo! JAPAN 等にことばを入力しても、上位にウィキペディアの各項目サイトがヒットすることが多く、ウィキペディアのトップページから入ることなく、サーチエンジンからアクセスすることもできます。ただし、新しく立てられた項目、新たに書き加えられた項目に至るには、ウィキペディアサイトからアクセスするほうが確実、容易でしょう。

②**特徴と問題点**　インターネット上の事典であるだけに新語の取り入れもめざましいものです。取り上げられている項目は、学術的な内容にとどまらず、サブカルチャー、人物プロフィール、芸能、流行に及び、ジャンルが限定されていないところに特徴があります。各項目は、一定の構成のもとに目次が

作成され、概要や歴史のほか、脚注、関連項目、参考文献、外部リンクが設けられている例が多いようですが、各項目の長さは印刷体事典とは違って制限がないのも特徴です。項目中に専門用語がでてきた場合、ウィキペディア中にすでに項目があれば、それらへのリンクがあり、１つの項目から他への移動や戻りを快適にし、多角的に簡便にものごとを調べることができます。

　ウィキペディアの利用については、引用〔→ p.41〕したことを明示せずに部分コピーをして、自身のレポート作成等で使用するということが国内外を問わず教育関係者間で問題になっていると新聞記事等で報じられています。ウィキペディアは取り上げている対象が広く、著者名が本文ページにはないこと、匿名の場合が多いこと等から安易に使われているようです。しかし、引用したことを明示しないことはどのような媒体のものであれ、大きな問題です。

　また、項目の中には時間をかけて練り直されて生成された記事があるいっぽう、作成され始めたばかりの項目もあり、前述した同サイトの編集基本方針、

　１）　中立的な観点にもとづいた記述

　２）　記事に加える情報は検証が可能

　３）　著作権を侵害しない

が、守られていない場合がありえます。

　各項目がどのような作成過程を経てきたかは上部タブにある、ノートや履歴サイトによって確認することができます。

　また、過去には、政府機関に都合のよい修正が政府機関内のコンピュータからなされていたことがつきとめられ、新聞記事になりました（朝日新聞2007年９月８日土曜日、東京本社版13版第一面「ウィキペディア　省庁から「修正」）。

　そこで、利用にあたって記述の信頼度をはかる姿勢は不可欠です。調査の端緒にウィキペディアを利用しても、その後の調査で官報や判例集、図書や論文などの原典にあたり、内容確認しつつ利用します。

　なお、参考情報として引用元を明示する場合には、「Wikipedia: ウィキペディアを引用する」というウェブページがあります。

https://ja.wikipedia.org/wiki/Wikipedia: ウィキペディアを引用する

　③**学習サポート**　ウィキペディアは、百科事典ウィキペディアの運営のほか、

多言語辞書兼シソーラスであるウィクショナリーや電子書籍集、ウィキブックスのサポートなどを行っています。いずれもトップページ末にあるウィキメディアプロジェクトから入ることができます。

3. リサーチの方法と手順

　リーガル・リサーチには、レポートや調査報告書を書く、ゼミ発表の準備をする、卒業論文・修士論文・博士論文などを書く、また企画書を作成する、法律問題を解決するなどの目的が必ずあります。目的によって、できる限り詳しく調べたい、レポートを書くのに最低3〜4冊程度の図書を読んでおきたい、適切な概説書がとりあえず1冊ほしい、最新の資料だけ読みたいなどの選択が、それぞれあるものです。

　リサーチには、簡単で粗い方法から、ツールを使って網羅的に資料を選ぶ方法までさまざまな選択があり、リサーチの目的に応じて方法を使い分けます。

　本章ではリサーチにおける基本的な手順を紹介し、リサーチを自在に進められるようにします。

3.1　リサーチの方法

　どのようなリサーチにも重要なことは、まず、どのような資料があるか、それらはどこにあり、どのように入手できるのか、ということです。

　リサーチの目的にあった方法を選びますが、実際には複数の方法を並行してとることも多いでしょう。

3.1.1　インターネットを利用する

　ネット上にはさまざまな発信者（国や地方公共団体の機関、大学、メディア、個人）による、さまざまな形態（テキストを主としたウェブやリンク集、データベース）のウェブページがあります。サーチエンジンやリンク集を利用することにより、テーマに関係するウェブを検索すると同時に、その内容（時には最新の情報）をその時々に居る場所で手軽に入手することができます。

　ただし、資料のすべてがデジタル化されて、ネット上にあるわけではなく、ネット上にある資料はその全体量からみればわずかです。また、発信者が不

明な情報、更新されていない古い情報、内容が確かでない情報があり、参考に値するかどうかの判断が必要です。インターネットでのリサーチは手軽ですが、万能ではなく、他の方法を並行してとる必要があります。

3.1.2 　研究書・教科書・体系書の注を利用する

　教科書や論文の文中の多くには、注⁻9（または、参考文献一覧）が付されています。これは、引用⁻9〔→ p.41〕した文献があることを示し、その出所（出典）を書いているもので、その論文の著者（研究者）によって選択・作成された資料情報です。同じテーマについて、著者以外の研究者による資料を効率よく知る手がかりとなります。

　ただし、これらは著者の視点で選ばれた資料に限定され、必ずしも網羅的な情報ではありません。また、執筆時点以降に発表された新資料の情報は得られない点に注意をします。

　引用について、法律分野では統一された書き方はありませんが、「法律文献等の出典の表示方法」（法律編集者懇話会）がひとつのモデルとなっています。

　2014年版がインターネット上にあります。

　https://www.houkyouikushien.or.jp/katsudo/pdf/houritubunken2014a.pdf

3.1.3 　図書館や書店の書棚で選ぶ

　図書館では、資料を識別するために、請求記号を付けています。請求記号の一部は資料テーマ（主題、分野）を著していますが、分類の方法としては、日本十進分類法（NDC）⁻10、国際十進分類法（UDC）のほか、その図書館独自の分類法もあります。大学図書館の多くはNDCを採用していますが、

9—**引用、注**　引用とは、他人の著作物の一部を自分の文章の中に取り込むことです。読者にとって著作者と他者の主張は区別できなければならず、他者の著作物の出所（出典）が明示されることが必要です（著作権法48条）。引用部分は「　」で囲んだり、字の大きさを小さくしたり、行の頭を下げて表記することで区別し、典拠がわかるように著者名・書名・（雑誌の場合はそのタイトルと巻号数、掲載ページ）・発行年・出版社名・版数などの書誌的事項を、奥付などを参考に表記します。注は、その著作物の内容の充実度を知る手がかりともなるため、大変重要です。

図書館の入口等に分類の方法とその体系を明示してあることが多いので参考にしましょう。よく利用する法学分野の分類番号を覚えておくと便利です。

　書棚にたどりつけれぱ、関連がありそうな資料をざっと見渡すことができ、その場で読み比べながら資料の要・不要の判断をすることができます。目的に対して、ベストとは言えなくても、その場にあるより適切な資料を手にでききます。

　ただし、この方法では貸出中の図書を知ることはできず、また、この方法で閉架—[11]書棚にある図書や雑誌の記事や論文を探すことはできません。書店も書籍を探しやすいように分野別に配架をしていますが、店頭で探す場合には、その書店で扱われていない本や売り切れ、絶版—[12]の本を探すことができないという限界があります。

10—**日本十進分類法（NDC）**　日本の図書館資料を分類する方法のひとつですが、多くの図書館で採用されています。（社）日本図書館協会が作成していますが、社会科学＞法律の分類のある320番代の分類は以下のとおりで、細分類はコンマ以下で表示されます。
320 法律
321 法学　　322 法制史　　323 憲法
324 民法　　325 商法　　326 刑法・刑事法
327 司法・訴訟手続法　　328 諸法　　329 国際法

11—**閉架（開架）**　図書館利用者が、直接、書棚から資料を手に取って見られる方式を開架方式といい、これに対して、利用者が直接には書棚に接することができず、OPACや目録カードで所蔵資料の請求記号等を調べ、図書館員に取り出してもらうシステムを閉架方式といいます。大学図書館や都道府県立図書館では開架部分と閉架部分を併せもつ場合が多く、地域の公立図書館では開架方式が中心です。国立国会図書館は、レファレンス書籍や専門資料室を除き、基本的に閉架方式をとっています。

12—**絶版**　書籍が今後増刷されない状態。版元・書店・取次（本の問屋）の在庫がなくなると、新刊書店の店頭での入手は難しくなり、古書店等で入手するか復刻の発行を待ちます。

3.1.4 索引、蔵書目録（OPAC）を使う

索引 DB や索引誌では、利用する図書館の所蔵の有無にかかわりなく、どのような資料があるか、その内容の分野、対象専門用語、また著者名から具体的な資料名を特定できます。蔵書目録 DB（OPAC）では、索引で調べた書名・雑誌名、著者名また、主題を表す件名、書名や雑誌名に含まれる単語などから、どのような資料の所蔵があるか、さらにその配架場所がわかります。

先に述べた、インターネットの利用、研究書・教科書・体系書の注の利用、また図書館や書店による資料選択の限界を克服することができ、格段に網羅的な検索結果が得られます。

3.2 リサーチの手順

(1) はじめに課題・問題を整理し確認する

まず、そのテーマについて何がわかっていて、何がわからないかを整理します。あやふやな事柄があれば、辞典・事典などを使い確認をしておきます。

索引 DB を利用したリサーチでは、キーワードを手がかりに資料・文献の検索をしますが、キーワード選びが適切でなければ、目的の資料にたどりつけません。とくに、専門用語の定義など、ことばの意味を確認することは重要です。

定義の確認には法学辞典・事典を利用します〔→ p.253〕。

法令、判例を探す場合、法令の公布・施行年月日、改正年月日や判決の言渡し日など、日付の確認が重要な場合もあります。たとえば、法律の改正年月日を正確に知らないと、改正後の法令条文が見つけられないといったことが起こります〔→ p.60〕。

このほか、年表や年鑑、統計、白書などの参考資料を利用して課題・問題の理解に必要な事実や背景を調べることができます。

課題・問題に応じてどのような種類の資料が必要かを選択します。

(2) 索引データベースを利用して適切な資料を見つけ出し、資料リストを作成する

判例を検索するための判例索引や判例要旨集、法令の公布や改正時期を調

べるための法令索引や文献を探すための索引など、検索対象に合った索引を利用します。それぞれの索引の特徴をいかした検索によって、必要な法令や文献を集めます。

　資料の検索・特定ができたら、資料の書誌的事項をリストにします。リストはノートに一覧表にしたり、パソコン上に作成するなど、自分に合った方法で作成します。

(3) 資料リストをもとに、どこの図書館で入手できるかを蔵書目録データベース（OPAC）で調べる

　蔵書目録DB（OPAC）は基本的には各図書館別に作られていますが、その多くがインターネット上で公開されています。日ごろ利用する大学や機関の図書館に所蔵がない場合でも、図書館間の相互協力[13]により他館にコピーや貸出しを依頼できることもあるので、他大学や専門図書館の所蔵をOPACで確認します。公立図書館を利用する場合も同様です。いずれかに所蔵があれば、相互利用を活用します。

　複数館を横断的に検索できる蔵書目録DB（OPAC）もあります。
CiNii Books（おもに大学図書館、研究所）https://ci.nii.ac.jp/books/
〔→ p.253〕
カーリル（おもに公立図書館）https://calil.jp/〔→ p.316〕
　なお、OPACの利用では、図書館が採用する検索システムにより検索結果が異なることもあります。たとえば、著者名の入力で、姓と名の間にスペースをいれる仕様がある一方、スペースをいれるとor検索と認識する仕様

13—図書館間の相互協力　大学・機関図書館は、相互協力の協定を結んでいます。このため利用者は、所属大学・機関で所蔵していない資料が他大学・機関にある場合、その図書館に閲覧に行ったり、図書やコピー（複写）の取り寄せサービスを、図書館を通して受けることができます。
　資料の閲覧には、所属の図書館が発行する閲覧許可証（紹介状）が必要です。通常、他館の資料は館内閲覧のみで、貸出しはされません。しかし最近ではいくつかの大学で相互協力協定が締結され、学生証だけで自由に閲覧・借出しができる、などの新しい動きがあります。また、大学図書館と公立図書館が地域で協力しあっている場合もあります。今後もこのような図書館間の協力体制は国内・海外問わず、ひろがっていくことでしょう。

の場合もあります。どの OPAC も、一様ではないことは覚えておきましょう。

3.3　データベース検索

　リサーチ・ツールの代表は、何といっても DB です。PC やスマートフォン、タブレットコンピュータなどから場所を選ばずに、無料、有料で利用できるものが多々あります。件名やキーワード、日付、著者名など、複数の条件に合致する資料、情報を一度の検索で探すことができ、件名や分野に疎い場合でも、思いついたことばを打ち込み、試行錯誤を続ければ、核心に近づけることもあります。また、DB ではデータが増加しても、検索を短時間に情報機器上で終わらせることができます。

　しかしながら、印刷体の索引、目録のほうがすぐれている点もあります。たとえば、索引誌には、主題や件名によって資料を分類した索引があります。索引誌では、検索対象近似の主題や件名分類までを眺めることが可能です。その時点での検索には関係ない主題・件名であっても、眺める機会があることによってその後の検索を豊かなものにしていくことができ、主題、件名分類に詳しくなるには、DB よりも索引誌のほうがすぐれています。モニターに現れる情報量と印刷体索引誌 1 ページのなかに見られる情報量には、大きな差があるからです。

　DB の利用ですが、キーワードから検索する場合にも、ことばを収録データの全文から探すもの、見出しのみから探すもの、抄録から探すものなどがあります。そうした特徴への理解の有無が検索の内容や効率を左右しますので、説明書やマニュアルを読んで、利用する DB を理解しましょう。

3.3.1　同義語検索が可能かを見きわめる

　キーワードによる検索では、思いついたキーワードだけでは、充分とはいえず、キーワードの上位概念、下位概念のことばや、同義語、類義語による検索を考えたほうが良いこともあります。

　たとえば、製造物責任についての文献を探す場合に「製造物責任」をキーワードにしたとします。しかし、すべての文献が「製造物責任」ということばを使っているわけではなく、「プロダクトライアビリティ」「PL」ということばを使いながら製造物責任について論じた文献もありえます。

DB の中には、「製造物責任」をキーワードにしながら、「プロダクトライアビリティ」「PL」を用いている文献にも「製造物責任」と入力した場合と同じ検索結果を引き出せる同義語処理をするものがあります。「プロダクトライアビリティ」「PL」を用いている文献に、人為的に「製造物責任」というキーワードを付けたり、自動的に読み替える辞書を内装させているのです。

　そこで、とくに同義語に配慮しない DB では、表現の違いによる検索もれを防ぐための工夫が必要で、次の項目で紹介する複数のことばを組み合わせた検索（and、or、not 検索）が有効です。

　また、キーワード検索では、ことばをデータの一部（タイトルや要旨、抄録）から探すか、データ全文から探すか選択できるものがあるほか、人名や件名、主題による分類、年月日などで検索できる DB があります。複数の項目を組み合わせると、ノイズ（無用な情報）を減らして、効率のよい検索を可能にします。

　DB には、いろいろなタイプがあることを覚えておきましょう。

(1) and、or、not 検索（ブーリアン検索）

　複数のことばを一度に入力し、しかもその関係を定義する検索です。ことばの関係を and（かつ）、or（または）、not（ではない）で定義して、対象となる母集団を小さく（絞り込み）、また大きくするのに利用します。

　たとえば、"製造物責任における証明" に関する検索では、「欠陥」「リコール」などのことばも考えられます。もれのない結果を得るには、これらを or で関係づけて、「PL　または　プロダクトライアビリティ　または　欠陥　または　リコール」として検索し、これらのことばが 1 つでも含まれているデータを検索します。さらに、この結果に対して　かつ「証明　または　立証」とすれば、絞り込みができます。

　「商法」を検索したところ、結果のなかに「悪徳商法」に関するデータが含まれた場合に、悪徳商法の情報を除きたければ「商法 not 悪徳商法」と検索式を作り、検索結果を絞ることができます。

　また、これらの演算検索をする場合、演算の優先順位によって結果が異なる点に注意する必要があります。

(2) 部分一致検索

　キーワードの一部に記号を用い、記号部分のつづりをあいまいにしたまま検索する方法です。分野を横断的に検索し、母集団を広げる効果があります。たとえば任意の文字を意味する「＊」をワイルドカードと定義しているDBに「国税＊法」と入力し法令名検索をすると、国税徴収法、国税通則法、国税犯則取締法などの国税に関連すると思われる法律をヒットさせることができます。

　一致させる語をどの部分にするかにより、前方一致検索、後方一致検索などがあります。

　前方一致検索　「時効＊」→時効中断、時効期間などがヒットします。

　後方一致検索　「＊時効」→取得時効、消滅時効などがヒットします。

　完全一致検索　上記のあいまい検索に対し、キーワードと完全に一致する文字列を含むデータの検索を完全一致検索といいます。

3.3.2　うまく検索ができない場合の対処法

　原因を分析して、対処方法を考えましょう。

(1) 検索結果が少ない、またはゼロの場合

　キーワードは複合語ではありませんか？　複合語を単語に切り分けると、うまくいく場合があります。

　[例]「プリペイドカード法」で検索をしたら検索結果が少なかった。

　「プリペイドカード」と「法」または、「プリペイド」と「カード」と「法」に分けることによりヒット数が徐々に増えます（数が増えると同時に、ノイズが含まれてしまう場合もあります）。

(2) 検索結果が多い場合

　入力したキーワードは、日常よく使われることば（自然語）ではないでしょうか。より専門性の高いことばや複合語に変えます。

　[例]　損害賠償について「損害」「賠償」のand検索をしたら結果が多かった。

　「損害」と「賠償」に分けず、密接な関係をもつ複合語の「損害賠償」とし、さらに対象物などを入力します。同様に、「破壊」「活動」「防止法」と

せず、「破壊活動防止法」や「暴力主義的破壊活動」とします。

　これら検索結果の多少の違いは、DB の設計の違いにより起こります。専門用語を入力するか、それとも自然語を入力するかは、利用する DB の特性を知って行いましょう。

(3) 同義語が多様な場合

　同義語「アメリカ」と「米国」を or で定義します。また、キーワード検索ではなく、主題（テーマ）による検索をします。

(4) 絞り込みをしたいのに、適切なキーワードを思いつかない場合

　検索対象期間を設定して、ある短期間の情報だけを取り出し、キーワードが適切であるかを確認したうえで、辞典・事典で参照すべき語がないか調べましょう。

(5) つづりや音引きの入力に規則がある場合

　つづりや音引きの入力に規則を設けている DB があります。同音異義語でも、一種類の入力しか許容しないというものです。「取消」と「取り消し」、「コンピュータ」と「コンピューター」など、入力語が違っていないでしょうか。DB マニュアルを確認してみましょう。

(6) 固有名詞の入力が有効な場合

　固有名詞をキーワードとすることが有効な場合には多用しましょう。固有名詞は、DB 中に出現する回数が普通名詞に比べて少ないため、ノイズ（無用な情報）を含む確率が低くなります。

　とくに、人名をキーワードにした検索では、同じ人が書いている別の資料を発見したり、被引用文献（引用されている文献）としてとりあげられている資料を知ることができます。一方、DB によっては、個人情報を保護する立場から固有名詞（たとえば訴訟当事者の人名や社名）による検索ができない DB があります。その DB のルールを確認してみましょう。

3.3.3　データベースの信頼性

　インターネットを介して利用できる DB では、どのような基準で情報を集

め、編集しているかを明示しているものは必ずしも多くありません。

　印刷体の判例集や法令集では、前書きや後書き、凡例で編集方針を明らかにしていますし、仮に収録範囲の明示がなくても、全容を見ることができるので、資料の価値について判断がつき、信頼のよりどころになります。ところが、DB では、収録されたデータ内容すべてを一覧することができません。有料 DB はもちろん、国家機関が提供する DB でも同様で、明示内容が信頼のよりどころとなります。

3.4　ウェブサイト検索

　インターネットでリサーチをする際のツールとしてサーチエンジンがあります。

3.4.1　サーチエンジン

　サーチエンジンは、ネット上に散らばった情報を検索するソフトウェアの一種です。サーチエンジンで検索をすると、探しているウェブをリスト化し、各ウェブへ移動できるようにリンクをしています。膨大なウェブから、求めるサイトに行き着くには欠かせないツールとなっています。

　サーチエンジンには、ディレクトリー系とロボット系サーチエンジンがあります。

(1) ディレクトリー系

　ウェブサイトを、その内容からカテゴリー（ディレクトリー）に分類しています。検索者が、大分類→中分類→小分類と、目的のウェブ情報をたどるタイプです。検索対象サイトを人の手よって収集しているため、厳選されている利点がありますが、同時に検索サイト数が限られたものとなっている欠点があります。

(2) ロボット系

　サーチエンジンの「ロボット」とは一種のプログラムを指し、インターネット上を自動的に巡回してウェブページのタイトルや本文から情報を収集しています。利用者がキーワード入力すると、ロボットが収集したこれらの情

報からキーワードに合致する情報を提示します。キーワード検索では、先に紹介した、and、or、not 検索やフレーズ（複合語や文章）による検索が可能です。

[**代表例**] Google　https://www.google.co.jp/

　ディレクトリー系がおもにトップページのみを対象として、人がその内容を読みながら情報収集しているのに比べ、ロボット系はプログラムが情報をウェブページ単位で自動収集しているため、ヒットする情報量が多いのが特徴です。また、ディレクトリー系サーチエンジンは、階層をたどって目的のウェブサイトを探すタイプのため、目的とする分野の適切なウェブサイトに導いてくれますが、専門用語をキーワードとする検索には必ずしも向いていません。ロボット系は、膨大なコンテンツの蓄積（キャッシュ[14]）があるため、専門用語を使った検索に威力を発揮します。しかし、入力キーワードを含んでいても、関係のない分野や期待に沿わないウェブページまで検索されてしまい、絞り込みが難しいこともあります。

3.4.2　リーガル・リサーチに Google を使う（ロボット系サーチエンジン Google の特徴）

　Google は、検索結果の表示にページランキングという手法を用いています。これは、キーワードに合致した内容を表示する際に、アクセスの多いウェブ、リンクされていることが多いウェブを上位に配して一覧表示します。そのため、その情報にマッチしたウェブが上位に位置する可能性が高くなり、リサーチを効率よく進められます。ロボット系サーチエンジンでは自動的に情報収集するため多数のページが登録されますが、ページランキングでは興味本位やいたずらで作成された情報は省かれ、検索の精度を上げています。また、検索結果をすばやく表示することも特徴です。しかし、表示については常に懐疑的である必要があります。とくに商用サイトが自己サイトへの誘導を強化する必要からさまざまな技術を用いて高順位に表示されている場合もあります。

　キーワードを入力する際には、単純検索ばかりでなく、先に述べたブーリ

14─キャッシュ　メモリ（記憶）として蓄えられた保管データのことです。

アン検索〔→ p.30〕や検索条件の指定などにより、不要な情報は減らしながら、適切な情報をヒットさせられるように工夫をしてみましょう。Googleにはブーリアン検索と条件指定などが同時にできる「検索オプション」という別サイトがあり、初めての利用でも簡単に入力ができるようにしています。

　Googleの検索オプションサイト　https://www.google.co.jp/advanced_search?q=

3

(1)　語順も含め完全一致検索（フレーズ検索）

　法令題名や文書名がはっきりしている場合には、検索オプションサイトの"語順を含め完全一致"部分に、「商法等の一部を改正する法律」のように入力します。関連情報ではなく条文そのものがヒットする可能性が高まります。19 〜 20文字くらいまでの文字列を検索してくれるようです。

(2)　not 検索

　「除外するキーワード」「含めないキーワード」というボックスを利用すると、ヒットした情報から不要な情報を排除できます。たとえば、著作権に関する記事について「引用」については検索対象としたいが、「転載」に関する記事は含めたくない場合に、「引用」をキーワード入力する一方、「除外するキーワード」に「転載」を入力します。

(3)　日付検索

　たとえば、ごく最近改正された法令情報を探そうとしても、インターネット上には過去の情報のストックもあるので、旧い改正情報と混同してしまう危険性もあります。そこで、日付選択を指定します。最終更新日を「指定なし、24時間以内、1週間以内、1ヵ月以内、1年以内」の5つから選択することで、絞り込みができます。また、特定の期間を設定することができます。

(4)　検索語の範囲指定

　Googleは、検索者が入力した文字列と同じ文字列があるウェブページを探します。検索結果が多く、絞り込みたい場合には、検索対象をページ全体とせず、ページタイトル部分のみ、タイトルを除くページ全文のみ、ページURLのみなど探す部分の範囲指定ができます。

(5) ドメイン制御検索

　URL のドメインに着目して、ある発信者（機関）のみのサイトに限定して検索する方法です。たとえば、法務省の URL は、「https://www.moj.go.jp/」ですが、http は、プロトコル名（通信方法）、://の次の www. 以下／（スラッシュ）まではドメイン（またはサーバー名）といいます。そこで、法務省のドメイン「moj.go.jp」を入力することにより、法務省サイト内のみを検索対象とすることができます。なお、法務省のサイトをみていると、「https://www.moj.go.jp/MINJI/minji07_00175.html」というサイトの URL もありますが、「www.moj.go.jp 」以下は、／ディレクトリー名／ファイル名／　から構成されています。

　なお、日時指定やドメイン指定検索は、Yahoo でも可能で、「条件を指定して検索」ページを開くと、Google と同様の指定ができます。
　Yahoo! 検索：条件を指定して検索　https://search.yahoo.co.jp/web/advanced

3.4.3　ウェブサイト検索上の注意点
(1)　移り変わりやすい情報をどう確定するか

　インターネットを使った検索は、とくに最新情報の収集にすぐれています。たとえば、20分前に起きた事件のニュース、今朝発行された『官報』〔→ p.69〕を読むことができます。しかし、今のところ、リーガル・リサーチが対象とする資料の大半は紙に印刷されて記録されており、網羅的な情報収集を行うためには、インターネットと印刷体資料の両方を検索する必要があります。

　ネット上にはさまざまな発信者による膨大な数の情報があり、なかには内容が確かでない情報、発信元や発信時が不明な情報、更新がされず放置されたままの情報もあり、利用に値するかどうかの吟味が必要です。

　法情報の発信の主体は、政府や地方公共団体ですが、URL から発信者の組織を確認することができます。政府機関と各府省所轄研究所、独立行政法人、特殊会社を除く特殊法人であればドメインが go.jp、地方公共団体のうち都道府県の立法・行政機関では、pref.（都道府県名）.lg.jp または、pref.（都道府県名）.jp のいずれかの形式を用いています（たとえば、秋田県は

pref.akita.lg.jp、岩手県は pref.iwate.jp、東京都は例外的に metro.tokyo.lg.jp）ので、情報の信頼度の目安とすることができます。

(2) サーチエンジンですべての情報を調べられるわけではない

　検索で注意したいことは、サーチエンジン〔→ p.33〕でインターネット上の情報すべてを検索できるわけではないことです。無料、有料を問わず DB 内のデータや、フレーム形式のウェブページにおけるフレーム内情報については検索できない場合もあります。そこで、法情報を調べられる DB やウェブの所在、その内容をあらかじめ知っておく、「あたりをつける」ことには大きな意味があります。すべてサーチエンジンで探すのではなく、情報の存在を知って効率的に利用することも、リーガル・リサーチの技術のひとつです。

3.5　インターネット上の便利なツール、情報源

3.5.1　翻訳ソフト
Infoseek 楽天 / マルチ翻訳

　両サイトでは、日本語 / 英語 / 中国語 / 韓国語 / フランス語 / ドイツ語 / スペイン語 / ポルトガル語 / イタリア語間の双方向翻訳が可能で、WEB ページ単位（「WEB ページ翻訳」）、テキスト単位（「テキスト翻訳」）の翻訳ができます。なお、Infoseek 楽天のテキスト翻訳では、上記言語のほか、原文の言語をタイ語 / ベトナム語 / インドネシア語にすることも可能です。たとえば、大韓民国の最高裁判所のウェブ上の情報について、韓国語に不案内でもそのウェブページをまるごと翻訳させ、おおよその内容を知ることができます。

Google 翻訳（https://translate.google.com/）

　Google のトップページの言語ツールよりサービスに入ります。30数ヵ国語を対象にして双方向の「テキスト翻訳」「WEB ページ翻訳」が可能です。

3.5.2　韋駄天（名古屋大学）大審院判例簡易化ソフト
https://www.kl.i.is.nagoya-u.ac.jp/idaten/index.html

カタカナと漢字で書かれ句読点のない明治、大正、昭和初期の法令・判例を平易に読めるようにするソフトで、無料で利用できます。

法令条文や判例を入力すると、カタカナをひらがなにし、濁点、句点・読点を付け、旧字体を新字体にします。また、「難読字に読み仮名を付ける」の欄にチェックし実行すると、難読字に読みがなを付け、一部のブラウザソフトに限定されるものの、読みがなの付いた語にマウスを当てると意味が表示されます。当時の法令と判例文書の特徴を分析し、開発されたソフトです。

3.5.3 法律用語辞書

パソコンで用いる内装辞書があります。法令条文には、日常あまり用いられない表外漢字を含む単語も少なくありません。法令の現代用語化も進んではいますが、過去の条文が不要になるわけでもありませんから、法令に関する文書をワープロソフトやテキストソフトで作成しようとすれば、漢字変換に手間取ることがあります。このようなとき、法令用語に対応する辞書ソフトをインストールしておくと、文字変換にストレスをもたずにすみます。

法律用語辞書 16　（岡口基一、Vector）
法律用語を一括単語登録
無料
https://www.vector.co.jp/soft/win95/business/se136961.html

らいむの法律辞書（Vector）
シェアウェア（有料）
https://www.vector.co.jp/soft/win95/writing/se276514.html

3.5.4 近代デジタルライブラリー

https://dl.ndl.go.jp/
国立国会図書館では、同館が所蔵する資料のデジタル化を進めていますが、その書誌情報、目次情報が検索でき、さらに公衆送信権についての権利処理が済んだ資料を、同サイト上で公開をしています。

リーガル・リサーチに関連して同サイトで閲覧可能な資料は以下のとおりです。

・明治期、大正期、昭和前期刊行図書と一部の雑誌

・英語版官報　約2,000点

　このなかには、一般書のほか法令全書や六法はじめとする法令集や判例集が含まれており、資料名検索のほか、「分野で検索」から進み、「3.社会科学」→「3.2 法律」を選択すれば、どのような資料がライブラリーにあるか知ることが可能です。

　検索後、資料本文のデジタル画像を閲覧、コピー、保存することができます。

　なお、平成28年5月末に近代デジタルライブラリーを終了し、国立国会図書館デジタルコレクションに統合しました。

3.5.5　国立国会図書館デジタルコレクション

https://dl.ndl.go.jp/

　国立国会図書館は、デジタル化によって資料の劣化損傷を防止することと、利用者がどこにいてもインターネットでの提供により、来館者と同じサービスが受けられることをめざしています。現在、次の範囲の資料がデジタル化されています。

図書　　明治期以降、1968年までに受け入れた図書、議会資料、法令資料等　　　　約90万点

雑誌　　明治期以降、2000年までに発行された雑誌　約123万5,000点

官報　　1883（明治16）年7月2日（創刊）〜1952（昭和27）年4月30日　　　　発行分

憲政資料、日本占領関係資料等

　デジタル資料タイトルについては、以下サイトにあるNDC分類より「32 法律」を選択し、一覧を見ることが可能です。https://dl.ndl.go.jp/search/category?categoryGroupCode=T

　デジタル化されながらも、公衆送信権についての権利処理が済んでいない資料については、検索結果表示に「国立国会図書館限定」「国立国会図書館／図書館送信限定」と表示されます。これらは、館内（含む関西館、国際子ども図書館）および図書館向けデジタル化資料送信サービス参加館の館内で閲覧ができます（参加館一覧は https://dl.ndl.go.jp/ja/soshin_librarylist.html）。また、コピーしたいページが特定できている場合には、「遠隔複写

サービス」が利用できます。

3.5.6　国立公文書館デジタルアーカイブ

https://www.digital.archives.go.jp/

　所蔵する歴史公文書等の目録情報が検索でき、資料原本のデジタル画像が閲覧できる「公文書を探す、見る」、重要文化財や大判絵図等を高画質のデジタル画像で閲覧できる「重要文化財等を見る」の2つのサービスから構成されています。「JPEG2000」「JPEG高機能版」のファイル形式で提供されています。

同館「**省庁組織変遷図**」

https://www.digital.archives.go.jp/hensen/

　リサーチでは、情報の発信機関がわかると検索がスムーズに進むことも多いものです。たとえばOPACや文献索引で検索する際には、編集者や出版者（社）名入力欄があります。しかし、国の機関は統合や再編、名称や業務内容の変更など、変遷を経て把握しにくい場合があります。当サイトでは、その変遷図を提供しています。同公文書館のデジタルアーカイブの利用をしやすくするための工夫でもあり、変遷図中の機関名をクリックすると、その機関の「デジタルアーカイブ」へリンクしています。

3.6　リサーチの作法

3.6.1　引用の作法

　リサーチの過程では、先行する考え方を判例や文献のなかに見いだし、自分の論証に説得力をもたせるために、レポートや論文に取り込みたい場合があります。また、説得力ばかりでなく、裁判において判例、学説などを証拠として提出する場合もあります。さらには、興味をもった読み物が第三者にとって入手の難しいものである場合に、取り込んで紹介したいことがあるでしょう。

　自著のなかに取り込むことを引用といいます。著作権法（昭和45年法律第48号）には、引用についての規定があります。

　（引用）
　第三十二条
　　公表された著作物は、引用して利用することができる。この場合において、その引用は、公正な慣行に合致するものであり、かつ、報道、批評、研究その他の引用の目的上正当な範囲内で行なわれるものでなければならない。
　　2　（以下略）

　32条1項では、「引用は、公正な慣行に合致するもの」とのみ規定され、引用の方法までは規定されていません。では、引用はどのように書くのが適切でしょうか？　基本的には、誰が、いつ、どこに著しているか、読み手が原典を確認できることが必要で、その出所（出典）を明示します。明示をしなければ、盗用、剽窃といわれ違法で、倫理にも反します。

　引用は、読み手側から見ると参考資料の候補をふやすことにつなげられるもので、「研究書・教科書・体系書の注を利用する」〔→ p.25〕とは表裏をなします。引用は、ある著者の考え方全体を紹介したいときに書籍名や論文題名をあげる場合や、ごく一部の表現を引きたいために書籍名・論文題名に加えてその何ページとする場合、それらが翻訳である場合、また引用したいものが雑誌、辞書の一部である場合、インターネット上のコンテンツの全体や

一部である場合もあるでしょう。とくに卒業論文や修士論文、博士論文また各種の報告書では統一したルールに則って書くことが読みやすさからも重要です。引用方法のモデルのひとつとして「法律文献等の出典の表示方法（法律編集懇話会）」〔→ p.389〕があります。

ウェブ上の情報の引用方法

　ウェブ情報には、書籍や書類には見られる「ページ」の概念がないため、資料の場所を特定する引用表示が難しいという問題があります。しかしながら、どこから引用したかを表示していない情報は、信頼度が低いものとして扱われます。インターネット上の情報の引用には、引用したウェブの URL と引用時（アクセス日時）、発信者を表示するのが一般的です。

　［例］ 法務省民事局が民法772条について通達を発したのでこれを引用する。
「平成19年５月７日　法務省民事局婚姻の解消又は取消し後300日以内に生まれた子の出生の届出の取扱いについて」
https://www.moj.go.jp/MINJI/minji137.html（法務省民事局）（アクセス2015年９月30日21：00）

　引用ルールにしたがい「いつ、どこにあった」情報であるか明記しておけば、その後、その箇所が削除されたり書き換えられたりしていても、信頼性ある引用とすることができます。

　引用に詳しくふれた文献としては以下があります。
『**リーガル・ライティング──法律論文の書き方**』（ユージン・ヴォロック著／指宿信・岩川直子訳、日本評論社、2009年）
　著者はアメリカのロースクールの教授。題名通り論文の書き方を記していますが、原典とする資料を媒体別に分け、何に依拠してよいかに触れています。

『**法情報学の世界**』（指宿信著、第一法規、2010年）
　これまでの著者の法情報に関する研究成果を１冊にまとめていますが、第７章は「法情報処理論」で同３節に「学術文献としてのオンライン情報の引用」があります。引用とは何かに始まり、ネット文献の特徴、ネット

文献の引用上の問題点にふれ、ネット文献引用のガイドライン、ネット文献引用問題の展望でその方向性を示しています。

『**引用する極意 引用される極意**』（林紘一郎・名和小太郎著、勁草書房、2009年）

　著者は元ビジネスマン、元著作権審議会審議員であり現在は、大学教授です。

　　第4章「ウェブ・サイトからの引用」では引用とその方法にふれています。第7章「お勧め出典表示法（テンプレート）と参考資料）があり、引用の書き方を提示しています。

3.6.2　トライ・アンド・エラー　URLの作法

Q URLを入力してみましたが、「not found」と出てくるばかりでつながりません。どうしてでしょう？

A ウェブサイトは、内容の更新などにともなって書き換えられ、あったはずのファイルがなくなったり、新しいファイルが増えていたり、また、ウェブそのものが消失、変動してしまうことがよくあります。

　URLは、プロトコル名（通信方法）:// ドメイン（またはサーバー名ともいいます）/ ディレクトリー名 / ファイル名 / から構成されています。

　つながらない場合には、URL中の末尾から1つ左のスラッシュまでのつづりを消して実行キーを押すと、1つ上階層のファイルにつながることがあり、同じ発信者の情報を探す手がかりが得られる場合があります。

3.6.3　リサーチで困ったら

　検索中には、「どの索引を使ったらよいのかわからない」「OPACの使い方がわからない」などと迷うことがあるかもしれません。アドバイスを得たいと思ったら、図書館の参考係（または、レファレンスデスク）を尋ねてください。データベース、索引、目録の使い方や図書館サービスについて相談に応じる窓口で、大学図書館間の相互協力サービスの仲介などもしています。

3.6.4　リサーチの達人とは

　自分で行ったリサーチの評価ができれば、それが達人の域です。リサーチには目的や状況に応じて、綿密なリサーチ、粗いリサーチがあってよいのです。情報全体の中から、適切な資料を必要なだけ選び出せたかが、リサーチ評価の基準となります。対象資料やツールの特徴と使い方を知ると、情報の質と量を把握でき、リサーチの確かさを明らかにできます。すべての資料について精通する必要はありませんが、資料やツールの前書き、後書き、奥付に目を通す習慣をつけましょう。

　初めは、リサーチをして、読みきれないほど多量の資料リストを作ったり、充分な資料を見つけられない場合があるでしょう。リサーチは、一朝一夕に上手になるわけではなく、経験を重ねることが大事です。

3.7　資料の探し方、調べ方についての参考資料

　最後に法学資料の探し方、調べ方について書かれた資料を紹介しましょう。

3.7.1　図書・DVD

『法情報の調べ方入門──法の森のみちしるべ』（ロー・ライブラリアン研究会編、日本図書館協会、2015年）JLA 図書館実践シリーズ28
　同研究会は、司法サービスを情報提供という側面からとらえ、市民の司法サービス利用を援助する専門職としてのロー・ライブラリアンという職種の可能性を追求しています。本書の著者もメンバーです。全12章は、『情報管理』誌の連載（次に紹介）に図や表を加え、よりわかりやすく一冊の本として編集したものです。

「研究・実務に役立つ！リーガル・リサーチ入門」情報管理55巻 7 号（2012）〜 56巻 9 号（'13）科学技術振興機構（ロー・ライブラリアン研究会）
　法情報の種類を把握し、どのような資料を参照すれば求める情報を入手できるのか解説しています。本書が資料の解題に重きをおいているのに対し、実践でどう役立てるのかを解説した全15回の連載で本書の著者も執筆しています。なお、同連載は、科学技術振興機構による総合電子ジャーナルプラットホーム　J-STAGE 上で公開（無料）されています。
「情報管理」 https://www.jstage.jst.go.jp/browse/johokanri/list/-char/ja

また同研究会は、連載終了後、連載をベースにした講座「法情報の調べ方入門」を東京で開催しています。詳細は、研究会ブログにあります。
https://ameblo.jp/lawlibrarian/

『リーガル・リサーチ＆リポート』（田高寛貴・原田昌和・秋山靖浩著、有斐閣、2015年）

　タイトル通り、法情報の検索法とレポートの書き方についての解説本ですが、対象を法学部生とし、文書作成、ゼミ報告の方法と最低限知っておくべき法情報検索から構成されています。

『LIVE講義　法律文書のためのリサーチ術』（木山泰嗣著、レクシスネクシス・ジャパン株式会社、2015年）

　編集者のインタビューに答える形式となっています。弁護士である筆者の経験に基づき、リサーチとライティングへの活かし方について紹介しています。よくある検索の失敗や注意点など、実例をあげて書かれています。

『法律学習マニュアル　第3版』（弥永真生著、有斐閣、2009年）

　法律学を学習するためのツール紹介、資料探し、レポートを書くための準備と作法、ゼミ報告の準備、答案の書き方のポイントなどをていねいに紹介しています。

『法律文献学入門──法令・判例・文献の調べ方』（西野喜一著、成文堂、2002年）　絶版

　初学者を対象として、法律学を学ぶために基本となる資料を解説し、原典の掲載を示しつつ調べ方・使い方を紹介しています。法令・判例・文献・参考資料の4部で構成されています。

『法律図書館ユーザーズマニュアル　全訂版』（法律図書館連絡会ユーザーズマニュアル作製委員会編、丸善、2000年）

　法律関係の資料の説明や法律図書館の効率的な利用方法に関するガイドブックです。法律図書館連絡会＊に所属する図書館員が、法令、判例、議会資料、白書、統計、新聞などについて詳しく解説しています。

＊法律図書館連絡会

　法律図書館連絡会（略称：法図連）は、法学分野の所蔵書のある図書館など機関を会員とする連絡会議です。法律図書館としての機能をより充実・発展させることを目的にしています。

2015年10月現在、加盟館64、賛助員14人。詳しくは、http://houtoren.jp/

『法律を読む技術・学ぶ技術　第２版』（吉田利宏著、ダイヤモンド社、2007年）

　　リーガルマインドを養うことを目標に、法令全般がもつ基本的なきまりごとを解説し、条文を読むスキルやセンスをみがくために何が必要かを示しています。

『法学文献の調べ方』（板寺一太郎著、東京大学出版会、1978年）

　　内外の単行書・雑誌論文・記念論文集・学位論文・政府出版物の書誌、分野別の書誌を紹介し、日本・アメリカ合衆国・イギリスの法令・判例の調べ方を詳しく案内。検索の基本、読者へのきめこまかい注意点が多い資料です。

『やさしい法律情報の調べ方・引用の仕方』（小林成光ほか著、文眞堂、2010年）

　　日本法、イギリス法、アメリカ法、ドイツ法の法律情報の調べ方、引用方法について初学者向けに書かれています。

『インターネット法情報ガイド』（指宿信・米丸恒治編、日本評論社、2004年）

　　下にあげる各国・地域・機関の法制度の特徴とインターネット上の法情報源を案内し、各種ツール（ポータルサイト、リンク、サーチエンジン、メーリングリストなど）の利用法、法情報・関連情報の収集とその留意点を案内しています。

　　日本、大韓民国、朝鮮民主主義人民共和国、中華人民共和国、台湾、タイ王国、英国、フランス共和国、ドイツ連邦共和国、スウェーデン王国、東欧（ポーランド共和国）、ロシア連邦、EU、アメリカ合衆国、カナダ、中南米諸国（ブラジル連邦共和国）、オセアニア（オーストラリア連邦）、アフリカ諸国、国際機関および条約。CD-ROM付き。

『法令読解心得帖　法律学習はじめの一歩』（吉田利宏・いしかわまりこ著、日本評論社、2009年）

　　法令に共通して存在する用語の使い方、条文の順番、規定の効力、改正などのルールについて解説しています。また、解説を題材に法令等の検索方法、ツールを紹介しています。

『日本の法令集・おぼえ書明治初期の法令資料（１）〜（８）』

『国立国会図書館月報』（国立国会図書館）no.44 〜 49、51 〜 52（1964年11月〜 1965年 4 月、 6 〜 7 月）

明治以降、政府機関によって法令の整理編集がどのように行われてきたかその歴史と、法令集の書誌を詳しく紹介しています。

『判例学習の AtoZ』（池田眞朗 ほか著、有斐閣、2010年）

「第 6 章　判例の探し方」（藤井康子著）

法科大学院生、法学部生向けの教科書として、判例の読み方、学び方が書かれています。 6 章では、判例情報、判例全文、判例の関連法令、関連文献の探し方について印刷体資料、DB を使って紹介をしています。

『判例を学ぶ──判例学習入門　新版』（井口茂著・吉田利宏補訂、法学書院、2010年）

『判例を学ぶ』を書かれた著者は20数年前に亡くなられていますが、その補訂版として書かれています。初学者に判例を読む意義を伝えています。「第 2 章 判例を学ぶ・探す──判例を読む力とは」は、現在の学習環境に合うように大幅に書き直されています。

『実践　判例検索』（リーガル・リサーチ研究会編、第一法規、2007年）

判例を法体系から検索する場合、より精度の高い検索をするにはどのようにしたらよいか、第一法規の DB「判例体系」を利用した検索を想定して書かれています。具体的な検索事例が加えられ実践的内容となっています。

『わかりやすい法情報の調べ方』（法律図書館連絡会著／商事法務）（DVD）2007年

全43分。DVD で採り上げたリサーチの流れとポイントを解説した利用ガイド40ページ付き。レファレンスデスクに来た学生と司書の対話からリサーチを学べるようにした DVD です。補助教材としても使えます。

ステップ 1 ：リサーチ内容の整理（主題の確定／不明な語句の調査・確認／インターネット利用の注意点／分類番号／ OPAC ／索引等）

ステップ 2 ：引用の読み方（判例の略式表記／コンメンタール／判例解説・判例評釈等）

ステップ 3 ：改正法令と判例の関係（官報／法令番号／現行法令／過去法令／最高裁判所判例集・大審院判例集判例掲載雑誌／裁判所ウェブサイト

／有料データベース／条例等）

　ステップ4：裁判の結果を踏まえて（小田急判決の紹介／訴訟要件・却
下・棄却／事件番号等）

3.7.2　ウェブサイト

『国立国会図書館　リサーチ・ナビ　政治・法律・行政』

　https://rnavi.ndl.go.jp/politics/index.php

　同館、議会官庁資料室で収集している明治以来の法令集、条約集、判例集、
官庁資料、国内外の議会資料、国際機関資料の紹介と関連リンク集です。

法令を調べる

LEGAL RESEARCH

1. 法令の基礎知識

1.1 法令とは

　"法律""法令"どちらも日常に耳にすることばですが、法律は、衆参両院の議決を経て成立し、天皇が国事行為⌐1の1つとして公布する法令の一種類です。

　法令は、憲法、条約、法律および命令を含むより広い概念を指しますが、本書では、1）国会と帝国議会の各院議決を経て制定、承認、公布された法律と条約、2）行政機関によって制定された命令である政令、府令、省令と大日本帝国憲法下で制定され、日本国憲法施行後も廃止されずに政令と同等の効力をもつ勅令等⌐2、3）行政機関の委員会等が定める規則、4）衆議院、参議院の定める衆議院規則、参議院規則、5）最高裁判所が定める最高裁判所規則、そして6）地方公共団体（都道府県、市町村）の条例と規則を総称して法令ということにします。

　法令はその種類により優劣関係があり、基本的には上位法令が優先し、これに反する下位法令は効力をもちません。法令はひとたび制定された後も、その条文が改正されたり、失効・廃止されることがあります。特定の事件に法令が適用される場合、原則的には事件が起こった時点で有効な法令条文が適用されます。そのため、問題としている条文は現在利用している六法に記されている条文のままでよいのか、改正、失効、廃止等の情報を確認するこ

1—**国事行為**　憲法6条、7条によって定められた天皇の国家機関としての行為で、内閣の助言と承認を必要とします（同法4条）。

2—**勅令**　大日本帝国憲法下で制定されていた法令の種類のひとつで、帝国議会を経ずに天皇の大権により発せられた命令です。日本国憲法は勅令の制定を認めていませんが、日本国憲法施行の際に効力のあった勅令のうち、法律で規定すべき事項を内容とする勅令については一定期間経過後失効するものとし、その他については廃止の措置をとらない限り政令と同一効力を有するとされています。なお、旧憲法時代には、法の種類として勅令のほか、法律、閣令、府令、庁令、省令、本部令がありました。

とが必要です。

　リーガル・リサーチを進めていくには、法令の種類と効力の関係、有効な法令はどの資料に載っているかといった法令集の選択、また、当該法令のどの条文に効力にかかわる内容が書かれているかなど各法の構成についての知識が不可欠です。第Ⅱ部はこうした知識と、国の行政機関等が発する訓令・通達、告示が収録されている資料や、法令の探し方について紹介します。

1.2　法令の種類

1.2.1　国の法令

　国の法令には、以下の種類があります。

①**日本国憲法**　国民主権、基本的人権の尊重、平和主義などを基本原理とする日本国の最高法規であって、その条規に反する法律、命令、詔勅および国務に関するその他の行為の全部または一部は、その効力を有しないとされています。

②**条約**　国家間、国家と国際機構間、国際機構相互間の合意規範です。憲章、協約、協定、取極（とりきめ）、規約、規程、議定書と呼ばれる国家間合意も条約です。

③**法律**　国会の議決により制定されます。日本国憲法は、日本国民の要件（10条）、財産権の保障（29条2項）、納税の義務（30条）、法定手続の保障（31条）、課税の要件（84条）ほかについては、法律で定めることとしています。また、少なくとも国民に義務を課したり国民の権利や自由を制限する場合や行政機関の組織・権能については、法律で定める必要があると考えられています。

④**政令**　憲法、法律の規定を実施するため、あるいは法律の委任にもとづいて内閣が制定します。

⑤**府令・省令**　内閣府の長としての内閣総理大臣、各省大臣が制定します。

⑥**府・省に置かれる委員会等の規則等**　内閣府または省に外局として置かれている委員会および各庁の長官は、法の定めるところにより規則を制定できます（内閣府設置法58条4項、国家行政組織法13条1項）。たとえば公正取引委員会、国家公安委員会、公害等調整委員会、公安審査委員会、司法試験管理委員会、中央労働委員会、船員中央労働委員会に制定権があります。ま

た、外局の他、会計検査院の制定する会計検査院規則（会計検査院法38条）、人事院の制定する人事院規則（国家公務員法16条１項）があります。

⑦**衆議院規則、参議院規則**　所属議員の発議、議院運営委員会、本会議の審査を経て各議院が制定します。会議、手続および、内部のきまりに関する内容です。

⑧**最高裁判所規則**　訴訟に関する手続、弁護士・裁判所の内部規律、司法事務処理に関する事項を内容とし、民事訴訟規則、刑事訴訟規則、家事審判規則、少年審判規則、民事調停規則等があります。

　制定主体の異なる"規則"は、それぞれその効力や定める内容が異なりますので、混同しないように注意しましょう。

平成27年７月１日までに公布された現行法令の数は次のとおりです。

憲法・法律	2,224
条約	744
政令	2,875
その他（勅令等）	183
府省令	3,955
その他行政機関の命令	377
議院規則、立法府の機関の規程等	97
最高裁判所規則	197

「日本法令索引」データベース https://hourei.ndl.go.jp/help.html（国立国会図書館）による（アクセス　2015年９月30日20：10）

1.2.2　行政機関等が発する訓令、通達、通知、告示

　法令には属しませんが、行政機関等が発する訓令、通達、通知、告示があります。

①**訓令、通達**　行政諸機関等が、管轄の下位機関に法令の解釈や運用方針、権限行使のあり方を伝えるために発しています。機関内部でのみ効力をもつとされていますが、実際には管轄する業界等を規制しています。通達は、内容により指針、通牒といわれたことがあります。訓令と通達の区別は必ずし

も明確ではありません。

②**通知**　行政諸機関が、自治体や業界団体に対して法令の解釈や運用について願い伝えるために発しています。

③**告示**　内閣府、各省、各委員会・庁、裁判所、自治体が国民の権利・義務にかかわる規範、行政組織内部の規則、行政処分等を広く一般に知らせるために発しています。

　一例として、「常用漢字表」（平成22年内閣告示第2号）があります。また、閣議決定を経て行政府の権限と責任において締結される国際約束は行政取極〔→ p.58〕といわれます。国会の承認を経た条約とは異なる国際約束は、内閣がその与えられた権限の範囲内で締結するもので、その憲法上の根拠は、第73条2号の「外交関係を処理すること」に求められ、外務省の告示として発しています。

1.2.3　地方公共団体の法令——条例・規則

①**条例**　地方公共団体の議会が制定します。自治事務に限らず、法律の範囲内で制定することができます。

②**地方公共団体の規則**　その長が発する命令です。地方自治法により地方公共団体の長は、法令に違反しない限りにおいて、その権限に属する事務に関し規則を制定することができます。内部組織や運営に関する規則などがあります。なお、公安委員会、教育委員会、人事委員会、選挙管理委員会等の定める規則も別にあります。

1.3　法令の効力

1.3.1　法令相互間の上下関係を把握する

　法令は、その種類間に効力の上下関係があり、次頁の図2-1にあるように、憲法が他のすべての法令に対して最も強い効力をもちます。上位の法令は下位にある法令に優先し、下位の法令は上位の法令に違反することができません。

　条約は、憲法に次ぎ、法律に優先します（条約のほうが憲法より上位であるという説もあります）。

　法律は、憲法、条約以外のすべての法令に優先し、議院規則、最高裁判所

図2−1　法令の種類

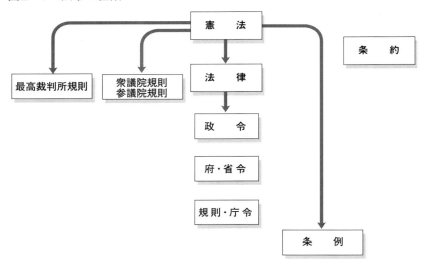

規則は法律に劣るとされています（最高裁判所規則のほうが法律より上位であるという説もあります）。

　政、府・省令等は国の行政機関の制定する命令ですが、それらの中では内閣の制定する政令が最も強い効力を有し、これに内閣府令（旧総理府令）・省令、行政機関の外局である委員会の規則・庁令が続きます。内閣府令と省令は同格、行政機関の委員会の規則と庁令は同格です。この他に内閣よりある程度の独立性を有する会計検査院と人事院も規則を定めることができますが、政、府・省令との関係で優劣はありません。

　条例、地方公共団体の規則は、法律や政令の範囲内で定められます。

1.3.2　法令の有効時点を把握する

　公布と施行については後述しますが〔→ p.57, p.58〕、法令が効力をもつのは国民に公表される公布の時点からではなく、施行期日からです。施行期日は、その法令の附則に何らかの定めがあります。

1.4　法令の制定から公布まで

　法令の制定から公布までの経過は、法令の種類によって異なります。そこで、法律・条約の制定・承認から公布までを、その種類別に整理してみましょう。

1.4.1　法律の制定

　法律案には、国会議員から発議され提出される議員提出法律案（衆議院議員提出の場合には衆法、参議院議員提出の場合には参法と呼ばれます）と、内閣から提出される内閣提出法律案（閣法と呼ばれます）があります。前者は衆議院法制局[3]、参議院法制局[3]、後者は内閣法制局[4]が法律案を調整します。

　委員会制度をとっている国会では、実質的な審査は委員会で行われます。審査の内容は、各委員会会議録〔→ p.111〕によって知ることができます。

　委員会の審査には、公聴会を開く場合、委員会内に小委員会を設ける場合、他委員会と連合審査会を設ける場合（ほかの委員会と所管がまたがるような法律を審査する）があります。こうした記録も各委員会会議録中に公聴会、小委員会、連合審査会の別に残されています。

3─衆議院法制局、参議院法制局　議員の立案に協力し、法律案の起草、法律案に対する修正案の起草、議員等からの法律問題の照会に対する調査回答、法制に関する資料の収集、整理および調整などを行う機関です。また、衆議院法制局は、委員会から命じられた法制に関する予備調査も行います。
「衆議院法制局」https://www.shugiin.go.jp/internet/itdb_annai.nsf/html/statics/housei/html/h-toppage.html
「参議院法制局」https://houseikyoku.sangiin.go.jp/

4─内閣法制局　各府省の立案した法律、政令、条約原案を審査します。法律案、条約は、国会の審議や承認を経ることになっているため、それらを（国会に提出するための）閣議に提出する前に、憲法その他の法律と抵触、矛盾しないかなど綿密な審査をします。また、総理大臣、各省・国務大臣、内閣に対し、法律にかかわる意見を述べ、行政機関の法律問題全般にわたりチェックをする機関です。
「内閣法制局」https://www.clb.go.jp/

図2-2　法律の制定過程

議員提出法律案
衆議院法制局または 参議院法制局が議員と原案作成

内閣提出法律案
各所管省庁が法律案の作成 内閣法制局が審査

所属政党の政策決定機関や 他会派との議員間協議に付す 所要の賛成者を得て提出を決定 発 議 議 員

閣議で法制局長官から概要説明 国会への提出を閣議決定 内閣総理大臣

国会先議院議長へ提出

法律案には会期ごとに提出年月日順に固有の番号が付けられる
衆議院議員提出法律案は、「衆法〇号」
参議院議員提出法律案は、「参法×号」
内閣提出法律案は、「閣法△号」とされる
議長は所管の委員長に法案を付託
委員会で提出者による法案の趣旨説明がある
ただし、重要法案の場合は、本会議でも提出者による法案の趣旨説明がある

委員会で審査にはいる

公聴会、小委員会、他委員会と連合審査会を開く場合がある
委員会で可決、または修正可決

本会議で委員会議長が報告、
審議を経て採決（可決、修正可決、否決）をする

可決、修正可決すれば、後議院に送付される

後議院で同様の手続を経て採決をする
可　　決

両議院の議決が異なる場合には両院協議会が開かれ、調整がはかられる
（調整が成立しなかった場合には、衆議院で出席議員2/3以上の再可決で法律となる）

後議院議長は内閣をとおして奏上、天皇は奏上された法律を公布する
公布日は、閣議で決められるが、奏上から30日以内でなければならない

なお、継続審議（審査）とされた案件は、次の会期で審議（審査）されます。閉会中に引き続き審査されることもあります。他方、審議（審査）未了となった案件は、会期の終了と同時に廃案となります。

　法律案の採決の際に、委員会が当該法律案に対する議決とは別に、行政機関に対して法令運用上の注意や要望を伝える決議を行う場合があります。附帯決議と呼ばれていますが、法的拘束力はありません。

　議員立法と内閣提出立法の流れについては、以下のウェブページでも解説されています。

　「参議院」https://www.sangiin.go.jp/japanese/aramashi/houritu.html
　「内閣法制局」https://www.clb.go.jp/recent-laws/process/

1.4.2　法律の公布

　成立した法令を公表し、国民が知ることのできる状態にすることを公布といいます。かつては公式令（明治40年勅令第 6 号）により「公文ヲ公布スルハ官報ヲ以テス」と定められていましたが、公式令は昭和22年に廃止され、現在のところ公布方法についての明文規定はありません。最高裁判所の判例（最大判昭32・12・28刑集11巻14号3461頁）により「法令の公布は、官報をもって行うのが相当である」と判示され、『官報』〔→ p.69〕によって行われています。

　国会で可決成立した法律案は、最後に制定・改正等の議決をした議院議長が内閣を経由して天皇に奏上[5]し、天皇が国事行為者としてこれを公布します。公布日は閣議で決められますが、奏上から30日以内でなければなりません。

　公布にあたって、法令番号〔→ p.65〕が付けられたのち、国立印刷局に送られ『官報』に掲載されます。『官報』の掲載年月日が法令の公布年月日です。そしてその時とは、一般の人がその官報を最初に購入、閲覧できた時点、

5―**奏上、公布**　奏上は、天皇に対して申し述べることをいいます。法律等の公布は天皇の国事行為として行われ、公布原本に天皇の署名（御名〔ぎょめい〕）と押印（御璽〔ぎょじ〕）がされます。『官報』には、天皇が公布した証明として、法律名の次に御名御璽と書かれているのをみることができます。なお、公布原本は、国立公文書館に保管されています。

すなわち「大蔵省印刷局官報課及び東京都官報販売所における官報掲示時刻である毎朝8時30分」と、判例（最大判昭33・10・15刑集12巻14号3313頁）により示されています。

1.4.3　法律の施行

　法令の効力を実際に発生させることを施行といいます。施行期日を附則〔→ p.66〕に明示するか、その定めを政令に委任します。また、過去には施行について附則に何の定めもない例もありますが、この場合には法の適用に関する通則法（平成18年法律第78号）第2条にもとづいて、公布の日から起算して20日目から施行されます。

1.4.4　条約の作成から承認、批准までと行政取極

　条約には二国間条約、多数国間条約があります。二国間条約の場合、当事国間で条約文が作成され、多数国間条約では国際連合などの国際機関や関係国の国際会議などにより条約文が作成され採択がなされます。条約は内閣法制局の審査を経て閣議決定されると、国会へ提出され締結について承認を求める件として審議されます。承認されれば、締結手続に進みます。締結の方法は、各条約の定め等によりますが、二国間条約の場合には、批准書の交換、外交上の公文の交換、相互の通告等により、多数国間条約の場合には、批准書、受諾書、承認書、加入書の寄託等によります。これらの手続が完了し、条約自体の発効時期が確定すると、「官報」に掲載されて公布されます。

　なお、多数国間条約は、日本語が「正文」である場合は少なく（たとえばILO条約では英語とフランス語）、正文と日本語訳（公定訳）との違いが裁判で争われることもあります。

行政取極

　条約締結にあたっては、国会の承認が必要ですが、条約とは別に内閣がその権限の範囲内で締結する行政取極があります。文書名は取極であったり、協定、交換公文とされますが、行政取極と総称されています。たとえば、2015年7月31日には、「トルコ共和国における原子力発電所及び原子力産業の開発のための協力に関する日本国政府とトルコ共和国政府との間の協定」が発効しています。同協定は、条約ではないので公布はされませんが、同8

図2−3 条約の制定過程

条約案
内閣法制局が審査

↓

閣議で国会提出を決定

↓

国会先議員議長へ提出
(国会会期ごとに、提出年月日順に番号 条約◎号が付される)
外務委員会で審査
承　認

↓

本会議の審議を経て承認
後議院に送付される

↓

同様の手続を経て承認
不承認となれば、両院協議会が開かれる
(衆議院が承認すれば、承認を得たことになる)(憲61)

↓

締結手続、公布

月18日官報（本紙6598号2頁）に、外務省告示293号として掲載されており、政府間の署名日とともに、発効を伝えています。

1.4.5　政令、府令・省令、その他の行政命令

　政令は、内閣が制定し（憲法73条6号）、内閣府令・各省令は各府省大臣が制定します（国家行政組織法12条1項）。閣議で決定されると公布日が決められ、天皇によって公布されます。

　内閣府令、省令、規則などは、制定権者である各府省大臣、庁長官、委員会等により公布されます。

1.4.6　最高裁判所規則、衆議院規則、参議院規則
　最高裁判所規則は、最高裁判所裁判官会議が制定し、官報で公布されます。
　衆議院規則、参議院規則は、各議院で制定します。衆議院規則、参議院規則は公布を要する事項とはされておらず、改正があった場合には、『官報』の〈国会事項〉〔→ p.69〕に載ります。

1.4.7　地方公共団体の条例と規則
　条例は地方公共団体の議会が制定し、議会議長はその制定または改廃の議決のあった日から 3 日以内に地方公共団体の長に送付しなければなりません（地方自治法16条 1 項）。地方公共団体の長は、その条例の再議その他の措置を講ずる必要がないと認めれば、送付された日から20日以内に公布しなければなりません（同16条 2 項）。公布に関し必要な事項は、条例で定めなければならないとされています。
　規則は、地方公共団体の長などが制定・公布します。公布は一般的には各地方公共団体の公報（紙）〔→ p.126〕への掲載か、掲示板への掲示によって行われます。国の公報である『官報』には掲載されません。
　条例の施行期日は条例・規則で定めますが、定めのない場合には、公布の日から起算して10日を経過した日から施行されます（同16条 3 項）。

1.5　法令の改正、停止、廃止・失効

　ひとたび制定・公布・施行された法令も、社会の変化や動きにあわせて変わっていきます。改正を繰り返すものも少なくありませんし、停止、廃止・失効されるものもあります。

1.5.1　改正
　改正には、全部改正と一部改正があります。改正される法令は、全文であっても一部であっても、新しく法令が制定・公布される場合と同様の手続がふまれます。

(1) 全部改正
　法令の全文を改める場合をいいます。多くの場合、改められる法令には既

存の法令と同じ題名が付けられるため、新制定法か全部改正法かわかりにくいということがありました。そこで、1950年ごろから公布の際には「○○法（昭和○年法律第○号）の全部を改正する。」という制定文（例示2-1、→ p.62）を、法令題名の次に付し、全文を改めたことがわかるようにしています。

　既存の法令を廃止し、その代わりとなる新しい法令を制定する場合は廃止制定といい、附則の中に「○△法は、廃止する」という規定が入れられます。

　たとえば、国籍法（明治32年法律第66号）は、国籍法（昭和25年法律第147号）の制定により廃止されたのですが、国籍法（昭和25年法律第147号）附則2項には、「国籍法（明治32年法律第66号）は、廃止する。」とあります。

(2) 一部改正

　条文の全文ではなく一部を改める場合をいい、一部を改正する法令を作り実施します。

　一部改正の方式は、「溶け込み方式」あるいは「織り込み方式」などと呼ばれています。たとえば、次の「刑法等の一部を改正する法律」にみられるように、〈第○条中「□□」を「△△」に、「××」を「○○」に改める。〉といった方式で、一部を改正する法令の規定を従来の条文に溶かし込む（織り込む）ことによって、新しい規範とします。現在の条文である第○条「□□」や「××」と対照して読まない限り、改正の内容を正確に理解することはできません。

　一部改正法とは、以上の形式により、『官報』で公布される法令です。ところが、六法や差し替え式法令集、法令データベースはこれを改正前の条文に溶かし込み掲載します。一部を改正する法令の条文は、『官報』〔→ p.69〕『法令全書』〔→ p.75〕では確認できますが、六法や差し替え式法令集、法令データベースでは、見当たらないことになります（例示2-2、→ p.63）。

例示 2−1　『官報』における「公布文」と「制定文」の例

→公布文

←制定文

法律第百十八号

教育基本法

平成十八年十二月二十二日

御　名　御　璽

内閣総理大臣　安倍　晋三

教育基本法をここに公布する。

第一条　教育の目的

第一章　教育の目的及び理念

我々日本国民は、たゆまぬ努力によって築いてきた民主的で文化的な国家を更に発展させるとともに、世界の平和と人類の福祉の向上に貢献することを願うものである。

法律第百十九号

独立行政法人平和祈念事業特別基金等に関する法律等の廃止等に関する法律

平成十八年十二月二十二日

御　名　御　璽

内閣総理大臣　安倍　晋三

独立行政法人平和祈念事業特別基金等に関する法律等の廃止等に関する法律をここに公布する。

第一条　独立行政法人平和祈念事業特別基金等に関する法律（昭和六十三年法律第六十六号）は、廃止する。

内閣総理大臣　安倍　晋三

例示 2-2　官報上の法改正公布と六法上の当該条文

①官報にみられる「少年法の一部を改正する法律」（平成26年4月18日法律第23号）（抜粋）

少年法（昭和二十三年法律第百六十八号）の一部を次のように改正する。

第五十一条第二項中「十五年」を「二十年」に改める。

第五十二条第一項中「長期三年以上の」を削り、「その」を「処断すべき」に、「長期と短期を定めて」を「長期を定めるとともに、長期の二分の一（長期が十年を下回るときは、長期から五年を減じた期間。次項において同じ。）を下回らない範囲内において短期を定めて、」に改め、ただし書を削り、同項に後段として次のように加える。この場合において、長期は十五年、短期は十年を超えることはできない。

II
1

②改正前、平成26年版六法全書に収録された少年法"第五十一条第二項及び第五十二条第一項"各条文

（死刑と無期刑の緩和）

第五十一条第二項

2　罪を犯すとき十八歳に満たない者に対しては、無期刑をもつて処断すべきときであつても、有期の懲役又は禁錮を科することができる。この場合において、その刑は、十年以上十五年以下において言い渡す。

（不定期刑）

第五十二条　　少年に対して長期三年以上の有期の懲役又は禁錮をもつて処断すべきときは、その刑の範囲内において、長期と短期を定めてこれを言い渡す。但し、短期が五年を越える刑をもつて処断すべきときは、短期を五年に短縮する。

③平成27年版六法全書に収録された少年法"第五十一条第二項及び第五十二条第一項"各条文

（死刑と無期刑の緩和）

第五十一条第二項

2　罪を犯すとき十八歳に満たない者に対しては、無期刑をもつて処断すべきときであつても、有期の懲役又は禁錮を科することができる。この場合において、その刑は、十年以上二十年以下において言い渡す。

（不定期刑）

第五十二条　　少年に対して有期の懲役又は禁錮をもつて処断すべきときは、処断すべき刑の範囲内において、長期を定めるとともに、長期の二分の一（長期が十年を下回るときは、長期から五年を減じた期間。次項において同じ。）を下回らない範囲内において短期を定めて、これを言い渡す。この場合において、長期は十五年、短期は十年を超えることはできない。

1.5.2 停止、廃止・失効

(1) 停止

　ある法令の施行を一定期間停止し、その効力を働かせない状態をいいます。たとえば、「陪審法ノ停止ニ関スル法律」は、「陪審法」の施行を1943〔昭和18〕年以来停止し、現在に至っています。

(2) 廃止・失効

　法令が効力を失う場合には、いくつかの形態があります。「○○法を廃止する法律」を制定して廃止する場合や、あらかじめ有効期限を定める限時法による場合があり、それらの場合にはその効力の期限ははっきりしています。その他、廃止等の手続はとられないけれども実効性が失われる場合があります。

　たとえば、「地方公共団体の議会の議員及び長の選挙期日等の臨時特例に関する法律（平成22年法律第68号）」は、多数の地方公共団体の議会の議員、長の任期が平成23年3月1日から5月31日までの間に満了するので、これら選挙の期日を統一し、これにともなう公職選挙法の特例を定め、その他所要の規定の整備を行う法律でした。ところが、日時の経過、関係事務の終了によりこの法律の実効性は失われたと判断されています。

　このほか、規律する対象が消滅する等の事情により適用される余地がなくなったか、または合理的に判断して適用されることがほとんどないと認められるに至った法令があります。

1.6　法令・条文のかたち

　現在、新たに制定される法令には、題名が付けられることになっています。しかし、昭和22年ごろまでに制定された法令のなかには、題名のないものがありました。法令番号で判別するものの、内容がわからずには不便なため、公布の際、第一行目に見られる公布文（例示2-1、→ p.62）。から「件名」をとってよぶ法令があります。たとえば「明治22年法律第34号」は、決闘について定めている法律で「決闘ニ関スル件」といわれています。同法律を公布した『官報』で確かめてみますと、公布文に「朕決闘罪ニ關スル件ヲ裁可シ茲ニ之ヲ公布セシム」とあります。「決闘ニ関スル件」が題名に代わる件

名として使われている例です。他に、「失火ノ責任ニ関スル法律」（明治32年法律第40号）、「私的独占の禁止及び公正取引の確保に関する法律」（昭和22年法律第54号）」なども題名ではなく、件名です。

　法令には、題名に続いて法令番号が記されています。法令番号は公布される際に必ず付けられ、会社法の法令番号は、「平成17年法律第86号」です。平成17年は公布の年を表し、続く部分で法令の形式を、さらに第86号は歴年の通し番号であって、平成17年の86番目に公布されたことを表しています。どの形式の法令であっても公布時に固有の番号が付けられます（例示 2 - 3 、→ p.67）。

Ⅱ
1

　　会社法施行令（平成17年政令第364号）
　　会社法施行規則（平成18年法務省令第12号）

　法令を引用する場合には、題名に加え法令番号を添えます。現会社法は、制定公布された平成17年以降にも改正されています。改正をする一部改正法にも固有の番号が付けられますが、溶かし込み〔→ p.61〕後の現会社法を引用する際には制定当初の法令番号を用います。

　なお、法令番号は、平17法86のように簡略に書かれることもありますが、省令の番号の場合にはいずれの省の所管であるかを記します。例：会社法施行規則（平18法務省令12）

①**本則**　各法令は、実質的な内容部分である本則と、付随的、経過的な規定を記した附則から成っています（例示 2 - 5 、→ p.68）。

　本則の冒頭には、法律の全体にかかわる基本的事項や法制度の前提となる事項を定める総則的規定がみられ、目的または趣旨、定義から始まっていることが多いようです。総則的規定の次には実体的規定、雑則的規定、罰則規定が続きます（罰則規定がない法令もあります）。法令は、条を基本単位として構成されていますが、条文数の多いものには、章、節、款、目、という区分が用いられています。条名（番号）は、章、節等が改まっても通し番号で続き、次の章で 1 条に戻るということはありません。

②**条文の見出し**　条文冒頭の丸括弧（　）見出しは、その内容を簡潔に示す

もので条文の一部ですが、昭和22、23年以降につけられるようになったものです。そのため、日本国憲法をはじめ、それ以前に制定された法令には見出しのないものもたくさんあります（例示2-3）。

　見出しは条文を探す目印ともなるため、六法によってはその編修委員会が独自に見出しを付け、これを索引語として事項索引から検索できるようにしています。そのため、各社の六法で見出しが異なる場合があります。独自に付けた見出しには原典との違いがわかるように【　】〔　〕など見出しを囲む記号の形を変える工夫をしています。

③条、項、号　法令は、条を基本単位として構成されていると述べましたが、その内容を区分けする必要が生じて行を改め書かれた段落部分を項といい、2項以下に算用数字を付しています。条や項の中で列記をしている部分は号といい、漢数字を付し、号をさらに分け列記をする場合にはイ、ロ、ハを付します。六法等法令集では法令原典にはない項、号番号を独自に付けることをしています。資料ごとに番号の表記（算用数字、漢数字、など）が異なる場合もありますので、法令集の前書きや凡例などを読んで確認しておく必要があります（例示2-2、→ p.63）。

④別表、様式、表、附録（付録）、別記　本則中には置かず、別にまとめて置くほうがわかりやすいとされる表、図、その他があります。これらは本則の後についており、対応する本則の条数名が表示されています（例示2-4）。なお、法令DBによっては、附則の後ろに置かれている場合もあります。

⑤附則　本則に対して、施行期日や経過措置、その他の関係法令の改正について記しているのが附則（例示2-5、→ p.68）です。附則の始まりの部分には"附則"の表示があります。法令によっては、条文によって異なる期日に施行することもあり、時と効力について確認をする場合に重要な部分です。当該法令の成立によって影響を受ける関係法令の改正・廃止について言及されることもあります。また、附則はどの一部改正法にも存在します。六法などの法令集や法令DBでは経過措置期間が過ぎた附則条項等は削除されていますが、各改正の施行期日の定めは残され、改正の歴史がわかるようにしています。

例示 2-3　法令のかたち

刑法　←法令の題名　←公布年月日・法令番号

（明治四十年四月二十四日法律第四十五号）

最終改正：平成二三年六月二四日法律第七四号

刑法別冊ノ通之ヲ定ム

此法律施行ノ期日ハ勅令ヲ以テ之ヲ定ム

明治十三年第三十六号布告刑法ハ此法律施行ノ日ヨリ之ヲ

廃止ス

第一編　総則

第一章　通則

（国内犯）　←見出し

第一条　←条名

この法律は、日本国内において罪を犯したすべての者に適用

する。

（項数）項番号

2　日本国外にある日本船舶又は日本航空機内において罪

を犯した者についても、前項と同様とする。　←（第2項）

←（第1項）

（すべての者の国外犯）

第二条

この法律は、日本国外において次に掲げる罪を犯したすべて

の者に適用する。

←号名

一　削除

二　第七十七条から第七十九条まで（内乱、予備及び陰謀、

内乱等幇助）の罪

三　第八十一条（外患誘致）、第八十二条（外患援助）、第八

十七条（未遂罪）及び第八十八条（予備及び陰謀）の罪

（以下略）

例示 2-4　法律の別表

特定非営利活動促進法

（平成十年三月二十五日法律第七号）

第一章　総則

（目的）

第一条　この法律は、特定非営利活動を行う団体に法人格

を付与すること並びに運営組織及び事業活動が適正であっ

て公益の増進に資する特定非営利活動法人の認定に係る制

度を設けること等により、ボランティア活動をはじめとする

市民が行う自由な社会貢献活動としての特定非営利活動

の健全な発展を促進し、もって公益の増進に寄与することを

目的とする。

（以下略）

第八十二条　第四条の規定に違反した者は、十万円以下の

過料に処する。

別表　（第二条関係）

一　保健、医療又は福祉の増進を図る活動

二　社会教育の推進を図る活動

三　まちづくりの推進を図る活動

四　観光の振興を図る活動

五　農山漁村又は中山間地域の振興を図る活動

六　学術、文化、芸術又はスポーツの振興を図る活動

七　環境の保全を図る活動

八　災害救援活動

（以下略）

例示 2-5　法律の附則

個人情報の保護に関する法律
（平成十五年五月三十日法律第五十七号）

（目的）

第一条　この法律は、高度情報通信社会の進展に伴い個人情報の利用が著しく拡大していることにかんがみ、個人情報の適正な取扱いに関し、基本理念及び政府による基本方針の作成その他の個人情報の保護に関する施策の基本となる事項を定め、国及び地方公共団体の責務等を明らかにするとともに、個人情報を取り扱う事業者の遵守すべき義務等を定めることにより、個人情報の有用性に配慮しつつ、個人の権利利益を保護することを目的とする。

（以下略）

附　則　抄

（施行期日）

第一条　この法律は、公布の日から施行する。ただし、第四章から第六章まで及び附則第二条から第六条までの規定は、公布の日から起算して二年を超えない範囲内において政令で定める日から施行する。

（本人の同意に関する経過措置）

第二条　この法律の施行前になされた本人の個人情報の取扱いに関する同意がある場合において、その同意が第十五条第一項の規定により特定される利用目的以外の目的で個人情報を取り扱うことを認める旨の同意に相当するものであるときは、第十六条第一項又は第二項の同意があったものとみなす。

（以下略）

2. 法令を収録する資料、情報源

　法令を収録している資料には、『官報』（例示2-6、→ p.70）、六法、差し替え式法令集、法令のデータベース、条約集、訓令・通達集、ウェブサイトなどがあります。なお、地方公共団体の法令を収録する資料、情報源については、地方公共団体の議会資料とともに紹介します〔→ p.127〕。

2.1 『官報』と『法令全書』

2.1.1 『官報』（国立印刷局）1883〔明治16〕年7月2日～、日刊

　『官報』は、国の機関が定めた法令を公布・公告をするために国が発行する機関紙で、原則として行政機関の休日を除き毎日発行されています。法令の原典であり、条文を最も早く知ることのできる資料です。

（1）掲載事項

　何を掲載するかは、官報及び法令全書に関する内閣府令（昭和24年総理府・大蔵省令第1号）で定められています。法令のほか、国の政策を周知する事項、国民の権利義務に深く関連した各種重要事項が多くみられます。

①法令の公布

・憲法改正
・詔書：天皇による国事行為のための文書。国会召集、衆議院解散、衆議院議員総選挙施行、参議院議員通常選挙施行など。
・法令の制定・改廃：法律、政令、条約、最高裁判所規則、府令・省令、行政機関の委員会が定める規則、庁令、訓令（なお条約は、外国語テキストを併載、衆議院規則、参議院規則に改正がある場合には、国会事項欄に掲載されます）。
・告示：国家機関が決定した広く知らせるべき事項。

②広報的事項

・国会事項：議事日程、議案関係、各委員会関係事項（衆議院規則、参議院規則に改正があった場合掲載されます）。

例示 2-6　官報記載例

官報

編集・印刷
独立行政法人国立印刷局

目次

本号で公布された
法令のあらまし

◇建築基準法の一部を改正する法律の一部の施行期日を定める政令（政令第五号）国土交通省
この政令は、建築基準法の一部を改正する法律（平成二六年法律第五四号）附則第一条第二号に掲げる規定の施行期日を、平成二八年六月一日とすることとした。

◇建築基準法施行令及び地方自治法施行令の一部を改正する政令（政令第六号）国土交通省
定期報告を要する建築設備等は、政令で定めるもの（通常の火災時において避難上支障のあるものとして国土交通大臣が定めるものを除く。）とし、その指定は、一定の建築物とするほか、定期報告を要する特定建築設備等は、昇降機及び特定建築物の安全上、防火上又は衛生上特に重要である一定の建築設備並びに特定の遊戯施設とするとともに、当該特定建築設備等について、一定の設計者等によって確かめられた場合においては、国土交通大臣が定める構造方法によることと接合し、又は国土交通大臣の認定を受けたものとすることとした。（第三条、第六条）

床組及び小屋組の隅角に火打材を使用しない場合における構造方法は、国土交通大臣が定める基準に従った構造計算によって構造耐力上安全であることを確かめられたものに代えて、国土交通大臣が定めるものによることとした。（第四六条第三項関係）

柱と基礎とを接合する構造方法は、国土交通大臣が定める構造方法に適合し、又は国土交通大臣の認定を受けたものとすることとした。（第三七条の二関係）

百貨店、病院、映画館、劇場等の用途に供する建築物で、一定の火災時において避難上支障がある程度に高い状態になることを防止する措置が講じられているものについては、屋外への出口の戸その他一定の戸を引き戸にしなくても差し支えないこととした。（第四六条の三関係）

加熱面の裏面に面する室において、通常の火災による火熱が加えられた場合に、当該室に火炎を出さないものとして国土交通大臣が定める基準に適合する組立式間仕切壁並びに可燃物燃焼温度以上に上昇しないものとして国土交通大臣が定める基準に適合する構造方法を用いるもの又は国土交通大臣の認定を受けたものとし、その他一定の要件を満たすものについては、不燃性の物品を保管する倉庫等で、火災が発生するおそれのないものとして国土交通大臣が定める用途に供するものにあっては、屋根を不燃材料で造り、又は葺くこと等の規定を適用しないことを認めることとした。（第二条、第一〇九条の六及び第一三六条の二の二関係）

・人事異動：一定以上の役職公務員の人事。

・叙位叙勲

・褒章

・皇室事項：行幸啓、御祝電、宮中諸儀など。

・官庁事項：各府省の報告（国家試験や地価公示）事項など。

・資料：閣議決定、閣議了解事項。

・地方自治事項

③公告紙的事項

・公告：法令の規定にもとづいて広く一般に知らせる事項。

　各府省（政府関係機関の入札公告等）、裁判所（破産関係、失踪宣告、禁治産宣告など）、特殊法人等、地方公共団体（地方債償還、行旅死亡人公告など）、会社（商法などにもとづく組織変更公告、解散・合併・決算公告など）。

(2)　紙面

『**本紙**』は32ページとされています。

『**官報号外**』

　本紙が32ページを超えると発行されます。本紙より継続したページ付けはされず、号外が複数冊になる場合もあります。公布法令が多い場合に号外に掲載されることもあるので注意を要します。国会の本会議録である『衆議院会議録』『参議院会議録』が官報の号外としてありますが、この『官報号外』とは別のものです〔→ p.113、116〕。

　公布される法律、政令、条約（一部改正を含む）には、その概要と施行期日を載せた〈本号で公布された法令のあらまし〉欄が同日にあります（あらまし欄は1973〔昭和48〕年より始まる）。

　地価公示、薬価基準、政治資金報告などが掲載される日には数百ページ以上になることがあります。官報の正誤表が付く場合には、本紙の末に載ります。

『**特別号外**』

　内閣府等から要請のあった時や迅速な掲示が求められる場合には平日、休日を問わず発行されています。

『**政府調達公告版**』1994〔平成 6 〕年〜

公告のある日のみ発行されています。以前は本紙中にありましたが、別冊として独立し、政府機関等が調達する一定額以上の物品の入札公告、落札報告をしています。

『官報目録』 月刊

　１ヵ月分の目録が、翌月10日ころに発行されています。広報的事項については掲載されません。

　過去には、『官報資料版』『英文官報』『物価号外』などが発行されたことがありました。

『官報資料版』 1953〔昭和28〕年７月〜 2007〔平成19〕年３月、毎週水曜日発行

　指定統計の速報、各種白書の概要、消費者物価指数の動き、家計調査、労働力調査、月例経済報告、毎月勤労統計調査、国の施策、内閣が今国会に提出を予定している法律案要旨、条約要旨を掲載。「官報資料版」総目次（上半期：１〜６月／下半期：７〜12月）があります。

『OFFICIAL GAZETTE；ENGLISH EDITION』（英文官報）1946〔昭和21〕年４月〜 1952〔昭和27〕年４月

　GHQ（連合軍総司令部）の命令で発行されました。デジタル化され公開されています。（2.1.3官報関連ウェブサイト「OFFICIAL GAZETTE；ENGLISH EDITION」を参照）。

『物価号外』 1946〔昭和21〕年４月〜 1952〔昭和27〕年３月

　戦後の物価統制のため発行され、物価庁ほか府省の告示、公示を掲載。

　なお復刻製本版が、龍渓書舎、大空社ほかから発行されています。

2.1.2　官報データベース

「官報情報検索サービス」（国立印刷局）

　https://search.npb.go.jp/

　1947年（昭和22）５月３日〜、当日発行分（当日発行分は午前８時30分以降に公開）

　有料のDBです。官報（本紙、号外、政府調達公告版、目録、資料版）の検索と閲覧ができます。テキスト表示とイメージ表示（PDF[6]／

JPEG⁻⁷）を選択でき、いずれの保存、印刷も可能です。イメージ表示がPDFか JPEG によるかは発行年代によって異なります。同データベースでは旧官報、新官報と表示しています。

　旧官報（発行日／ 1947年05月03日 ～ 1999年03月31日） JPEG
　新官報（発行日／ 1999年04月01日以降） PDF

　旧官報については、解像度を上げることができず、字句を読み取ることが困難な場合もあります。一方、新官報は、鮮明なプリントを得ることができます。有料、無料の法令 DB では法令中の別表、様式、表、附録（付録）、別記が省略されている場合もあるのですが、この DB では印刷体官報が画像として取り込まれているため、別表、様式、表、附録（付録）、別記などすべてのダウンロード、保存、印刷が可能です。

　また、官報の誤植については、正誤表によって正されています。印刷体官報の正誤表は本紙の末に載るものの、掲載曜日が決まっているわけではなく、その存在の確認には手間取ることもあります。当サービスでは、キーワード等によって検索する範囲に正誤表も含まれるため、その存在を知ることが容易です。

2.1.3　官報関連ウェブサイト

「官報」（国立印刷局）（無料公開サイト）

https://kanpou.npb.go.jp

本紙、号外、政府調達、目録等を PDF ファイル形式で、無料で閲覧・印刷・ダウンロードできます。発行当日は、原則として午前 8 時30分以降に掲載され、掲載期間は当日から30日間です。「官報」では、内容の正確さが問題となる場合があります。その際に印刷体『官報』の内容が基準とな

---

6 ―**PDF ファイル**　ファイル形式の一つ。Adobe 社の表示ソフト Acrobat Reader によって表示できます。PDF 形式では、元の文書のフォント、体裁などの書式が維持され、文字、写真が印刷物のようにきれいに表示されます。Acrobat Reader は無料でダウンロードできるため、インターネットで広範に利用されています。

7 ―**JPEG ファイル**　画像ファイル形式のひとつです。画像を保存する形式としてはほかに GIF ファイル、BMP ファイル、PNG ファイルなどがあります。

ることは、「官報」のウェブページにも注記があります。

　なお、『官報』全文の閲覧等ができるのは直近30日間分ですが、公布法律、条約、政令と府省令に限っては、平成15年８月１日分までさかのぼり閲覧等できます。左フレームの30日分の官報へのアクセスボタンの下には「過去分はこちら」というリンクボタンがあります。このリンクをたどり、過去の日付を選択すれば、閲覧等が可能です。

「首相官邸 官報資料版」（内閣官房内閣広報室）

https://www.kantei.go.jp/jp/kanpo-shiryo/index.html

1997〔平成９〕年８月６日〜 2005〔平成17〕年12月

発行された資料版のごく一部ですが、上記サイトに収録があります。白書（青書）のあらまし、消費者物価指数動向、労働力調査、月例経済報告等、内閣が現在国会に提出を予定している法律案要旨が掲載されています。テキストファイル形式。なお、資料版の発行は2007〔平成19〕年３月28日号で終了されています。

「政府公共調達データベース」（JETRO）

https://www.jetro.go.jp/gov_procurement/

官報に掲載される政府調達に関する公告などを提供しています。公示の種類、官報掲載日、調達機関、調達機関所在地、品目より検索できます。

官報検索サイト

「官報目次検索」（全国官報販売協同組合）

https://www.gov-book.or.jp/asp/Kanpo/KanpoList/?op= 1

1996〔平成８〕年１月以降の本紙、号外、政府調達、資料版の目次の検索ができます。

「官報検索（無料）！」 Kanpoo.JP（satoru.net）

https://kanpoo.jp/

　前掲「官報」の無料公開期間中、本紙、号外、特別号外、政府調達、目録の別に全文を対象としてキーワード検索ができます。

「OFFICIAL GAZETTE；ENGLISH EDITION」（英文官報）（国立国会図書館デジタルコレクション）

https://dl.ndl.go.jp/#kanpo

　GHQ（連合軍総司令部）の命令により1946〔昭和21〕年４月４日〜1952〔昭和27〕年４月28日の期間のみ発行された同紙の画像（PDF 方式）

が公開されています。詳細検索または、発行年一覧から官報を選択できるようにしています。

　同紙は、名古屋大学も画像（PDF 方式）を公開しており、検索ができます。
（名古屋大学法情報研究センター）https://jalii.law.nagoya-u.ac.jp/project/jada

2.1.4　その他の官報記事索引誌

　前掲『官報目録』、「官報情報検索サービス」（国立印刷局）、「官報検索」（全官報）などのほかに次の検索ツールがあります。

『官報目次総覧』（文化図書）全24巻、1980〔昭和55〕年～
　「官報」創刊の1883〔明治16〕年 7 月～ 1997〔平成 9 〕年12月までの各月刊目録を集積した資料の復刻版。項目別索引があります。

『官報総索引』（官報調査会編、文化図書）1988〔昭和63〕年～、年刊
　府省別、内容別（詔書、法令・告示、国会事項、皇室事項、官庁事項、資料など）に目次があります。

2.1.5　**『法令全書』**（国立印刷局）月刊　1885〔明治18〕年～

　『法令全書』は、国が発行する編年体法令集です。『官報』は、国民の権利義務・国の政策の周知を目的として発行されるため掲載事項が多岐にわたっていますが、『法令全書』では、『官報』から公布法令を抜粋し、公布年月日順に法の形式別に編集しています。省令以下は、各省庁別にまとめています。

　『法令全書』では、官報の法令掲載ページをわかるようにしており、官報の「本号で公布された法令のあらまし」も収録されています。創刊は1885〔明治18〕年ですが、収録範囲は、1867〔慶應 3 〕年以降に公布された法令にまでさかのぼれます。

　『法令全書総目録』は、毎年 3 月に前年の索引が発行されます。現在の索引は事項別、五十音別ですが、戦前分については、イロハ順索引・公布順法令目録でした。別巻 1 ～ 4 巻があり、1867〔慶應 3 〕～ 1984〔明治17〕年間のイロハ別キーワード索引となっています。また、第 1 巻に「附録」1987〔明治20〕年、第 4 巻には、「各國條約書」1854〔嘉永 7 〕～ 1867〔慶應 3 〕年があります。

2.2 六法

　六法ということばの由来は諸説あるようですが、明治初期に箕作麟祥が翻訳をした『仏蘭西法律書』（明治8年）の冒頭で憲法、民法、訴訟法（民事訴訟法）、商法、治罪法（刑事訴訟法）、刑法の6つの法を集めた書物のことを初めて「六法」と説明したことにあると言われています。そしてその後、以上の6つの法律に限らず、主要な法律や法令集をさすことばとして使われ続けています。印刷体、デジタル化された六法があります。

2.2.1　六法の種類

　数多くの印刷体六法がありますが、収録数や収録分野に違いがあります。約1,000の法令を収録している六法に、『六法全書』があります。また、収録数が400内外の『模範六法』『有斐閣判例六法 Professional』、さらに収録を減らしてハンディーにした『デイリー六法』『ポケット六法』などがあります。学習向け、実務向けを意識した編集がなされ、参考判例が加えられている六法もあります〔→ p.77〕。各六法の詳細は以下を参照してください。

　この他、収録分野を限定した六法があります。たとえば、『教育六法』では、教育に関連する主要法令を収録し、法律から施行の細部にわたる政令、省令、行政機関の委員会が定める規則や訓令・通達を収録しています。『税務六法』『環境六法』などさまざまな分野の六法が多数あります。

2.2.2　現在刊行中の主な印刷体六法
(1) 分野を網羅している六法
『**六法全書**』（井上正仁、山下友信他編、有斐閣）1948〔昭23〕年〜、年刊
　『官報』『法令全書』を原典に、現在有効な法律、条約、政令、省令、府令、行政機関の委員会が定める規則、訓令を全863件（うち参照条文付き法令48件）（平成27年版）収録しています。毎年内容現在日を1月1日とし3月下旬に発行。印刷体の六法としては最大の収録数なので、内容現在日を確認しながらバックナンバーを利用すれば、ある過去の時点で有効であった条文を含む法令の全体像をつかむ資料として利用できます。

　なお、発行から6ヵ月後に追録が発行されます。編集後に公布・改正さ

れた法令の改廃一覧を付して、新法令、改正条文（ただし、官報のコピー）を収録します。巻末に全国裁判所管轄区域表、各種手数料等一覧表があります。

『ポケット六法』（山下友信、山口厚他編、有斐閣）、年刊

収録法令199件（2016年版／平成28）。

『デイリー六法』（鎌田　薫他編、三省堂）年刊

収録法令240件（2016年版／平成28）。

『法学六法』（石川明ほか編、信山社）年刊

収録法令79件（2016年版／平成28）。

(2) 判例付き六法

　裁判所の判断である判例は、具体的な事件を通して法令の解釈をしながら、法令の社会的機能を支える役割もしています。判例の拘束力は大きく、実質的な法源性も高いものです。条文解釈をする際に参照すべき判例の指示を付した六法を紹介します。

『模範六法』（竹下守夫他、判例六法編集委員会編、三省堂）年刊　1921〔大正10〕年〜

主要法令419件、収録判例1万3,772件（2016年版／平成28）。中型六法で、事項索引、判例年月日索引があります。

『有斐閣 判例六法 Professional』（井上正仁、山下友信他編、有斐閣）

収録法令399件（参照条文付き44件）、判例付き法令42件、判例件数約1万3,400件、（2016年版／平成28）。総合事項索引、事件名索引、判例年月日索引があります。『小六法』に代わり2008〔平成20〕年より出版されています。

『模範小六法』（竹下守夫他、判例六法編集委員会編、三省堂）

収録法令156件、判例件数1万3,652件（2016年版／平成28）。

『有斐閣 判例六法』（中田裕他編、有斐閣）年刊

収録法令141件（うち参照条文付き10件）、判例付き法令33件、判例件数約1万2,400件（2016年版／平成28）。法令条文を総合・事項索引から検索できます。また、判例は判例年月日索引、事件名索引から検索できます。判例には出典が示され、とくに学習用判例教材の「判例百選」シリーズの番号を掲載しています。

例示 2-7　大型六法

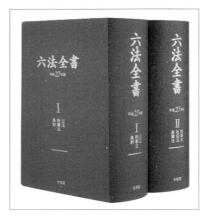

2.2.3　デジタル版六法

　これまで紹介してきた法令集の内容をデジタル化して提供しているものを含め、さまざまな六法があります。キーワードから法令全文に対して検索ができます。

(1)　CD-ROM、DVD-ROM 版六法

「六法全書電子復刻版 DVD」（有斐閣）

　印刷体『六法全書』1957（昭和32）～平成23年度版を DVD に収録しています。法令名検索のほか、年版総目次検索、条文特定検索ができ、六法全書各ページを PDF 形式で表示します。収録件数 のべ4万5,102件。

「模範六法 CD-ROM」（判例六法編集委員会編、三省堂／LOGOVISTA）

　印刷体『模範六法』と同データを収録しています。全法令・全判例を対象としたキーワード検索が可能で、同一判例・参照判例の呼び出しができます。また、カタカナ表示の法令をひらがな表示にすることができます。五十音順、法分野別、事項索引、判決年月日検索、法令名略称検索、条文のキーワード検索、キーワードによる判例要旨検索、参照条文検索が可能。

(2)　インターネット版六法

　PC、携帯、スマートフォン、タブレットコンピュータ用があり、各対応

機種別のアプリストア、ショップ、インターネット上の書店などで購入・ダウンロードできるものがあります。

「六法全書電子復刻版」

　印刷体『六法全書』1957（昭和32）〜平成23年度版をデジタル化し、重要判例検索サービス「Vpass」（有斐閣）のパッケージの1つとして販売しています。収録全法令を検索でき、六法全書各ページを PDF 形式で表示します。

スマートフォン、タブレットコンピュータ用アプリケーションソフトとしては次の製品があります。

「有斐閣判例六法 Professional」（井上正仁、山下友信他編、有斐閣）

　法令名検索、法令全文を対象としたキーワード検索（and 検索も可）などができます。また、判例については、判決日、事件名、事件番号、判例要約を対象とした、キーワード検索ができます。iPad、iPhone、iPodtouch 対応製品です。

「有斐閣判例六法 Reading」（井上正仁他編、青山善充他編、有斐閣）

　無料アプリをダウンロードすると、『有斐閣 判例六法』『有斐閣 判例六法Professional』収録の法令を法令単位で購入できます。iPad、iPhone、iPodtouch 対応製品です。

「iOS 版模範六法」（判例六法編集委員会編、三省堂／物書堂）

　印刷体『模範六法』と同データを収録。全法令・全判例を対象としたキーワード検索のほか、法令には五十音順、法分野別、事項索引があり、法令名略称検索、判決年月日検索、判例要旨検索、参照条文検索が可能です。iPad、iPhone、iPodtouch 対応製品です。

「iOS 版模範小六法」（判例六法編集委員会編、三省堂／物書堂）

　「模範小六法」をベースに、「模範六法」からも収録法令を厳選収録しています。検索機能は、「iOS 版模範六法」と同等です。アプリより「追加法令」を購入することで、同年の「模範六法」と同じコンテンツにアップグレードもできます。iPad、iPhone、iPodtouch 対応製品です。

2.3　差し替え式法令集

2.3.1　差し替え式とは

　差し替え式（加除式、ルーズリーフ式ともいう）〔→ p.12〕という形態の法令集があります。法令は、制定後にも改正や廃止などの変化をみるものです。現状に近い内容を保つように、内容に変更のあったページを除き、新しい内容ページを加えます。

　法令の改廃に応じて追録を、台本に適宜差し替えます。差し替え式法令集には、すべての現行法令を網羅した法令集と、分野を限定して、法令のみならず通達、規則等まで収録した専門分野の法令集があります。

　通常、巻頭に差し替え作業の記録表が付されており、作業が定期的に行われているか、いつ更新されているかなど、内容現在[8]を確認できます。

(1)　現行法令を網羅した差し替え式法令集

　現在有効な全法令（憲法、法律、政令、条約、府令、省令、行政機関の委員会が定める規則等）を体系的に編集しています。"現行"の法令集ですから、廃止された条文、改正された以前の条文は削除されています。

『現行日本法規』（法務大臣官房編、ぎょうせい）1949〔昭和24〕年〜

　　憲法、条約、法律、国会両議院の規則、最高裁判所規則、政令、府令、省令、会計検査院規則、人事院規則、各委員会または各庁の長官の規則、その他の命令、法規的性質をもつ告示、官報に掲載された重要な訓令、公示、太政官布告、同布達、勅令、閣令など法令を収録する90数巻と「制定年別索引」「五十音索引」「旧法令改廃経過」「参照条文索引」「現行法定刑一覧」「主要旧法令」（5巻）の巻から構成されています。

『現行法規総覧』（衆議院・参議院法制局編、第一法規）1950〔昭和25〕年〜

　　憲法、条約、法律、国会両議院の規則、最高裁判所規則、政令、府令、

8―内容現在　その法令集に収録された内容の基準時です。法令集の内容が何年何月何日時点では正しいと保証します。通常、差し替え式法令集では巻頭に、六法では凡例の欄に表示されています。『六法全書』の内容基準日も同じ意味です。

省令、会計検査院規則、人事院規則、各委員会や各庁の長官の規則、その他の命令、主要告示、官報に掲載された重要な訓令、公示、太政官布告、同布達、勅令、閣令など法令を収録する90数巻と「年別索引」「旧法令改廃沿革索引」「五十音・題名キーワード索引」から構成されています。参照条文の指示があります。

(2) 分野別の法令集

分野を特定しながら、現行の法律・命令から訓令、通達や告示まで収録している法令集があります。参照判例を併せ収録している場合もあります。

『労働法全書』（厚生労働省監修、労務行政研究所）、『労働法規総覧』『消費者保護関係法令質疑応答集』（第一法規）、『実務税務六法』『建築基本法令通達集』（新日本法規）、『現行水産法規総覧』『環境法規総覧』（中央法規出版）、『解説教育六法』『解説国際取引法令集』（三省堂）、『登記六法』（東京法経学院）など、さまざまな分野ごとにあります。

2.4　法令データベース

デジタル庁がインターネット上で無料公開しているDB「e-Gov法令検索」や複数の有料DBがあります。いずれも多様な項目からの検索が可能です。法令はその条文中で他の法令を引用することが多くありますが、リンクにより引用先の参照が容易です。有料DBは、現在有効な法令ばかりでなく過去に有効であった条文の検索と閲覧を可能しており、キーワード検索の際に入力語ばかりでなくその同義語を同時に検索するもの、条ごとに改正履歴を示すもの、判例DBや文献索引DBと組み合わせ横断検索ができるものなど、特徴のあるものが増えています。

2.4.1「e-Gov法令検索」と有料データベース

無料で公開されている「e-Gov法令検索」（デジタル庁）、その他のデータベースについては、表2-1〔→ p. 97〕を参照してください。

「e-Gov法令検索」（デジタル庁）

https://elaws.e-gov.go.jp/

日本国憲法のほか、現行の法律・政令・勅令・府令・省令、人事院規則、

会計検査院規則、行政機関の委員会が定める規則の検索・閲覧ができます。

最高裁判所規則である刑事訴訟規則、民事訴訟規則などや衆議院規則、参議院規則、条約は収録されていません。内容は1ヵ月ごとに更新され、施行された法令を収録します。一部改正法令は、施行期日以前には改正が条文に反映されていませんので注意が必要です。検索画面は、5つのパートから構成されています。上から順に、法令用語検索（キーワード（条文中の文字列）検索）、法令索引検索（法令題名あるいはその一部や通称名からの検索）、五十音索引（法令題名の五十音順一覧表示）、事項別分類索引（総務省による分類一覧表示）、法令番号索引（法令番号の入力による検索）があります。法令用語検索では、プルダウンメニューに、and、or検索の選択、検索対象（法令の形式）の選択、検索単位（条とするか法令とするか）を用意して絞り込みができるようにしています。検索単位の検索では、「本則中の条単位」を選択すると、入力キーワードのある法令の特定のみならず条名までが即座にわかります。また、複数のキーワードを入力した場合に、ひとつの条文中に入力語が同時にある例をさがすのに役立ちます。

DB上で、ある法令を見ていると、その法令の改正の歴史（法令沿革〔→ p.100〕）を知りたくなることもあります。その際は、法令題名の右の「法令沿革」というリンクボタンを押せば、国立国会図書館が作成し無料公開しているDBの同法令沿革サイトにつながります。

なお、トップ画面サイトのはじめの2行に、「新規法令一覧」「未施行法令一覧」〔→ p.106〕、「廃止等法令一覧」〔→ p.106〕ページへのリンクがあり各法条文へアクセスできますが、同ページ内には検索機能はありません。

有料データベース
①単体の法令データベース

「Super法令Web」（ぎょうせい）、「D1-Law.com（現行法規 / 現行法検索）」、「D1-Law.com（現行法規 / 履歴検索）」があります。「Super法令Web」は、現行と過去に有効であった法令の検索が可能なDBです。D1-Law.comは、（現行法規／現行法検索）版が現行法令DB、（現行法規／履歴検索）版は、現行法令に加え、過去に有効であった法令の検索が可能なDBです。

②法令、判例、文献等を収録する統合データベース

「Lexis AS ONE」（レクシスネクシス・ジャパン）、「Westlaw Japan」（ウエストロー・ジャパン）があります。法令、判例、文献の各データを横断検索できます。

③判例データベースや文献索引データベースと組み合わせられるデータベース

「Super 法令 Web」を作成するぎょうせいと（株）TKC の提携により、（株）TKC の判例 DB「LEX/DB」と組み合わされた「TKC 基本サービスセット」、「TKC 法律コンテンツ連携パック B」で法令と判例の横断検索ができます。また、（株）TKC は文献索引 DB「法律文献総合インデックス」（日本評論社）や他法律出版社等のコンテンツとも提携しており「TKC ロー・ライブラリー」では、文献も加わった横断検索が可能です。

「D1-Law.com」は、現行法規 / 現行法検索、現行法規 / 履歴検索、判例体系、法律判例文献という DB を各作成しており、どのような組み合わせでも横断検索ができます。

各特徴

①過去条文の収録

「Super 法令 Web」「D 1 -Law.com（現行法規 / 履歴検索）」「Lexis AS ONE」「Westlaw Japan」は、いずれも過去条文の蓄積データをもっており、公布日や施行日の入力によって当時有効であった条文を表示します。各社おおむね平成13、14年までさかのぼることができ、制定時までさかのぼって過去条文を蓄積する法令もありますが、各社の蓄積期間は異なります。

②条ごとに改正履歴を示すもの

Super 法令 web、D 1 -Law.com、Westlaw Japan で表示します。

③キーワード検索の際に入力語ばかりでなくその同義語を自動的に検索するもの

D 1 -Law.com、Westlaw Japan で可能です。

以上のほか、メモリースティックに納められた法令 DB があります。
「D1-Law nano 法令 COMPLETE」（第一法規）

平成27年版は、27年１月１日までに公布された条約を含む１万572法令を収録しています。別表、様式も含まれており、題名、キーワード、目次検索

機能がついています。

2.4.2　データベース利用上の注意点

　キーワード検索ではどの法令のどの条文にあるかわからないことば、文字列を簡単に見つけることができます。しかし、キーワードの選択には注意が必要です。というのも法令のことばづかいには日常とは異なる特徴があるからです。とくに、外来語を法令用語として使用することは、長く避けられる傾向にありましたが、最近では定着していれば使用されることもあります。試みに「法令データ提供システム」（総務省）で「コンピュータ」を用語検索してみると、40数件のヒットがあります。一方、同義語である「電子計算機」ということばで検索をすると、その20倍以上の法令がヒットします。そこで、両方のキーワードを検索して初めて関係する法令の全容がわかります。同義語を自動的に検索する機能をもったデータベースがありますが、「法令データ提供システム」では条文中にあることばからしか検索できませんので、法令の条文がどのようなことばを用いているかに注意しましょう。

2.5　法令（条約を除く）ウェブサイト

　法令条文にアクセスできるウェブサイト（ページ）が、数多くあります。ただし、法令条文を参考、引用する際には、条文文言の正確さが要求されますので、何を原典にしているか、内容現在がいつであるか、条文等の更新が行われているか、また作成者は誰かを確認し利用を判断しましょう。

2.5.1　官公庁等の法令ウェブサイト

「最高裁判所規則集」（裁判所）

　https://www.courts.go.jp/toukei_siryou/kisokusyu/index.html

　全最高裁判所規則の6割弱の規則が、民事事件、刑事事件、家事・少年事件関係、その他の4つに分けて収録されています。これら最高裁判所規則は、「法令データ提供システム」には収録されていません。

「制定法律」（衆議院）

　https://www.shugiin.go.jp/internet/itdb_housei.nsf/html/housei/menu.htm

第1回国会（1948〔昭和23〕年1月）以降に制定された法律を、制定回次別、分野別に検索して読むことができます。ただし、アップロードは会期ごとにまとめて行われるので、直近の会期に制定された法律がみられるまでに時間がかかる場合もあります。

「電子政府の総合窓口」（総務省）

https://www.e-gov.go.jp/

各府省の行政情報の窓口になっており、所管の府省がわからない場合でも、全府省の横断検索が可能です。各府省が設けるサイトへのリンクは、サイト右、中ほどにある「府省や行政に関する情報」「府省別行政情報案内」「各府省・独立行政法人等」にあります。

法令と関連する情報としては、次の項目のものがあります。

①所管法令、告示、訓令、通達、通知、ガイドライン、指針、質疑応答事例

サイト右、中ほどにある「府省や行政に関する情報」「カテゴリ別行政情報案内」から、さらに「組織・法令」へ進みます。

（例）

「所管法令等」（防衛省）

https://www.mod.go.jp/j/presiding/index.html

法律、条約、告示、訓令等を掲載しています。

②個別行政分野データベース

「府省や行政に関する情報」「府省別行政情報案内」にあります。

https://www.e-gov.go.jp/government-directory

この中には、公正取引委員会の「審決データベース」や「所管法令・ガイドライン」、総務省の「情報公開・個人情報保護関係答申・判決データベース」などがあります。

③国会提出法案

上記、「組織・法令」サイト内にリンクがあります。

④申請・届出等の手続案内

「府省や行政に関する情報」「カテゴリ別行政情報案内」から、さらに「申請・手続」へ進みます。各府省の申請や届出等手続の方法や様式が知られ、また法令適用事前確認手続[9]（法令解釈に係る照会手続〜ノーアクションレター制度）サイトで先行事例を見ることができます。

2.5.2　官公庁以外の法令ウェブサイト

官公庁以外の法令ウェブサイトには以下があります。

「法庫2」（角　知明）

https://houko2.com/

　一部有料で、法令等の検索が可能だった「法庫」（寺浦康光）が2016年10月に終了したのに伴い、一部を引き継いで2018年12月に開設。法律、政令、府省庁令・規則および告示に関する官報情報を「新設」「改正」「正誤」に区分し、週ごとにその一覧を掲載しています（条文自体は掲載なし）。

2.6　条約集

　条約を収録している資料および情報源としては、日本が当事国である現行条約を収録したもの、日本は当事国ではないが重要な条約を収録するもの、主題・分野を限定し収録しているもの、学習用のハンディーなもの、条約データベースなどがあります。

　日本が締結している条約については、『官報』『法令全書』はもちろんのこと、差し替え式法令集の『現行日本法規』『現行法規総覧』が網羅的に収録しており、各種六法に収録されている場合もあります。

2.6.1　外務省編集の条約集とウェブページ

　外務省が条約集を出版しています。新たに発効した条約を収録していますので、発効年を指標に利用します。

『条約集』（外務省国際法局 編、国立印刷局）年刊　1922〔大正11〕年～

　「二国間条約」と「多数国間条約」に分冊し、その年に発効した日本が当事国となっている条約すべてを日本語と外国語で、また当事国ではないが重要と思われる条約を外国語で収録しています。各条約に簡単な解説を加え、日本語文のあとに外国文テキストを掲載。なお、1964〔昭和39〕年ま

9—**法令適用事前確認手続**　民間企業等の事業活動のひとつが特定法令の適用対象となるか否か、あらかじめ所管行政機関に確認し、行政機関がその回答内容を公表する制度。類似先行事例があれば、行政機関の法令解釈が参考になる場合もあります。

では分冊されていません。条約の略称名索引があります。

『主要条約集』（外務省国際法局編、国立印刷局）2006〔平成18〕年、上巻・下巻

目次の条約名は略称で書かれています（英文併記）。数年ごとに発行（昭和52、55、60、平成3、10、18年版）されています。

上巻：日本が当事国となっている主要な二国間条約のうち参照頻度が高いとされる条約を日本語と外国語で収録。

下巻：国際連合憲章など重要と思われる多国間条約を収録。

外務省がウェブページ「条約」を公開しています。

「条約」

https://www.mofa.go.jp/mofaj/gaiko/treaty/index.html

第154回国会（平成14年）〜 189回国会（平成27年）に提出された条約を収録しています。国会提出順に条約を並べ、略称名から選択できるようにしています。条約本文のほか関連資料（条約の成立経緯や締結の意義の概説、条約実施のための国内措置、新旧対照表など）を提供しています。

外務省サイトには、検索機能をもったDB「条約データ検索」もあり、条約本文のほか上記関連資料を提供しています。同DBについては、後掲、条約データベースの項〔→ p.88〕を参照。

2.6.2　現行法令集の条約巻

『現行日本法規』「条約」の巻は、分野別に条約を編集しており、五十音索引があります。

『現行法規総覧』「条約」の巻は、多数国間条約、二国間条約に分け、内容別に編集しています。

2.6.3　ハンディーな条約集

『国際条約集』（奥脇直也ほか編、有斐閣）1950〔昭和25〕年〜、年刊

収録文書360（2015年版 / 平成27）ですが、抄録のみの条約もあります。条約の正称、略称、通称、欧文条約名から引くことができます。日本が当事国でない条約も収録しています。巻末付録に「国際連合組織図」「国際連合平和維持活動（PKO）等一覧表」「国際裁判一覧表」「条約の当事国

表」などを掲載。

『**解説条約集**』（広部和也ほか編、三省堂）2009〔平成21〕年
　　解説付き条約集です。付録に国際司法裁判所（ICJ）の判決等要旨が収録
　　されています。日本が当事国でない条約も収録しています。

『**ベーシック条約集 2015**』（田中則夫ほか編、東信堂）2015〔平成27〕年
　　305文書を収録しています。日本が当事国でない条約も収録しています。

『**国際人権条約・宣言集 第3版**』（田畑茂二郎他編、東信堂）2005〔平成
17〕年

『**軍縮条約・資料集 第3版**』（藤田久一ほか編、有信堂）2009〔平成21〕年

『**基本経済条約集　第2版**』（小寺彰ほか編、有斐閣）2014〔平成26〕年

2.6.4　条約データベース

「**条約データ検索**」（外務省）

　　https://www3.mofa.go.jp/mofaj/gaiko/treaty/index.php

　　収録期間は示されておらず不明です。2015年10月現在、第177回国会（平
　　成23年常会国会）で国会承認され、その後に発効した条約までが収録され
　　ている模様で、前掲「条約」サイト〔→ p.87〕のほうが収録が早いようで
　　す。条約題名は長い例が多いのですが、略称名からの検索ではヒットしな
　　い場合があります。正しい条約題名、または通称題名でヒットしない場合
　　には、トップページ下部で地域や国名を選択できるようになっているため
　　これらを利用します。

「**D1-Law.com 現行法規　現行法検索**」（第一法規）

「**D1-Law.com 現行法規　履歴検索**」（同）

　　2015年10月30日現在、発効した条約775件と行政取極〔→ p.53, p.58参照〕
　　500件以上を収録しています。条約は、法令の種類を「条約」に、行政取
　　極は「告示」に指定し、題名に含まれると思われることばや相手国名等を
　　入力することにより、結果をひきだせます。

「**Super 法令 Web**」（ぎょうせい）

　　2015年10月30日現在、発効した条約131件を収録しており、法令の種類を
　　「条約」にすることで、検索できます。

2.6.5 未批准の条約

　日本が締結（批准）していない多数国間条約の情報がまとめられている資料として以下があります。

「わが国が未批准の国際条約一覧」（国立国会図書館議会官庁資料室）

　https://dl.ndl.go.jp/info:ndljp/pid/8196396

　一覧は PDF 形式の資料で、条約の出典、書誌、内容などがあります（ただし、2013年 1 月現在）。

2.6.6 大日本帝国憲法下に締結された条約を収録した条約集

　大日本帝国憲法時代には、条約が勅令として公布されていたこともありました。

『条約彙纂』（外務省条約局）1925〔大正14〕～ 1940〔昭和15〕年

　二国間条約、多数国間条約、ベルサイユ条約等平和条約、賠償問題関係条約を収録しています。

『第二次世界戦争関係條約集』（外務省條約局編、日本外政協会）1943〔昭和18〕年

　クレス出版が復刻版1999〔平成11〕年を出版しています。日本と大東亜共栄圏内諸国との条約、日本と枢軸諸国との条約、ソ連と日本および米英諸国との条約等を収録しています。

『旧條約彙纂』（外務省条約局）全 3 巻、1930〔昭和 5 〕～ 1936〔昭和11〕年、別タイトル『旧条約彙纂』

　1854（安政元）年の日米和親条約以後の失効条約（1928〔昭和 3 〕年 9 月現在）を日本語と外国語を収録しています。

『日支間並支那ニ関スル日本及他国間ノ条約』（外務省条約局編）1923〔大正13〕年（クレス出版による復刻版）

　1895〔明治28〕年の日清戦争の休戦条約から1922〔大正11〕年までの日中間、中国に関する日本と第三国、中国に関する列国間の条約、協定、公文、覚書等を収録しています。

　『旧条約彙纂』『条約彙纂』に未収録の条約も収録しています。

『日本国ト大東亜諸国トノ條約』（外務省條約局編）1943〔昭和18〕年

　『大東亜條約集』の第 1 巻で、クレス出版が復刻版を出版しています。

　1895〔明治28〕～ 1943〔昭和18〕年の日本と大東亜諸国（中華民国、

タイ、満州国、フィリピン、ビルマ、印度支那）間に締結された条約を国別、年代別に収録しています。

『**締盟各国条約彙纂**』（外務省記録局）1884〔明治17〕年

1854〔嘉永7〕～ 1888〔明治21〕年までの条約を日本語と外国語で収録。前掲『旧條約彙纂』に収録していない条約も収録しています。

復刻版として、『明治期外務省調書集成』（明治期外交資料研究会編、クレス出版）があり、全18巻中の巻『条約改正関係調書集』に「締盟各国条約彙纂」があります。

『**法規分類大全**』（内閣記録局編、内閣書記官室記録課）1891〔明治24〕～ 1894〔明治27〕年

第1、2編：外交門・条約、1854〔嘉永7〕～ 1887〔明治20〕年間の条約を収録しています。

復刻版（原書房、雄松堂マイクロ出版）があります。

『**法令全書**』第1巻附録（1887〔明治20〕年）、第4巻：「各國條約書」（収録1854〔嘉永7〕～ 1867〔慶應3〕年）

効力を失った条約については、公布年を調べ、『法令全書』『官報』を利用するか、条約集を参照します〔→ p.87 ～〕。

2.6.7　条約の索引誌

『**条約目録**』（日本学術振興会編、岩波書店）1936〔昭和11〕年

1934〔昭和9〕年末までに締結された条約、国際約束を『条約彙纂』『条約集』『条約彙報』（外務省）から収録。年代順索引、事項別目録、国別目録があります。上記を底本とした復刻版（社会科学書誌書目集成　第5巻『条約目録』日本図書センター、1996年）があります。

『**条約便覧：二国間条約**』（外務省条約局編）1958〔昭和33〕年

1854〔安政元〕～ 1957〔昭和32〕年までに締結された二国間条約の目録。年代順、事項別、相手国別索引があります。なお、本書を底本とした復刻版に、次の資料があります。

『**条約便覧（二国間条約）**』（社会科学書誌書目集成第26巻、日本図書センター）1997〔平成9〕年

『**条約便覧：多国間条約**』（外務省条約局編）1955〔昭和30〕年

2.7 訓令、通達、通知、告示等収録資料

　訓令、通達、通知、告示は、各府省機関から多数発せられています。すべての訓令、告示は『官報』『法令全書』「官報情報検索サービス」（国立印刷局）〔→ p.71、72、75〕に収録されています。また、一部の訓令、告示は、差し替え式法令集である『現行日本法規』（法務大臣官房編、ぎょうせい）、『現行法規総覧』（衆議院・参議院法制局編、第一法規）〔→ p.80〕に収録されています。

(1) 件名・番号
　訓令、告示には各件名と訓令番号、告示番号が付されており、これらが引用に用いられ、調べる際の指標になる場合もあります。番号は、法令番号のように、発せられた年、所管府省名、番号から構成されています。

　　[例] 告示　　　生活保護法による保護の基準（昭和38年厚生省告示第158号）

　通達、通知については、政府諸機関をこえて共通の番号付けがなされているわけではありませんが、通達、通知（文書）番号や件名によって引用されることが多いようです。下記の例は、法務省の通達と厚生労働省労働基準局の通知です。記されているのは、発令月日、番号、発令先・発令者、件名です。

　　[例] 通達　　　平成19年5月7日　　　法務省民一第1007号
　　　　法務局長殿、地方法務局長殿　　　法務省民事局長
　　　　婚姻の解消又は取消し後300日以内に生まれた子の出生の届出の取扱いについて
　　[例] 通知　　　平成27年5月28日　　　基発0528第7号
　　　　都道府県労働局長あて厚生労働省労働基準局長通知
　　　　労働基準法施行規則の一部改正について

　検索の際には、これら発せられた年や日付、各番号、件名や件名に含まれると考えられることばをキーワードにして検索します。

(2) 印刷体資料

『**基本行政通知・処理基準**』（基本行政通知編集委員会編、ぎょうせい）1974
〔昭和49〕年～、全85巻、索引2巻（五十音索引、年月日索引）

　訓令、通達（通牒）、通知、法定受託事務の処理基準を定めた「処理基
　準」と閣議決定などを収録しています。事項別に収録し、府省内の組織、
　事務の種類ごとに編集しています。五十音索引と年月日索引があります。
　また、通達、通知は専門分野の法令集や各行政機関が発行する定期刊行物、
　実務向け雑誌に収録される場合があります。各機関発行の刊行物タイトル
　を調べるには、『政府刊行物新聞』（全国官報販売協同組合）を利用します。

(3) ウェブページ

　機関によっては、所管の法令に加えて国民生活に深くかかわる訓令、通達、
通知、告示をウェブページで公開している場合があり、それらがDB化され
ている例もあります。その一部を紹介します。

「**厚生労働省 法令等データベースサービス**」

　https://www.mhlw.go.jp/hourei/

「**環境省 法令・告示・通達**」

　https://www.env.go.jp/hourei/

「**国税庁 法令等**」

　https://www.nta.go.jp/law/

「**警察庁 通知・通達**」

　https://www.npa.go.jp/laws/notification/index.html

「**安全衛生情報センター 法令・通達**」

　https://www.jaish.gr.jp/anzen_PG/HOU_FND.aspx

　労働安全衛生法に関連する法令のほか、告示、関連通達の検索、閲覧がで
　きます。

「**公正取引委員会 所管法令・ガイドライン**」

　https://www.jftc.go.jp/hourei.html

　所管の法令とガイドラインを掲載しています。

「**所管の法令等**」（防衛省・自衛隊）

　https://www.mod.go.jp/j/presiding/index.html

例示 2-8　官公庁のウェブサイト

(4) データベース

データベースの収録は以下の通りです。

訓令、通達、通知

「Lexis AS ONE」（レクシスネクシス・ジャパン）

告示

「Super 法令　Web」（ぎょうせい）

「D1-Law.com 現行法規／現行法検索」、「D1-Law.com 現行法規／履歴検索」（第一法規）

「Lexis AS ONE」（レクシスネクシス・ジャパン）

「Westlaw Japan」（ウエストロー・ジャパン）

2.8　現在は有効でない法令の資料

2.8.1　旧法令条文データベース
「D1-Law.com 現行法規　履歴検索」（第一法規）
「Super 法令 Web」（ぎょうせい）
「Lexis AS ONE」（レクシスネクシス・ジャパン）
「Westlaw Japan」（ウエストロー・ジャパン）
　収録の期間などは、各社で異なります。

2.8.2　旧法令ウェブサイト
「中野文庫」（中野誠）
　https://geolog.mydns.jp/www.geocities.jp/nakanolib/index-2.html
　廃止・失効した戦前・戦中の法令をテキスト形式で公開しています（無
　料）。大日本帝国憲法、条約、太政官布告、閣令、軍令、植民地法令など
　を五十音順に検索できます。

2.8.3　印刷体の旧法令集
　失効した法令、廃止された法令を収集している法令集があります。
『現行日本法規』（法務大臣官房編、ぎょうせい）
　「主要旧法令」5 巻があります。
『旧法令集』（江頭憲次郎、小早川光郎編、有斐閣）2012〔平成24〕年
　実務や学習のうえで参照を必要とされる主要な法令44件を収録しています。
　収録されているのは、廃止または失効した直前の条文です。法令名索引が
　あります。同タイトルで、昭和32年版、昭和43年版もあります。
「旧法典シリーズ」（現代法制史料編纂会編、国書刊行会）『明治「旧法」
集』1983〔昭和58〕年
　旧商法、民法、刑法、治罪法、刑事訴訟法、略式手続法、民事訴訟法を収
　録。
『昭和 8 年版六法全書』1984〔昭和59〕年
　帝国憲法、民法、商法、民事訴訟法、刑法、刑事訴訟法を収録。『模範六
　法全書』（浩文社）を底本としています。

『**戦時・軍事法令集**』1984〔昭和59〕年

　1942〔昭和17〕年時点の法規と以後の軍事関係法、戦時特別法、経済統制法、社会厚生法、条約、詔勅などを収録。

『**戦後占領下法令集**』1984〔昭和59〕年

　第二次世界大戦降伏から平和条約発効直後までに施行されていた主要法律や政令を収録。

『**刑事関係旧法令集**』（法務総合研究所）1969〔昭和44〕年

　1868〔明治元〕〜 1969〔昭和44〕年間の主要法令を収録。

「**刑法編**」研究部資料第25集

「**刑事訴訟法・矯正保護法編**」研究部資料第26集

『**法規分類大全**』（内閣記録局編、内閣書記官室記録課）1891〔明治24〕〜 1894〔明治27〕年

　1編〔11 〜 99〕、2編〔70 〜 85〕から構成されています。1867〔慶応3〕年から1890〔明治23〕年までの明治政府制定の法規と幕末以来の条約を22の分門別（政体・官職・宮廷・儀制・族爵・賞恤^{しょうじゅつ}・文書・外交・租税・財政・兵制・学政・衛生・警察・社寺・土地・運輸・民業・民法・訴訟・刑法・治罪）に編集しています。復刻版（原書房、雄松堂マイクロ出版）があります。

『**法規提要**』（参事院）1885〔明治18〕年

　1868〔明治元〕〜 1884〔明治17〕年間に制定された法律、規則の一部を収録しています。

2.9　外国語に訳された条文の資料、情報源

　日本法の外国語訳は、司法制度改革推進本部が「我が国の法令の外国語訳を推進するための基盤整備を早急に進める必要がある」としたことから、法令外国語訳推進のための基盤整備に関する関係省庁連絡会議が設置され、整備が進められています。

法令外国語訳推進のための基盤整備に関する関係省庁連絡会議（内閣官房）
https://www.cas.go.jp/jp/seisaku/hourei/

「**Japanese Law Translation**」（日本法令外国語訳データベースシステム）

（法務省）

http://www.japaneselawtranslation.go.jp/

法令は、データベース化されており、各法令のキーワード検索、法令名検索、法令番号検索、法分野検索、所管機関検索ができます。法令は、日英交互表示、日英対照表形式による表示、英語版、日本語版から選択ができます。また、ダウンロードする場合のファイル形式をテキスト、Word、PDF、XML から選択できます。

統一的で信頼される翻訳を継続的に進めるには、対訳辞書が不可欠という考えから「標準対訳辞書」が公開されており、ダウンロードも可能です。

このほか、英訳法令へのリンク集があります。

「**Asian LII**」（Asian Legal Information Institute）

http://www.asianlii.org/resources/232.html

前掲の内閣官房サイトへのリンクも多数含まれています。また、法令以外の法情報へのリンク集にもなっています。World Legal Information Institute（WorldLII）のアジア地域プロジェクト Asian Legal Information Institute によるものです。プロジェクトはインターネット上に無料で法令、判例等法情報を公開しようという趣旨で始められました。

他にも英訳法令ウェブサイトをサーチエンジンで発見できる場合があります。翻訳法令を利用する際には、法令の内容現在時の確認が必要です。

印刷体資料では、『法務資料』という法務省の内部逐次刊行物に法令の外国語訳があります。

翻訳された法令には、所管府省名やその担当者名が示されていますが、外国語訳法令の文言は公式に認められているわけではありません。そこで、参考訳、試訳、私家版などと書かれている場合があります。

表 2−1　法令データベース一覧

データベース名	**e-Gov法令検索**（デジタル庁）
形態／更新	ウェブ版　毎日
収録範囲	憲法／法律／政令／勅令／府省令／規則　（但し、最高裁判所規則、衆議院規則、参議院規則は含まず） 施行期日を過ぎた現行法令を収録 未施行法令、未施行条文、廃止法令（2001年4月1日以降、廃止等により本DBより削除された法令）
検索項目	条文中のことば（and, or検索可）／法令題名またはその一部／略称名／法令番号
絞り込み検索項目	法令の種類指定／検索対象（法令名のみ・全文）の選択
特　徴	無料／未施行法令、廃止法令等は、トップページ内にリンクがあり、検索機能はない／未施行条文は、溶かし込み前の一部改正法のママ／日本法令索引DB（利用無料）とのリンクにより法令沿革を表示させることができる

データベース名	**Super法令Web　現行法令電子版**　（ぎょうせい）
形態／更新	ウェブ版　1回/週
収録範囲	憲法／条約／法律／政令／勅令／府省令／規則／最高裁判所規則／衆議院規則／参議院規則 告示／立法府機関の規程 過去に有効であった法条文／平成18年以降の溶かし込み前の一部改正法
検索項目	条文中のことば（and, or検索可）／法令題名またはその一部（and検索可）／略称名／法令番号／公布・施行年月日指定
絞り込み検索項目	法令の種類指定／キーワード入力語順の指定
特　徴	法令沿革表示がある／逐条改正履歴表示がある／新旧対照条文表がある 見え消しと称し、直前の改正との変更部分を赤字と青字で表示／直前の改正について、当条項のみの対比表示可能

データベース名	**D1-Law.com〔現行法規/履歴検索〕**（第一法規）
形態／更新	ウェブ版　毎日
収録範囲	憲法／条約／法律／政令／勅令／府省令／規則／行政取極／最高裁判所規則／衆議院規則／参議院規則 過去に有効であった法条文

検索項目	条文中のことば(and、or、not検索可)／法令題名またはその一部・略称名／法令番号／公布・施行年月日指定
絞り込み検索項目	法令の種類指定／検索対象（法令単位・条単位）の選択／検索語間文字数の指定／キーワード入力語順の指定／同義語の自動読替
特　徴	法令沿革表示がある／逐条改正履歴表示がある／新旧対照条文表がある／委任法条文へのリンクがある／有効時点指定ができる／公布日、施行日カレンダーがある／様式、表、附録（付録）、別表、別記の省略がない／条約の収録数が多い／入力語に関連する「関連語」、検索エンジンが入力語から判断した「連想語」を一覧表示し、検索のヒントに利用できる／「罰則」規定、「委任」法条文、委任をしている他法条文へのリンクがある

データベース名	D1-Law.com〔現行法規 / 現行法検索〕（第一法規）
	形態／更新、検索項目、絞り込み検索項目、特徴は前項「D1-Law.com〔現行法規 / 履歴検索〕」に同じ 収録範囲は現行法のみ

データベース名	Lexis AS ONE（レクシスネクシス・ジャパン）
形態／更新	ウェブ版　毎日
収録範囲	憲法／法律／政令／勅令／府省令／規則／最高裁判所規則 過去に有効であった法条文 告示／一部の条例／審議会等資料／法令の制定・改正に関するパブリックコメント／行政情報（通知・通達・訓令・ガイドライン）／行政指導／行政処分
検索項目	条文中のことばの and、or、not、near 検索可（near 検索は、検索語間文字数の指定）／法令題名またはその一部・略称名／法令番号／公布・施行年月日指定
絞り込み検索項目	法令種類の指定／検索語間文字数の指定
特　徴	法令沿革表示がある／新旧対照条文表がある／委任法条文へのリンクがある／条単位で、改正に関するパブリックコメント・ガイドライン等告示へのリンクがある／新規制定・改正の背景やその内容レポートがある／時事解説（新規制定・改正や適用状況についての解説）、Business Issues（弁護士・研究者らの解説・分析）記事、Business Law Journal（同社月刊誌）記事がある／改正等に関する審議会議事録がある／キーワード検索の際、入力を始めるとサジェスト機能が働き、類語を表示する

データベース名	Westlaw Japan（ウエストロー・ジャパン）
形態／更新	ウェブ版　毎日

収録範囲	憲法／法律／政令／勅令／府省令／規則／最高裁判所規則／衆議院規則／参議院規則 告示／法令の制定・改正に関するパブリックコメント 過去に有効であった法条文／平成 14 年以降の溶かし込み前の一部改正法
検索項目	条文中のことば（and、or、not 検索可）／法令題名またはその一部・略称名／法令番号／公布・施行年月日指定
絞り込み検索項目	法令の種類指定／検索対象（法令単位・条単位）の選択／検索語間文字数の指定／キーワード入力語順の指定／同義語の自動読替
特　徴	キーワード検索の際、検索対象を「章名・条見出し、公布文・制定文、本則、附則、別表」から選択できる 法令沿革表示がある／逐条改正履歴表示がある／新旧対照条文表がある／委任法条文へのリンクがある／有効時点指定ができる／法令カレンダーがあり、公布日、施行日順に法令を表示、改正法令や新旧対照表がある／改正の主たる内容解説がある／改正や新規制定法の解説文（時の法令、ジュリスト、法学教室）の書誌がある／法令名検索の際、入力を始めるとサジェスト機能が働き、法令名候補を表示する

データベース名	D1-Law nano 法令 COMPLETE（第一法規）
形態／更新	メモリースティック 1 回／年
収録範囲	憲法／条約／法律／政令／勅令／府省令／規則／行政取極／最高裁判所規則／衆議院規則／参議院規則 毎年 1 月 1 日までに公布された現行法令を収録
	検索項目、絞り込み検索項目、特徴は、データベース「D1-Law.com〔現行法規／履歴検索〕」に同じ

データベース名	〔電子版〕現行法規（第一法規）
形態／更新	CD-ROM 版 2 回／年
収録範囲	憲法／条約／法律／政令／勅令／府省令／規則／行政取極／最高裁判所規則／衆議院規則／参議院規則
	検索項目、絞り込み検索項目、特徴は、データベース「D1-Law.com〔現行法規／履歴検索〕」に同じ

Ⅱ
2

3. 法令を探す

3.1 法令沿革を調べる

　法令・条文を探す際に重要なことは、事件が起きた "その時" に効力のあった条文を特定することです。調べる対象の事件には、事件が起きた時点で有効だった法令が適用されます。そのため、過去の事件に現在発行されている六法の条文をあてはめると不適切な場合がありますし、古い六法を使うとその後の法改正をみすごしたり、すでに廃止した条文をあてはめるといった間違いを犯します。

　法令沿革とは、法令の制定、改正や廃止、失効等の履歴のことで、ある時点で効力のあった条文を探すには、それらに応じた公布日、施行期日、法令番号を確認します。

3.1.1 法令沿革の調べ方
　以下の資料を用いるとよいでしょう。

(1) 六法
　ほとんどの六法では、各法令題名の次に法令番号によって沿革が示されています。六法の内容現在日までの期間について調べることができます。重要な改正について、ゴチックや太字で表すなど工夫された六法もあります。

(2) 差し替え式法令集とその索引
　現行または廃止（失効）された法律、政令、勅令について調べられます。現行法令の題名の次に沿革が示されています。廃止（失効）法令の沿革を調べるには、『現行日本法規』の巻「改廃経過一覧」または『現行法規総覧』の巻「改廃法令沿革索引」を用います。

(3)「日本法令索引」データベース（国立国会図書館）（例示 2 - 9）
　https://hourei.ndl.go.jp/SearchSys/

例示2-9　索引データベース

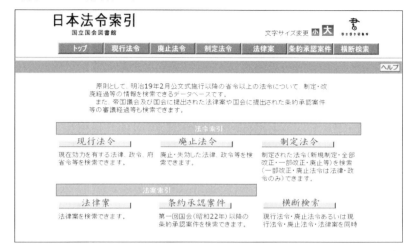

　現行法令、廃止（失効）法令の沿革（制定、改正や廃止、失効等の公布、施行年月日や法令番号）を検索できるDBで、無料で公開されています。法律、政令、府省令、行政機関のその他の命令、司法および立法機関の命令、勅令、太政官布告等について現行法令、廃止（失効）法令別にその沿革を調べられます。原則として、公文式[10]施行以降の法令について検索でき、データは3ヵ月ごとに更新されています。法令名の一部から、あるいは定着していると思われる略称名（たとえば"外為法"）からの検索も可能です。

　たとえば、「民法」の改正の歴史を知りたい場合には、トップ画面「法令索引」とある下の「現行法令」を選択します。法令名欄に「民法」を入力し検索実行をすると、「民法」という文字列を含む結果一覧が示されます。この中から「1.民法（明治29年4月27日法律第89号）」を選択すべく、その右にある「法令沿革」をクリックすれば改正の詳細を知ることができます。一

10—**公文式**（明19年勅令第1号）太政官制度を廃止して内閣制度を発足させた際に発せられた、各種法令の公布（布告）の方式や国璽・御璽の管理を定めた勅令。
　中野文庫　https://geolog.mydns.jp/www.geocities.jp/nakanolib/rei/rm19-1.htm

覧には、民法を改正した改正法の法令番号と改正をする法律の題名とその条項が示されていますが、重要な改正にあたる場合には〔第◎次改正〕と示しています。

　さらに同 DB では、改正時の法条文を得ることが容易にできます。たとえば、検索した民法改正の一覧中、平成16年12月１日号外法律第147号〔第一二次改正〕は、それまでのカナ混じり文語体条文を、かな混じり現代用語に改めるものでした。この法令番号を控え、トップ画面に戻ります。次に「制定法令」を選択し、最下段にある法令番号欄に「平成16年法律第147号」を入力・検索実行をします。確認のため、民法の一部を改正する法律（平成16年法律第147号）の題名記載がありますが、さらに題名右の「法令沿革」ボタンを押します。次の画面では、法令題名の右に、関連情報へのリンクとして「衆議院　制定法律」があります。これをクリックすると、衆議院ウェブサイト内にある「制定法律」〔→ p.84〕ページの「民法の一部を改正する法律（平成16年法律第147号）」を閲覧することができます。

　同 DB では、一部改正法の条文ばかりでなく、検索対象の法令が現行法令の場合には、「法令データ提供システム」〔→ p.81〕の条文本文にリンクしています。また、過去の法令について『官報』『法令全書』等資料が「国立国会図書館デジタルコレクション」〔→ p.314〕「国立公文書館　デジタルアーカイブ」〔→ p.40〕にある場合には、各条文へのリンクがあります。

　なお、1867〔慶応３〕年10月から1886〔明治19〕年２月公文式施行以前の法令の検索ができるデータベースが別サイトにあります。

「日本法令索引〔明治前期編〕」データベース（国立国会図書館）

　https://dajokan.ndl.go.jp/SearchSys/

　同 DB は、2002〔平成14〕年９月１日現在までの法令沿革を調べるための索引誌『日本法令索引』（国立国会図書館調査及び立法考査局編、紀伊国屋書店）（以下）の内容を継承するもので、DB の公開と同時に同誌の発行は休止されました。

(4)　索引誌
①現行法令の沿革を調べるための索引誌
『日本法令索引』（国立国会図書館調査及び立法考査局編、紀伊国屋書店）
年刊　現行法令編、1949〔昭和24〕 ～ 2003〔平成15〕年以後休止

法令（憲法、法律、勅令、政令、府令、省令、行政機関の委員会が定める
規則と条約）の索引集。公布、改正、廃止（失効）年月日、法令番号を知
ることができます。とくに法律と条約については、制定・承認された国会
の回次を付記。略語略称一覧、法令名略称一覧、内容事項別索引、五十音
別索引、年別索引が付されています。失効法令は、過去1年間に廃止され
た法令のみ調べられます。廃止・失効法令一覧で1981〔昭和56〕年以降の
廃止法令について公布年月日、法令番号を調べられます。

②**廃止（失効）法令の沿革を調べるための索引誌**

『**日本法令索引**』（国立国会図書館調査及び立法考査局編、紀伊国屋書店）
旧法令編1巻（1983〔昭和58〕年）～3巻（1985〔昭和60〕年）

   1巻（事項別上）1983〔昭和58〕年
   2巻（事項別下）1984〔昭和59〕年
   3巻（五十音別）1985〔昭和60〕年

   1886〔明治19〕年2月26日（公文式施行）以降、1981〔昭和56〕年9月
   1日までに廃止または失効した法令のうち、憲法、法律、勅令、政令、省
   令、太政官布告について、制定公布、改廃の経過を調べることができます
   （ただし条約は収録されていない）。事項別索引、五十音索引があります。
   1981〔昭和56〕年以降の廃止法令については、現行法令編の廃止・失効法
   令一覧で、公布日、法令番号を調べられます。

『**現行日本法規**』 巻：「旧法令改廃経過」
『**現行法規総覧**』 巻：「旧法令改廃沿革索引」

3.1.2 条ごとの改正履歴の調べ方

   法令沿革がわかっても、検索の対象としている条文の改正の有無がただち
にわかるわけではありません。沿革で知った改正法等の法令番号からそれを
収録している『官報』を探し、初めて改正のあった条項とその内容がわかり
ます。確認したい条の改正の有無をいち早く確かめるには、検索対象条文に
添書きされた改正履歴をさがしましょう。差し替え式法令集、法令DB、六
法のなかには条文中に添書きしているものがあります。
   たとえば、「D1-Law.com（現行法規　現行法検索）」〔→ p.97〕というDB
で「刑法」（明治40年法律第45号）傷害罪について検索し条文を閲読し、さ
らに「条改正」というボタンをクリックしたところ、次のような表示があり

ました。

[例]

一部改正〔平成三年四月法律三一号〕、全部改正〔平成七年五月法律九一号〕、一部改正〔平成一六年一二月法律一五六号〕

　これらは204条の改正履歴で、同条は平成3年に一部改正がありましたが、平成7年法律第91号により全文が改正されたこと、また平成16年法律第156号により一部が改正され現在の条文になったことを示しています。当DBのほか「D1-Law.com（現行法規　履歴検索）」、「Super法令Web」、「Westlaw Japan」でも同様の確認ができます。過去条文のデータを蓄積しており、有効現在時を入力したり、沿革（履歴）を見ることによって当時有効であった条文を引き出すことができます（ただし各社の条文蓄積期間は異なります）。

　条ごとの改正履歴は、差し替え式法令集『現行法規総覧』『現行日本法規』にも表記があります。なお、六法に履歴が見られる場合もありますが、注記が直前の改正情報のみにとどまる場合もあり、注意が必要です。各六法の凡例を確かめましょう。

3.2　法令条文を探す

3.2.1　現行法令条文を探す

　最新の六法や差し替え作業の行われている差し替え式現行法令集、更新の行われている法令DBを利用します。凡例で内容現在やデータ更新を確認しましょう。また正確を期すには、内容現在以降に改正がないか『官報』、「官報情報検索サービス」等で法令題名から改正の有無を確認します。

3.2.2　公布後、施行前の法令を探す
(1)　公布はされたが、未施行の法令

　法令は公布されてすぐに施行されるとは限りません。施行期日のさだめは、なんらか附則に載っているので期日は附則で確認します。法律の場合、確定した期日を定めている場合、他の法律の公布や施行期日にあわせる場合、政令に施行期日の定めを委任する場合があります。なお、過去には何の定めのない場合もありました〔→ p.58〕。

（2）政令に施行期日の定めを委任している法律の施行期日の調べ方

　マイナンバー法といわれている法律を例として施行期日の確認をしてみましょう。

　平成25年 5 月31日に「行政手続における特定の個人を識別するための番号の利用等に関する法律（平成25年法律第27号）が公布されました。これは、国民一人一人に固有の12桁の番号をふり、所管の異なる、たとえば税、社会保障等に関係する個人情報を、所管機関を超え一元管理するための法律です。行政の効率化、公正な給付と負担を実現し、いっぽう手続きを簡素化して国民の負担軽減を図ること等を目的としています。附則第 1 条に「公布の日から起算して三年を超えない範囲内において政令で定める日から施行する。ただし、次の各号に掲げる規定は、当該各号に定める日から施行する。」とあり、全面的な施行までに長期間を置く法律となっています。このように、公布から施行に時間を置く例は少なくありません。これは国民への周知やほかの法令との調整・整備、実際に運用される際の環境整備などを図るために充分な期間が必要と考えられるからです。

　こうした法律の有効性については、施行期日を定める政令がいつ公布されるかに注意を要します。『官報』の記事検索が行える全国官報販売協同組合のサイト（https://www.gov-book.or.jp/asp/Kanpo/KanpoList/?op＝ 1 ）〔→ p.74〕および官報のバックナンバーもみられる「官報」サイト（https://kanpou.npb.go.jp/）〔→ p.73〕、あるいは官報の有料 DB である「官報情報検索サービス」（https://search.npb.go.jp/kanpou/）〔→ p.72〕を使ってみましょう。検索語に調べたい法律の題名（またはその一部）を入れ、発行月を当法律の公布日以降とします。すると結果のひとつに「行政手続における特定の個人を識別するための番号の利用等に関する法律の施行期日を定める政令」（平成27年 4 月 3 日政令第171号）があります。同政令をあらためて『官報』「官報」サイト等で見れば、「施行期日は平成27年10月 5 日とし、同法附則第 1 条 4 号に揚げる規定の施行期日は28年 1 月 1 日とする」とありました。このように法律によっては、条・項・号により異なる施行期日を定める場合もあります。

(3) 未施行法令の検索の注意点

官報の検索では、政令がヒットしないこともあります。その場合には、施行期日を定める政令は公布されておらず、施行期日は定まっていないと確認できます。

公布された法令は、『官報』または『法令全書』で条文を読むことができますが、総務省が提供している「法令データ提供システム」は、施行期日前には「未施行法令一覧」に条文を置き、トップ画面からの用語検索ができない点に注意が必要です。

施行期日を定める政令も法令の一つですから、六法や法令データ提供システムで存在を確認したいところです。しかし、施行期日を定める政令は、期日のみを定める内容で、施行期日が過ぎてしまえば政令そのものの実効性が失われるため、この種の政令は法令DBや六法、差し替え式法令集には収録されません。そこで、こうした政令は、『官報』やそのデータベース、『法令全書』、官報のウェブページによってその条文を確認することになります。

3.2.3 廃止・失効した法令条文を探す

廃止された、あるいは失効した法令の条文は現行法令と同様に「公布年月日」（または、「公布年と法令番号」）を指標に探します。「日本法令索引」DBでは明治19年2月26日以降に廃止または失効した省令以上の法令の、公布年月日、改正、廃止年月日を確認することができます。『現行日本法規』の「改廃経過一覧」、『現行法規総覧』の「廃止法令五十音索引」を利用しても、同様に確認できます。

法令沿革が確認できれば、図書室（館）などにそろえられた過去の『六法全書』を、その当時有効だった法令集として利用します。ただし、六法全書が収録しているのは1,000程度の法令ですから、この方法では調べきれないこともあります。

次の法令DBには、過去に有効であった条文とその履歴検索機能があります。

有効時点と照らしあわせ、利用します。

「Super法令Web」（ぎょうせい）〔→ p.97〕
「D1-Law.com（現行法規　履歴検索）」（第一法規）〔→ p.97〕
「Lexis AS ONE」（レクシスネクシス・ジャパン）〔→ p.98〕

「Westlaw Japan」（ウエストロー・ジャパン）〔→ p.98〕

Q すでに失効している、旧「著作権法」を探せますか？

A 日本法令索引 DB で「廃止法令」を選択します。「著作権法」を法令名検索すると、「明治32年3月4日法律第39号」と表示されます。これは、明治32年3月4日に公布された法律第39号ということです。明治32年3月の『法令全書』（法令全書がなければ、同3月4日の『官報』）で制定公布当時の条文を読むことができます。また、法令沿革を調べると、10数回の改正がありますので、どの時点の条文を読みたいかを特定し、当時の『六法全書』をみてみましょう。全部改正は昭和45年5月6日法律第48号（昭和46年1月1日施行）にあったのですが、その直前の改正は昭和44年12月8日です。全部改正直前の旧「著作権法」の条文は、昭和45年1月1日現在の法令が掲載されている『六法全書昭和45年版』をみればよいことになります。

なお、廃止された法令条文が、旧法令条文 DB、ウェブサイト、旧法令集に収録されている場合があります。これらの一覧は、「現在は有効でない法令の資料」の旧法令条文 DB〔→ p.94〕、旧法令ウェブサイト〔→ p.94〕、印刷体の旧法令集〔→ p.94〕ですでに紹介しました。また、平成13年4月1日以降に廃止された法令は、「e-Gov 法令検索」の「廃止法令一覧」（https://elaws.e-gov.go.jp/repeal/）に収録されています。廃止等で当データベースから削除された法令を閲覧できますが、一部改正された場合の旧条文は含まれません。

3.2.4 現行法に改正される以前の条文を探す

判例で言及されている条文が改正前のものである場合や、改正の際に経過措置で過去の条文の取り扱いによるとされている場合には、旧条文を調査することになります。一部改正法の場合、『官報』や編年体の法令集である『法令全書』に載っているのは、「『□□』を『△△』に改める」といった逐語改正文なので、改正点はわかりやすいのですが、条文全体、法令全体をとらえることができません。

一方、六法や差し替え式法令集、法令DBは、逐語改正文を改正前条文に溶かし込み、完成された文章に読み替えるので、過去の条文を読みたい場合には、その当時有効であった六法を利用するのが便利です。有斐閣の『六法全書』は毎年1月1日を編集の基準日としており、平成23年中に改正された法令条文は24年版に探すことができます。それでも、ある条文に同年に複数回の改正があれば、この方法では追跡できない場合もあります。

(1) 有料データベースを利用する

以下の法令DBは、過去の条文を収録し、年月日入力により当時有効であった条文を特定できるようにしています。ただし各社の条文蓄積期間は異なります。

「Super法令Web」（ぎょうせい）〔→ p.97〕
「D1-Law.com（現行法規　履歴検索)」（第一法規）〔→ p.97〕
「Lexis AS ONE」（レクシスネクシス・ジャパン）〔→ p.98〕
「Westlaw Japan」（ウエストロー・ジャパン）〔→ p.98〕

(2) 新旧条文対照表を利用する

過去の条文を見たい場合に、新旧条文対照表を利用する方法があります。新旧条文対照表は、改正前後の条文を左右、あるいは上下に並べて比較を容易にするため作られる表です。こうした対照表は、法改正の解説書や論文、法務省や各所管府省ウェブページに見られることも多いため、過去に有効であった重要な条文を容易に入手できる場合があります。「改正○○法の解説」などのタイトルの書籍や論文を検索してみましょう。文献索引データベースを利用する場合には、対象としている法令の題名と「改正」といったことば、また改正直前後の出版年を入力してみましょう。ウェブページを検索する場合には、サーチエンジンで、法令名と「改正」「新旧対照」などのキーワードをand検索してみましょう。

3.2.5　制定前の法令の情報を探す

近い将来に制定が予想される法案や法案要綱、あるいは法案作成以前の情報として、審議会などにおける法令情報の調べ方についてもふれておきましょう。

内閣提出法案は各所管府省が立案しますが、その際、審議会・公聴会を府省内に設置して、諮問や意見聴取を行います。民法、刑法、会社法や信託法など重要な法律の制定、改正等については、法務省内の法制審議会で審議されます。審議会の情報は公開されています〔→ p.119〕。また最近は、所管府省が立法や政策の立案にあたり、利害関係のある人や広く一般から意見（パブリックコメント）の聴取を行い、これを参考にしながら意思決定を行う制度を設けており、意見募集に先駆けてあるいは同時に、立案公表をする場合があります。

　議員立法の場合には、政党のウェブサイトや提案議員個人のサイトに見られる場合もあります。各政党サイト内をキーワード検索したり、新聞、ニュースから提案の中心となっている議員名を特定し、議員サイト内を検索してみます。

3.2.6　引用から条文を探す（引用の読み方、法令名の略称）

　法令の題名は長いものもあり、引用される際、略称名が用いられることがよくあります。そこで、法令を引用する場合にも、次のような略称による表記がしばしば見られます。

　［例］

　1．　特商法（昭51法57）

　2．　社会権規約

　　上の法令の引用は、次のように読みます。

　1.「特定商取引に関する法律」（昭和51年法律第57号）

　2.「経済的、社会的及び文化的権利に関する国際規約」

　法令名の略し方は、一般的な略称名として定着している例と「民間事業者等が行う書面の保存等における情報通信の技術の利用に関する法律」のように "e-文書法" "電子文書法" など、資料や論文によって異なる略称例をもつものがありますので、まず引用している資料の凡例を確認します。凡例がなければ、『六法全書』などについている法令略語索引、『法律用語辞典』などにみられる法令名等略語などを参考にします。また法令DBには略称からでも法令を検索できる機能を設けているものがあり、「日本法令索引」「法令デ

ータ提供システム」には略称題名データも収録されています。

　[例1]「特商法」:「日本法令索引」では、同略称によって法律がヒットし、正しい題名がわかりました。同様の検索を「法令データ提供システム」でするとヒットしませんでしたが、法令番号検索欄に「昭和51年法律第57号」と入力すると同法律に至ることができました。

　[例2] 社会権規約:サーチエンジン Google で、略称名を検索してみました。結果の表記中には、ウェブページ題名の他、URL の一部、ドメイン〔→ p.36〕が見えます。結果の上位サイトドメイン「www.mofa.go.jp」の「mofa」は、外務省の英語表記 Ministry of Foreign Affairs of Japan の略で、外務省発信サイトであることがわかります。同省のサイトのひとつに、略称名と条約題名、概略、条約文へのリンクがありました。

3.2.7　参照条文、参照法令を探す

　法律にはない、より細かい規定を下位の政令、府省令にさがしたい場合、また適用範囲が特別の人、場所、事項に制限される関連法令を検索する場合も多くあります。法律条文に「○○法の△条に規定する……」といった根拠となる政令、府省令の題名とその条文や引用が明記されている場合には容易ですが、ない場合には六法や差し替え式の現行法令集の索引を利用する方法があります。

　たとえば、『模範六法』平成27年版　民事訴訟法第1条には、条文のうしろに次のような他の法令の参照条文情報が加えられています。

　＊人訴、民訴費、会社法828-867、民執33-38・90・157、破126-132・173、会更95・152、独禁26・77-88、特許178-184の2等

　『六法全書』平成27年版　では各法令末尾に、「附属及び関係法令」としてその下位の法令や密接に関連する法令をあげています。たとえば、少年法については、少年法第6条の2第3項の規定に基づく警察職員の職務等に関する規則〔平成19.10.30国公委規23〕、少年審判規則〔昭和23.12.21最高裁規33〕、少年院法〔平成26.6.11法58〕、児童福祉法〔昭和22.12.12法164〕、少年の保護事件に係る補償に関する法律〔平成4.6.28法84〕をあげています。

　また、差し替え式法令集『現行日本法規』には「参照条文索引」、『現行法規総覧』には「参照条文索引」があります。

4. 法律制定や条約承認の過程を調べるための資料

法律、条約の立法目的や趣旨、制定に至る過程についての資料としては、各所管府省での審議会・研究会等の資料、国会委員会会議録、国会本会議録などがあります。なお、地方公共団体の議会については「**5.2**」〔→ p.127〕を参照してください。

4.1　国会の会議録

国会の議事録は会議録と呼ばれており、すべての議事は速記法（速記録）によって、記載しなければならないとされています（衆議院規則201条、参議院規則156条）。過去には手書き速記によりましたが、現在は衆・参両議院のすべての本会議・委員会審議において音声認識技術が用いられています。発言者のマイクから収音される音声を自動音声が書き起こして草稿を作り、人手による編集・校閲を経て会議録が作成されています。

4.1.1　衆議院・参議院委員会会議録

国会で委員会制度をとっているわが国では、法律制定や条約承認などの詳しい審議内容は、本会議記録ではなく、各委員会会議録によって知ることができます。委員会の会議録は逐語記録で、衆・参議院がそれぞれの会議日、各委員会ごとに編集、発行し、DB化しています。

委員会会議録は、「第〇回国会参議院外務委員会会議録第△号」のように、委員会別の編集になっています。会期（第何回国会なのか）と委員会名、号数や日付を確認することにより、目的の会議録を探すことができます。

委員会には、常任委員会^{ー11}と特別委員会があります。特別委員会は、会期ごとに各議院で必要と認められれば、その院の議決で設けられます。各委員会の所管事項は、衆議院規則、参議院規則で確認できます。衆参両議院の議決が異なったときは、両院協議会が開かれ、調整がはかられます。その場合、両院協議会の速記録が委員会の会議録と同様に発行されます。

なお、委員会の審査は、1）趣旨説明 → 2）質疑 → 3）公聴会・連合審査→ 4）参考人意見陳述 → 5）討論 → 6）採決という順序で行われています。公聴会、小委員会、連合審査会の会議録も、関連する委員会議録として発行されます。

「国会会議録検索システム」（国立国会図書館）https://kokkai.ndl.go.jp/
第 1 回国会（1947〔昭和22〕年）～

　委員会会議録、および、次項の本会議録が、国立国会図書館ウェブサイトに検索可能な DB として無料公開されています。各委員会、公聴会、連合審査会、分科会、両院協議会議事のほか、追録、附録、目次、索引を検索、閲覧できます。会議録等は、テキスト、PDF 形式での閲覧、保存、印刷が可能です。国会会期、発言者名、キーワードからの検索が可能で、会議の指定（衆参の別や本会議、委員会議名など）ができます。

　印刷体の会議録は、公に頒布されない資料のため、所蔵図書館は多くはありません。所蔵図書館を調べる場合には、CiNii Books〔→ p.308〕等で検索してみましょう。また、都道府県と政令指定都市の議会図書館、国立国会図書館議会官庁資料室には所蔵されています。復刻版として、臨川書店によるマイクロフィルム版があります。

『衆議院委員会議録』（国立印刷局）第 1 回国会（1947〔昭和22〕年 5 月）～
　案件索引、発言者索引付き

『参議院委員会会議録』（国立印刷局）第 1 回国会（1947〔昭和22〕年 5 月）～
　件名索引、発言者索引付き

4.1.2　衆議院・参議院本会議録

　本会議録の PDF 版およびテキスト版も委員会会議録と同様に「国会会議録検索システム」（前項）で検索、閲覧、保存、印刷ができます。
　本会議の審議は、1）委員長報告→ 2）質疑→ 3）討論→ 4）採決の順序

11—**常任委員会**　衆議院には、内閣、総務、法務、外務、財務金融、文部科学、厚生労働、農林水産、経済産業、国土交通、環境、安全保障、国家基本政策、予算、決算行政監視、議員運営、懲罰の各委員会、参議院には、内閣、総務、法務、外交防衛、財政金融、文教科学、厚生労働、農林水産、経済産業、国土交通、環境、国家基本政策、予算、決算、行政、監視、議員運営、懲罰の各委員会がある。

で行われています。

　以下の資料が国会会期中にのみ、官報号外として発行されています。

『**衆議院会議録**』（国立印刷局）第 1 回国会（1947〔昭和22〕年）〜
　議案名索引、発言者索引付き

『**参議院会議録**』（国立印刷局）第 1 回国会（1947〔昭和22〕年）〜
　件名索引、発言者索引付き

4.1.3　その他の会議録

衆議院本会議録、委員会会議録、憲法調査会、公聴会等の会議録

145回国会（平成11年 1 月19日）〜
　各議事を検索、閲覧できます（テキスト形式）。
　「衆議院」https://www.shugiin.go.jp/Internet/itdb_kaigiroku.nsf/html/
　kaigiroku/kaigi_l.htm

衆議院、参議院の本会議、委員会審議中継

　NHK 総合テレビのほか、以下のウェブページで開会から散会までみることができます（Real Player または Windows Media Player が必要）。
　「衆議院　TV」https://www.shugiintv.go.jp/jp/index.php
　2010〔平成22〕年 1 月18日以降の中継ビデオを閲覧できます。
　「参議院　インターネット審議中継」https://www.webtv.sangiin.go.jp/
　webtv/index.php
　会議終了後30分程度で視聴することができます。会期終了日から 1 年間、閲覧できます。

4.2　会議録の索引誌

　審議経過等を知るために会議録を検索する場合、「国会会議録検索システム」が利用できれば簡便ですが、索引誌を利用する場合には次の方法と索引誌があります。

　可決成立した法律または承認された条約の審議の模様を調べるには、公布年や法令番号が必要です。公布年、法令番号から、以下のツールで委員会付託、議決、本会議、議決の各年月日を調べ、目的の会議録を特定します。不成立（廃案）となった案件も審議経過表で確認できます。また、これらのツ

ールには、立法趣旨紹介や提案理由の説明など、審議経過のあらましが書かれている場合もあります。

『第○回国会制定法審議要録』（衆議院法制局、参議院法制局、第一法規）1948〔昭和23〕年～

　　第1回国会（1947〔昭和22〕年7月）以降、各会期ごとに成立した法律と承認された条約の立法趣旨を紹介し、提案理由の説明（ただし、先議議院のみ）、両議院における委員長報告、委員会の附帯決議（委員会会議録をそのまま転載）その他の審議経過を収録。衆法・参法〔→ p.55〕・閣法〔→ p.55〕の別がわかります。配列は法令の公布番号順、付録に不成立法律案審議経過表があります。

『第○回国会制定法律集』（衆議院法制局、第一法規）1948〔昭和23〕年～

　　第1回国会以降、成立した法律を公布番号順に収録・配列し、各国会会期ごとに出版されています。法律成立経過表、件名索引があります。また、衆法、参法、閣法の表示があります。委員会付託、議決、本会議、議決の各年月日を知ることができます。

『国会通過法律集』（衆議院法制局、大蔵省印刷局）1948〔昭和23〕～ 1991〔平成3〕年

　　第1回国会以降、国会において成立した法律を公布番号順に収録・配列しています。提出、委員会付託、議決、本会議議決の月日を知ることができます。また、衆法・参法・閣法の別がわかります。五十音順件名索引、部門別索引が付されています（第120回国会までで終了）。

『第○回国会制定法』（参議院法制局／衆議院法制局、第一法規）1951〔昭和26〕年～

　　第12回国会（1951〔昭和26〕年）以降、成立した法律条文を公布番号順に収録・配列しています。法律成立経過表があり、委員会付託、議決、本会議議決の日付を知ることができます。件名索引付き。また、衆法・参法・閣法の別がわかります。

『議会制度百年史』「国会議案件名録」（衆議院・参議院編、大蔵省印刷局）1990〔平成2〕年

　　第1～第118回国会（1947〔昭和22〕～ 1990〔平成2〕年）間の議会制度史のうちの一巻。条約、内閣提出法律案、衆議員提出法律案、参議員提出法律案、衆参議院の決議案の件名と経過（衆・参議院提出、委員会付託・

議決、本会議付託・議決の各日付）を会期順に掲載しています。公布法令番号、提出日、各経過日がわかります。五十音索引付き。なお、本書には、ほかに以下の各巻があります。

議会制度編、院内会派編衆議院の部、院内会派編貴族院・参議院の部、衆議院議員名鑑、貴族院・参議院議員名鑑、帝国議会史（上・下巻）、国会史（上・中・下巻）、資料編。

『**議会制度七十年史**』巻「帝国議会議案件名録」（衆議院・参議院編、大蔵省印刷局）1962〔昭和37〕年

帝国議会における帝国憲法改正案、予算案、決算、法律案、貴族院令による提出案等の件名とそれらの議会での経過（提出、衆議院議決、貴族院議決、公布、施行の各日付）を議会会期順に掲載しています。巻末に五十音索引付き。また、巻「国会議案件名録」は、上記『議会制度百年史』巻「国会議案件名録」中、第1〜35回国会（1947〔昭和22〕年5月〜1960〔昭和35〕年7月）の件名と経過を会期順に掲載しています。

なお、本書には、ほかに以下の各巻があります。議会史年表、憲政史概観、帝国議会史（上・下巻）、国会史、衆議院議員名鑑、貴族院・参議院議員名鑑、政党会派編、資料編。

『**日本法令索引**』（国立国会図書館調査及び立法考査局編、紀伊國屋書店）年刊　1949〔昭和24〕〜2002〔平成14〕年

現行法令（憲法、法律、勅令、政令、府令、省令、行政機関の委員会が定める規則と条約）の索引集。公布、改正、廃止（失効）年月日、法令番号を知ることができます。とくに法律と条約については、制定・承認された国会の会期がわかります。

『**会議録総索引**』（国立国会図書館調査及び立法考査局）1961〔昭和36〕〜1983〔昭和58〕年

第39〜100回国会（1961〔昭和36〕〜1983〔昭和58〕年）の索引。次項の資料にひきつがれています。

『**国会会議録総索引**』（国立国会図書館編、紀伊國屋書店）

第101〜139回国会（1983〔昭和58〕〜1996〔平成8〕年）間の索引。どちらも、会期ごとに発行されています。衆参各院の本会議および委員会に付託された案件ごとに発言を整理しています。法律案、条約については、提出・付託年月日、審議経過、公布年月日、公布法令番号がわかります。

案件のもとに、発言者を議員（委員）、国務大臣、政府委員等に区分し、発言のあった年月日、会議録の号数、ページを記載しています。発言者、法律案件名索引（提出番号、五十音順、公布番号順索引）があります。49回国会（昭和40年7月）より事項索引ができ、101回国会（昭和58年12月）より、2分冊（事項索引／発言者索引）になりました。これより以前の索引としては、『衆議院会議録総索引』があります。

『衆議院会議録総索引』（衆議院事務局、大蔵省印刷局）

第1〜38回国会（1947〔昭和22〕〜1961〔昭和36〕年）間の索引。下記資料を底本とする復刻版（日本図書センター編、紀伊國屋書店、1985〔昭和60〕年）があります。以下の『官報』の号外の「会議録索引」の集積版です。

　　第1巻／本会議録索引、第2〜5巻／委員会議録索引、別冊／委員会別索引・人名索引

『衆議院会議録索引』（衆議院事務局、国立印刷局）

『参議院会議録索引』（参議院事務局、国立印刷局）第1回国会（1947〔昭和22〕年）1号〜

いずれも『官報』の号外として国会会期中のみ発行されている『衆議院会議録』『参議院会議録』の索引です。

4.3　法律案・条約案・審議日程情報

4.3.1　法案をウェブサイトで調べる

(1) 議員提出法律案（衆法、参法）・内閣提出法律案（閣法）が調べられるウェブサイト

衆議院「議案」

https://www.shugiin.go.jp/internet/itdb_gian.nsf/html/gian/menu.htm

第142回国会（1998〔平成10〕年1月12日）以降の法律案、修正案をテキストファイル形式で閲覧できます。

「国会会議録検索システム」（国立国会図書館）

https://kokkai.ndl.go.jp/

第1回国会（1947〔昭和22〕年）〜

法律案そのものは、委員会で趣旨説明が行われる日の画像版会議録の同案

件末尾に収録されています（テキスト版会議録では、法律案は省略されています）。趣旨説明がある日の会議録を検索して開き、画面右上にある、画像（PDF形式）または画像（TIFF形式）というリンクボタンから法律案に至ることができます。

(2) 参議院議員提出法律案（参法）が調べられるウェブサイト
参議院法制局「参議院議員提出法律案情報」

https://houseikyoku.sangiin.go.jp/sanhou-info/

第1回国会（1947〔昭和22〕年）以降の法律案および要綱を回次別に検索できます。また、第140回国会（1997〔平成9〕年）以降の法律案の分野別検索も可能です。PDFファイル形式で閲覧できます。

(3) 内閣提出法律案（閣法）が調べられるウェブサイト
電子政府の総合窓口「所管の法令・告示・通達等」

https://www.e-gov.go.jp/laws-and-secure-life/law-in-force.html

府省が国会に提出した法案へのリンクがあります。

法務省「国会提出法案など」

https://www.moj.go.jp/houan1/houan_index.html

第174回国会（2010〔平成22〕年1月18日）～

国会へ提出された主要法案の国会提出日、法律案名、法律案要綱、法律案、理由、新旧対照条文、参照条文をhtml版、PDF版で提供しています。

内閣法制局「内閣提出法律案」

https://www.clb.go.jp/recent-laws/

第176回国会（2010〔平成22〕年10月1日）～

国会へ提出された法案・条約名一覧と提出理由や法律番号、条約番号、閣議決定日、国会提出日を知ることができ、公布法律、条約一覧を国会回次ごとにみることができます。次期国会提出の一覧と提案理由もみられます。国会に提出された法律案を一覧できるようにし、各所管府省ウェブに掲載された法律案とリンクさせています。リンク先で法律案、法案要綱、理由、参照条文などを閲覧できます。

これらのほか、議員提出法案については、議員あるいはその所属政党ウェブページに掲載されている場合があります。

4.3.2 法案を印刷体資料で調べる

『衆議院委員会議録』（国立印刷局）第 1 回国会（1947〔昭和22〕年 5 月）〜
『参議院委員会会議録』（国立印刷局）第 1 回国会（1947〔昭和22〕年 5 月）〜
　衆・参議院がそれぞれの会議日、委員会ごとに編集し、発行しています。
　法案は提出された当日の会議録に載ります。付託案件中、会議録の最初か
　末尾に収録されています。

4.3.3 「パブリックコメント募集」にみられる政令案、府省令案情報

電子政府の総合窓口「パブリックコメント　意見募集中案件一覧」（総務省）
　https://public-comment.e-gov.go.jp/servlet/Public
　意見募集の際に、政令・府省令案が公表される場合があります。

4.3.4 法案審議日程を調べる

　審議状況について調べるには、次のウェブサイトがあります。
衆議院「議案」
　https://www.shugiin.go.jp/internet/itdb_gian.nsf/html/gian/menu.htm
　第142回国会1998〔平成10〕年 1 月12日〜
　審議経過情報を衆法、参法、閣法の別に参照することができます。

4.3.5 法案審議の会議録を検索するデータベース

「日本法令索引」データベース（前掲）https://hourei.ndl.go.jp/SearchSys/
　法律案の審議の検索にはトップページの「法律案」を選択します。調べた
　い法律案名を入力すれば、法律案題名とその右に「審議経過」ボタンが表
　示され、審議をした国会会議録へとリンクしています。廃案になった場合
　や会期途中で提出を取り下げた場合でも、会議録を検索し閲覧できる場合
　があります。一部改正法案の審議を調べたい場合には、まず調べたい法律
　の法令沿革を表示させ、一部改正をした法律の「審議経過」ボタンを押す
　か、「制定法」を選択、一部改正法の題名から「審議経過」ボタンを押せ
　ば、目的の会議録一覧を表示させることができます。審議状況に、趣旨説
　明、質疑、提出者発言、参考人招致、修正案趣旨説明などのメモがあるた
　め、目的の会議録が探しやすくなっています。
　法律案については、第 1 回国会（1947年 5 月）以降に国会に提出された法

律案の件名、提出回次、提出年月日、提出者の情報を収録し、可決成立した法律案については、法律名、公布年月日、法律番号を収録しています。

4.3.6　条約承認案件審議の会議録を検索するデータベース

条約承認案件の審議の検索には「日本法令索引」DB のトップページの「条約承認案件」を選択し、上記会議録と同様の手順で検索します。条約承認案件については、第1回国会以降に議案として提出された件名、提出回次、提出年月日、承認公布された条約についてはその条約名、公布年月日、条約番号を収録しています。

4.3.7　審議会とその情報源

内閣提出法案は、各関係府省の担当者が立案しますが、その過程では、与党の意見を聞いたり、審議会、公聴会を府省内に設置して諮問や意見聴取をしています。審議会には法令に設置根拠のある場合と、そうでない場合があります。法案のなかでも、民事法、刑事法その他、基本的な法律については、それらを審議する法制審議会が法務省組織令（平成12年政令第248号）を根拠に法務省に設けられ、法務大臣の諮問に対して答申をします。法制審議会に関する事項（組織、委員、部会等）は法制審議会令（昭和24年政令第134号）により定められています。

法制審議会やその他の審議会、公聴会等の記録は、各所管府省のウェブサイトや新聞記事、印刷体資料に掲載されている場合があります。法務省のウェブサイトには、法制審議会情報を収録したページがあり、その記録から、立案過程を知ることができます。

「審議会等情報」（法務省）

https://www.moj.go.jp/shingi_index.html
審議会の概要、開催予定、名簿のほか、これまでに審議の終了した審議会議事録が部会別にあります。

その他の審議会等情報には、以下があります。

電子政府の総合窓口「審議会・研究会等」（総務省）

https://www.soumu.go.jp/menu_sosiki/singi/index.html
各府省の審議会、研究会などへのリンクがあります。「報道発表」などの

項目に、提案予定の法案や、改正趣旨の説明資料がアップロードされています。

なお、主要政策関連会議等の一覧には、次のウェブページがあります。

内閣官房「各種本部・会議等の活動情報」

https://www.cas.go.jp/jp/seisaku/index.html

各会議の関連情報へのリンクがあります。

行政管理研究センター「審議会総覧」（次項参照）平成26年7月1日現在の同書 https://www.cas.go.jp/jp/gaiyou/jimu/jinjikyoku/satei_01_04_03.html

4.3.8 審議会情報

『月刊ニュー・ポリシー』（研恒社政策情報資料センター）月刊　1981〔昭和56〕年～

審議会の諮問・答申、検討委員会の報告、各府省の政策に対する見解、施策を掲載しています。各府省別の年間目録があります。

『審議会総覧』（行政管理研究センター）2006〔平成18〕年～

法令にもとづいて各府省に設置されている審議会、調査会、審査会等の実態をまとめています。設置根拠法、主管省、設置年月日、所掌事務、委員名、諮問、答申事項の概要がわかります。

なお、『審議会総覧』は内閣官房サイトにあります（URL は前項参照）。

4.4　帝国議会時代の資料

大日本帝国憲法下に設けられていた帝国議会は、衆議院と貴族院から構成されていました。

4.4.1　データベース

「帝国議会会議録検索システム」（国立国会図書館）

https://teikokugikai-i.ndl.go.jp/

第1～第92回帝国議会（1890〔明治23〕年11月～1947〔昭和22〕年3月）の会議録を検索・閲覧できます。DB の機能や画面は、国会会議録検索システムとほぼ同様です。

4.4.2 印刷体会議録

(1) 帝国議会委員会会議録

『帝國議會貴族院委員會議事速記録』（貴族院事務局編）

第 1 ～ 92回帝国議会（1890〔明治23〕～ 1947〔昭和22〕年）

『帝國議會衆議院委員會議録』（衆議院事務局編）

第 1 ～ 92回帝国議会（1890〔明治23〕～ 1947〔昭和22〕年）

また、以下の復刻版があります。

『帝國議會貴族院委員會速記録』明治篇

第 1 ～ 28回（1890〔明治23〕～ 1912〔明治45〕年）

『帝國議會貴族院委員會議事速記録』大正篇

第29 ～ 51回（1912〔大正元〕～ 1926〔大正15〕年）

『帝國議會貴族院委員會速記録』昭和篇（東京大学出版会）1990〔平成 2 〕～
2000〔平成12〕年

第52 ～ 92回（1926〔昭和元〕～ 1947〔昭和22〕年）

ほかに、臨川書店、紀伊國屋書店の復刻マイクロフィルム版があります。

(2) 帝国議会本会議録

『帝國議會衆議院議事速記録』（内閣印刷局）

第 1 ～ 92回帝国議会（1890〔明治23〕～ 1947〔昭和22〕年）

『帝國議會貴族院議事速記録』（内閣印刷局）

第 1 ～ 92回帝国議会（1890〔明治23〕～ 1947〔昭和22〕年）

議案名索引、発言者索引付き。復刻版が東京大学出版会、原書房、雄松堂
マイクロ出版より出版されています。

(3) その他

『枢密院会議議事録』（東京大学出版会）1984〔昭和59〕年

枢密院は、1888（明治21）年に大日本帝国憲法草案を審議するために設け
られました。旧憲法制定の過程や重要な国務の審議を知ることができます。

『日本近代立法資料叢書』（商事法務研究会）1985〔昭和60〕～ 1988〔昭和
63〕年、全32巻

明治政府が基本法典を編纂した際の審議経緯記録。法典調査会の民法議事
速記録等法典案の質疑・応答・提案理由等の復刻版。

『**帝国議会貴族院議事録索引**』（帝国議会貴族院事務局編、文化図書）1994
〔平成 6 〕年、 8 巻本

　第 1 ～ 92回帝国議会（1890〔明治23〕～ 1947〔昭和22〕年）の貴族院議
　事速記録索引の集積版。イロハ別索引、件名類別索引があります。

『**帝国議会衆議院議事録索引**』（帝国議会衆議院事務局編、文化図書）1994
〔平成 6 〕年、 5 巻本

　第 1 ～ 92回帝国議会（1890〔明治23〕～ 1947〔昭和22〕年）の衆議院議
　事速記録索引の集積版。

4.5　内閣閣議情報

　閣議は、内閣総理大臣が主宰し国務大臣で構成される会議です（内閣法第
4 条）。重要な政策について決定され、立法にかかわる案件が多いのですが、
非公開会議とされているため、会議録、閣議決定はすべてが公開されている
わけではありません。内閣提出法律案、条約・政令の決定、予算の決定、重
要な政策に関する事項、国政に関する主要な調査の結果発表、各種審議会の
答申等の情報がウェブページ、印刷体資料に掲載されています。

4.5.1　閣議情報があるウェブページ

(1)「**首相官邸**」https://www.kantei.go.jp/jp/kakugi/index.html（閣議案件）
　①**一般案件**　国政に関する基本的重要事項等であって、内閣として意思決
　定を行うことが必要な案件。
　②**国会提出案件**　法律にもとづき内閣として国会に提出・報告する案件。
　③**法律・条約の公布**　国会で成立した法律または締結された条約を公布す
　るために、憲法第 7 条にもとづき内閣が助言と承認を行う案件。
　④**法律案**　内閣提出法律案を立案し、国会に提出する案件。
　⑤**政令**　政令（内閣の制定する命令）を決定し、憲法第 7 条にもとづき公
　布するために内閣が助言と承認を行う案件。
　⑥**報告**　国政に関する主要な調査の結果の発表、各種審議会の答申等閣議
　に報告することが適当と認められる案件。
　⑦**配布**　閣議席上に資料を配布するもの。

（2）「昭和前半期閣議決定等」

https://rnavi.ndl.go.jp/politics/entry/post-30.php

昭和2年から昭和38年までの主な決定件名、1,500件強が年代別に一覧され、本文が読めます。

4.5.2　閣議情報がある印刷体資料

『**閣議付議事項の件名等目録**』（内閣官房内閣総務官室編）2010〔平成22〕年～

『**閣議及び事務次官等会議付議事項の件名等目録**』（内閣官房内閣総務官室編）年刊　1964〔昭和39〕～ 2009〔平成21〕年

　いずれも、ほとんどの閣議決定が掲載されています。国立国会図書館議会官庁資料室で所蔵しています。

『**基本行政・通知処理基準**』（基本行政通知編集委員会、ぎょうせい）1974〔昭和49〕年～　前掲。ごく一部の閣議決定を収録しています。

表 2−2　立法についての情報

タイトル	**法学セミナー**
出版社 発行頻度 特　徴	日本評論社 月1回 「最新立法インフォメーション」で国会での可決成立から3〜4ヶ月後、立法趣旨・内容・施行期日・審議経過・審議論点を掲載。また、「立法の話題」で、新規制定、改正のあった法律をとりあげ、法案の提出・成立、制定の背景や法律の概要、制定後の動向等をまとめている。

タイトル	**法律時報**
出版社 発行頻度 特　徴	日本評論社 月1回 「新法令解説」で、公布された法律・政令・条約・府省令・行政機関の委員会等が定める規則の概要を関係府省別に掲載し、内閣法制局次長が主要なものを数行で解説している。

タイトル	**立法と調査**
出版社 発行頻度 特　徴	参友会編 / 国立印刷局 年6回 最新の「国会の論議の焦点に関する論文」「国会の法律案等の紹介に関する論文」を掲載。ウェブで掲載論文が読める。 https://www.sangiin.go.jp/japanese/annai/chousa/rippou_chousa/index.html

タイトル	**法令解説資料総覧**
出版社 発行頻度 特　徴	第一法規 月1回 「法律解説」で、公布された法律の概要・経緯と背景、法施行までの課題を関係省庁別に掲載。執筆者は、衆議院法制局、参議院法制局や立法担当者など。ほかに、「政・省令解説」を掲載。

タイトル	**時の法令**
出版社 発行頻度 特　徴	雅粒社編 / 朝陽会 月2回 「法令ニュース」で、関係府省別に公布された法律の概要等を掲載。また、「法令解説」で立法担当者が新規制定法、改正法の解説をしている。

タイトル	**ジュリスト**
出版社 発行頻度 特　徴	有斐閣 月1回 国会会期終了後に、成立した主な法令の概観等を紹介する「第○会国会の概観」がある。概況、立法の状況、成立法律を数行で参議院法制局職員が紹介する。 不定期ではあるが、新法令、改正法令について立法担当者、審議会メンバー、研究者の解説論文が掲載される。

タイトル	**法学教室**
出版社 発行頻度 特　徴	有斐閣 月1回 重要改正のポイントを解説するような特集が組まれることがある。また、「新法解説」に解説が掲載される。

タイトル	**第○回 国会制定法律案**
出版社 発行頻度 特　徴	衆議院法制局／第一法規 各国会会期ごと 新法令を公布法令番号順に収録。 法律成立経過表・件名索引がある。 また、衆法・参法・閣法の表示がある。 委員会付託、議決、本会議、議決日を知ることができる。

II

4

５．地方公共団体の法令集と議会資料

5.1 地方公共団体の法令集

　地方公共団体の法令である条例と規則は、あわせて例規と呼ばれることが一般的です。

5.1.1　公報（紙）
　地方公共団体の法令である、条例、規則の公布が各地方公共団体の公報紙への掲載か、掲示板への掲示によって行われることは、〔→ p.60〕すでに述べましたが、各地方公共団体の公報（紙）は各団体のウェブページに見られます。
　次のサイトに都道府県の公報へのリンクがあります。
「全国地方自治体リンク47」（第一法規）
https://www.daiichihoki.co.jp/jichi/47link/

5.1.2　例規集ウェブサイト
　最近では条例・規則をデータベース化し、インターネット上で公開している自治体が増えつつあり、すべての都道府県、かなりの数の市町村が公開をしています。条例・規則のほか告示、通達などを収録している場合もありますが、編集は、地方公共団体により異なります。ウェブサイトを検索する際には、サーチエンジンに地方公共団体名と「条例」または「例規」などのキーワードを and 検索するとヒットします。また次のようなサイトを利用するのもよいでしょう。
「全国地方自治体リンク47」（第一法規）
　前掲（5.1.1 の項 URL）
「洋々亭の法務ページ「自治体 Web 例規集へのリンク集」」（tomita）
http://www.hi-ho.ne.jp/tomita/reikidb/reikilink.htm

5.1.3　印刷体の例規集

　○市（町）条例集、または例規集といったタイトルで、差し替え式（加除式、ルーズリーフ式）形態のものが多いようです。条例のほか規則、告示、通達などを収録していますが、編集は地方公共団体により異なります。地方公共団体発行の条例集や例規集を利用したい場合は、当該地の大学図書館（法学部資料室）、公立図書館、議会図書室等に問い合わせるのがよいでしょう。また、国立国会図書館議会官庁資料室では、都道府県と政令指定都市の条例集、例規集を収集、配架しています。

『**実践自治 Beacon Authority**』（イマジン出版）年 4 回刊　2000〔平成12〕年〜

　　『自治体情報誌 D-file』（1990〔平成 2 〕年）の別冊として、年 4 回刊行されています。最新の条例、要綱、マニュアルなどを独自に収録し、解説しています。

『**地方自治体新条例集**』（イマジン自治情報センター編、イマジン出版）年刊 1999〔平成11〕年〜 2005〔平成17〕年

　　前年中に制定、改正、公布、施行された条例のうち、先進的・特徴的な条例を選び、まちづくり・環境・福祉・情報公開など政策ごとに分類し、全文を収録し、制定の背景やポイント、その他要綱・制度等も紹介しています。22号（2004年）以降は、インターネット上にない条例については本文を収録し、インターネット上で閲覧できる条例はその URL を掲載しています。なお、条例に関しては2005年以降同社の前掲『実践自治 Beacon Authority』に収録がひきつがれています。

『**条例解説全集**』（条例実務研究会編、ぎょうせい）差し替え式　1983〔昭和58〕年〜 2006年〔平成18〕年

　　個別の条例について、制定理由、経緯、制定時の問題点等の解説を加えています。また、全国的制定状況、法律との関係を解説しています。
　　閲覧やコピー入手が難しい条例等の条文ですが、上記のほか、分野を限定した法令集や六法に載っている場合があります。

5.2　地方公共団体の議会資料

　都道府県議会、市町村議会は、常任委員会を中心に運営されています。主

に条例の制定・改廃、予算の決定、決算の認定などをします。

5.2.1　地方公共団体議会情報を公開するウェブサイト

　地方公共団体によっては議会情報、議会記録（本会議・委員会議）のすべて、または一部をウェブサイトで公開しています。会議録の閲覧に加え、検索もできるサイトが増えつつあります。

「地方議会」（国立国会図書館リサーチ・ナビ）

　https://rnavi.ndl.go.jp/politics/entry/--1.php

　都道府県議会ウェブにリンクをしています。

5.2.2　条例を収録する雑誌

　地方公共団体の条例のニュースや紹介を定期的に掲載している雑誌があります。

『法令解説資料総覧』（第一法規）月刊　1977〔昭和52〕年～

　地方公共団体の条例のニュース〈地方法令ニュース〉や紹介があります。

　各議会関係資料の閲覧については、当該地の議会事務局や公共図書館に問い合わせましょう。また、国立国会図書館議会官庁資料室が、明治期の一部の府県会、戦後期以降の都道府県議会、1985〔昭和60〕年ごろ以降の各市議会の会議録を所蔵しており、詳しい所蔵状況について問い合わせをする方法もあります。

6. 外国の法令、判例、議会資料

　膨大な量の外国法令、判例、議会情報がありますが、本書では紙幅の制約上、基本的な情報の紹介にとどめます。

　どの国にも日本の『官報』にあたる資料や、判例集、法令集、議会資料があります。それらを閲覧するには、まず資料名を知ることから始めなければなりませんが、資料名の特定にはリンク集や専門図書館の作成しているウェブ、印刷体資料索引を利用します。これらの多くは、国別に検索できるので便利です。ただし、資料名の特定や外国法の資料を読むには、対象国の法体系を知っておく必要があることはいうまでもありません。

6.1　外国の法令、判例、議会資料を収集している図書館

　外国の法令や判例、議会資料は、大学図書館、外国資料を専門とする図書館に収集されている場合がありますから、それらのOPACやレファレンス係をたずねてみるのがよい方法です。資料を収集している図書館としては、研究所に併設された図書館、大使館附属の図書館・資料室や国際機関から資料を寄託されている図書館などがあります。

6.1.1　主要な収集図書館
「国立国会図書館議会官庁資料室」

　https://www.ndl.go.jp/jp/tokyo/parliamentary/index.html

　約70ヶ国の議会資料および約150ヶ国の法令資料を所蔵しています。ウェブには、国別の収集資料の紹介と関連リンク集があります。なお、印刷体索引としては、以下があります。

　『国立国会図書館所蔵　外国法令・議会資料目録』（国立国会図書館調査及び立法考査局）（1987年12月末現在）1990〔平成2〕年

「東京大学法学部研究室図書室外国法令判例資料室」

　https://www.lib.j.u-tokyo.ac.jp/center/gaise.html

　外国の法令集・判例集、その他法令・判例の検索ツールを収集しており

（議会資料は収集していない）、一般の人も利用できます。利用案内
（https://www.lib.j.u-tokyo.ac.jp/guide.html）を確認してから訪ねるのが望
ましいでしょう。

所蔵されている資料の主な地域名・国名については、https://www.lib.j.u-
tokyo.ac.jp/holdings/foreign/shelf.html　に案内があります。また、印刷
体索引は発行からかなり時が経っていますが、以下のものがあります。

『Catalog of foreign law materials』（東京大学法学部附属外国法文献セン
ター）1983〔昭和58〕年

「京都大学大学院法学研究科附属法政策共同研究センター」

https://cislp.law.kyoto-u.ac.jp/

欧米主要国の議会、立法過程資料、政治第一次資料や国際的な法律・政治
に関する基礎的資料を収集し、学内外の研究者・学生に提供しています。
また、これら資料に関する国内と海外の文献所在情報データベースを作成
し、公開しています。

この他、「外国の法律・政治行政資料の調べ方・文書の入手方法」「日本の
法律・政府行政文書の調べ方」をウェブ上で案内しています。

「ジェトロ・ビジネスライブラリー」（東京／大阪）

https://www.jetro.go.jp/news/announcement/2018/edf2ec391a7d023e.
html

世界各国の統計、会社・団体名簿、貿易・投資制度などの基礎的資料、関
税率表などの実務に直結する資料をそろえ、各種DBの利用ができます。
資格を問われず利用できます。

「ジェトロ　アジア経済研究所図書館」（千葉）

https://www.ide.go.jp/Japanese/Library

アジア、中東、アフリカ、ラテンアメリカ、オセアニア、東欧諸国などの
開発途上国・地域の情報、企業の情報をはじめとして法令や統計、各海外
主要新聞、雑誌、単行書、参考図書、企業情報、貿易実務資料を多く備え
ています。資格を問われず利用できます。

なお、印刷体資料としては、以下のものがあります。

『発展途上国法令資料目録アジア・ラテンアメリカ』（経済協力シリーズ、
特14. 法律）（経済協力調査室編／アジア経済研究所）1993年

6.1.2　その他の図書館・資料室

大使館附属の図書館・資料室〔→ p.133〕
国連寄託図書館〔→ p.134〕
EU 情報センター〔→ p.135〕
OECD 協力資料館〔→ p.136〕

6.2　外国法令の翻訳資料（雑誌）

外国の法令を日本語に翻訳して定期的に掲載、紹介している資料には以下の雑誌があります。

『**外国の立法**』（国立国会図書館調査及び立法考査局）1962〔昭和37〕年～
『**レファレンス**』（国立国会図書館調査及び立法考査局）1951〔昭和26〕年～、累積索引 1 /300号（1976年）、101/200号（1967年）

6.3　各国法の調べ方についてのウェブサイトと解説書

ウェブサイトや印刷体資料として、次のものがあります。
なお、紹介する資料以外にも、各国法の入門書中に調べ方にも言及しているものが多々あります。

「**京都大学大学院法学研究科附属法政策共同研究センター**」
https://cislp.law.kyoto-u.ac.jp/
「外国の法律・政治行政資料の調べ方・文書の入手方法」をウェブ上で案内しています。

『**インターネット法情報ガイド**』（指宿信・米丸恒治編、日本評論社）2004年
公的なウェブサイトを中心に、日本法と外国法の法情報調査法をガイドしています。アジア、ヨーロッパ・ロシア、アメリカ大陸、オセアニア、アフリカ・西アジアの法情報を、広くカバーして紹介しています。本文中のウェブにアクセスする CD-ROM 付き。

『**アクセスガイド外国法**』（北村一郎編、東京大学出版会）2004年
各国、地域の法を専門とする研究者による、法の調べ方、インターネット上の資料検索の詳しい紹介書です。欧米法については、各法体系の細かい解説もあります。

対象国・地域：アメリカ法、イギリス法、フランス法、ドイツ法、ヨーロッパ法、ロシア法、中国法（台湾）、韓国法、東南アジア法ほか、イスラーム法、オーストラリア法、イベロアメリカ法

『外国法文献の調べ方』（板寺一太郎著、信山社）2002年

法律研究に必要な資料の解題と使用方法、調べ方について詳しく解説しています。

目次：終戦前および被占領期のドイツ法、ドイツ連邦共和国の法令、立法過程、ドイツ民主共和国（旧東ドイツ）の法令および判例、ドイツ（第2次大戦前、占領中、旧西ドイツ、旧東ドイツを含む）の法令・判例のわが国における所蔵のリスト、スイス法・オーストリア法、フランスの法令集と法令の検索方法、フランスの法令と立法過程・立法資料、フランスの判例、イギリスの議会資料の調べ方、アメリカの法案・議会資料の調べ方、法律学研究に際して役にたつその他の資料、全国の法律学・政治学関係の研究機関

『外国法の調べ方』（田中英夫ほか著、東京大学出版会）1974年

文献利用に必要な各国法（英米法、フランス法、ドイツ法、ソビエト法、中国法）の基礎知識と判例（集）、法令（集）の探し方についてのガイドです。出版からかなり時を経ており、国の体制が変化している国もあります。

『入門アメリカ法の調べ方』（M・L・コーエン、K・C・オルソン著、山本信男訳、成文堂）1994年

アメリカ法についての文献・資料の解説と検索の方法について書かれた入門書です。イギリスおよびイギリス連邦の法律文献検索についての言及もあります。

『ロシア法・ポーランド法・中国法の調べ方』（社会主義法研究会編、ナウカ）1997年

『社会主義法のうごき』誌の休刊にあたり企画された同誌の別冊です。ロシア法、ポーランド法、中国法の調べ方があります。

『国際機関資料検索ガイド』（川鍋道子著、東信堂）2003年

国際連合はじめとする国際機関の印刷体資料、ネット情報へのアクセス方法をガイドしています。国連とその専門機関、欧州連合・欧州評議会、その他の地域的国際機関資料について資料の表紙の写真やネットサイトの画

像も載せています。

6.4　その他の図書館や資料室

6.4.1　大使館附属の図書館や資料室
政府刊行資料を備え、利用者の質問を受け付けています。

アメリカン・センター　JAPAN
　　〒107-0052　港区赤坂1-1-14　NOF溜池ビル8階
　　同　札幌
　　〒064-0821　札幌市中央区北1条西28丁目3-1　札幌米国総領事館内1F
　　電話 011-641-3444
　　同　名古屋
　　〒450-0001　名古屋市中村区那古野1-47-1　名古屋国際センタービル6F
　　電話 052-581-8641
　　同　関西　アメリカン・センター・レファレンス資料室
　　〒530-8543　大阪市北区西天満2-11-5　米国総領事館内7階　電話
　　06-6315-5970
　　同　福岡　アメリカン・センター・レファレンス資料室
　　〒810-0001　福岡市中央区天神2-2-67　ソラリア・パークサイドビル8階
　　電話 092-733-0246

カナダ大使館E・H・ノーマン図書館
　　〒107-8503　港区赤坂7-3-38　電話　03-5412-6200

ラテン・アメリカ協会
　　〒100-0011　千代田区内幸町2-2-3　日比谷国際ビル1階120A
　　電話 03-3591-3831

フランス大使館広報部資料室
　　〒106-8514　港区南麻布4-11-44　電話 03-5798-6308

日仏会館図書室（東京日仏学院の図書室と資料を補い合う関係にあります）
　　〒150-0013　渋谷区恵比寿3-9-25　電話 03-5421-7641

アンスティチュ・フランセ東京
　　〒162-8415　新宿区市ヶ谷船河原町15　日仏学院2F　電話 03-5206-2500

東京ドイツ文化センター図書館

〒107-0052　港区赤坂7-5-56　ドイツ文化会館2F　電話 03-3584-3203

ゲーテ・インスティトゥート・ヴィラ鴨川図書室（京都ドイツ文化センター図書館）

　　〒606-8305　京都市左京区吉田河原町19-3　電話 075-761-2188

ブリティッシュ・カウンシル図書館

　　〒162-0825　新宿区神楽坂1-2　電話 03-3235-8031

スウェーデン大使館広報部閲覧室

　　〒106-0032　港区六本木1-10-3-100　電話 03-5562-5050

駐日韓国文化院図書映像資料室

　　〒160-0004　新宿区四谷4-4-10　3階　電話03-3357-6071

6.4.2　国連寄託図書館

　　国連から発行される公式記録、決議録、年次報告、条約集や国連発行の図書・雑誌等を収集しています。他に、UNICEF、UNEP、UNPFA、UNESCOなど、国連関係機関発行の資料が備えられている場合もあります。

国立国会図書館議会官庁資料室

　　〒100-8924　千代田区永田町1-10-1　電話 03-3581-2331

北海道大学附属図書館／国連寄託図書館

　　〒060-0808　札幌市北区北八条西5丁目　電話 011-706-2973

東北大学附属図書館／国連寄託図書館

　　〒980-8576　仙台市青葉区川内27-1　電話 022-795-5935

国際教養大学図書館

　　〒010-1292　秋田市雄和椿川字奥椿岱193-2　電話 018-886-5907

東京大学総合図書館国際資料室

　　〒113-0033　文京区本郷7-3-1　電話 03-5841-2645

中央大学図書館／国連寄託図書館

　　〒192-0393　八王子市東中野742-1　電話 042-674-2591

金沢市立泉野図書館／国連寄託図書館

　　〒921-8034　金沢市泉野町4丁目22-22　電話 076-280-2345

日本大学国際関係学部図書館／国連寄託図書館

　　〒411-8555　三島市文教町2-31-145　電話 055-980-0860

愛知県図書館

〒460-0001　名古屋市中区三の丸１丁目9-3　電話 052-212-2323

京都国連寄託図書館

　〒603-8577　京都市北区等持院北町56-1　立命館大学明学館１Ｆ
　電話 075-465-8107

神戸大学経済経営研究所／国連寄託図書館

　〒657-8501　神戸市灘区六甲台町2-1　電話 078-803-7025

広島市立中央図書館（広島市国連寄託図書館）

　〒730-0011　広島市中区基町3-1　電話 082-222-5542

西南学院大学図書館／国連寄託図書館

　〒814-8511　福岡市早良区西新6-2-92　電話 092-823-3410

福岡市総合図書館／九州国連寄託図書館

　〒814-0001　福岡市早良区百道浜3-7-1　電話 092-852-0628

琉球大学附属図書館／国連寄託図書館

　〒903-0214　沖縄県中頭郡西原町字千原１　電話 098-895-8166

6.4.3　EU 情報センター

　EU 諸機関から発行される主要な公式出版物や資料である官報（Official Journal of the European Communities）、立法関係資料、各機関報告書類、統計資料を備えています。

国立国会図書館議会官庁資料室

　〒100-8924　千代田区永田町1-10-1　電話 03-3581-2331

北海道大学附属図書館 EU 情報センター

　〒060-0808　札幌市北区北八条西５丁目　電話 011-706-2973

東北大学附属図書館 EU 情報センター

　〒980-8576　仙台市青葉区川内27-1　電話 022-795-5935

東京大学総合図書館国際資料室 EU 情報センター

　〒113-0033　文京区本郷7-3-1　電話 03-5841-2645

一橋大学附属図書館 EU 情報センター

　〒186-8602　国立市中2-1　電話 042-580-8239

中央大学図書館国際機関資料室 EU 情報センター

　〒192-0393　八王子市東中野742-1　電話 042-674-2591

早稲田大学現代政治経済研究所 EU 情報センター

〒169-8050　新宿区西早稲田 1-6-1　電話 03-3204-8960

慶應義塾大学三田メディアセンター EU 情報センター

〒108-8345　港区三田2-15-45　電話 03-5427-1664

上智大学ヨーロッパ研究所 EU 情報センター

〒102-8554　千代田区紀尾井町7-1　電話 03-3238-3902

日本大学国際関係学部図書館 EU 情報センター

〒411-8555　三島市文教町2-31-145　電話 055-980-0860

名古屋大学経済学図書室 EU 情報センター

〒464-8601　名古屋市千種区不老町　電話 052-789-4922

金沢大学附属図書館 EU 情報センター

〒920-1192　金沢市角間町　電話 076-264-5212

大阪市立大学学術情報総合センター

〒558-8585　大阪市住吉区杉本3-3-138　電話 06-6605-3240

関西大学総合図書館 EU 情報センター

〒564-8680　吹田市山手町3-3-35　電話 06-6368-0267

同志社大学図書館 EU 情報センター

〒602-8580　京都市上京区今出川通烏丸東入ル　電話 075-251-3980

兵庫県立大学学術総合情報センター

〒651-2197　神戸市西区学園西町8-2-1　電話 078-794-5394

福山大学附属図書館 EU 情報センター

〒729-0292　福山市学園町 1 番地三蔵　電話 084-936-2111

香川大学附属図書館 EU 情報センター

〒760-8525　高松市幸町1-1　電話 087-836-1249

西南学院大学図書館 EU 情報センター

〒814-8511　福岡市早良区西新6-2-92　電話 092-823-3410

琉球大学附属図書館 EU 情報センター

〒903-0214　沖縄県中頭郡西原町字千原 1　電話 098-895-8168

6.4.4　OECD 協力資料館

OECD が刊行する単行本、逐次刊行物、各種報告書類、統計資料を収集、公開しています。

北海道大学附属図書館国際資料コーナー

〒060-0808　札幌市北区北八条西5丁目　電話 011-706-2973

東北大学附属図書館国際機関資料コーナー

〒980-8576　仙台市青葉区川内27-1　電話 022-795-5935

東京大学総合図書館国際資料室

〒113-0033　文京区本郷7-3-1　電話 03-5841-2645

中央大学図書館国際機関資料室

〒192-0393　八王子市東中野742-1　電話 042-674-2546

日本大学国際関係学部図書館国際機関資料室

〒411-8555　静岡県三島市文教町2-31-145　電話 055-980-0860

西南学院大学図書館国際機関資料室

〒814-8511　福岡市早良区西新6-2-92　電話 092-823-3410

琉球大学附属図書館国際資料センター

〒903-0214　沖縄県中頭郡西原町字千原1　電話 098-895-8168

Ⅱ

6

7．立法趣旨や解釈を知る

7.1　立法趣旨、提案理由を調べる

　法の趣旨や解釈を知るために、法令の制定趣旨や改正理由を調べるという方法があります。

(1) 国会会議録

　法律の場合は、国会の議事録である国会会議録を調べれば、提出者・発議議員からされた趣旨説明、提案理由発言を読むことができます。法案の審査は各委員会を中心に進められますので、これらの発言は初めて委員会に付託された日の会議録から探します。国会会議録はDB化され公開されていますので、以下のウェブサイトでの検索が便利です。

「国会会議録検索システム」（国立国会図書館）

https://kokkai.ndl.go.jp/

法律案名をキーワードに検索後、早い日付の会議録を選択します。趣旨説明、提案理由発言は衆議院、参議院いずれが先議であってもそれぞれの委員会で行われています。重要と考えられる法律案の場合には、はじめに本会議で趣旨説明、提案理由発言をさせる場合もあります。

「日本法令索引」DB〔→ p.100〕の「法律案」からDBに入ると、上記「国会会議録検索システム」とリンクしています。法律案名で検索をすると、国会に上程された法律案名がヒットし、法律案名の右には「審議経過」ボタンがあり、審査した会議録へリンクしています。「会議録索引情報」という画面に進むと、審議状況のなかで「趣旨説明」とある会議録を選択し、その号数部分をクリックすると、趣旨説明と提案理由を述べている会議録に至ることができます。

e-hoki.com「法案の解説と国会審議」（新日本法規）

https://www.sn-hoki.co.jp/article_list/series/houan_kaisetu/

閣法、衆法、参法を問わず、提案の背景を知ることができます。ただし、すべての成立法案が収録されているわけではありません。

(2) 法律雑誌の立法情報

　制定趣旨や改正理由について、制定や改正にかかわった所管府省の担当官や審議会委員であった研究者、実務家による記事や解説書を探します。これらから詳しい情報を得られることがあります。たとえば、平成32年東京オリンピック競技大会・東京パラリンピック競技大会特別措置法（平成27年法律第33号）について、雑誌『時の法令』1986号（2015年9月30日号）【法令解説】p.11 に文部科学省スポーツ・青少年局競技スポーツ課中村徹平「平成三二年東京オリンピック・パラリンピック特措法について」があります。〔→ p.124　表2-2〕

　また、蔵書目録DB（OPAC）や文献索引DB、文献索引誌を利用すると解説書を発見できる場合があります。法令題名や略称題名と「制定」「改正」や所管府省名などをキーワードにしてみましょう。

(3)「新法・改正法解説記事書誌情報検索データベース（R-Line）」を利用する

http://opac.lib.ryukoku.ac.jp/db/db.cgi（2021年1月22日に停止）

　龍谷大学図書館が無料で公開しているDBです。

　法改正はたとえば民法の改正であればいつの改正であっても「民法の一部を改正する法律」のように同名の法律によって行われることが多いため、文献索引等で雑誌に載った解説を発見しようとしても、どの時点の改正に応じた記事なのか選択に迷いが生じることもあります。本データベースでは法令沿革を示し、改正ごとに記事の書誌をまとめています。また、記事は制定や改正にかかわった立法担当者等が書いたものに限定し、データ化しているとのことです。2005年4月以降発行の雑誌に載った新規制定あるいは改正された法令に関する解説記事の書誌情報を集めています。該当法の法令番号、公布日情報をもとに記事について執筆者名、掲載誌名、記事タイトル、掲載巻号ページが表示されます。以下の雑誌から採録しています。

　NBL、金融・商事判例、ジュリスト、旬刊金融法務事情、月刊民事法情報、旬刊商事法務、地方自治、登記インターネット、時の法令、法律のひろば、法令解説資料総覧、労働法令通信、自由と正義、家庭裁判月報、警察学論集、法学教室、法学セミナー、法律時報、法曹時報

7.2 条文の解釈を知る〜コンメンタール

　法令条文の意味、内容が明らかではないときに、その解釈を知る資料として コンメンタール（逐条解説書）といわれるものがあります。これは法令の第一条から最終条までを、一条文ごとに解説するスタイルの資料です。条文で用いられていることばの意味、条文の意義、要件や立法事実、その他の条文との関係や学説などを紹介するもので、代表的な判例を付すものもあります。

　また、実務に即して、通達や手続について参考になる情報を加えているものがあります。コンメンタール中の判例や学説は、その引用（裁判所名、判決年月日、事件番号など）があるのみで詳細は理解できませんので、判例や学説の原文を探し、読みあわせて利用します。

(1) 印刷体コンメンタール
　代表的なコンメンタールには、以下のものがあります。

『新版　注釈民法』『新版　注釈会社法』『注釈刑法』など（有斐閣）

『大コンメンタール』（青林書院）

『判例コンメンタール』（三省堂）

　ほかに、雑誌の別冊の形態をとっているものもあり、民法を編別（総則、物権、債権、身分法の別）に発行するなどして、図書に比べ改正にも早くに対応しています。

『新基本法コンメンタール』『基本法コンメンタール』（日本評論社、別冊法学セミナー）

　コンメンタールの有無を検索する場合には、「逐条」や「コンメンタール」のほか「注釈」「註解」「条解」といったことばを題名にもつ資料もあるので、これらの単語を OR で結び、法令題名を文献索引や OPAC に入力すれば検索できるでしょう。

　さらに、いくつかのタイトルをあげてみましょう。

『**注解　判例民法**』（林良平ほか編著、青林書院）

　条文の趣旨の解説およびその条文が適用された判例の情報とその事実・理

由の要約を引用して掲載しています。引用判例は、最高裁判所民事判例集に掲載のものを中心に取り上げ、必要に応じてその他の資料に掲載の最高裁判例も掲載しています。最高裁判例がない場合、関連する下級裁判所の判例が取り上げられています。大審院の判例でも、今日でも先例として価値のあるものは収録されています。学説は、判例に影響の大きかったもの、判例の将来の方向性を示唆するものに限定して収録しています。判例索引（裁判年月日順）があります。

ほかに『注解 民事執行法』『注解 民事手続法』『注解 家事審判法』『注解 会社法』『注解 破産法』『注解 不動産法』『注解 刑事訴訟法』『注解 刑法』『注解 特別刑法』『注解 特許法』『注解 経済法』などがシリーズ化されています。

『新版 注釈民法』全28巻（谷口知平・於保不二雄・川島武宜・林良平・加藤一郎・幾代通編、有斐閣）

各条文について判例、学説を引用しながら解説しています。各条文には見出しが付されているほか、フランス民法、ドイツ民法、スイス債務法（または同民法）の該当条項が掲載されています。事項索引、判例索引（裁判所別、同裁判所項目内は裁判年月日順）は末尾に掲載されています。

ほかに『注釈 会社法』『注釈 行政事件訴訟法』『注釈 刑事訴訟法』『注釈 刑法』『注釈 憲法』『注釈 少年法』『注釈 民事訴訟法』『注釈労働基準法』などがあります。

『大コンメンタール刑法 第3版』（大塚仁、中川善房、古田佑紀、河上和雄編、青林書院）

各章・各条項に細目次があるため、法体系、条文の全貌を知るのに役立ちます。判例索引は末尾にあり、大審院、最高裁、高裁、地裁、家裁・簡裁ごとに掲載され、同種裁判所内は裁判年月日順となっています。

同シリーズには、ほかに『大コンメンタール刑事訴訟法』などがあります。

『新・判例コンメンタール』全15巻・民法・索引（篠塚昭次・前田達明編、三省堂）

各条文の概説（趣旨）および条文中の論点箇所について判例を引用し解説しています。引用判例の末尾には必要に応じて判例評釈（執筆者名・掲載雑誌の巻号頁）、参照判例の情報が掲載されています。戦前の判例は代表的な判例にのみ判例評釈が記載されています。

『我妻・有泉コンメンタール民法総則・物権・債権　第3版』（我妻榮・有泉亨・清水誠・田山輝明著、日本評論社）2013年

　　日本評論社『コンメンタールシリーズ』は、ほかに『民事訴訟法』（全7巻）『マンション区分所有法　第2版』『借地借家法　第3版』『行政手続法・行政不服審査法　第2版』『行政事件訴訟法・国家賠償法　第2版』などがあります。

『条解　民事訴訟法』（兼子一ほか編、弘文堂）

　　ほかに『条解　刑法』『条解　刑事訴訟法』『条解　行政事件訴訟法』『条解　行政手続法』『条解　弁護士法』『条解　民事再生法』などがあります。

『逐条民法特別法講座』全10巻（林良平ほか編、ぎょうせい）

『論点体系　会社法』全7巻（江頭憲治郎・中村直人編著、第一法規、2012年）

『新基本法コンメンタール』『基本法コンメンタール』（別冊法学セミナー）（日本評論社）

　　各章と節のそれぞれ最初に、研究者・法曹による解説があります。条文ごとに立法趣旨や意義、適用例などを学説や判例を引用しながら解説しています。比較的平易なことばを使って明解に記述されているため、初学者にとって読みやすい資料です。改正の背景や意義・概要も解説されています。2009年9月より、順次縦組みの『基本法コンメンタール』から、横組みの『新基本法コンメンタール』としてリニューアルされ、より実務に配慮した記述になっています。また判例索引が付されています。法律の改正や学説、判例の進行と変化にともなって逐次改訂されるため、他のコンメンタールの類に比べて比較的新しい情報を得ることができます。

(2)　インターネット版、電子書籍版コンメンタール

「インターネットコンメンタール」（日本評論社）

　　憲法、民法・財産法、民法・家族法、刑法、会社法、民事訴訟法、刑事訴訟法について参考法令や判例とリンクされています（『憲法』は2016年4月サービス開始予定）。法改正、判例の追加や変更に対応し、年1回更新しています（このうち、現在『憲法』『刑法』『民法・財産法』『民事訴訟法第2版』『刑事訴訟法第2版』は「新・コンメンタール」、『民法・家族法』は「学習コンメンタール」という名称で書籍としても刊行されていま

す）。また電子書籍版として『憲法』『民事訴訟法第2版』『刑事訴訟法第2版』（日本評論社）が、アマゾン・キンドルで提供されています（リフロー版）。

「注釈民法 DVD」（有斐閣）

『注釈民法』『新版　注釈民法』（前掲）を DVD 化しています。PDF 形式で、両書の横断検索が可能です。外国の法制・判例・学説も紹介しています。判例は、裁判所、事件番号、裁判日付、出典、判例索引による検索が可能。また、書名、執筆者名、事項索引、目次、条名検索が可能です。

LEGAL RESEARCH

1. 判例の基礎知識

1.1 判例とは

　実際の社会で生じるさまざまな事件や紛争を解決するために、裁判では事実を認定し、そこに法律を適用し、裁判所としての判断を導き出しています。

　裁判所は、法的判断をする際に、過去の裁判例を参考にすることがあります。このように、後の裁判の参考となる裁判所の判断を「判例」といいます。ただ「判例」の語は使う人や場合によって、広義にも狭義にも使われます[1]。本書では、判例集や判例雑誌、データベース（以下 DB と略すことがある）に掲載されている裁判例を「判例」として扱い、リサーチの方法とそれに必要な資料や DB について解説します。

　裁判所の判断結果が書かれた裁判書（判決書）や当事者からの提出書類や調書等は、事件記録として一定期間保管されます。確定した裁判（事件）記録の保管場所は、原則、民事の場合、第1審裁判所（「事件記録等保存規程」（昭和39年12月12日最高裁判所規程第8号、および事務総長依命通達「事件記録等保存規程の運用について[2]」）、刑事の場合、第一審の裁判をした裁判所に対応する検察庁（刑事確定訴訟記録法第2条1項）です。

　ただし、それらの記録すべてが公刊・公開されるわけではなく、裁判の結果が示された判決書が一部の事件に限って公刊されています（表3-1、図3-1参照）。

1— 　藤井康子「8章　8.2 判例とは」ローライブラリアン研究会編『法情報の調べ方入門』107頁（日本図書館協会、2015）

2— 　公文書管理の在り方に関する有識者会議第11回　平成20年9月25日配布資料1最高裁判所事務総局提出資料　https://www.cas.go.jp/jp/seisaku/koubun/dai11/siryou1.pdf

表3−1　1年間（平成26年1月〜12月）の裁判所別事件（既済）および情報源別収録件数(調査日:平成27年11月1日現在)

	民刑区分	最高裁判所	高等裁判所	地方裁判所	家庭裁判所	簡易裁判所	各件数	総件数
件数（既済事件）	民(含行政)	7946(5728)※	39220	589570		827757	1464493	3504574
	刑	3796	9790	266379		737879	1017844	
	家事				910264		910264	
	少年				111973		111973	
判例集	民集	22	3					判例集42
	刑集	20	1					高裁集4
裁判集	集民	19						裁判集34
	集刑	15						
裁判所時報		44						44
裁判所ウェブサイト		78	398 地財高裁 318	355	0	1	832	832
判例時報（判例雑誌）	民事	39	113	192	9	0	353	386
	刑事	18	6	3	6	0	33	
判例タイムズ（判例雑誌）	民事	39	35	44	6	0	124	163
	刑事	18	7	6	8	0	39	
有料データベースA社	民事	126	716	7156	10	13	8069	8778
	刑事	62	131	505	8	3	709	
有料データベースB社	民事	62	609	1233	家事25	1	1955	2528
	刑事	34	98	408		8	548	
有料データベースC社	民事	60	624	4189	12	3	4881	5011
	刑事	34	18	69	8	1	130	
有料データベースD社	民事	62	611	1245	16	1	1935	2440
	刑事	34	97	354	12	8	505	
有料データベースE社	民事	90	781	1300	15	12	2198	2472
	刑事	40	51	174	9	0	274	

※（ ）内数字は、1つの原判決に対する上告事件と上告受理事件を合わせて1件とした数

図3−1　裁判資料に収録される判例数の年間概数

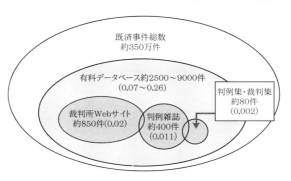

1.2　裁判のしくみ

　ここでは、判例を探す前に日本の裁判と裁判所のしくみについて概説します。裁判とは、狭義には、社会における法的な紛争や犯罪について、証拠にもとづいて事実を確定し、法律を解釈・適用して結論を示すという方法で解決をはかる、公的な権威をもつ第三者による判定です。「公的な権威をもつ第三者」とは、裁判官または裁判所のことを指します。

1.2.1　民事裁判と刑事裁判
　裁判は、大きく分けると民事裁判と刑事裁判の2つがあります（図3-2）。

(1)　民事裁判とは
　民事裁判とは、私人間の権利義務関係、身分関係などの争いがあるとき、法的に紛争解決の手段として行われる裁判です。裁判所に訴えをした人（訴状を提出した人）を原告といい、訴えられた人を被告といいます。
　民事裁判手続は以下のとおりです。
　原告が当事者情報（原告・被告の住所・氏名）、請求の趣旨（訴訟で求めるものの特定）、請求の原因（理由）などを記載した「訴状」と証拠（多くの場合は、書証）をそえて裁判所に提出し、裁判所が訴状を受理した時点から開始されます。その後、裁判所は被告に訴状を送り、第1回の口頭弁論の日時を指定し、原告・被告の双方に呼出状を送ります。
　一方被告は、訴状に記載された内容を認めるか否かを記した答弁書を作成し、裁判所に提出し、それらがそろった後に、第1回口頭弁論が原則として公開の法廷で行われます。ここでは、原告側の訴状の陳述、被告側の答弁書の陳述、双方の準備書面の陳述を行います。
　なお、判断に必要な事実関係について当事者間に争いがあり、争点および証拠の整理を行う必要がある場合には、裁判所は証人尋問等の証拠調べを争点に絞って効率的かつ集中的に行えるように準備するため、争点および証拠の整理手続を実施することができます（準備的口頭弁論、弁論準備手続、書面による準備手続の3種類）。
　裁判官が必要と認めた場合は、証拠調べが行われ、証拠調べが終了すると

図3-2　裁判の流れ

■民事裁判の流れ

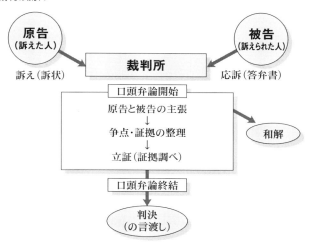

■刑事裁判の流れ

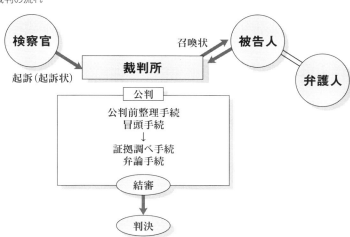

※裁判員裁判の場合は、裁判官と裁判員の評議を経て判決が出される。

口頭弁論は終結となり、裁判官は裁判で認定した事実に法を適用し、判断を示します。

　民事裁判の事件の場合は、裁判による解決以外に、お互いが合意して解決に至る和解という手段もあります。和解には、裁判上の和解（訴訟上の和解、簡易裁判所における起訴前の和解）と裁判外の和解があります。裁判上の和解を記載した調書（和解調書）は、確定判決と同等の効力があります。裁判外の紛争解決方法としては、他に「仲裁」「調停」「斡旋」等があります―3。

　なお、確定した判決に重大な瑕疵（誤り）があった場合などは、再審の申立てができます。

(2) 刑事裁判とは

　刑事裁判とは、犯罪を犯した疑いがあり、検察官によって起訴された人（被告人）が本当に犯罪を犯したかどうかを、証拠にもとづいて公開の法廷で審理する手続です。裁判では、裁判官による事実認定を経て被告人の無罪、有罪の判断がなされます。有罪ならば、法令に定められた刑罰の中から、その事実に該当する刑の種類を選択し刑の重さを決定します（量刑）。刑事裁判には裁判官だけによる裁判のほか、殺人、強盗、放火、危険運転致死など一定の重大事件について、市民からなる裁判員と裁判官で構成する合議体による裁判員裁判（2009年開始）と、証拠調べ手続を経ない略式裁判があります。

　通常の刑事裁判手続は以下のとおりです。

　検察官が裁判所に対して起訴状を提出し、被告人、公訴事実、罪名を特定して示します（公訴の提起）。

　裁判所が「充実した審理を継続的、計画的かつ迅速に行う必要があると認めたとき」―4は、第1回公判期日前に検察官および被告人または弁護人の意

---

3 ― **仲裁**　当事者が、第三者（仲裁人）の判断（仲裁判断）で紛争を解決し、それに従うことに合意（仲裁合意）し、進められる手続。
　　調停　第三者が当事者を仲介し、解決することを目指す手続。裁判所で行われる民事調停（簡裁）、家事調停（家裁）と裁判外で行われるものがある。
　　斡旋　公害紛争解決制度と労働争議の解決方法の1つ。第三者が、当事者を仲介し解決に努める。

4 ― 刑事訴訟法316条の2

見を聞いて、事件を公判前整理手続に付すことができます。裁判員裁判を行う場合は必ずそうしなければなりません。

公開の法廷（公判）では、検察側・弁護人側が提出した証拠（書証・物的証拠）を調べたり、証人（人的証拠）の話を聞いたりします（証拠調べ）。刑事裁判では、死刑または無期、もしくは長期3年を超える懲役または禁固にあたる事件を審理するときは、必ず弁護人が付くことになっています（必要的弁護制度）。

また、殺人や性犯罪、交通事故などの刑事裁判に限って、被害者等が直接公判に出席できるよう刑事訴訟法が改正されました[5]。これ以外の事件で出席を希望する被害者側（委託を受けた弁護人を含む）は検察官を通して裁判所に申し出て裁判所が認めた場合に出席ができます（被害者参加制度[6]）。

審理の最後に検察官の論告求刑、弁護人の最終弁論、被告人の意見陳述が行われ、裁判は結審し、裁判所が判決を言い渡します。判決では、有罪か無罪かの結論と理由が明らかにされ、有罪判決の場合は、具体的な刑が宣告されます。その手続は刑事訴訟法に従って行われます。

なお、非常救済手続として、確定した判決に対し、事実認定に誤りがあった場合は再審、法令違反があった場合は非常上告という制度があります。

(3) 行政裁判とは

行政裁判とは、国の機関や地方自治体（行政官庁）の行為の適法性について、国民や住民が取消し、変更、賠償、不服申立てなどを求める訴訟で、現憲法下では司法裁判所で裁判が行われます。

(4) 家事事件と少年事件

夫婦や親子関係の紛争や人の身分に関する事件（家事事件）、20歳未満の少年が非行を犯した場合（少年事件）は、家庭裁判所の管轄となります。これらの事件の審判や調停は個人のプライバシー保護、家庭内の秘密保持の観

5—犯罪被害者等の権利利益の保護を図るための刑事訴訟法等の一部を改正する法律（平成19年6月27日法律95号）

6—刑事訴訟法「第3節　被害者参加」（316条の33～39）

点から非公開で行われます。

　家事事件には、家事審判と家事調停があります。

　家事審判は、国家に権利保護を求めるもので、主に人の身分関係の創設、変更、消滅（養子縁組の許可、後見人選任、名の変更、相続放棄など）が対象となります。

　家事審判は、裁判官である家事審判官が取り扱い（家事審判法2条）、原則として参与員を立ち会わせ、またはその意見を聴いて行います（家事審判法3条1項）。この決定（審判）に不服がある場合は、不服の申立てをすることで、高等裁判所に再審理してもらうことができます（抗告）。

　家事調停は、当事者間に争いのある事件（養育料の請求、婚姻費用の分担、遺産分割など）を対象とし、当事者双方の話し合いによる解決を目指すものです。話し合いがつかず調停が成立しない場合は、新たな申立てをせずにそのまま家事審判手続に移ることができます（家事審判法26条1項）。家事調停は、原則として家事審判官または家事調停官（家事審判法26条の2ないし4によって新設〔平成16年4月1日施行〕）1名、家事調停委員2名以上で組織する調停委員会が行います。ただし、家庭裁判所が相当と認める場合は、家事審判官または家事調停官単独で調停を行うことができます（家事審判規則3条2項但書）。

　離婚や認知など、夫婦や親子等の関係についての争いが家事調停で解決できなかった場合は、あらためて人事訴訟を起こすことができます。以前は、人事訴訟の第一審は地方裁判所で取り扱っていましたが、平成16年4月1日より家庭裁判所で取り扱えるようになりました（人事訴訟法〔平成15年7月16日法律109号〕）。人事訴訟は、判決のほか離婚・離縁訴訟の場合は、和解により解決することができます。

　少年事件の審判は、子どもの再非行の防止を目的に、本当に非行を犯したのかどうかを確認したうえで、非行内容やその子どもの抱える問題性に応じた適切な処分を選択するための手続です。処分を直ちに決めかねる場合、家庭裁判所調査官が適当な期間、更生のための助言や指導を与えながら試験観察をします。裁判官は、審判、家庭裁判所調査官による調査、試験観察の結果なども踏まえて、最終的な処分を決定します。

　保護処分には、保護観察官や保護司の指導、監督にゆだねるもの（保護観察）、少年院で指導や訓練を受けさせるもの（少年院送致）があります。年

齢が低い（14歳未満）子どもの場合で、開放的な施設での更生が必要と認められた場合は、児童自立支援施設等に送致します。保護処分の決定に不服がある場合は、高等裁判所に不服の申立てをすることできます（抗告）。

　刑罰を科すのが相当であるとみなされた場合は、検察官に送り（検察官送致）、刑事裁判の手続に移します。

　また、家庭裁判所の調査、審判、処分までの過程でさまざまな教育的指導（講習、社会奉仕活動への参加、親子での共同作業の体験など）を行い、それによって再非行のおそれがないと決定した場合は、少年を処分しない（不処分）こともあります。

(5) 司法裁判所以外の裁判

　なお、広義の裁判には、司法裁判所以外の機関による以下のような裁判も含まれます。

　衆参両議院による国会議員の資格に関する裁判（憲法55条）。

　弾劾裁判所（構成員は衆参両議員）による裁判官罷免の裁判（憲法64条）。

　行政機関や行政委員会が行う審判の主なものに、１）労働審判（労働審判委員会）⁻7、２）特許審判（特許庁）⁻8、３）海難審判（海難審判庁）⁻9、４）公正取引委員会（内閣府の外局）の審決⁻10、５）公害等調整委員会（総

III
1

7─労働審判法（平成16年５月12日法律第45号）にもとづき、事業主と労働者との間の労働関係のトラブルを公平かつ迅速に解決することを目的に創設された制度。

8─特許法（昭和34年４月13日法律第121号）第136条第１項にもとづき、３人または５人の審判官の合議制で行う（意匠法52条、商標法56条）。特許申請が認められなかった場合の不服申立てや、一度認められて登録された特許や商標、意匠を無効にするために行われる。
　　https://www.jpo.go.jp/index.html

9─海難審判法（昭和22年11月19日法律第135号）にもとづき、海難に関して海難審判庁が行う審判。二審制をとり、第一審は地方海難審判庁（函館・仙台・横浜・神戸・広島・門司〔那覇に支部〕・長崎）、第二審は高等海難審判庁（東京）が行う。

10─独占禁止法違反をした者に排除命令を行う。審判手続は、審査・審判・審決の３段階で構成される。

務省の外局）などがあります。

1.2.2　裁判の種類（形式）──判決・決定・命令

　裁判は、その形式から判決・決定・命令の３種類に分けられます（表3－2）。

　判決は、両当事者（原告と被告）を直接対面させて弁論させる口頭弁論にもとづき（民事裁判では書面で代用することが多い）、言渡しによって成立します。決定はより簡易な方式で、口頭弁論を経るか否かは裁判官の裁量によります。命令は、個別の裁判官がその権限で行う裁判で、口頭弁論は必要ありません。

　判決は、訴訟を終局的に解決するために用いられます。これに対し決定や命令は、簡易かつ迅速に裁判をする必要がある事項に用いられます。たとえば仮差押え、仮処分、被告人の勾留（裁判所によるもの）などは決定で行われ、被告人の退廷許可、被疑者の勾留（裁判官によるもの）などは命令として下されます。

1.2.3　裁判所の審級と三審制

（1）最高裁判所と下級裁判所

　日本の裁判所には、「最高裁判所」の下に４種類の下級裁判所（高等裁判所、地方裁判所、家庭裁判所、簡易裁判所）があります。各裁判所の種別、構成、権限は、憲法（76〜82条）と裁判所法によって規定されています[11]。訴訟額や刑罰の軽い事件は簡易裁判所、家事事件や少年事件は家庭裁判所、それ以外の事件は地方裁判所というように、扱う事件を内容によって分担しています。

（2）三審制のしくみ

　日本の裁判は三審制を採っています。三審制とは、第一審、第二審、第三

11─裁判所法２条（下級裁判所）１項　「下級裁判所は、高等裁判所、地方裁判所、家庭裁判所及び簡易裁判所とする。」
　　憲法76条１項　「すべて司法権は、最高裁判所及び法律の定めるところにより設置する下級裁判所に属する。」

表 3-2 判決・決定・命令の比較

判 決	決 定	命 令
裁判主体		
裁判所の裁判(合議体・単独体)		裁判所を代表、または委託されて権限を行使することができる裁判官(受託・受命裁判官)による。
裁判前の審理		
原則として口頭弁論の方式がとられる(民訴87条1項・刑訴43条1項)。	口頭弁論にもとづくかどうかは、裁判所(決定)・裁判官(命令)の判断にまかされている。口頭弁論をしない場合でも、当事者から略式で取調べや審尋して意見をきくことができる(民訴87条1項但書・2項、刑訴43条2・3項、刑訴規33条1・2項)。	
裁判の宣告(言渡し)		
必ず公開の法廷で宣告(言渡し)しなくてはならない(憲法82条1項、民訴250条、刑訴342条)。	公開の法廷で宣告(言渡し)しなくてもよい。公開法廷で宣告(言渡し)しない場合は、適宜別の方法で訴訟関係者に連絡をすることも認められている(民訴119条)。刑事訴訟の場合は、原則として裁判書の謄本を関係者に送らなくてはならない。	
裁判書(判決文)の作成		
民事訴訟では、言渡し前に判決書(判決原本)を作成し、これにもとづいて言い渡すことが必要(民訴252条)。刑事訴訟では、事前に判決書を作成する必要はなく、宣告日の調書に判決内容を記載し、判決書にしてもよい(調書判決・刑訴規219条)。	裁判書を作成せず、裁判内容を調書に記載させる方法が認められている(刑訴規53条但書)。	
上訴		
控訴・上告(民訴281条・311条、刑訴372条・405条)	常にできるわけではなく、控訴・上告よりも簡略な抗告という上訴手続で許される(民訴328条、刑訴419条)。	準抗告(民訴329条、刑訴429条)準抗告は、裁判官のした裁判(命令)に対して行う不服申立てである。
裁判理由		
判決に至った理由を必ず付ける(民訴253条1項3号、刑訴44条1項)。	不服申立て(上訴)を許さない決定・命令には理由を付ける必要がない(刑訴44条2項)。	
判事補		
判事補単独で裁判をすることはできない(裁判所法27条1項)が、任期5年を過ぎた判事補はできる(判事補の職権の特例等に関する法律1条)。	判事補単独で裁判をすることができる(民訴123条、刑訴45条)。	

表中の民訴は民事訴訟法、刑訴は刑事訴訟法、刑訴規は刑事訴訟規則を表す。

III
1

審の３つの審級の裁判所を設けて、「裁判結果に納得がいかない・不服である」と当事者が考えれば、原則的に３回まで裁判を受けられるという制度です。三審制のしくみを図に表すと、図３-３（→ p.157）のとおりです。

　ある事件を最初に担当する裁判所を通常「第一審裁判所」と呼びます。「第一審裁判所」では、その事件に関する事実認定と法律の適用について審理し判決等が下されます。

　「第一審」の判決に不服のある当事者は、「第二審」の裁判所に不服申立て（上訴）をし、再度事実や法律的判断についての審理を受けることができます。第二審への上訴を控訴といいます。そのため第二審は、控訴審とも呼ばれます。「第二審」の判決に不服のある当事者は、「第三審」に不服申立て（上訴）をすることができます。第三審への上訴は、上告といいます。そのため第三審は、上告審と呼ばれます。「上告審」では、原則として事実の審理は行われず、それまでの判決に対して法律の適用・解釈が正しいかどうかが審理されます。

1.3　判例の引用形式（略号表記と構成要素）

　裁判は過去の判例を参考にして行われますので、判例は、先例として重要な役割をもっています。そのため、学習・研究対象として教科書や研究論文などのさまざまな文献に引用されています。

　判例が引用されるときには、１）裁判所名、２）裁判の種類、３）裁判年月日、４）事件番号（省略されることがある）、５）出典（出所）が記されます。特定の判例を探す場合、いずれも重要な要素です。

　引用されるときは、ほとんどの場合、これらの要素は略語で表記されます。この略語の意味がわからずに、探したい判例になかなかたどりつけないという例が少なくありません。図３-４〔→ p.159〕に引用の略語で表記されている例をあげ、１）から５）までのそれぞれの意味を説明します。

(1)　裁判所名
　裁判が行われた裁判所名を表します。日本の裁判所は、最高裁判所を頂点として、その下に４種類の下級裁判所があります。
　最高裁判所には、15名全員の裁判官で構成される大法廷１つと５人ないし

図3-3　裁判の審級（三審制）

刑事裁判の審級図

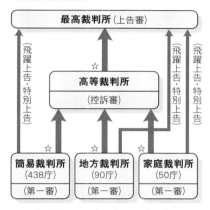

☆上告（判決）特別抗告（決定）準抗告（命令）

民事裁判の審級図

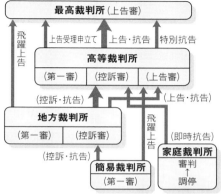

・飛躍上告（第一審の判決に対し、第二審を経ずに上告する
　こと）
・特別抗告（上告審の高裁判決に憲法問題がある場合）

　4人の裁判官で構成される3つの小法廷（第一小法廷・第二小法廷・第三小法廷）があり、原則として最初に小法廷で審理され、大法廷で審理するのが相当と認めた場合は、大法廷で審理されます[12]（裁判所法9条、最高裁判所裁判事務処理規則1、2、7条）。そのため最高裁判所の判例が引用されるときは、引用例のように、どの法廷で裁判が開かれたのかが記載されます。

　下級裁判所には、高等裁判所（本庁8庁、支部6庁）、地方裁判所（本庁50庁、支部203庁）、家庭裁判所（本庁50庁、支部203庁、出張所77ヵ所）、簡易裁判所（438庁）の4種類の裁判所があります。それぞれの裁判所が扱う事件は裁判所法で決められています。引用されるときは、次で述べる裁判所名の前に地名が記載されます。

12—**最高裁大法廷**　「大法廷」で行われる裁判は、法律・命令・規則が憲法に適合するかどうかを判断しなければならない場合（法令審査）と、法令の解釈と適用についての最高裁の判断・意見が前に最高裁判所の下した判断に反するとき（判例の変更）に限られています（裁判所法10条）。

(2) 判決・決定・命令

　裁判の種類には判決・決定・命令があり〔→ p.154〕、図 3 - 4〔→ p.159〕の引用例のように裁判所名の後に「判」「決」「命」とその区別が表示されています。

(3) 裁判年月日

　判決・決定・命令が下された年月日が表示されています。裁判年月日は、特定の判例を探す場合の重要な手がかりになります。判例 DB などでは、「判決年月日」という検索項目でも決定・命令の年月日が検索される場合があります。判例集や判例雑誌には、年度ごとに裁判年月日索引などが付いています。

(4) 事件番号

　事件番号は、裁判所に訴えが提起された年、事件の種類の符号、番号が組み合わされたもので、裁判所ごとにそれぞれの事件に付されています。教科書や研究書などに引用されるときには、事件番号は省略されることもありますが、裁判を特定するためには重要な情報です。多くの裁判所では、事件番号で裁判や判決原本等の記録文書を管理しています。判例 DB では、事件番号からも必ず検索できるようになっています。

　符号は、各事件（民事・刑事・行政・家庭・法廷等の秩序維持に関する法律違反など）記録符号規程にもとづき付されます（表 3 - 3 ）〔→ p.163〕。番号は、それぞれの事件を扱った裁判所がその符号ごとに年度の初めに 1 号から付けていくため、同じ裁判所では同一事件番号は存在しません。同じ事件でも審級が変われば番号も変わります。このため事件番号は、特定の判例を検索する場合、有効な手がかりになります。

　引用例（図 3 - 4 ）でいえば、（あ）は最高裁判所における刑事上告事件、引用例 2 の（そ）ならば地方裁判所の刑事補償請求事件となり、符号からだけでも、事件の種類のおおよそを知ることができます。

(5) 出典（出所）

　判例が掲載されている判例集や判例雑誌の名称と巻号頁です。通常、判例集や雑誌名は、論文や概説書等では、略語で記載されています。資料の略称

略号表記による引用例1

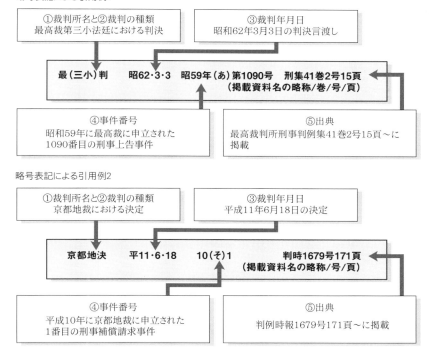

略号表記による引用例2

一覧は、さまざまな法律雑誌（例『法律時報』の毎年１月号等）に掲載され
ています。また、「法律文献等の出典の表示方法」（法律編集者懇話会）があ
り、法令や判例集・雑誌などの略称表記の基準になっています。本書の巻末
にも掲載しています〔→ p.390以下〕。

1.4　判例集の掲載項目（最高裁判所民事判例集を例に）

1.4.1　最高裁判所民事判例集掲載項目の解説（例示３−１参照）

①**事件名**　民事裁判の場合、訴状に付された「損害賠償請求事件」といった

例示3-1　最高裁判所民事判例集（民集）の掲載項目

食品衛生法（平成15年法律第55号による
改正前のもの）16条所定の届出があった場
合における厚生労働大臣の応答　その他

○食品衛生法違反処分取消請求事件

（平成15年（行ヒ）第206号
同16年4月26日第一小法廷判決　破棄自判）

【上告人】控訴人 原告 株式会社
　　　　　　　　　　　　　　代理人　　　　　ほか
【被上告人】被控訴人
　　　　　　　　　　　　　　代理人　　　　　ほか
【第 1 審】千葉地方裁判所　平成14年8月9日判決
【第 2 審】東京高等裁判所　平成15年4月23日判決

○ 判 示 事 項
1 食品衛生法（平成15年法律第55号による改正前のも
の）16条所定の届出があった場合における厚生労働大
臣の応答
2 食品衛生法（平成15年法律第55号による改正前のも
の）16条に基づき検疫所長が食品等の輸入の届出をし
た者に対して行う当該食品等が同法に違反する旨の通知
と抗告訴訟の対象

○ 判 決 要 旨
1 厚生労働大臣は，食品衛生法（平成15年法律第55号
による改正前のもの）16条所定の食品等の輸入の届出

〜〜〜〜〜〜〜〜〜〜〜〜〜〜〜〜〜〜〜〜〜〜〜〜〜

【参照】（1，2につき）食品衛生法（平成15年法律第55号による改正前の
もの）6条 人の健康を損なうおそれのない場合として厚生労働大臣が薬事・
食品衛生審議会の意見を聴いて定める場合を除いては，添加物（天然香料及
び一般に食品として飲食に供されている物であって添加物として使用される
ものを除く。）並びにこれを含む製剤及び食品は，これを販売し，又は販売の
用に供するために，製造し，輸入し，加工し，使用し，貯蔵し，若しくは陳
列してはならない。
同法（平成15年法律第55号による改正前のもの）16条　販売の用に供し，

〜〜〜〜〜〜〜〜〜〜〜〜〜〜〜〜〜〜〜〜〜〜〜〜〜

○ 主 文
原判決を破棄し，第1審判決を取り消す。
本件を千葉地方裁判所に差し戻す。

○ 理 由
上告代理人　　　　　，　　　　　同　　　　　の上告受理申立て理由第2につ
いて
1 本件は，上告人が「フローズン・スモークド・ツナ・フィレ」（冷凍

〜〜〜〜〜〜〜〜〜〜〜〜〜〜〜〜〜〜〜〜〜〜〜〜〜

裁判官　　　　　の反対意見は，次のとおりである。
私は，本件通知は抗告訴訟の対象となる行政処分に当たるものではないと
考える。その理由は，次のとおりである。
関税法67条は，貨物を輸入しようとする者は税関長の許可を受けなけれ
ばならないと規定し，輸入許可の権限を税関長に付与しているが，他の法令

	事件名
	事件番号、裁判年月日 裁判名、裁判の種類
	上告人・被上告人
	下級審の情報
	判示事項
	判決要旨
	参照条文
	主文
	理由
	少数意見（反対意見）

請求内容が事件名となり、刑事裁判の場合は起訴状に書かれる「業務上過失致死被告事件」というような罪名が事件名となります。新聞やテレビなどのマスコミで報道される、たとえば「地下鉄サリン事件」という事件の呼び名とは異なります。

②**事件番号、裁判年月日**〔→ p.158〕

③**裁判所**〔→ p.156〕

④**裁判の種類**〔→ p.154〕

⑤**上告人・被上告人**　訴訟の当事者および代理人の名前、判例集では多くは実名が掲載されますが、判例雑誌や研究論文などで掲載・引用されるときは原告X、被告Yなどと匿名にするのが通例です。第一審では訴える側が原告、訴えられる側が被告、控訴審では第一審の判決等に不服申立てする側が控訴人、不服申立てされる側は被控訴人、上告審では、控訴審の判決等に不服申立てする側は上告人、不服申立てされる側は被上告人となります。刑事訴訟では、検察官が公訴の提起（起訴）を行い、原告側となり、起訴された側を被告人と呼びます。検察官でも被告人でも控訴、上告は可能であり、それぞれ控訴申立人、上告申立人と呼びます。訴える側と訴えられる側の立場は、審級ごとに異なることもあります。

⑥**下級審の情報**　判例集には「第1審」「第2審」と表示されます。当該裁判の第一審、第二審の裁判所名と裁判年月日、事件番号が記載されます。

⑦**判示事項**　上告理由書で提示される問題点、当該事件の論点を要約したものです。

⑧**判決要旨**　判示事項記載の論点に対し、裁判の結論が記載されています。少数意見の有無の記載があります。

⑨**参照（条文）**　当該裁判に関連する法令条文が記載されます。

⑩**主文**　裁判の結論を述べた部分です。

　　[**例**] 訴えの却下、請求認容、請求棄却、訴訟費用の負担など（民事裁判）、有罪、無罪、破棄（自判・差戻し・移送）、棄却、有罪の場合は量刑など（刑事裁判）。

　　破棄：控訴審または上告審が、原判決（今審理している裁判所の1つ前の裁判所の判決）が法律に違反している場合など、上訴申立てに理由があると認めて原判決を取り消すこと。

　　破棄自判：破棄して当該裁判所が自ら判決を下すこと。

破棄差戻し：破棄して再度裁判させるために原審（当該裁判所の１つ前の裁判所）へ差し戻すこと。

　破棄移送：破棄して事件を原審以外の裁判所へ直接移送すること。

　破棄差戻しまたは移送を受けた下級審の裁判所は、破棄判決の判断に拘束されます（民事訴訟法325条の３項、裁判所法４条）。

　上告棄却：民事裁判では、裁判所に対する申立てに理由（＝根拠）がないとして退ける裁判を棄却、申立てが不適法であり理由の有無を判断せずに退ける裁判を却下といい、刑事裁判では、事件についての請求の排斥は、不適法・理由なしにかかわらず「棄却」といいます。

⑪**理由**　当該裁判の主文（結論）を導き出した法律的判断（法の解釈と適用）が書かれています━13。なお、事実認定の内容については、下級審の判決文に記載されます〔→ p.156〕。

⑫**法廷意見**　最高裁判所としての意見です。裁判官の中に少数意見があれば、多数意見が法廷意見になります。最高裁判所判例集では、多数意見のほかに、結論や理由を異にする裁判官の意見（少数意見）がある場合は、必ず記載されます。

⑬**少数意見**　補足意見、意見、反対意見があります。

　補足意見：多数意見に賛成した裁判官がこれに付加した意見。

　意見：多数意見の結論に賛成だが、理由付けが違う意見。

　反対意見：多数意見に結論・理由ともに反対の意見。

⑭**参照**　第一審・第二審の主文と事実および理由。

1.4.2　下級審と最高裁の判決文の違い

　下級審（高等裁判所を含む）では、その事件に関する事実認定と、法律の適用についての審理が行われます。下級審の判決文では、「事実および理由（当事者の主張の要約等）」━14や当事者の提出した証拠を主文の後に記載しています。

　一方、最高裁判所では、法律の解釈・適用が正しいかどうかが主に審理され、原則として事実の審理は行われません。そのため、判決文には事実の記

13━最高裁の判決では、上告理由に答える形で書かれています。たとえば、「上告理由第１点について……」など。

表 3-3　符号詳細表

民事事件記録符号規程

（平成13年最高裁判所規程第1号）（旧規程：昭和22年最高裁判所規程第8号）（一部略）

簡易裁判所		地方裁判所	
イ	和解事件	ワ	通常訴訟事件
ロ	督促事件	手ワ	手形訴訟事件及び小切手訴訟事件
ハ	通常訴訟事件	ワネ	控訴提起事件
手ハ	手形訴訟事件及び小切手訴訟事件	ワオ	飛躍上告提起事件
少コ	少額訴訟事件	ワ受	飛躍上告受理申立事件
少エ	少額訴訟判決に対する異議申立て事件	カ	再審事件
ハレ	控訴提起事件	ヨ	保全命令事件
ハツ	飛躍上告提起事件	タ	人事訴訟事件
少テ	少額異議判決に対する特別上告提起事件	レ	控訴事件
ニ	再審事件	レツ	上告提起事件
ヘ	公示催告事件	ソ	抗告事件
ト	保全命令事件	ソラ	抗告提起事件
ハソ	抗告提起事件	チ	民事非公事件
借	借地非訟事件	ヒ	商事非公事件
ノ	民事一般調停事件	借チ	借地非公事件
ユ	宅地建物調停事件	シ	罹災都市借地借家臨時処理事件及び接収不動産に関する借地借家臨時処理事件
セ	農事調停事件		
メ	商事調停事件		
ス	鉱害調停事件	配チ	配偶者暴力に関する保護命令事件
交	交通調停事件	労	労働審判事件
公	公害等調停事件	ノ	民事一般調停事件
特ノ	特定調停事件	ユ	宅地建物調停事件
少ル	少額訴訟債権執行事件	セ	農事調停事件
ア	過料事件	メ	商事調停事件
キ	共助事件	ス	鉱害調停事件
サ	民事雑事件	交	交通調停事件
		公	公害等調停事件
		特ノ	特定調停事件
		リ	事情届に基づいて執行裁判所が実施する配当等手続事件
		ヌ	不動産,船舶,航空機,自動車及び建設機械に対する強制執行事件
		ル	債権及びその他の財産権に対する強制執行事件
		ケ	不動産,船舶,航空機,自動車及び建設機械を目的とする担保権の実行としての競売等事件
		ナ	債権及びその他の財産権を目的とする担保権の実行及び行使事件
		財チ	財産開示事件
		ヲ	執行雑事件
		企	企業担保権実行事件

III
1

フ	破産事件
再	再生事件
再イ	小規模個人再生事件
再ロ	給与所得者等再生事件
ミ	会社更生事件
承	承認援助事件
船	船舶所有者等責任制限事件
油	油濁損害賠償責任制限事件
ホ	過料事件
エ	共助事件
仲	仲裁関係事件
モ	民事雑事件
人	人身保護事件
人モ	人身保護雑事件

高等裁判所

ワ	通常訴訟事件
ネ	控訴事件
ネオ	上告提起事件
ネ受	上告受理申立事件
ラ	抗告事件
ラク	特別抗告提起事件
ラ許	許可抗告申立事件
ム	再審事件
ツ	上告事件
ツテ	特別上告提起事件
ノ	民事一般調停事件
ユ	宅地建物調停事件
セ	農事調停事件
メ	商事調停事件
ス	鉱害調停事件
交	交通調停事件
公	公害等調停事件
ウ	民事雑事件
人ナ	人身保護事件
人ウ	人身保護雑事件

最高裁判所

オ	上告事件
受	上告受理事件
テ	特別上告事件
ク	特別抗告事件
許	許可抗告事件
ヤ	再審事件
マ	民事雑事件

刑事事件記録符号規程（平成13年最高裁判所規程第2号）

簡易裁判所	
い	略式事件
ろ	公判請求事件
は	証人尋問請求事件
に	証拠保全請求事件
ほ	再審請求事件
へ	共助事件
と	刑事補償請求事件
ち	訴訟費用免除申立て事件 <訴訟費用免除申立事件>
り	交通事件即決裁判手続請求事件
ぬ	費用補償請求事件
こ	訴訟費用負担請求事件
る	雑事件

地方裁判所	
わ	公判請求事件
か	証人尋問請求事件
よ	証拠保全請求事件
た	再審請求事件
れ	共助事件
そ	刑事補償請求事件
つ	起訴強制事件
ね	訴訟費用免除申立て事件 <訴訟費用免除申立事件>
な	費用補償請求事件
え	訴訟費用負担請求事件
損	刑事損害賠償命令事件
む	雑事件

高等裁判所	
ら	抗告受理申立て事件＊
う	控訴事件
の	第一審事件
お	再審請求事件
く	抗告事件
や	費用補償請求事件
ま	刑事補償請求事件
け	決定に対する異議申立て事件 <決定に対する異議申立事件>
ふ	訴訟費用免除申立て事件 <訴訟費用免除申立事件>
て	雑事件

最高裁判所	
あ	上告事件
さ	非常上告事件
き	再審請求事件
ゆ	上告受理申立て事件<上告受理申立事件>
め	移送許可申立て事件<移送許可申立事件>
み	判決訂正申立て事件<判決訂正申立事件>
し	特別抗告事件
ひ	費用補償請求事件
も	刑事補償請求事件
せ	訴訟費用免除申立て事件 <訴訟費用免除申立事件>
す	雑事件

III
1

行政事件記録符号規程

(昭和38年最高裁判所規程第3号)昭38.10.1公布/昭39.1.1施行[1]平8.12.4改正/平10.1.1施行

簡易裁判所

行ア	共助事件
行イ	雑事件

地方裁判所

行ウ	訴訟事件
行エ	飛躍上告提起事件及び上告提起事件 〈飛躍上告受理事件及び上告受理事件〉
行オ	再審事件
行カ	抗告提起事件〈抗告受理事件〉
行キ	共助事件
行ク	雑事件
行ヌ	控訴提起事件*
行ネ	飛躍上告受理申立て事件*

高等裁判所

行ケ	訴訟事件(第一審)
行コ	控訴事件
行サ	上告提起事件〈上告受理事件〉
行シ	特別上告提起事件〈特別上告受理事件〉
行ス	抗告事件
行セ	特別抗告提起事件〈抗告受理事件〉
行ソ	再審事件
行タ	雑事件
行ノ	上告受理申立て事件*
行ハ	許可抗告申立て事件*

最高裁判所

行チ	訴訟事件(第一審)
行ツ	上告事件
行テ	特別上告事件
行ト	特別抗告事件〈抗告事件〉
行ナ	再審事件
行二	雑事件
行ヒ	上告受理事件*
行フ	許可抗告事件*

没収の裁判の取消事件記録符号規程

(昭38最高裁判所規程2、昭38・8・1施行)

		高等裁判所		最高裁判所	
収い	簡易裁判所	収に	第一審事件	収へ	第一審事件
収ろ	地方裁判所	収ほ	控訴事件	収と	上告事件
収は	家庭裁判所				

家庭事件記録符号規程

(昭26最高裁判所規程8、昭26・10・1施行)

家庭裁判所	家	家事審判事件	家イ	家事調停事件
	家ホ	人事訴訟事件	家へ	通常訴訟事件
	家ニ	家事抗告提起等事件	家ト	民事控訴提起等事件
	家チ	民事再審事件	家リ	保全命令事件
	家ハ	家事共助事件	家ロ	家事雑事件
	少	少年保護事件	少ハ	準少年保護事件
	少イ	成人刑事事件	少ニ	少年審判等共助事件
	小ロ	少年審判雑事件	少ホ	成人刑事雑事件

法廷等の秩序維持に関する法律違反事件記録符号規程

(昭27最高裁判所規程15、昭27・10・20施行)

		高等裁判所		最高裁判所	
秩い	簡易裁判所	秩に	第一審事件	秩と	第一審事件
秩ろ	地方裁判所	秩ほ	抗告事件	秩ち	特別抗告事件
秩は	家庭裁判所	秩へ	異議申立事件		

裁判官の分限事件記録符号規程

(昭24最高裁判所規程3、昭24・2・1施行)

分	第一審事件
分ク	抗告事件

載がありません。しかし、『最高裁判所判例集』に掲載されるときには、原審（第二審）、原々審（第一審）の判決文も記されているため、事実について参照できるようになっています。

判例集には、各裁判所の判例委員会によって選定された裁判の判決文に、判示事項、判決要旨などが付けられて掲載されます。

14—当事者にわかりやすい平易な判決書にするため、東京・大阪両高・地裁判所判決書改善委員会名で「民事判決書の新様式案」が平成2年1月16日に公表されました。新様式判決書の記載内容は、1）事案の概要、争いのない事実等、争点（主要な争点）、2）争点に対する判断、3）証拠適示、証拠説示。
内容の詳細は「民事判決書の新しい様式について」判タ715号4頁（1990年）以下参照。現在、多くの判決書が新様式で書かれています。

2. 判例を収録する資料、情報源

2.1 判例掲載資料・データベースの分類と概要

2.1.1 掲載資料・データベースの4分類

判例は、判例集、雑誌、DB に掲載されています。

ここではまず、判例を掲載している資料や DB を、それぞれの特徴によって次の4つに分類します。

(1) 判例集
　　　裁判所法施行以降（最高裁判所時代）
　　　旧憲法下（大審院時代）
(2) 判例雑誌
　　　全分野・全審級を対象とした雑誌
　　　分野別雑誌
(3) 無料データベース
　　　裁判所の DB（裁判例情報）
　　　各団体・機関、個人が発信するウェブサイトおよび DB
(4) 有料データベース

それぞれ収録する判例の審級、対象分野、収録年代、裁判後から出版までにかかる時間、媒体などに違いがあります。リサーチにあたっては、それぞれの特徴を知り、どの資料や DB を使うのが適切なのかを見極めなければなりません。

2.1.2 概要

(1) 判例集

裁判所や行政機関の発行する"公式判例集"（印刷体）には、裁判例すべてが掲載されるわけではありません。とくに最高裁判所判例集は最高裁判所判例委員会が判例を厳選して掲載しているため、重要性の高い資料といえます。しかし、選定される判例が絞られているため、掲載される判例はわずかです。さらに、判決日から判例が収録されるまでに相当の期間を要するため、

判例集には探している判例が掲載されていない場合が数多くあります。

現在継続して発行されている判例集には、『最高裁判所判例集（民事・刑事）』〔→ p.172〕があります。『最高裁判所裁判集（民事・刑事）』『高等裁判所判例集（民事・刑事）』は、部内資料のため販売されていませんが、裁判所ウェブサイト中の「裁判例情報」DB で創刊号から検索・閲覧ができます。また、地方裁判所以下の下級裁判所の判例を探す場合は、分野や年代が限られているという点に注意が必要です〔→ p.176〕。

審級別だけでなく、分野別に発行される判例集もあります〔→ p.177〕。

また、旧憲法下（大審院時代）の判例を収録する資料もあります〔→ p.180〕。

(2) 判例雑誌

出版社が発行する雑誌の中には、判例全文を掲載するものがあり、判例雑誌と呼ばれています。全分野・全審級の判例を収録対象にしている『判例時報』『判例タイムズ』が代表的です。判例集には掲載されない下級裁判所の判決でも独自に選択して掲載しています。現在、下級裁判所判例集の印刷体は発行されていないため、裁判所ウェブサイトに掲載される情報のほか、出版社が発行するこうした雑誌が下級裁判所判例を探す有力なツールとなります。掲載内容は主文・事実・理由のほかに解説や概要が付されています。判例の検索については、半年から 1 年後に発行される索引を使います。

(3) 無料データベース

誰でも無料でアクセスできるウェブサイトの中には、判例を検索したり全文を読んだりすることができる DB があります。これらは、機関や大学などの団体や個人によって発信されている情報です。

判例を検索できる最も代表的な無料 DB は裁判所が発信するウェブサイト中の「裁判例情報」です。「裁判例情報」には、「最高裁判所判例集」「高等裁判所判例集」「下級裁判所判例集」「行政事件裁判例集」「労働事件裁判例集」「知的財産裁判例集」という項目別の検索と、すべてをまとめて検索できる統合検索があります。ただし、「最高裁判所判例集」の場合は、紙媒体の判例集に掲載されている参照条文全文、下級審の判決内容、上告理由書、当事者名の表示などが省略されています。

「最近の判例一覧」のページでは、「最高裁判所判例集」「下級裁判所判例集」の過去3ヵ月以内および「知的財産裁判例集」の過去1ヵ月以内の判例一覧を見ることができます。「最近の判例一覧」から読める判例は、ほかの資料やDBに比べて最も速報性があります。また、「最近の判例一覧」の「最高裁判所判例集」のページに掲載された判例は、いずれ判例集か裁判集に掲載されます。

裁判所のウェブサイト以外に、各大学・団体などの機関や組織、個人が発信するウェブサイトの中にも判例情報が検索できるDBがあります。ただし、更新頻度、判例の選択は発信者によってそれぞれ異なっていることを認識しておく必要があります。

(4) 有料データベース（⇒第Ⅰ部 2.4.2（1）オンラインデータベース）

判例検索用の有料DBには、ウェブ版やDVD、CD-ROM版があり、検索後、そのまま全文データを閲覧することができます。有料DBの情報源の多くは、1）判例集、2）裁判所ウェブサイト、3）判例雑誌です。収録内容の幅が広いこと、検索機能を活かし収録資料すべてを横断検索できることなどが大きなメリットです。しかし、1）2）3）の情報をもとにデータを作成しているため、収録されるまでにかかる時間は、1）2）3）掲載後一定期間を経てからとなります。最近は、判例集・判例雑誌・裁判所ウェブサイトに掲載されていない判例についても、各社が独自に調査して収録している判例が増えています。各社ごとに独自収集の判例は異なります。

2.2　判例が収録されるまでの期間

資料やDBによって判例が収録されるまでの期間（タイムラグ）には違いがあります。

前掲の2.1（3）で紹介した「裁判所ウェブサイト」https://www.courts.go.jp/index.html にある「最近の判例一覧」〔→ p.192〕の中の「最高裁判所判例集」「知的財産裁判例集」のページでは、判決が言い渡された当日に、全文が公開される場合もあります。

また、最高裁判所は、『裁判所時報』という印刷体の資料を発行し、判決の言渡しの日から約2週間から1ヵ月後に判決全文を速報しています。

（2）の『判例タイムズ』や『判例時報』などの判例雑誌は、月2回から3回刊行されます。判決言渡しの日からおよそ3～6ヵ月後に判例が掲載されます。

　（4）の有料DBのウェブ版には、「LEX/DBインターネット」や「LexisNexis JP」「D1-law.com判例体系」「Westlaw Japan」「LLI/DB判例秘書INTERNET」、「「判例秘書」アカデミック版LLI統合型法律情報システム：判例検索」などがあります。（1）～（3）に掲載された判例をDBに反映させる日数は、各DBによって異なります。DVD版は、「LLI／DB判例秘書DVD」が代表的ですが、更新頻度が年に数回のものが多いため、判例集や判例雑誌が発行されてから判例を収録するまでウェブ版よりさらに時間を要します。また、ウェブ版の場合は、独自取材で入手した判例が収録されているため、最も早く情報を入手できる場合があります。

　（1）の裁判所などが発行する判例集は、収録まで半年以上かかります。掲載されるまでの間はその他の資料で判例を探すことになります。

2.3　判例掲載資料・データベースの詳細

2.3.1　判例集──裁判所法施行以降（最高裁判所時代）（図3-6、→ p.205）
（1）『最高裁判所判例集』（民集・刑集）（最高裁判所判例調査会⇒現在　最高裁判所事務総局・法曹会）1947〔昭和22〕年～
　最高裁判所判例委員会─15が重要な判例として選んだものが掲載されています。
　毎月1回、白地のソフトカバーで発行されています。表紙のタイトルは『最高裁判所判例集』ですが、中を開くと民事・刑事の二部に分かれています。民事の部は『最高裁判所民事判例集』（民集）で、民事事件と行政事件の判例が掲載されています。刑事の部は、『最高裁判所刑事判例集』（刑集）で、刑事事件の判例が掲載されています（図3-5参照）。ほとん

15─**最高裁判所判例委員会**　判例委員会は、最高裁判所規程にもとづき、7人以内の裁判官が委員として任命されます。（高等裁判所にも判例委員会が設置され、10名以内の裁判官が任命されています）。調査官や事務総局職員が幹事として補佐しています。

図3−5　民事・刑事の裁判集が合本となっている最高裁判所判例集

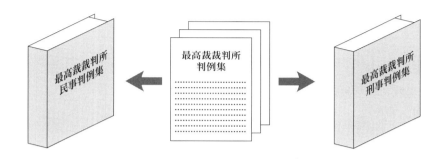

どの図書館では民事と刑事の部を分けて製本しています。民集・刑集には、その巻の通し頁とその号だけの頁の両方が付されています。

法条索引、事件番号索引、年月日索引の３部から構成された索引が毎年発行されます。

裁判所ウェブサイトで、創刊号から最新号まで検索・閲覧できます。

(2)『最高裁判所判例集』以外の判例収録資料

①最高裁判所

『最高裁判所裁判集民事』『最高裁判所裁判集刑事』（集民・集刑）1947〔昭和22〕年～

『最高裁判所判例集』には登載されなかった判例のうち、重要な法律判断を示したものなど法律実務・学説に有用と思われる判例を裁判年月日順に掲載しています。判例委員会による選択ではありません。『最高裁判所判例集』と異なり、事実が掲載されている第一審、第二審の判決の掲載はなく、127号（1979〔昭和54〕年）までは判示事項・要旨は付されていませんでした。裁判年月日、または事件番号索引が付されているため、事件番号がわかれば判例を探すことができますが、内容から探す事項索引がありません。最高裁判所の部内資料として刊行されているため市販されていませんが、1959〔昭和34〕年前後まで、多くの国立・私立大学に無償配布されていました。しかしそれ以降の配布は、地方裁判所以上の裁判所資料室や一部の

大学に限られています。

裁判所ウェブサイトで、創刊号から最新号まで検索・閲覧できます。

『裁判所時報』（裁時）月 2 回　1947〔昭和22〕年〜

最高裁判所の重要判例全文（事件名・当事者名・主文・理由）を、判決の約 2 週間〜 1 ヵ月後に掲載しています。民集・刑集の速報として利用することができます。判例要旨についても順次掲載しています。

②高等裁判所

『高等裁判所判例集』（最高裁判所判例調査会）1947〔昭和22〕〜 2002〔平成14〕年

2003〔平成15〕年より部内資料として、現在も作成されています。

全国各地の高等裁判所の民事・行政事件、刑事事件の中から、各高等裁判所の判例委員会が選択した裁判（判決・決定）を掲載しています。掲載項目は『最高裁判所判例集』とほぼ同じですが、第一審の判決、控訴理由や控訴趣意が省略されることがあります。

『最高裁判所判例集』と同じように、内容は民事判例集と刑事判例集に分かれていますが、 1 冊にまとめられています。54巻 1 号（平成13年）から民集・刑集と同じく横書きに変わっています。

裁判所ウェブサイトで、創刊号から最新号まで検索・閲覧できます。

『高等裁判所民事判例集』（高民）1947〔昭和22〕〜 2002年〔平成14〕年

『高等裁判所刑事判例集』（高刑）1947〔昭和22〕〜 2002年〔平成14〕年

法条索引、事件番号索引、年月日索引の 3 部から構成される索引が毎年発行されます。事項索引はありません。

『高等裁判所刑事裁判速報集』（高刑速）（法務大臣官房司法法制調査部・法曹会）1981〔昭和56〕〜 2000〔平成12〕年より法務大臣官房司法法制調査部編に変更

各高等検察庁が実務用に編集した『高等裁判所刑事判決速報』に掲載された裁判（判決・決定）を 1 年ごとにまとめて全文を収録しています。各高等裁判所別に速報番号順に掲載しています。巻頭に法条別索引、巻末に裁判年月日索引、事項索引が付されています。

そのほか、現在は刊行されていませんが、過去の高等裁判所の判例を掲載している資料には下記のようなものがあります。

『**高等裁判所刑事判決特報**』（高判特） 1 ～ 40号（1950〔昭和25〕～ 1956〔昭和31〕年）

　　最高裁判所事務総局刑事局が、各高等裁判所の刑事事件の判決から重要な裁判（判決のみ）を選択して掲載しています。重要とされる部分のみが抜き出されて掲載されています。条文別、裁判年月日順の総索引があります。引用されるときは、『高判特』のほか『判決特報』『判特』または『特報』○号○頁と略されます。

『**高等裁判所刑事裁判特報**』（高刑特） 1 巻 1 号～ 5 巻12号（1954〔昭和29〕年 7 月～ 1958〔昭和33〕年）

　　最高裁判所事務総局刑事局が、各高等裁判所の刑事事件の裁判（判決・決定）の中から重要なものを選び、必要部分の抄録を掲載しています。決定も選択して掲載されるため『高判特』よりも広範に調べることができます。引用されるときは、『高刑特』のほか『裁判特報』または巻号が付されているため『特報』○巻○号○頁と略されます。

　　1959〔昭和34〕年以降は、『第一審刑事裁判例集』と合併して『下級裁判所刑事裁判例集』に引き継がれています。

　　東京高等裁判所では、独自に下記の判例集を発行しています。

『**東京高等裁判所刑事判決時報**』（東高刑時報）（東京高等裁判所調査室） 1 号（1951〔昭和26〕年）～ 15号、 2 巻 1 号～ 3 巻 6 号（1952〔昭和27〕～ 1953〔昭和28〕年）

　　東京高等裁判所の刑事事件の裁判の中から実務上参考となる裁判（判例・決定）を選択して掲載しています。 4 巻以降は、民事を加えて下記の『東京高等裁判所判決時報』にタイトルが変更されました。

『**東京高等裁判所判決時報**』（東高時報）（東京高等裁判所調査室） 4 巻 1 号（1953〔昭和28〕年）～

　　『東京高等裁判所刑事判決時報』の改題。民事事件が加えられています。民事・刑事の 2 部に分け、民事の部には民事事件および行政事件の裁判（判例・決定）を、刑事の部には刑事事件の裁判（判例・決定）を掲載しています。掲載の裁判には「見出し・裁判要旨・参照条文」等が付されています。『高等裁判所判例集』に掲載された裁判には、判示事項に ※ 印を付けています。

③下級裁判所

　ここで紹介する判例集には、高等裁判所以下の下級裁判所の民事・刑事裁判（判決・決定）が収録されています。ただし、現在はすべての資料が休刊しています。

『第一審刑事裁判例集』（一審刑集）1958〔昭和33〕年1月～12月

　最高裁判所事務総局が、第一審裁判所における刑事裁判（判決・決定）の中から参考となるものを選択して掲載しています。法条別索引、裁判所別索引があります。1959〔昭和34〕年以降は、『高等裁判所刑事裁判特報』と合併して『下級裁判所刑事裁判例集』に引き継がれています。1巻ごとに法令別、裁判所別年月日索引があります。

『下級裁判所刑事裁判例集』（下刑）1巻1号～10巻12号（1959〔昭和34〕～1968〔昭和43〕年）

　『高等裁判所刑事裁判特報』と『第一審刑事裁判例集』の後を継ぐ資料です。下級裁判所の刑事判決その他の判例の中から、最高裁判所事務総局が選択して掲載しています。高等裁判所の裁判とそれ以外の裁判所の裁判とに区分し、さらに判決と決定に区別し、裁判年月日順に収録しています。

　1巻ごとに1年分の法条別索引と巻末の裁判所別索引があり、同一裁判所内は裁判年月日順に掲載されています。

『刑事裁判月報（法曹会）』（刑月）1巻1号～18巻5・6号（1969〔昭和44〕～1986〔昭和61〕年）

　『下級裁判所刑事裁判例集』の改題資料です。

『下級裁判所民事裁判例集』（下民）（法曹会）1巻1号～35巻8号（1950〔昭和25〕～1984〔昭和59〕年）

　毎月各地方裁判所から送られてくる民事事件（行政・労働・無体財産権・家事事件を除く）の中から、最高裁判所事務総局が実務上参考になると思われるものを選択して掲載しています。8巻以降は、『高等裁判所判例集』『下級裁判所民事裁判例集』に掲載されなかった判決の判示事項も、『家庭裁判月報』『金融法務事情』『ジュリスト』『商事法務研究』『訟務月報』『東京高裁判決時報』『判例時報』『判例タイムズ』などの文献に掲載されたものは、参考のためにまとめて収録しています。1984〔昭和59〕年8月で休刊しており、再び刊行される予定はいまのところありません。

　1巻から10巻までの総索引は、判示事項を法令別に分類し、裁判の言渡し

年月日、下民集の掲載号数、頁番号が記載されています。同一法令は関連する条文ごとにまとめています。11巻から、巻末に裁判所別・裁判年月日順索引が付されています。

下級裁判所の判例集は、高等裁判所、東京高等裁判所以外は現在発行されていません。地方裁判所や簡易裁判所の判例を調べるには、裁判所ウェブサイトを検索するか、次に述べる専門分野の判例集を利用することになります。しかし、ウェブサイトや判例集に収録されている下級審判例はごく一部のため、判例を探せないことも少なくありません〔→ p.147、表3-1参照〕。

(3) 分野別判例集

裁判所別に判例をまとめた判例集のほかに、分野（事件）ごとに判例をまとめた資料や DB も発行・作成されています。分野別の判例集だけに掲載される判例もあります。

①家事・少年事件

『**家庭裁判月報**』（家月）（法曹会）2/3号（1949〔昭和24〕年）、6〜12号（1951〔昭和26〕年）、4巻1号（1952〔昭和27〕年）〜65巻8号（2014〔平成26〕年）

1号のみ『家庭裁判所月報』1949〔昭和24〕年

家事事件・少年事件に関する裁判（審判）のほか、評釈（論説・研究）、省令・通達等を掲載しています。最高裁判所、高等裁判所、地方裁判所、家庭裁判所の裁判のうち、最高裁判所事務総局家庭局が、実務上参考となると思われるものを選択して掲載しています。発刊当時は縦書きでしたが、1986〔昭和61〕年より横書きに変更されました。巻末に『家庭裁判月報索引』が付され、その年の記事をⅠ論説、Ⅱ裁判例、Ⅲ研究、Ⅳ通達・回答、Ⅴ資料の5つに分類し、Ⅰ、Ⅱ、Ⅳ、Ⅴについては事項例別に、Ⅲについては法令条文別に掲載しています。

10年に一度総索引が刊行され、一般、家事関係、少年関係に分類しています。判例は、法令条文別、審級別、裁判年月日順に配列し、評釈のある判例には判示事項に標題、評釈掲載巻号ページが記載されています。

②労働事件

『**労働関係民事裁判例集**』（労民）（法曹会）1巻1号〜48巻6号（1950〔昭

和25〕～ 1997〔平成９〕年）

　『労働関係裁判資料. 民事・行政編』１号（1949〔昭和24〕年）、『労働関係民事行政　裁判資料』２～ 10号（1949〔昭和24〕～ 1953〔昭和28〕年）から誌名変更したものです。最高裁判所、高等裁判所、地方裁判所、簡易裁判所から送付された労働関係の民事・行政事件の重要裁判例（判決・決定）を項目別に掲載しています。５巻以降、最高裁判例は省略されているため、労働関係の最高裁判所の判例を探す場合は『最高裁判所判例集』を利用します。１年ごとの索引集があり、要旨および判例批評〔→ p.163〕の掲載雑誌を付記しています。

　裁判所ウェブサイト（https://www.courts.go.jp/index.html）内にある「労働事件裁判例集」のデータベース〔→ p.191〕では、1969〔昭和44〕年から現在までの主な判例を検索して全文を読むことができます（例示３‒２参照→ p.179）。

③知的財産権関係事件

『知的財産権関係民事・行政裁判例集』（知的裁集）（最高裁判所事務総局）
23巻１号～ 30巻４号（1991〔平成３〕～ 1998〔平成10〕年）

　『無体財産権関係民事・行政裁判集』（1969〔昭和44〕～ 1990〔平成２〕年）の改題。

　無体財産権、知的財産権には、人間の知的創作活動による創作物に対する権利である特許権、著作権などや、営業に関する識別標識に対する権利である商標権があり、文化庁や特許庁、文部科学省などが所管しています。

　最高裁判所事務総局が、知的財産権関係の高等裁判所と地方裁判所における民事・行政の裁判（判決・決定）の中から、参考になると思われるものを選択して掲載しています。年４回刊行され、各判例にはその巻の通し番号が付されています。平成３年４月１日以降、縦書判例と横書判例とを区別し、縦書判例は巻頭から、横書判例は巻末から一連番号順に掲載されています。

　巻頭の目次部分には、一連番号・事件名（著名事件名もあり）・判示事項・裁判所および事件番号・裁判年月日・頁が掲載されています。

　裁判所ウェブサイト（https://www.courts.go.jp/index.html）内にある後述の「知的財産権裁判例集」のDB〔→ p.191〕では、1969〔昭和44〕年

例示3−2　労働事件の判例データベース

から最近までの判例を検索して全文を読むことができます。

④行政事件

『行政事件裁判例集』（行裁例集）（最高裁判所事務総局行政局編）１巻１号
〜48巻11/12号（1950〔昭和25〕年１月〜1998〔平成９〕年11/12号）

　　『行政裁判月報』（1947〔昭和22〕年〜1949〔昭和24〕年）から引き継が
れています。各地の高等裁判所・地方裁判所から送付される行政事件（農
地・選挙・工業所有権・地方自治・公務員・その他の一般行政関係）の裁
判（判決・決定）の中から、最高裁判所事務総局行政局が重要なものを選
択して掲載しています。第４巻までは最高裁判所の判例も掲載しています。
　　『行政事件裁判例索引』が１年ごとに刊行されています。平成10年以降の
行政事件に関する判例は、『最高裁判所判例集』『高等裁判所判例集』、ま
たは後述〔→ p.182以下〕の①雑誌、②無料DB（裁判所ウェブサイト）、
③有料DBで調べます。

⑤民事・租税事件

『訟務月報』（訟月）（法務省訟務局）［公文書版］１巻１号〜（1955〔昭和
30〕年〜）

　　民事・行政・租税事件の判例を裁判年月日順に掲載しています。判例の掲

載項目は、判示事項、判例解説、主文、事実、理由などです。1年ごとに『訟務月報索引』が刊行されています。

民事法情報センター発行の市販本版は、56巻4号（平成22年4月）で刊行中止となりました。法務省のウェブサイトにある「訟務重要判例集DB」（https://www.shoumudatabase.moj.go.jp/search/html/shoumu/general/menu_general.html）では、『訟務月報』41巻1号〜61巻1号に掲載されている裁判例を検索・閲覧できます。結果は、①事件名、事件の概要、②判示事項・判決要旨、③解説、④判決本文の順に掲載されます。

2.3.2　判例集——旧憲法下（大審院時代）（図3-7参照）

(1) 大審院の判例集

　大審院とは、日本国憲法制定前（旧憲法下）の現在でいう最高裁判所です。

　大審院の判例でも、民法など旧憲法下で成立した法令については、いまだに先例性をもつ判例があるので参照する必要が生じます。しかし大審院の判例集は、大審院の判例を厳選して掲載していますので、最高裁の公式判例集同様、大審院で言渡しされた判決すべてを探すことはできません。

『大審院民事判決録』（司法省）1875〔明治8〕〜1887〔明治20〕年

『大審院刑事判決録』（司法省）1875〔明治8〕〜1887〔明治20〕年

『大審院判決録』（司法省）1891〔明治24〕〜1895〔明治28〕年

　大審院の民事と刑事の判例を掲載しています。明治17年までは全判決掲載していましたが、明治18年以降は、「将来模範となるものを厳選して」掲載しています。民事は、明治18〜20年は『大審院民事商事判決録』というタイトルで刊行されています。1891〔明治24〕年から1895〔明治28〕年6月までは、『大審院判決録』として、大審院各部の判決から民事・刑事に区別せず裁判年月日順に収録されています。各巻に件名目録・事項索引（いろは順）・判決年月日索引・人名音字目録があります。

　復刻版に『明治前期大審院民事判決録』（三和書房、1957年）、『明治前期大審院刑事判決録』（文生書院、1987年）があります。

『大審院民事判決録』（民録）（東京法學院）1〜27輯（1895〔明治28〕〜1921〔大正10〕年）

　大審院民事部の民事事件の判決の中から取捨選択して判決日付順に掲載しています。各巻に事件目録・事項索引（いろは）・判決年月日索引・人名

音字目録があります。

『**大審院刑事判決録**』（刑録）（東京法學院）　1 〜 27輯（1895〔明治28〕〜 1921〔大正10〕年）

　　大審院刑事部の刑事事件の判決の中から取捨選択して判決日付順に掲載しています。各巻に事件目録・事項索引（いろは）・判決年月日索引・人名音字目録があります。

『**大審院民事判例集**』（〔大〕民集）1922〔大正11〕〜 1946〔昭和21〕年

『**大審院刑事判例集**』（〔大〕刑集）1922〔大正11〕〜 1947〔昭和22〕年

　　大審院民事・刑事事件の裁判のうち、大審院判例審査会によって選ばれた重要な裁判を掲載しています。原審（第一審、二審）の判決は、事実および理由などが掲載されることもありましたが、『最高裁判所判例集』のように必ず掲載しているわけではありません。法条索引、事項索引、事件番号索引、年月日索引があります。

(2) 出版社の資料

　　大審院時代も、判決録や判例集には掲載されなかった重要な判例や下級審の判例は、以下に掲げるような民間の出版物で補われていました。

『**法律新聞**』（新聞）（法律新聞社）　1 〜 4919/4922號（1900〔明治33〕〜 1944〔昭和19〕年）

　　大審院の重要な判決全文を掲載しています。大審院判例集では掲載されなかった判例や下級裁判所の判決全文も多く掲載していたため、大審院時代の判例を知る重要な資料です。引用の際は「新聞○号○頁」と略されます。

『**法律新聞**』復刻版（不二出版）　1 〜 4919/4922號（1983〔昭和58〕〜 1989〔平成元〕年）

　　復刻版の DVD-ROM 版（2009〔平21〕）も刊行されています。

　　DVD-ROM 版は、発行年月、号数で検索できます。

『**大審院裁判例**』（裁判例）（法律新聞社）1925〔大正14〕〜 1937〔昭和12〕年

　　法律新聞に掲載されなかったものを含めて大審院の裁判を収録しています。

『**大審院判決全集**』（判決全集）（法律新報社）1934〔昭和 9 〕〜 1944〔昭和19〕年

　　『法律新報』の付録として発行。大審院の判例、重要な下級審判例を各法

令別に分類して収録しています。

『法律新報』（法律新報社）　1 〜 760号（1924〔大正13〕〜 1952〔昭和27〕年）

　　毎号、判例批評や十数件の大審院、控訴院、地方裁判所の判例全文を収録しています。

(3)　行政裁判所の判例

　現在の裁判所制度ができるまで1875〔明治8〕〜 1946〔昭和21〕年は、行政事件の専門裁判所として、行政裁判所が設置されていました。行政裁判所は、大日本帝国憲法61条に根拠を置く特別裁判所の1つで、東京に置かれていた一審制の裁判所でした。

『行政裁判所判決録』（行録）　1 〜 58輯（1895〔明治28〕〜 1947〔昭和22〕年）

　　行政裁判所設置から廃止までの全判決を裁判年月日順に収録しています。復刻版『行政裁判所判決録』（文生書院、1989 〜 1993年）の58巻（最終巻）には、行政裁判所廃止から昭和27年まで、東京高等裁判所に引き継いで審理・判決したもの57件のうち、棄却を除いた21件が付録として掲載されています。なお『行政裁判所判決録　訴名・事件総目録』があり、目録の復刻版は明治期篇・大正期篇・昭和期篇の3冊に分類されています。

2.3.3　判例雑誌
(1)　全分野・全審級を対象とした判例雑誌

　判例雑誌に掲載されている判例全文は、主文や理由の前に、判示事項・判決要旨のほか判例の概要・解説・コメントが掲載されています。コメント部分は、最高裁判所調査官が執筆することもあり、法曹会では有益な情報として位置づけられています。収録範囲は、全裁判所（全審級）の全分野の判例が対象です。現在は、下級裁判所の民事・刑事の公式判例集が休刊しており、裁判所ウェブサイトでも公開されている件数は少なく、過去の下級裁判所の判例を調べられる判例雑誌の役割は大きなものがあります。

　また、判例集では判例が収録されるまでに、判決日から半年〜1年かかるのに対し、雑誌では約3ヵ月（早くて1ヵ月）で掲載されるという速報性も特徴です。

① 『**判例時報**』（判時）（判例時報社）毎月 1 日、11日、21日（月 3 回刊）
1953〔昭和28〕年〜

　判例の紹介や解説をする〈判例の部〉と論文や記事が掲載されている〈記
事の部〉、そして〈判例評釈の部〉、すなわち「判例評論」に分かれていま
す。「判例評論」は、月 1 回、綴じ込みで付されています。

〈判例の部〉

判例特報：重要判例 1 〜 2 件（社会性の強い裁判）について、判決の概要、
解説・主文・理由が掲載されています。最高裁の判例は、裁判月日の約 3
ヵ月後に掲載されます。概要では判決のポイントがわかりやすく説明され
ています。

判決録：簡単な解説・主文・事実・理由が10 〜 20件掲載されています。
憲法・行政・民事・刑事などの各部門にまとめて載せてあります。

〈判例評釈の部〉

「判例評論」：判例についての評釈集として、判例時報の毎月 1 日号につい
ています。50号以降「判例評論」は、本誌に綴じ込まれています（号は別
立て・頁番号は「判例評論」独自のものと、本誌と通しの頁が付いている）。

索引：毎年 8 月21日号に上半期（1 〜 6 月）の『判例時報 総索引』が添
付されます。さらに毎年 3 月 1 日号には、1 年分（1 〜 12月）の『判例
時報 別冊付録索引』が刊行されます。記事の部、判例評釈の部（関係法
令別・条文順）、判例の部（関係法令別・条文順）に分かれています。末
尾に、裁判年月日索引（同一言渡し日の場合は、最高裁・高裁・地裁の
順）、著名事件名索引（社会の注目を集めた著名事件を行政・民事・商
事・労働・刑事別に五十音順）があります。

　そのほか100号ごとに『判例時報総索引』が臨時増刊号として刊行されま
す。各部門、条文、項目ごとに検索できます。

② 『**判例タイムズ**』（判タ）（判例タイムズ社）毎月 1 日号と15日号（月 2 回
刊） 1948〔昭和23〕年〜

　『判例タイムズ』では、毎号〈判例紹介〉として20件前後の判例を、特報、
最高裁判例、行政裁判例、労働裁判例、民事・商事裁判例、刑事裁判例、
判例速報に分けて掲載しています。掲載事項は、参照条文、解説、全文
（主文・事実および理由）です。

「**判例タイムズ社 web ページ**」https://www.hanta.co.jp/

例示3-3　代表的な判例雑誌

『判例タイムズ』の最新号およびバックナンバーの目次が掲載されています。

「判例タイムズ DVD」（（株）LIC）

『判例タイムズ』の創刊号から1405号（2014年12月）までの全ページを DVD-ROM に収録しています。PDF ファイルとなっているため、印刷体の誌面のイメージのまま本文を読むことができます。

〈判例・解説〉は、号、頁、裁判所、事件番号、裁判年月日、法令条文、全文中のことばから検索することができます。〈論文・記事〉は、号、頁、タイトル、著者から検索することができます。DVD のほか、数種の有料データベースにも収録されています〔→ p.197〕。

『**判例年報**』（判例タイムズ臨時増刊号）昭和37年度版〜平成17年度版（1963〔昭和38〕〜 2006〔平成18〕年）（別冊判例タイムズ（平成19年度版〜平成22年度版（2008〔平成20〕年〜 2011〔平成23〕年）

　『判例タイムズ』の臨時増刊号として年1回発行されます。『判例タイムズ』58巻9号（2007）にあたる平成18年度版『判例年報』の後は、別冊判例タイムズ『判例年報』として、平成19年度版から平成22年度版まで刊行されています。

　判例集（民集・刑集、高民集・高刑集、家月）や判例雑誌（判タ、判時、金融法務事情（金法）、金融・商事判例（金判））に掲載された判例を、民事・刑事に大別し、法令別・条文別に判示事項・判決（決定）要旨を収録しています。索引には裁判年月日順索引を付しています。前年の1月から12月に発行された『判例タイムズ』の判例索引としても有用です。巻末には『判例タイムズ』の記事総索引が付されています。

『**○年度主要民事判例解説**』（毎年9月25日発行）（別冊判例タイムズ）

　年1回『判例タイムズ』の別冊として発行されます。前年度公表された判例の中から、民事・商事・行政・労働関係の主要な判決について実務法律

家が解説をしています。項目を「判旨」「参照条文」「事案の概要」に分け、さらに「解説」として〈問題の所在〉〈判例・学説の動向〉〈本判決の位置付け〉〈参考文献〉の小項目に分け、見開き 2 ページにまとめられているため、初学者には読みやすく、判決文の構成、読み方を理解する手がかりを得ることができます。『判例タイムズ』本誌、『主要民事判例解説』は、Fujisan@co.jp にて、デジタル雑誌として契約すれば、パソコンでもiPhone/iPad でも閲覧可能です。

(2) 分野別判例雑誌
①労働事件

『別冊中央労働時報』（中労時）（労委協会）月刊　1947〔昭和22〕年～
1947〔昭和22〕～ 1954〔昭和29〕年まで『中央勞働委員會速報』、1954〔昭和29〕年 4 月から『労働委員会速報』、現誌名1968〔昭和43〕年～
全国の労働委員会から出された不当労働行為事件の命令書の全文と行政訴訟判決を掲載しています。定期刊行分で掲載が間に合わない場合には臨時増刊を刊行しています。毎年12月号に年間総索引が付され、事件名（企業名）を五十音順で検索できます。

『労働判例』（労判）（産労総合研究所）月 2 回刊　1967〔昭和42〕年～
全国の裁判所の裁判（判決・決定）および中央・地方労働委員会の命令のうち、重要と判断される判例と命令を掲載しています。掲載項目は、コメント、主文、決定、理由です。マスコミなどで話題となった判決や決定に関しては優先的に掲載され、従来と異なった判断など、注目される判決や実務上役立つと考えられる判決は「判例解説」「判例研究」「実務解説」に掲載しています。毎号に項目別索引が、毎年12月号に年間総索引が、裁判年月日順、項目別に付されています。

「労働判例 DVD」（（株）LIC）
『労働判例』の創刊号から1100号（2014年12月）までの全ページを DVD-ROM に収録しています。PDF ファイルで印刷体のイメージのままの本文を参照・印刷することができます。「判例・解説」については、法令条文、号、頁、裁判所、事件番号、裁判年月日、全文中の単語から検索することができます。「論文・記事」については、タイトル、号、頁、著者、発行年から検索することができます。

『労働経済判例速報』（労経速）（日本経営者団体連盟）月3回刊　1950〔昭和25〕年〜

　　雇用・労働問題などの判例・労働委員会の命令を掲載しています。判例や命令の概要・判示・判決・主文・事実・理由が掲載されています。

②商法・金融分野

『金融・商事判例』（金判）（経済法令研究会）月2回刊　1966〔昭和41〕年〜『週刊金融判例』、1967〔昭和42〕〜1975〔昭和50〕年『週刊金融・商事判例』、現誌名1976〔昭和51〕年〜

　　主に、金融取引、経営・企業に関連する判例を掲載しています。掲載が大変早く、判決後1ヵ月で掲載される判例情報もあります。上級審の判決を紹介する際には、下級審の判決も同時に掲載しています。「重要判例紹介」欄では、判決要旨・参照条文・判決（決定）・当事者・主文・理由・コメントが掲載されています。法条別、年月日索引があります。

「金融・商事判例 DVD」（（株）LIC）

　　『金融・商事判例』の創刊号から1455号（2014年12月）までの全ページをDVD-ROM に収録しています。PDF ファイルで印刷体のイメージのままの本文を参照・印刷することができます。「判例・解説」は、法令条文、号、頁、裁判所、事件番号、裁判年月日、全文中の単語から検索することができます。

『旬刊金融法務事情』（金法）（金融財政事情研究会）月3回刊　1953〔昭和28〕年〜

　　金融取引に関する重要な判例について、5つの領域〔1）預金・為替、2）貸付・管理・回収、3）担保・保証、4）法的回収、5）その他〕に分類して掲載しています。巻末には、収録判例年月日索引があります。

　　（株）TKC 提供のロー・ライブラリーでは、創刊号（1953年）から最新号の6ヵ月前まで本文（PDF 形式）が収録されています。

「旬刊金融法務事情 DVD」（（株）LIC）

　　『旬刊金融法務事情』の創刊号から2008号（2014年12月）までの全ページをDVD-ROM に収録しています。PDF ファイルで印刷体のイメージのままの本文を参照・印刷することができます。「判例・解説」は、法令条文、号、頁、裁判所、事件番号、裁判年月日、全文中の単語から検索することができます。

③税法分野

『シュトイエル』（シュト）（税法研究所） 1 ～ 396号（1962〔昭和37〕～ 1995〔平成7〕年）廃刊

　　税法に関する判例を収録しています。各地裁、高裁の判決を掲載している ほか、外国判例も毎号掲載しています。

④地方自治分野

『判例地方自治』（判例自治）（判地自）（ぎょうせい）月刊　1984〔昭和59〕 年～

　　地方公共団体が当事者となっている行政・民事の判例（地方自治判例）を 収録しています。重要判例には解説を加えており、連載講座や訴訟情報な ど行政に関する実務記事も多数収録されています。

　　（株）TKC提供のロー・ライブラリーでは、創刊号（1984年4月5日）～ 最新号の3ヵ月前までの本文が収録されています。

「索引・解説号」

　　毎年1回刊行され、号数は本誌と通し番号になっています。「判例解説」 では、毎号20件前後の判例についての、事案の概要と研究者による判例解 説が掲載されています。「判例索引」は、1）年月日索引（言渡し年月日 順）、2）自治体別索引（都道府県別に裁判年月日順）、3）項目別索引 （地方公共団体組織に沿った項目）、4）法条別索引（地方公共団体の基本 法である「憲法」「地方自治法」「公職選挙法」「地方公務員法」「行政事件 訴訟法」と関連法令を条文別に分類）の4つに分類しています。前年の1 月号から12月号までに掲載された判例を検索することができます。

⑤交通事故関係分野

『交通事故民事裁判例集』（交通民集）（不法行為法研究会／帝国地方行政学 会）1968〔昭和43〕年～　年2回刊

　　交通事故に関する民事判決のうち、学問上、実務上重要なものを選択して 収録しています。判決ごとに、索引を付して検索しやすくしてあります。

　　毎年2月ごろに年間索引解説号が発行されます。索引は、毎号判示事項ご とに簡潔な要旨を掲げているほか、被害者類型、裁判月日、要旨・裁判所 別、当事者名、後遺障害の部位、等級別索引があります。

2.3.4　無料データベース

(1)　裁判所が発信するウェブサイト（https://www.courts.go.jp/index.html）の個別概要（表3-4）

①「裁判例情報」データベース

「最高裁判所判例集」「高等裁判所判例集」「下級裁判所判例集」「行政事件裁判例集」「労働事件裁判例集」「知的財産裁判例集」の各項目の個別検索と全判例の統合検索が可能です。

また、本サイトの英語サイト「Judgments of the Supreme Courts」のページで、最高裁判例の英訳を読むことができます。検索項目は、裁判年月日（Date of the Judgment）、事件番号（Number）、法廷（Bench）、キーワード、原審裁判所（Original Court）です。ただし、半年以上のタイムラグがありますので、最新の英訳判例を読むことはできません。

タブ名「最高裁判所判例集」

「最近の判例一覧」に掲載された最高裁判所の判例や、『最高裁判所民事判例集』『最高裁判所刑事判例集』『最高裁判所裁判集民事』『最高裁判所裁判集刑事』に掲載された判例をあわせて検索できます。主文と理由をPDF表示で読むことができます。市販本（判例調査会発行）の紙媒体『民集』『刑集』より、早く閲覧できます。ただし、当事者の名前、上告理由書、下級審（原審、原々審）の表示は省略されています。

[ページ名　最高裁判例]

・検索項目

「特定検索」：事件番号、判例集　巻・号・頁、裁判集　号・頁

「詳細検索」：民・刑区別、裁判年月日（期日指定・期間指定）、法廷名（大法廷・第一小法廷・第二小法廷・第三小法廷）、裁判種別（判決・決定）、事件名、結果（棄却・破棄自判・破棄差戻・却下・その他）、原審裁判書名、原審裁判年月日、参照法条・全文キーワード

・掲載項目

事件番号、事件名、裁判年月日、法廷名、裁判種別、結果、判例集巻・号・頁、原審裁判所名、原審事件番号、原審裁判年月日、判示事項、裁判要旨、参照法条、全文（PDF：主文・理由）

タブ名「高等裁判所判例集」

印刷体の『高等裁判所民事判例集』『高等裁判所刑事判例集』に掲載され

表 3−4　裁判所ウェブサイト収録内容一覧表

発信者/サイト名	**裁判所　裁判所ウェブサイト**	
ページ名	裁判例情報	
タ ブ 名 収録内容	最高裁判所判例集 最近の判例一覧「最高裁判所判例集」ページ、最高裁判所民事判例集、最高裁判所刑事判例集、最高裁判所裁判集民事、最高裁判所裁判集刑事	
タ ブ 名 収録内容	高等裁判所判例集 高等裁判所民事判例集、高等裁判所刑事判例集	
タ ブ 名 収録内容 備　考	下級裁判所判例集 平成 14 年 3 月以降、各地の下級裁判所の旧ウェブサイト「主要判決速報」のコーナー紹介裁判例から現在の主な裁判例 「高等裁判所判例集」「行政事件裁判例集」「労働事件裁判例集」「知的財産裁判例集」にも掲載されている場合あり。	
タ ブ 名 収録内容	行政事件裁判例集 下級裁判所の行政事件のうち、行政事件裁判例集 (昭 44 〜 平 9) に掲載された裁判例および平成 10 年以降の主な裁判例	
タ ブ 名 収録内容	労働事件裁判例集 労働事件のうち、最高裁判所民事判例集・最高裁判所裁判集民事や労働関係民事裁判例集 (昭 44 〜 平 9) に掲載された裁判例と、平成 10 年以降の主な裁判例	
タ ブ 名 収録内容 備　考	知的財産裁判例集 知的財産裁判例集は、知的財産権民事・行政事件のうち、最高裁判所民事判例集・最高裁判所裁判集民事に登載された裁判例と、昭和 44 年以降の主な裁判例 別紙のうち、特許等の審決の理由書および特許庁の公報は、原則として掲載を省略、知的財産高等裁判所 (平成 17 年 4 月 1 日設立)	
ページ名	最近の判例一覧	
判例集名 収録内容	最高裁判所判例集 過去 3 ヵ月以内の裁判例	
判例集名 収録内容	下級裁判所判例集 過去 3 ヵ月以内の裁判例	
判例集名 収録内容	知的財産裁判例集 過去 1 ヵ月以内の裁判例	
発信者/サイト名	**知的財産高等裁判所　知的財産高等裁判所ウェブサイト**	
ページ名	裁判例情報	
裁判例検索	最近の審決取消訴訟 (最近6ヵ月の訴訟一覧) 最近の侵害訴訟等控訴事件（最近6ヵ月の控訴事件一覧） 検索条件指定画面	
大合議事件	係属中の事件 終結した事件	

Ⅲ

2

た判例が掲載されています。2003〔平成15〕年以降は、本判例集が部内資料となりましたが、本サイトから閲覧できます。主文と事実・理由はPDFで読むことができます。

[ページ名　高裁判例]

・検索項目

「特定検索」：裁判所名、事件番号、高裁判例集登載　巻・号・頁

「詳細検索」：裁判年月日（期日指定・期間指定）、事件名、全文キーワード

・掲載項目

事件番号、事件名、裁判年月日、裁判所名・部、結果、判例集巻・号・頁原審裁判所名、原審事件番号、判示事項、裁判要旨、全文（PDF：主文・事実および理由）

タブ名「下級裁判所判例集」

全国の高等裁判所、地方裁判所、家庭裁判所、簡易裁判所の裁判例を選択して掲載しています。下級裁判所の判決は、『高等裁判所判例集』『行政事件裁判例集』『労働事件裁判例集』『知的財産裁判例集』にも掲載されています。

[ページ名　下級裁判例]

・検索項目

「特定検索」：裁判所名、事件番号

「詳細検索」：裁判年月日（期日指定・期間指定）、全文キーワード

・掲載項目

事件番号、事件名、裁判年月日、裁判所名・部、結果、原審裁判所名、原審事件番号、判示事項の要旨、全文（PDF：主文・事実および理由）

タブ名「行政事件裁判例集」

下級裁判所（高等裁判所・地方裁判所）における行政事件のうち、『行政事件裁判例集』（平成9年まで刊行）に掲載された昭和44年から平成9年までの判例と平成10年以降の主な判例が掲載されています。判決等に付される別紙は、原則として省略しています。

[ページ名　行政事件裁判例]

・検索項目

「特定検索」：裁判所名、事件番号

「詳細検索」：裁判年月日（期日指定・期間指定）、事件名、事件種別（選

挙・情報公開・租税・住民訴訟・地方自治（住民訴訟，情報公開を除く）・公用負担・公用収用など・警察（建築，営業認可，公衆衛生，外事など）関係・公物・公企業など・その他）、全文キーワード

・掲載項目

事件番号、事件名、裁判年月日、裁判所名、分野、判示事項、裁判要旨、全文（PDF：主文・事実および理由）

タブ名「労働事件裁判例集」

労働事件のうち、『最高裁判所民事判例集』や『労働関係民事裁判例集』（昭和44年〜平成９年）に掲載された主な判例と平成10年以降の主な判例が掲載されています。

最高裁判所・高等裁判所・地方裁判所・簡易裁判所の判例から選択されています。

検索画面の事件名欄に「○○事件」とあるのは、判決文等に記された事件名であり、「通称　○○事件」とあるのは、最高裁判所事務総局行政局で新たに付した事件名（原則として会社名と主要な争点で構成）をそれぞれ示しています。

[ページ名　労働事件裁判例]

・検索項目

「特定検索」：裁判所名、事件番号

「詳細検索」：裁判年月日（期日指定・期間指定）、事件名、全文キーワード

・掲載項目

事件番号、事件名、裁判年月日、裁判所名、分野、全文（PDF：主文・事実および理由）

タブ名「知的財産裁判例集」

知的財産権民事・行政事件のうち、『最高裁判所民事判例集』に掲載された判例と昭和44年以降の主な判例が掲載されています。最高裁判所、高等裁判所、地方裁判所の判例から選択されています。判決文等の別紙のうち、特許等の審決の理由書および特許庁の公報は、原則として掲載を省略しています。　権利種別は、事件が複数の権利関係にかかわる場合、主要な１つだけを選択し表示しています。　閲覧制限決定等により、判決書の一部が省略されているものがあります。

知的財産高等裁判所で取り扱っている事件は、平成17年３月31日までは東

京高等裁判所で取り扱っていました。

[ページ名　知的財産裁判例]

・検索項目

「特定検索」：裁判所名、事件番号

「詳細検索」：裁判年月日（期日指定・期間指定）、事件名、権利種別（特許権・実用新案権・著作権・商標権など）、訴訟類型（行政・民事・民事仮処分）、全文キーワード

・掲載項目

事件番号、事件名、裁判年月日、裁判所名、権利種別、訴訟類型、全文（PDF：当事者・主文・事実および理由）

② 「最近の判例一覧」ページ

「最高裁判所判例集」

　最近3ヵ月分の判例の一覧です。一覧の並びは、裁判年月日の降順（新しい判例から掲載）、昇順（古い判例から掲載）、裁判所建制順（法廷別）にソートができます。

　一覧では事件番号、事件名、裁判年月日、法廷名、裁判種別、結果、原審裁判所名がわかります。読みたい判例をクリックすると、判例集等巻・号・頁、原審裁判所名、原審事件番号、原審裁判年月日、判示事項、裁判要旨、参照法条がわかります。全文をクリックするとPDFで全文を読むことができます。

「下級裁判所判例集」

　最近3ヵ月分の判例の一覧です。一覧の並びは、裁判年月日の降順（新しい判例から掲載）、昇順（古い判例から掲載）、裁判所建制順にソートができます。

　一覧では事件番号、事件名、裁判年月日、裁判所名、結果がわかります。そこから読みたい判例をクリックすると、原審裁判所名、原審事件番号、原審結果、判示事項の要旨、がわかります。全文をクリックするとPDFで全文を読むことができます。

「知的財産裁判例」

　最近約1ヵ月分の判例の一覧です。一覧の並びは、裁判年月日の降順（新しい判例から掲載）、昇順（古い判例から掲載）にソートができます。

　一覧では事件番号、事件名、権利種別、訴訟類型、裁判年月日、裁判所名

がわかります。全文をクリックすると、PDF で全文を読むことができます。

(2) 知的財産高等裁判所が発信するウェブサイト　https://www.ip.courts.go.jp/index.html

知的財産高等裁判所（知財高裁）の「裁判例情報」ページ

「裁判例検索」と「大合議事件―16」ページへのリンクがあります。

「裁判例検索」

知財高裁以外（最高裁判決，他の高裁判決，地裁判決）の知的財産に関連する判決は裁判所ウェブサイト「裁判例情報」ページの「知的財産裁判例集」の検索システムで検索できます。

平成17年 4 月 1 日（知的財産高等裁判所設置法施行）に知財高裁が設立されてからの判決（侵害訴訟と審決取消訴訟）のほぼ全件と、決定その他の一部が含まれています。平成16年の判決等は一部掲載されています。平成15年以前の判決等は掲載されていません。

「検索条件指定画面」の上段には、「最近の審決取消訴訟」と「最近の侵害訴訟等控訴事件」と記載され、クリックするとそれぞれの訴訟事件の最近 6 ヵ月の一覧が表示されます。

「最近の審決取消訴訟」

最近 6 ヵ月の一覧が表示されます。裁判年月日の降順と昇順でソートができます。一覧では、左列に事件番号、裁判年月日、事件種類、判決結果、部名、権利種別、発明等の名称等、主な争点が掲載されています。右列には、判決全文（PDF ファイル）と一部判決に判決要旨（PDF ファイル）へのリンクがあります。一覧で表示された各事件の事件番号をクリックすると上記の情報のほか、各事件の詳細情報（原審裁判所名、原審事件番号、当事者、上告提起等の有無上告審の結果）がわかります。

「最近の侵害訴訟等控訴事件」

最近 6 ヵ月の一覧が表示されます。裁判年月日の降順と昇順でソートがで

―16　知的財産権関係民事事件の控訴事件のうち、特許権等に関する訴え（民事訴訟法310条の 2 （第 6 条第 1 項各号の裁判所を第 1 審としてした訴え））、特許及び実用新案に関する審決取消訴訟（特許法182条の 2 （第178条第 1 項に関する訴え），実用新案法47条 2 項）については，裁判官 5 名の合議体（大合議体）で裁判を行うことができます。

きます。

一覧では、左列に、事件番号、事件名、原審裁判所名、原審事件番号、裁判年月日、事件種類、判決結果、部名、権利種別、主な争点が掲載されています。右列には、判決全文（PDF ファイル）と一部判決に判決要旨（PDF ファイル）へのリンクがあります。一覧で表示された各事件の事件番号をクリックすると上記の情報のほか、詳細情報（当事者、上告提起等の有無、上告審の結果）がわかります。

「検索条件指定画面」では、以下の項目で検索できます。

・検索項目

「特定検索」：事件番号、原審裁判所名（高裁、地裁、家裁、簡裁）、原審事件番号

「詳細検索」：裁判年月日（期日指定・期間指定）、判決結果、事件種別（審決取消訴訟、侵害訴訟等控訴事件、決定その他）、事件（審決）種類、権利種別（特許権、実用新案権、意匠権、商標権、著作権、不正競争、その他）、上告提起等の有無（上告提起、上告受理申立て、上告・上告受理申立て）、上告審の結果、全文キーワード

・全文 PDF の掲載項目（審決取消訴訟）

裁判年月日、事件番号、事件名、口頭弁論終結日、当事者、訴訟代理人、主文、事実および理由

・全文 PDF の掲載項目（侵害訴訟等控訴事件）

裁判年月日、事件番号、事件名（原審名、原審事件番号）、口頭弁論終結日、当事者、訴訟代理人、主文、事実および理由

「大合議事件」

知財高裁の大合議事件について、係属中の事件、終結した事件の概要や判決要旨、判決全文を閲覧できます。

(3) 各団体・機関、個人が発信するウェブサイトおよびデータベース

「情報公開・個人情報保護関係　答申・判決データベース」

https://koukai-hogo-db.soumu.go.jp/

・答申検索

開示決定等に対する不服申立てについて情報公開・個人情報保護審査

会一[17]がした答申全文を、用語、諮問庁、答申日、答申番号等により、検索・閲覧することができます。

・判決検索

開示決定等に対して取消訴訟等が提起された事案の判決全文を、用語、裁判所名、判決年月日等により、検索・閲覧することができます。

※情報公開法と個人情報保護法に基づく開示請求と不服申立てについて

行政機関情報公開法「行政機関の保有する情報の公開に関する法律」（平成11年法律第42号）、独立行政法人等情報公開法「独立行政法人等の保有する情報の公開に関する法律」（平成13年12月5日法律第140号）、行政機関個人情報保護法「行政機関の保有する個人情報の保護に関する法律（平成15年5月30日法律第58号）」、独立行政法人等個人情報保護法「独立行政法人等の保有する個人情報の保護に関する法律（平成15年5月30日法律第59号）」に基づき、誰でも行政文書への開示請求ができます。その開示請求に対して行政機関の長又は独立行政法人等が行った対応（開示決定等）に不服がある場合は、行政不服審査法に基づき、不服申立てを行うことができます。不服申立てがあった場合、行政機関は、情報公開・個人情報保護審査会に諮問し、審査会からの答申を受けて、不服申立てに対する決定を行います。

また、行政事件訴訟法に基づき、国を被告として決定の取消しを求める訴訟を提起することもできます。一[18]

「裁判所判例 Watch」 https://kanz.jp/hanrei/

裁判所ウェブサイトで公開された判例情報のうち、2006〔平成18〕年1月から現在までの情報を半日〜1日程度のタイムラグで読むことができます。カテゴリーでは、今日の新着判例（データ登録後、48 時間以内のデータはハイライト（ベージュ）表示）、裁判例参照数ランキングのほか、『総合裁判例集』『最高裁判所判例集』『高等裁判所裁判例集』『下級裁判所裁判例集』『民事事件判例集』『刑事事件判例集』『行政事件裁判例集』『労働事

一[17] 情報開示請求等の不服を第三者の立場から、公正かつ中立的に調査
審議しています。

一[18] 総務省「申請・手続き」"https://www.soumu.go.jp/menu_sinsei/
index.html"（2015.9.30）

件裁判例集』『知的財産裁判例集』の9つの裁判例集ごとに一覧できます。各裁判例集のページでは、検索条件で裁判所別に絞り込み可能です。一覧リストは、裁判年月日順、登録順、参照数順に並べ替えができます。

アーカイブでは、月別に一覧表示できるほか、検索条件で裁判所別に絞り込み可能です。一覧で事件名の箇所にポインタを置きクリックすると、事件の概要がある場合は、事件番号の隣に「Moreinfo」の表示がつきます。クリックすると事件の概要がポップアップウィンドウで表示されます。

判例全文はPDFのほかに、HTML、テキスト版でも閲覧できます。

データ内容は、裁判所ウェブサイトからの収録ですが、裁判所ウェブサイトとは違う角度で検索結果の表示ができます。

「労働委員会関係　命令・裁判例データベース」

https://www.mhlw.go.jp/churoi/meirei_db/index.html

不当労働行為事件について、都道府県労働委員会および中央労働委員会から発せられた命令および労働委員会関係の判決・決定の情報を掲載しています。

労働委員会および裁判所ごとに、「概要情報（事件の概要、命令・判例の主文と要旨等）」と事件の経過を掲載しています。

都道府県労働委員会および中央労働委員会の命令については、昭和34年から平成27年6月までの約5330件（平成27年6月現在）、裁判例については昭和41年から平成27年6月までの約1640件の「概要情報」を収録しています。平成17年1月から平成27年5月まで命令、裁判例については、「全文情報」を収録しています（平成27年10月時点の同ウェブサイト情報による）。また、収録事件のうち中央労働委員会事務局編の『労働関係民事裁判例集』および『不当労働行為事件命令集』（略称は『命令』）に掲載されている全文は、一部PDFファイルで読むことができます。

・検索項目

検索対象（すべて、命令、裁判例）、キーワード、判示事項番号、事件名、事件番号または行訴番号（[労働委員会番号－元号－年－審級区分－通番－枝番] または [裁判所番号－元号－年－事件符号－通番]）当事者、労働委員会名、裁判所名、命令または判決年月日、命令または判決区分、業種分類

・命令「概要情報」掲載項目

事件名、事件番号、申立人、被申立人、命令年月日、命令区分、重要度、
事件概要、命令主文、判断の要旨、掲載文献、評釈等情報
・判例「概要情報」掲載項目
事件名、事件番号、控訴人、被控訴人、一審被告訴訟参加人、判決年月日、
判決区分、重要度、事件概要、判決主文、判決の要旨、業種・規模、掲載
文献、評釈等情報

「医療過誤判例集」（株式会社　メディカル・プリンジフル社）「民間医局」
https://www.doctor-agent.com/service/medical-malpractice-Law-reports
医療過誤の判例が Vol. 1 （2003年 2 月）から現在まで、毎月 1 件掲載され
ます。検索はできませんが、Vol. 1 から一覧で表示されます。内容は、「事
件内容」「判決」「判例に学ぶ」で構成されています。医療問題を専門に扱
う弁護士が解説しています。

「消費者問題の判例集」（国民生活センター）
https://www.kokusen.go.jp/wko/data/bn-hhanrei.html
1998年 4 月以降の日常の消費生活や消費者問題に関する判例を月に 1 回 1
判例掲載しています。内容は、事案の概要・理由・解説・参考判例からな
ります。過去の判例は一覧できますが、検索機能はありません。解説者は、
消費者問題を専門とする学者・弁護士です。

2.3.5　有料データベース（表 3 - 5）〔→ p.207〕

　データベース事業者が作成している判例検索用 DB は、主に大学や企業な
どが契約して利用する有料の DB です。その多くが、全分野の判例を対象に
全文を収録しています。収録されているすべての資料を横断的に検索するこ
ともできます。全文が検索できる DB には、「PL」と「製造物責任」のよう
に、入力したキーワードが実際に設定されていることばと違っていても、同
じ意味のことばであればヒットさせる同意語処理機能をもつものがあります。
また、キーワードとなることばを書誌情報からだけでなく全文から抽出する
など、判例要旨集など印刷体の判例検索資料〔→ p.231〕による調査と比較
して検索の漏れや手間が少ないことも特徴の 1 つです。しかし、名張ぶどう
酒事件〔→ p.224〕等の著名事件名での検索の場合、フリーキーワード欄に、

カタカナ表記「名張ブドウ酒事件」や漢字表記「名張葡萄酒事件」で入力すると、検索結果は0件になることもあります。他のデータベースでも、ひらがな入力かカタカナ入力か漢字入力かによって、件数が異なることがあります。各新聞記事等が著名事件名として「いわゆる名張ぶどう酒事件（殺人事件）」とひらがなで書かれているためです。DBでは、著名事件名はフリーキーワードとして抽出し、同意語処理機能が働かないこともありうるので、ひらがな、カタカナ、漢字をOR検索すると漏れが少なくなります。

　このように、有料DBは、収録資料の豊富さ、検索機能がすぐれていますが過信はできません。

　DBによって、収録内容や収録件数、更新頻度、検索項目、結果表示項目などにさまざまな違いがあります。効率よく判例を探すには、DBの違いや特徴を知り、上手に使い分ける必要があります。
以下は、有料DBにほぼ共通に備えている特徴です。

検索
* 収録資料の横断検索ができる。
* 全文に書かれたことばをキーワードにして、組み合わせ検索ができる。
* 検索項目間の組み合わせ検索ができる。
* プライバシー保護の観点から、個人名をキーワードにした検索ができないDBがある。
収録
* 収録までにタイムラグがある。
* 各データベース会社の独自収集がある。
* 資料に参考判例が引用されている場合、それらの参考判例より、新しい判例を探せる場合がある。
* 判例が掲載された資料が、複数掲載されていることがある。
リンク
* 各審級相互にリンクされている。すべてリンクされているわけではない。
* 引用された判例、引用している判例にリンクされている。
* 参照条文へのリンク（裁判当時の条文にはリンクされていないものが多い）

＊ 当該判例の評釈資料情報が得られる。評釈全文にリンクされている
DB もある。

以下、全文が検索できる有料 DB を 1 つずつ紹介します。
「LEX/DB インターネット」（（株）TKC）

税務判決（裁決）、知的財産権判例、交通事故判例、医療判例、行政判例
を分野別に収録した「個別データベース」とそれらに収録された判例を統
合的に検索できる「総合データベース」があります。「総合データベー
ス」は、大審院時代（戦前）の判例から今日までの判例の書誌情報・全文
情報・図表情報を掲載しており、全分野・全裁判所・全時代を横断的に検
索することができます。毎週更新され、収録対象誌（判例集・判例雑誌）
のほかに収録対象誌未掲載の判例の書誌や全文を独自に収録しています。
掲載文献のうち、『最高裁判所判例集』『高等裁判所判例集』『行政事件裁
判例集』『労働関係民事裁判例集』『知的財産権関係民事・行政裁判例集』
『無体財産権関係民事・行政裁判例集』『大審院判例集』『大審院判決録』
は、PDF で全文を閲覧することができます。
また、判例集に「参照」として収録されている下級審の判例は、審級単位
で分割して PDF を収録しているため、審級別に検索が可能です。
審級関係にある判例へのリンク、「引用判例」「被引用判例」へのリンク機
能があります。
判例評釈の出典（出所）も掲載されています。また、所属機関が契約して
いれば、法学協会雑誌 DB（法学協会／有斐閣）、国家学会雑誌 DB（国家
学会／有斐閣）、Vpass 判例百選・重要判例解説（有斐閣）、判例タイム
ズ・別冊判例タイムズ・主要民事判例解説（判例タイムズ社）、旬刊金融
法務事情（金融財政事情研究会）、旬刊商事法務・資料版商事法務・NBL
（商事法務研究会／商事法務）、法律時報・学会回顧・判例回顧と展望・私
法判例リマークス・法学セミナーベストセレクション（日本評論社）、判
例地方自治（ぎょうせい）、旬刊経理情報・企業会計・税務弘報（中央経
済社）、公正取引 Web（公正取引協会）の評釈本文の閲覧も可能です。
　その他の TKC ローライブラリー（TKC 法情報のプラットホーム）の
収録コンテンツ（判例評釈・解説）

例示 3−4　有料データベースの優れた機能（例D1−Law判例体系:第一法規）

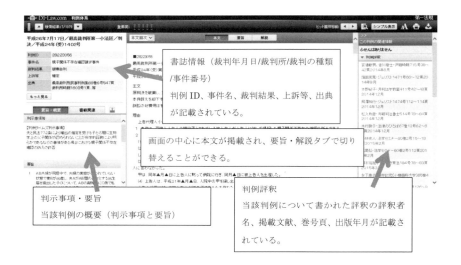

書誌情報（裁判年月日/裁判所/裁判の種類/事件番号）

判例ID、事件名、裁判結果、上訴等、出典が記載されている。

画面の中心に本文が掲載され、要旨・解説タブで切り替えることができる。

判示事項・要旨

当該判例の概要（判示事項と要旨）

判例評釈

当該判例について書かれた評釈の評釈者名、掲載文献、巻号頁、出版年月が記載されている。

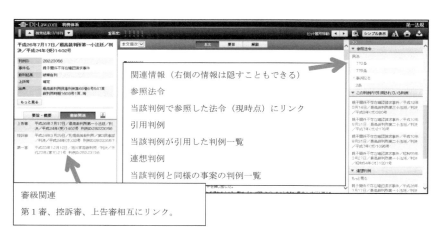

関連情報（右側の情報は隠すこともできる）

参照法令

当該判例で参照した法令（現時点）にリンク

引用判例

当該判例が引用した判例一覧

連想判例

当該判例と同様の事案の判例一覧

審級関連

第1審、控訴審、上告審相互にリンク。

「最高裁判所判例解説 Web」

法曹会発行の「最高裁判所判例解説」（年1回発行）民事篇・刑事篇全巻の全文情報と『法曹時報』（発刊後3か月経過後）に掲載された「最高裁判所判例解説」を収録しています。

更新頻度　月1回

収録範囲

創刊号（1984年4月25日発行）から最新号（発行から2週間以内）までを収録。

検索項目

フリーキーワード指定／執筆者指定／発行年月指定／号・頁指定

「新・判例解説 Watch」

注目の判例、重要な判例の解説を提供するロージャーナルの Web 版です。大学・法科大学院教員約150名が編集・執筆しています。

検索項目

フリーキーワード／執筆者指定／法分野／裁判等年月日指定／裁判所名／事件番号指定／号・頁指定

D1-Law.com「判例体系」（第一法規）（例示3-4参照）

昭和23年以降発行の判例集・雑誌に収録された判例、裁判所ウェブサイト掲載の判例全文と大審院時代（戦前）の判例を収録しています。印刷体（加除式資料）「判例体系」〔→ p.227〕の掲載情報はすべて収録しています。また、「収録内容」では、編集・執筆者の一覧を見ることができます。

検索結果

『最高裁判所判例解説』（別途契約）『法曹時報』（別途契約）『判例タイムズ』に解説が掲載されている判例は、検索結果の書誌上段の「解説」タブをクリックすると解説全文を読むことができます。

検索結果の書誌上段の「要旨」タブをクリックすると、「体系を表示」というボタンが表示され、クリックすると、その判例に関連する論点が法体系別階層別に表示されます。その中から論点を選択すると、その論点に関する判例全文が表示されます。

審級関係にある裁判所の判例へのリンクがあります。また、D1-Law.com の DB「現行法規」を契約していれば参照法令の欄に掲載された条文（現

行）へのリンク、「法律判例文献情報」を契約していれば評釈情報の欄に掲載された文献の書誌情報または全文情報の表示が可能です。『判例タイムズ』に収録された評釈、CiNii（国立情報学研究所）に全文が収録された雑誌・紀要類の評釈は、全文情報にリンクされています。

体系目次検索では、法編から法条文、論点へと階層を下げて判例を検索することができます。

「Lexis AS ONE」（レクシスネクシス・ジャパン）

昭和23年以降発行の判例集・雑誌に収録された判例、裁判所ウェブサイト掲載の判例全文を収録しています。公式判例集に掲載された判例は、PDF 形式でも閲覧できます。大審院時代の判例は、「大審院判決録」および「大審院判例集」を創刊号（明治28年）より全巻の本文を PDF 形式で収録しています。裁判所ウェブサイトに掲載された最新の判例については、約１週間後にその全文を PDF 形式で収録されます。また、判例解説、現行法令・改正履歴情報、LexisNexis が発行する書籍などが検索でき、相互にリンク機能のある法情報の統合検索 DB です。

『判例タイムズ』『金融・商事判例』『金融法務事情』『ジュリスト』に掲載された判例のコメント全文は、判例の書誌情報にテキスト形式でリンクされています。

トップページの「検索（ホーム）」では、キーワード（本文、タイトル）、文書種別（法令等、立法情報、行政情報、判例情報、自主規制規則、基準／規格、解説、Business Issues、文献情報、行政基準、行政処分、制定改正レポート、ビジネスロー・ジャーナル）、日付の範囲（全て〔デフォルト〕、６ヵ月、１年、３年、10年、20年）で検索できます。検索画面の下部には、詳細検索ボタンがありクリックすると、文書種別、発信元、法分野、規制、プラクティス（業務）、文書番号、日付からさらに詳細に分類して検索できるようになっています。どのページにも下部に、検索方法についての案内があり、別ウィンドウで表示されます。

判例検索のページ

検索項目

キーワード（本文・事件名・判示／要旨）

裁判日、裁判所、参照条文、事件番号、掲載文献、人名（裁判長、裁判官、

原告、被告、代理人）、文書種別、民刑区分

検索結果

検索結果一覧画面では左フレーム（検索結果画面左側）に絞り込み検索項目が件数と一緒に表示されます。絞り込みの検索項目は、キーワード、法廷、民刑区分、種別（判例、判例解説）、掲載文献、日付（件数グラフ付）です。判例情報をクリックすると、判例全文が別ウィンドウで表示されます。

「Westlaw Japan」（ウエストロー・ジャパン）

ログイン後のトップページ（ホームページ）では、判例・法令・審決・文献情報・書籍／雑誌・ニュース記事が横断検索できるほか、最近60日以内の判例や法令の施行状況の確認や法分野のリアルタイムニュース過去7日分を読むことができます。

判例検索画面は、「条件検索」「新判例体系検索」「索引検索」「データファイル」に分かれています。

判例集・雑誌に掲載された判例、裁判所ウェブサイトに掲載の判例、ウエストロー・ジャパンと新日本法規が独自に収集した平成以降の判例のほか、現行法令・改正履歴情報、新日本法規が発行する書籍、雑誌論文などが検索できる法情報の統合検索DBです。大審院時代（戦前）の判例も収録しています。

ウエストロー・ジャパンと新日本法規が独自に収集した平成以降の判例を、「出典」欄に「ウエスト」または「新日本法規」と入力することで検索できます。

「新判例体系」では、各法分野から条文の論点まで階層で降りて判例を表示させることができます。また、当該画面でキーワードによる体系の絞り込みもできます。

判例の検索結果は、左フレームに裁判年月日・裁判所・事件番号の一覧が表示され、ソートも可能です。ソート機能は、裁判年月日順（昇順・降順）、審級順のほか、重要判例順、キーワード頻出順など他のDBにないソート機能があります。下線をクリックすると、右フレームに当該判例の概要と要旨のほか、「裁判経過」「出典」「評釈」「裁判官」が表示されます。「要旨」「全文」「解説」は上段のタブで変更可能です。「出典」が『判例タ

イムズ』であれば、解説も含めて、PDF およびテキストで全文が読めます。解説では、『判例タイムズ』のほか、別契約で『判例百選シリーズ』『最高裁判所判例解説』が閲覧できます。

「LLI/DB（判例秘書 INTERNET、判例秘書 DVD）」、「判例秘書アカデミック版（LLI 統合型法律情報システム）」判例検索、大審院判例検索（（株）LIC）

昭和23年以降発行の判例集・雑誌に収録された判例、また大審院時代の判例については、「大審院判決録」および「大審院判例集」を創刊号（明治28年）より PDF 形式で本文を収録しています。『最高裁判所判例解説』『判例タイムズ』『労働判例』『金融・商事判例』『金融法務事情』『ジュリスト』『銀行法務21』に掲載された判例の解説・評釈論文は、判例の書誌情報の上段「評釈・論文」の項目から、テキスト形式のほか PDF 形式でも読むことができます〔→ p.210〕。

（株）LIC が独自に収集した判例は、昭和23年以降から任意語欄に全角で「LLI」または「判例秘書」と入力すると検索できます。

検索結果は、上段に一覧、下段に該当判例の主文が表示されます。全文では、上部に「解説」「審級」「評釈論文」「図表」「掲載誌」「原典」などの項目があり、該当する項目がある場合は色が反転し、クリックすると読むことができます。

図3−6　判例集の変遷（裁判所法施行以降：最高裁判所時代）

判例集	期間・備考
最高裁判所判例集（民集・刑集）	S22（1947）〜2016現在
最高裁判所判例集（裁判民集・裁判刑集）	S22（1947）〜
高等裁判所判例集（高民集・高刑集）	S22（1947）〜　H14以降、部内資料
高等裁判所刑事判決特報（高刑特報）	S25〜S31
高等裁判所刑事裁判特報（高裁特報）	S29〜S33
高等裁判所刑事裁判速報集（高刑速）	S33〜S56
東京高等裁判所刑事判決速報集（東高刑時報）	S26　S28
東京高等裁判所刑事判決時報（東高時報）	S28〜H11
第一審刑事裁判例集（一審刑集）	S33〜S43
下級裁判所刑事裁判例集（下刑集）	S34　S43〜S61
刑事裁判月報（刑月）	S44〜S61
下級裁判所民事裁判例集（下民集）	S25〜S59
家庭裁判所月報（家月）	S24
家庭裁判月報（家月）	S24〜H26刊行終了
労働関係裁判月報（家月）	S24
労働関係裁判資料・民事・行政編	S24〜S28
労働関係民事裁判行政裁判資料（労裁資）	S24〜S28
労働関係民事裁判例集（労民）	S25〜H9
無体財産権関係民事・行政裁判例集（無体集）	S2〜H2
知的財産権関係民事・行政裁判例集（知財集）	H3　H10
行政事件裁判例集（行集）	S25〜H9
訟務月報（訟月）	S30〜　H22刊行中止　市販本刊行中止

年代軸：1947（S22）　49　50　51　53　54　55　56　58　59　68（S43）　69　71　74　86　90（H2）　97　98　99　2002（H14）　03　2016現在（H28）

S34以降、部内資料

図3−7　判例集の変遷(旧憲法下:大審院時代)

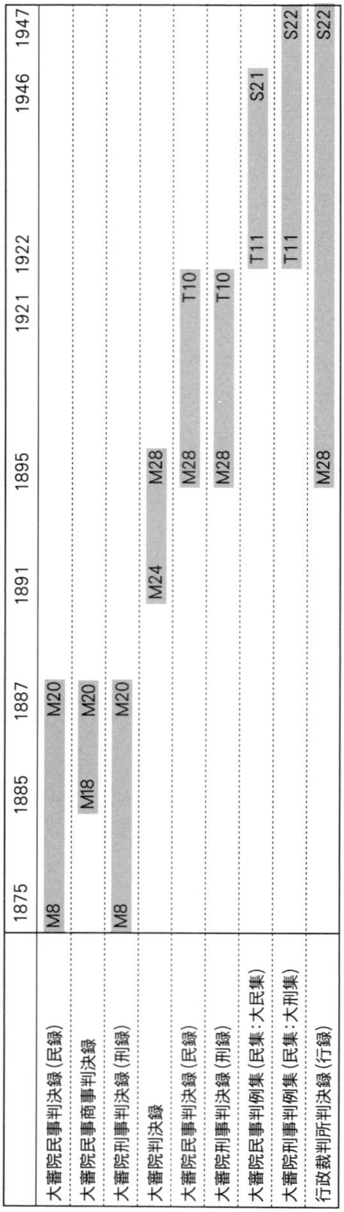

	1875	1885	1887	1891	1895	1921	1922	1946	1947
大審院民事判決録(民録)	M8		M20						
大審院民事商事判決録		M18	M20						
大審院刑事判決録(刑録)	M8		M20						
大審院判決録				M24	M28				
大審院民事判決録(民録)					M28	T10			
大審院刑事判決録(刑録)					M28	T10			
大審院民事判例集(民集:大民集)							T11	S21	
大審院刑事判例集(民集:大刑集)							T11		S22
行政裁判所判決所判決録(行録)					M28				S22

表 3−5　判例全文検索用データベース一覧　2015(平成27)年時点

データベース名	LEX/DB インターネット （判例総合検索） (TKC)
形態／ 更新	ウェブ版 1 回／週
総収録件数	約 26 万 7000 件
収録範囲	戦前（収録資料一覧あり） 明治前期大審院民事判決録、明治前期大審院刑事判決録、大審院判決録（民事・刑事）、大審院判例集（民事・刑事）、大審院判決抄録（民事・刑事）、行政裁判所判決録、大審院判決全集、大審院裁判例、法律学説判例評論全集 ほか 戦後（収録資料一覧あり） 全分野・全審級
検索項目	フリーキーワード（検索式とパネル検索切り替え機能）／裁判年月日（裁判日指定なし・裁判日範囲指定・裁判日指定＜年月時入力式＞）／裁判所名（各裁判所選択式）／事件番号／民刑区分／法編／法条／裁判種別／掲載文献（一覧から選択可）／LEX/DB文献番号
結果表示項目	書誌情報：文献番号、文献（裁判）種別、裁判所、裁判年月日、事件番号、事件名、審級関係、判決概要、裁判結果、上訴等、裁判官、掲載文献、参照法令、評釈所在情報、引用・被引用判例、全文容量（A4 印刷枚数） 全文（テキスト&公式判例集・官公庁出版物は PDF あり）：事件名、事件番号、裁判年月日、主文、事実及び理由、裁判官名 リンク＜審級、参照法令、引用・被引用判例、公式判例集全文 PDF＞
特徴	公的刊行物は、テキストのほか PDF 形式で収録されている。 検索結果一覧画面で、書誌と全文（テキスト）選択できる。並べ替え（裁判年月日順、評釈件数順、被引用件数順、掲載文献順）ができる。 検索結果一覧で評釈情報、判例集 PDF へのリンク、審級関係のある判例を見極めることができる。 書誌画面の「判例評釈等へ」のタブから、判例解説・判例評釈一覧へとび、全文にリンクされている。判例解説・評釈は、別途オプション契約が必要（P.199）。
データベース名	D1-Law.com 判例体系 D1-Law nano 判例 20000 （USB 媒体）(第一法規)
形態／ 更新	ウェブ版 2回／月　USB　1回／年
総収録件数	全文約 23 万件 書誌約 24 万件 要旨約 37 万件 D1-Law nano （USB 媒体）収録判例総件約 22000 件（うち最高裁判例 9000 件）

収録範囲	戦前（収録資料一覧あり） 明治前期大審院民事判決録、明治前期大審院刑事判決録、大審院判決録（民事・刑事）、大審院判例集（民事・刑事）、大審院判決抄録（民事・刑事）、法律新聞（PDF）、行政裁判所判決録、大審院判決全集、大審院裁判例、法律学説判例評論全集 戦後（収録資料一覧あり） 全分野・全審級
検索項目	フリーキーワード／事項索引／参照法令／裁判年月日（日付指定・範囲指定＜年月時入力式＞）／判例 ID（判例体系独自）／裁判所名（入力式／ガイドあり）／事件番号／出典（候補ガイドあり）／その他の検索条件／裁判官名・法編・民刑区分 Web 版、USB 媒体 検索項目共通
結果表示項目	書誌情報：裁判年月日、裁判所名、裁判の種類、事件番号、判例 ID、事件名、裁判結果、上訴等、出典、裁判官、参照法令 要旨・概要 / 審級関連 本文・要旨・解説タブ 判例評釈情報（書誌）、解説（判例タイムズコメント） 全文（テキスト）：事件名、事件番号、裁判年月日、主文、事実及び理由 リンク＜審級、論点が同じ関連判例、参照法令、掲載文献（全文 PDF）、評釈情報＜『判タ』『判解』※評釈全文リンク、CiNii 全文収録の評釈リンク＞引用・被引用判例、解説（判例タイムズコメント全文）
特　徴	検索項目に事項索引があるため、必要な検索結果を得やすい。ウェブ版は、文献書誌情報（法律判例文献情報）や法令情報（現行法規）を契約していれば、相互にリンク可能。 重要度が 5 段階で表示。 大審院時代（戦前）発行の法律新聞掲載の判例がPDF形式で読める。 ※『最高裁判所判例解説』・『法曹時報』掲載の調査官解説は、有料のオプションで解説タブから読める。

データベース名	**Lexis AS ONE**（レクシスネクシス・ジャパン）
形態／ 更新	ウェブ版　1 回／月　裁判所ウェブサイト　毎日 コメント　1 回／月
総収録件数	約 22 万件 大審院判例約 2 万件 判例コメント（判タ、金法、金商、労判）約 5 万件
収録範囲	戦前（収録資料一覧あり） 大審院判決録（民事・刑事）、大審院判例集（民事・刑事）PDF データ 戦後（収録資料一覧あり） 全分野・全審級

検索項目	キーワード（本文・事件名・判示／要旨）／裁判日（期日指定、期間指定、範囲指定（全期間・6ヶ月・1年・3年・10年・20年）／裁判所（全ての裁判所、最高裁判所（各法廷選択）、高等裁判所（各高裁選択）、地方裁判所（東京・大阪・名古屋その他＜法廷選択＞）、家庭裁判所、簡易裁判所）、大審院・控訴院／参照条文／事件番号／掲載文献（掲載文献一覧から選択可）／人名（裁判長・裁判官・原告・被告・代理人）／詳細項目（文書種別＜判例・判例解説＞、民刑区分）
結果表示項目	一覧 裁判所、事件番号、事件名、裁判年月日、掲載文献、判示事項 詳細（別ウィンドウ） リンク＜審級、参照条文、掲載文献、評釈論文書誌情報、引用・被引用判例、解説（コメント全文）、判例全文 PDF＞、裁判長、裁判官、全文（テキストデータ）、主文、事実及び理由
特 徴	判例重要度が 5 段階で表示され、独自評価基準が明記されている。判タ・金法・金判・労判のコメント全文へのリンク機能がある。 検索結果一覧の左側に絞り込み検索項目が件数と一緒に表示される。 絞り込み検索項目は、キーワード、法廷、民刑区分、種別（判例、解説）、掲載文献、日付
データベース名	**Westlaw Japan**（ウエストロー・ジャパン）
形態／ 更新	ウェブ版 1 回／週
総収録件数	約 26 万件 独自収集（ウェスト・ロー、新日本法規）約 4 万 3000 件 戦前約 2 万 3500 件
収録範囲	戦前（収録資料一覧あり） 大審院判決録（民事・刑事）、大審院判例集（民事・刑事）、大審院判決抄録（民事・刑事）、法律新聞、行政裁判所判決録、大審院判決全集、大審院裁判例、法律学説判例評論全集 戦後（収録資料一覧あり） 全分野・全審級
検索項目	「条件検索」 検索対象（民事・刑事）選択式 検索語（すべて・要約・全文）選択式 フリーワードと AND/OR（検索記号選択可） 裁判情報 裁判所、裁判年月日（期日、期間指定）、事件番号、事件名、裁判官名 出典・評釈（誌名直接入力または誌名検索機能あり）巻号頁 参照条文（単一指定、複数指定、家事審判法）＜入力式と法令検索機能あり＞ 「新判例体系」 法体系（公法・民事法・刑事法）別に階層ごとの判例一覧選択式。キーワードによる体系の絞り込み検索可能。 「索引検索」 裁判所別、年別一覧選択式

	「データファイル」 新日本法規出版の書籍（交通事故損害賠償／医療訴訟判例／慰謝料請求事件／遺産相続紛争事例／借地借家紛争事例）に収録の判例検索データベース。
結果表示項目	「条件検索」結果 左フレーム 並べ替え機能（裁判年月日降順・昇順、審級順、PowerSort<重要判例順>、キーワード頻出順） 絞り込み検索入力 判例一覧（裁判年月日、裁判所名、事件番号、要旨） 右フレーム 裁判年月日・裁判所名・裁判区分・事件番号・事件名 要旨・全文・解説（タブで変更） リンク<裁判経過（審級）、出典（判例タイムズは PDF）、参照条文、裁判官略歴、掲載文献(全文 PDF)、評釈情報<『判例タイムズ』コメントリンク、引用・被引用判例、関連判例、関連ニュース>
特 徴	条件検索のほか、法体系での判例検索・裁判所体系検索が可能。キーワード検索で法体系の絞り込みができるのが特徴。 関連ニュースが読めるため、最近の裁判の動きがわかる場合がある。 大審院時代（戦前）発行の法律新聞掲載の判例がPDF形式で読める。 『最高裁判所判例解説』・『法曹時報』掲載の調査官解説は、有料のオプションで解説タブから読める。
データベース名	**LLI/DB 判例秘書 INTERNET、「判例秘書」アカデミック版 LLI 統合型法律情報システム：判例検索、大審院判例検索**（LIC）
形態／更新	DVD 版／ウェブ版 2 回以上／月
総収録件数	約 21 万件超 大審院判例約 2 万件 判例コメント（判タ、金法、金商、労判）5 万件
収録範囲	戦前（収録資料一覧あり） 大審院判決録（民事・刑事）、大審院判例集（民事・刑事)PDFデータ 戦後（収録資料一覧あり） 全分野・全審級
検索項目	判例番号／検索対象（全部、民事、刑事、家庭）／任意語パネル検索（縦and 横 or 検索、下段 not 検索）／裁判所／裁判日付／事件番号／法令条文／掲載誌／裁判官（氏と名の部分一致・完全一致）
結果表示項目	一覧画面 判例番号、裁判所名、事件番号、事件名、裁判日付、下段に判示事項 全文画面 参照条文、掲載誌、評釈論文 全文（テキスト&PDF（判例集・判例タイムズ・金融法務事情・金融商事判例・労働判例））：事件名、裁判所、事件番号、判決日付、判示事項、掲載誌、主文、事実及び理由

	リンク<参照条文、原典 (PDF)、解説 (判例コメント)、審級、評釈論文、図表、掲載誌、引用判例>
特　徴	公的刊行物のほか、判タ・金法・金判・労判に掲載された判例全文は、テキストのほか PDF 形式で収録されている。当該判例に、判解・判タ・ジュリ・金法・金判・労判・銀行法務 21 に掲載された評釈論文全文（PDF）にリンクされている。

3. 判例を探す

　判例の探し方は、判例を特定する情報として「何がわかっているか」により方法が異なります。判例集、判例雑誌、DB それぞれの特徴をふまえ、自分が探している判例が、どの情報源に掲載されているのかを見分けていきます。

　判例は法令と異なり、必ず公にする情報ではありません。そのため、裁判が確定していても、裁判所ウェブサイト、公刊された資料や DB に掲載されないものが数多くあります。また、DB についても各社ごとに判例の収録数に違いがみられます。

　この章では判例の探し方を体系的に理解するために、例題を参考にしながら、判例 DB、判例検索資料を使った検索方法を学びます。

3.1　特定の判例を探す

　特定の判例を探す場合、判例 DB を使って「事件番号」で探すのが一番の近道です。事件番号は各裁判所で各年ごとに 1 事件に 1 つ付与され、同じ番号は存在しないためです〔→ p.158〕。しかし、文献中に引用された判例には、事件番号の記載がない場合も少なくありません。

3.1.1　引用されている判例を探す

　判例が教科書や論文などに引用される場合、多くの場合は掲載誌名などを略して表されています。略号から本来の判例集名・雑誌名がわかれば比較的簡単に全文にたどりつくことができます〔→ p.390以下〕。

　引用された判例集・雑誌が図書館などで所蔵されていない場合でも、有料DB を契約していれば掲載資料名や巻号頁を入力することで、判例を検索し、判例の全文を読むことができます。ただし、探している判例掲載資料が DBの収録対象となっているか、裁判年月日が収録対象年に含まれているかなどを事前に確認する必要があります。

Q 「最（一小）判平成19年2月15日民集61巻1号243頁」の判決が読みたいのですが。

A この略した表記から、最高裁判所第一小法廷で平成19年2月15日に言い渡された判決だとわかります。民集は、『最高裁判所民事判例集』の略称で、第61巻第1号の243頁以下に、この判決が登載されているという意味です。

3.1.2　裁判所名、判決年月日から探す

　判例集は、裁判年月日順に判例を収録（編年体）しています。裁判所名と判決年月日がわかっていれば、該当する年の各判例集で探すことができます。しかし、同じ裁判所で同じ日に言渡しのあった複数の判決が同じ判例集に登載されることがあるので、目的の判例の事実や関連法令について内容が何に関することなのかを調べておく必要があります。

　また、すべての判決文が判例集に登載されるわけではないという点と、判例が判例集に登載されるまでには半年から1年ほど時間がかかるという点にも注意しましょう。

Q 最大判平20年6月20日の国籍法の違憲訴訟の判決を調べたい。

A 判例DBを使える環境にある場合は、裁判年月日と裁判所がわかっているのであれば、判例DBの検索項目にそれぞれ入力すれば、すぐに探せるでしょう。国籍法3条1項の規定が、憲法14条1項に違反するとされた重要な大法廷の判決ですので、どの判例DBにも収録されています。しかし、裁判所「最高裁判所大法廷」裁判年月日「平成20年6月4日」で検索すると、2件の事件がヒットします。いずれも国籍法3条1項の規定が違憲かどうかの判決です。2件とも解答になるでしょう。この2件の事件は、同じ日の同じ法廷で同内容の判決ですが、第一審は、それぞれ平成18年3月29日と平成17年4月13日であり、異なる原告から別々に提起されたもので、事件としては別のものになります。判例DBに掲載されている文献や判例評釈も異なります。

もし、判例DBや裁判所ウェブサイトを使える環境にない場合は、大学図書館や公共図書館で紙媒体を探します。裁判所名も判決年月日もわかっているので、当該年月の当該裁判所（最高裁判所大法廷）の判例が登載されている『最高裁判所判例集』を調べます。そこに掲載がなかった場合は、判例検索資料や判例雑誌の索引である『判例時報総索引』や『判例タイムズ』の臨時増刊『判例年報』〔→ p.183, p.184〕で調べることができます。

 東京高判平25・11・28の事件番号を調べたい。

 東京高等裁判所の平成25年11月28日の判決です。
　　同様にDBを確認しましょう。
　次頁の表の各DBの検索結果を見ると、同日に同じ裁判所で、複数の事件番号があります。そのため、他に、事件概要等の情報があれば事件を特定できる可能性はありますが、これだけの情報では、調べたい事件番号を特定することはできません。
　また、この表では、それぞれのDBごとに検索結果の数が異なることもわかります。結果が異なる理由は、収録対象資料の違いのためです。これは、たまたまD社の収録数が多かった例ですが、D社のDBの収録数が一番多いと判断することはできません。本問の解答のように自分の持っている情報だけでは、結果を特定できないこともありますが、逆にこのようにDBによって大きな違いがありますので、複数のDBが使える環境にあれば、1つのDBを使ってヒットしない場合でも他のDBを使って検索してみるとヒットする可能性があります。

3.2　特定の事項に関する判例を探す

3.2.1　ある法律の条文に関連する判例を探す

　判例DBでは、検索項目の中に「法条文」検索がありますので、その機能を使うと便利です。判例DBを使って法条文を検索するに際に気を付けることは、法条文の枝番号と項番号の入力の間違いです。法条文の入力欄が「●●条の○の○第○項」（LLI判例秘書、LEXIS AS　ONE）のように用意さ

		A	B	C	D	E	F
1	平成25(ネ)666 『判例時報』掲載	収録あり	収録あり	収録あり	収録あり	収録あり	
2	平成25年(ネ)第1162号 平成25年(ネ)第1719号(同上付帯事件)		収録あり		収録あり		
3	掲載文献記載なし(独自収集)		収録あり		収録あり		
4	平成25年(ネ)第4582号 『金融法務事情』掲載	収録あり	収録あり	収録あり	収録あり	収録あり	
5	平成24年(う)第2060号 『高等裁判所刑事裁判速報集　平成25年版』	収録あり	収録あり		収録あり	収録あり	
6	平成25年(行コ)第183号 『別冊中央労働時報』 『労働委員会　命令・裁判例DB』		収録あり		収録あり		
7	平成25年(行コ)第177号 『労働委員会　命令・裁判例DB』				収録あり		

れていれば、枝番号と項番号の入力を間違えることも少ないですが、「●●条の○の○」(LEX/DB、D1-LAW、Westlaw.JAPAN)という入力欄のDBでは、枝番号欄に項番号を入れてしまい、道路交通法75条第4項に関連する判例を探しているのに、道路交通法75条の4に関連する判例がヒットしてしまう等ということもあり得ます。

　また、DBが使える環境にない場合や判例DBでは検索結果が多すぎて重要判例を特定できない事態も想定して、以下に紙媒体での探し方も記載します。

　第Ⅲ部4.1〔→ p.227〕にあげるような、判例検索資料(判例要旨集や判例索引集)の中で条文ごとにまとめられたもの、あるいは法条別索引が付されたものを使って検索することができます。下記にあげた資料は、条文から検索する判例検索資料です。

『基本判例』(第一法規 加除式)

『刑事裁判例総索引』『民事裁判例総索引』(法曹会)

　印刷体の索引は、その年ごとの判例をまとめて編集しているものが多いため、年代を横断的に漏れなく検索するにはDB検索のほうが効率的です。

そのほか、コンメンタール〔→ p.140、法令編（第Ⅱ部）参考〕など条文を解説する資料には、条文ごとに重要判例の情報が記載されていることがあります。判例付き六法などでも条文に関連判例が付されていて参考になることがあります。ただし、このような資料は編者の視点により取捨選択が行われている点に注意しましょう。また、検索資料の出版年などを確認し、いつの時点の情報かを把握し、それ以降の判例については別の方法で調査することが必要です。

Q 民法900条4号ただし書き前段[19]の「嫡出子（法律上の夫婦の子）と非嫡出子（婚外子・婚姻届を出していない男女間の子）の法定相続配分」について、憲法14条1項（法の下の平等）に関連して争点となった判例を調べたいのですが。

A まずは、自分の手近にある判例付きの六法で調べてみます。たとえば、『コンサイス判例六法』（三省堂）で調べてみると、憲法14条の条文の後に、争点ごとに判例が数件掲載されていました。本件については「嫡出子と非嫡出子の区別」という箇所に、民法900条4号ただし書き前段の違憲性につき、代表的な判例とその判旨、補足意見や反対意見が記載されています（最大決平7・7・5民集49・7・1789）。

　また、同じ趣旨の判例「最判平15・3・28判時1820号62頁、最判平16・10・14判時1884号40頁」や最近の判例の動向の記載もありました。

　そこで、ここまでに探した判例よりも新しい判例がないかどうかを確認します。新しい判例を探すツールとしては、新聞記事も有効です。新聞記事には、全文が掲載されることはほとんどありませんが、概要や要旨等が即日掲載されることがあります〔→ p.222〕。

　重要な判例のもれをなくすためには、判例だけを集積し全文まで読める判例DBを使うのが効率的です。この例題の場合は、検索条件に「嫡出子」「非嫡出子」「違憲または（憲法違反）」「法定相続」など本件と関連するキー

19—民法900条4号ただし書き前段：ただし、嫡出でない子の相続分は、嫡出である子の相続分の二分の一とする。（2013（平成25）年12月4日削除）

ワードと、六法で探した判例の日（平成16年以降）を掛け合わせて検索してみます。

たとえば、上記の検索条件で West Law Japan（ウェストロー・ジャパン）〈判例 DB〉を使って検索すると、平成23年 8 月24日の大阪高裁の決定（事件番号　平23（ラ）578号）や平成22年 3 月10日の東京高裁の判決（事件番号　平17（ネ）1828号・平17（ネ）3247号）などの判例を経て、平成25年 9 月 4 日の最高裁大法廷の決定（事件番号　平24（ク）984号・平24（ク）985号）にたどり着き、全文を読むことができます。このように、複数の資料や DB を使うことで、より広く裁判経過も含めて検索結果を得ることができます。

3.2.2　テーマ（内容）で判例を探す

内容から検索する場合、それがどのような法律の何条の問題なのかを見きわめることが大切です。「4.判例に関連する資料」で紹介するような、法律の条文ごとに判例がまとめられている資料を使うことができるからです。条文がわからない場合は、教科書・概説書や、探しているテーマの研究書や研究論文を読み、そこにあげられている関連文献や関連判例からたどっていくという方法があります。

判例 DB では、条文がわからなくても全文中のことばや事件名を自由にキーワードとして選び、そのことばで検索することができます。ただし、あまりにも一般的な概念（損害賠償、殺人など）を表すことばで検索すると、検索結果が多すぎて絞り込めなくなることもあります。どんな判例を探したいのか、あらかじめ具体的に考えておかなくてはなりません。キーワードとなりうることばも複数用意しておきます。

Q 　亡くなった祖父の遺言書が見つかり、封を開けて中をみてしまいました。ところが、「勝手に封を開けると遺言内容がすべて無効になるよ」と、友人から言われました。無効になるというのは、本当でしょうか？　そうした裁判は、過去にあったのでしょうか？

A 　検索前の予備知識として、問題中に書かれた用語や内容がどの法律条文に規定されているか調べるかところから始めます。「遺言書」に

ついて調べてみましょう。

(1) 概説書・教科書から調べる

　図書館では、図書をある一定の基準で分類し並べています。

　ここでは、図書館の図書が日本十進分類法〔→ p.25〕で、分類されていると仮定して探してみます。

　まず、「遺言（NDC の324.77）」の上位概念である「相続法（NDC324.7）」やさらに上の概念の「民法（324）」に分類された図書で、定評のある教科書や体系書を探します。教科書や体系書は、索引が充実していますので、リサーチの際には索引を積極的に活用しましょう。

　たとえば、民法または相続の分類の棚に並んでいる、内田貴『民法Ⅳ　親族・相続　補訂版』（東京大学出版会、2004年）では、索引に「遺言書（いごんしょで並ぶ）の開封・検認」、近江幸治『民法講義Ⅶ親族法・相続法』（成文堂、2010年）では「遺言書（ゆいごんしょで並ぶ）の検認」とあります。該当ページを開くと「封印のある遺言の開封は、家庭裁判所で相続人またはその代理人の立ち合いをもってしなければならない（1004条3項）。これに反した場合も5万円以下の過料に処せられる（1005条）」と条文の内容が書かれ、それが何条にあたるかが記載されていました。法律条文がわかったので、念のため本書第Ⅱ部を参照に、六法やDBを使って該当法条文を探して確認することも必要です。

　条文では、封印のある遺言書の開封方法について定められ、それに反した場合は罰金となるとされていますが、遺言書そのものが無効になるとの規定はありませんでした。このように条文規定だけでは判断できない内容については、同種の内容で過去に裁判所で争われたことがなかったどうかを調べてみましょう。同内容の事件の判例を読むと、調べたい事柄が明らかになったり、あるいは参考になることがあります。

(2) コンメンタールを使う

　法条文がわかっている場合は、逐条解説書（コンメンタール）を活用してみましょう〔→ p.140〕。

　条文ごとに条文制定・改正の経緯や重要な判例、学説などが掲載されています。いきなり判例DBに、「遺言書」と「効力」などのキーワードを入力

して検索結果の一覧が得られても、その中でどれが重要な判例なのか判断に迷うこともあるでしょう。効率的に重要判例を探すには、まずは、これまで研究され、論じられてきた記事から探すのが適切です。

『別冊法学セミナー　基本法コンメンタール相続　第5版』（日本評論社、2007年）＜インターネットコンメンタール＞の民法1004条の項目では、「検認の実質は、……遺言の内容、効力の有無等実定法上の効果を判断するものではない（大決大4・1・16民録21輯8頁）」「遺言の効力は、本条の罰則と何の関係もないし、開封・検認義務者が過料に処されたからといって開封・検認を免責されることもない（東京控決明38・8・23新聞308・10）」という記載が見つかります。

(3) 古い判例を探す

（2）で、判例の引用があげられていますので、必要であれば、掲載資料の所蔵を調べて原文まで確認します。

民録が『大審院民事判決録』であること、新聞が『法律新聞』であることを、本書の付録の略語表で確認しましょう〔→ p.390以下〕。

古い資料は図書館で所蔵していないこともありますが、判例DBで全文まで確認できることもありますので、掲載資料名、巻号、頁などで検索してみましょう。『法律新聞』については、復刻版のDVD-ROM版（1900～1944）が1号～4922号まで不二出版から刊行されているほか、ウェストロー・ジャパン、判例体系（D1-Law.com）でも一部全文が収録されています。

（1）から（3）までを、順に検索し、全文まで読むと遺言書を勝手に開封したからといって、遺言書の内容が無効になるということはない、ということがわかりました。

3.2.3　重要な判例を探す

DBを使った検索は、もれが少なく網羅的に検索でき、また複数のキーワードによるブーリアン検索〔→ p.30〕によって対象を絞り込むというメリットがあります。しかし、判例DBは全文からキーワードを抽出しているため、初学者には検索結果が多すぎて、逆にどれを選択して読んでいいのかの見極めが難しくなることもあります。

自分で重要判例や必要な判例を選択できないうちは『別冊ジュリスト　判

例百選』などの判例評釈・判例解説資料や、瀬川信久・内田貴ほか『民法判例集（総則・物権、担保物権、債権総論、債権各論）』（有斐閣）、奥田昌道・安永正昭・池田真朗編『判例講義民法総則・物権』『同民法 債権 補訂版』（悠々社、2005年）、福田平・大塚仁編『刑法判例集 第4版』（有斐閣、2001年）、前田雅英『最新重要判例250 刑法 第8版』（弘文堂、2011年）など判例情報が掲載されている資料も参考になります。これらは研究者によって選択された学習に適した判例が掲載されており、また法分野別、法体系ごとにまとまっているため探しやすいのが特徴です。ただし、著者の観点からの選択であること、判例全文が掲載されているわけではないことなどに注意が必要です。

　そのほか、重要判例は判例評釈や解説が書かれる場合が多いため、4.3で説明する判例評釈・解説を探すための索引DBで検す方法もあります。索引DBの場合は、タイトルや事項索引に含まれる言葉をキーワードとして抽出しているため、全文からキーワードを抽出する判例DBに比べて必要な判例を効率的に探すことができます。

3.2.4　最新判例を探す

　判例が判例集に登載されるのは、判決言渡し後、半年以上経過してからです〔→ p.169〕。それまでのあいだ、最高裁判所の『裁判所時報』（月2回）が判例の全文を速報しているため、判例集の公刊の遅れを補うことができます。

(1)　ウェブサイトで探す

　「裁判所ウェブサイト」（https://www.courts.go.jp/index.html）にリンクされている「最近の判例一覧」のページには、前日または当日に言い渡された主要な判決・決定が掲載されることがあり、最高裁判所の判例閲覧の手段として最も速報性があります。例示3-5は、平成27年11月25日の最高裁判所大法廷判決の全文が、翌日の裁判所ウェブサイトに掲載されている例です。

　下級裁判所の判例と知的財産に関する判例も、「最近の判例一覧」のページに一覧で掲載されます。この情報は最高裁判所の判例同様に、公開されている資料やDBの中で最も速報性があります。それぞれ「下級裁判所判例集」「知的財産判例集」のページで裁判所名・事件番号・裁判年月日・全文キーワードなどで検索もできます。

例示3−5　裁判所ウェブサイト　最近の判例一覧（アクセス：平成27年11月25日）

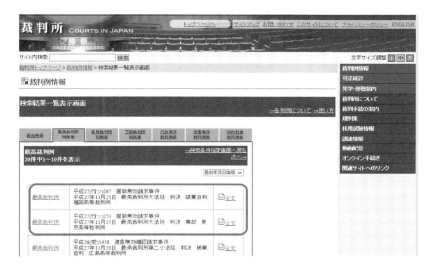

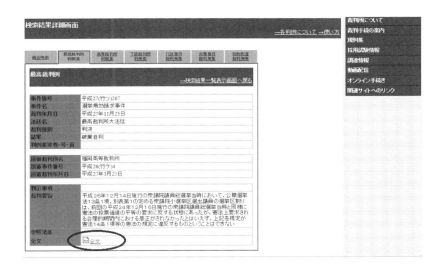

『判例タイムズ』『判例時報』等の雑誌には、判決後約1ヵ月半〜6ヵ月で判例が紹介されます。

　判例検索用のDVDやCD-ROMは、更新頻度が年2〜4回で、収録誌が発行されてから収録するため速報性は高くありません。

　広範に判例を収録しかつ速報性がある判例検索DBは、ウェブ版DBです。DBの更新頻度は、数日から数週間です。判例集や雑誌に収録される前の判例であっても、独自に調査をして収録されている判例もあります。

(2) 新聞記事を使って判例の概要や判決要旨を探す

　新聞は社会的に影響や反響がある裁判、著名な事件の判決を取り上げて、当日の夕刊や翌日の朝刊に事件の概要や判決要旨などを掲載することがあります。そのため、まだ判例集には収録されない判例の情報が得られることもあります。

(3) インターネットのニュース速報をみる

　社会的に影響のある裁判や国民の関心の高い裁判については、紙媒体の新聞同様に各新聞社等のウェブサイトやインターネットニュース（Yahooニュース等）で当日に言い渡された判決要旨がその日のうちに掲載されることもあります。ウェブサイトに掲載されるニュース速報は頻繁（5分から10分ごと）に更新されていますので、判決結果・概要などは夕刊が配達されるよりも早く知ることができます。新聞同様、判決要旨が掲載されるかどうかは、その新聞社の判断によって異なります。

3.2.5　審級関係を調べる

　最高裁判所の判決の場合、1つ前の控訴審を原審と呼び、2つ前の一審を原々審と呼びます。探している判例が、最高裁判所判例集や高等裁判所判例集に掲載されていれば、「参照」として原審・原々審の全文（主文・事実・理由）が掲載されている場合があります。

Q 原審は、広島高等裁判所で、最高裁判所で平成18（2006）年7月7日に下された「親子関係の有無についての確認請求事件」判決のそれまでの裁判経過をたどり、事実関係まで読みたいのですが。

例示3-6　民集に掲載されている下級審判決の参照部分

戸籍上の父母とその嫡出子として記載されている者との間の実親子関係について…不存在確認請求をすることが権利の濫用に当たらないとした原審の判断に違法があるとされた事例

以上のように、原判決は、上記最高裁判決が考慮した身分公示制度の変遷を十分に考慮しなかったことから、上記最高裁判決が身分公示制度の厳格性を一定の場合において権利の濫用法理によって調整しようとした精神を受け入れることができず、その結果最高裁判決の示す権利の濫用の法理の要件の解釈を誤ったものである。更には、原判決は、最高裁判決がこの権利の濫用の法理によって調整しようとする法の下の平等や、長年の実子関係によって生じた申立人を取り巻く社会的事実、嫡出子届け出をなした者の意図、あるいは申立人の精神的苦痛などの問題を、単なる氏の問題や訴訟当事者のおける経済的な均衡の問題に矮小化したものであり、この点においても上記最高裁解釈を誤ったと言わざるを得ない。

○　参　　照

第1審判決の主文，事実及び理由

口頭弁論終結日　平成16年3月25日

主　　　　文

1　被告と亡　A　（本籍省略　　　　　　　　　　　　　　　）との間に父子関係は存在しないことを確認する。

2　被告と亡　B　（本籍省略　　　　　　　　　　　　　　　）との間に母子関係は存在しないことを確認する。

3　訴訟費用は被告の負担とする。

事　　　　実

第1　当事者の求めた裁判

1　請求の趣旨

主文同旨

2　請求の趣旨に対する答弁

(1)　原告の請求をいずれも棄却する。

(2)　訴訟費用は原告の負担とする。

<big>A</big> 　下級審の判決文は、最高裁判所判例集や高等裁判所判例集に「参照」として掲載されます〔→ p.174以下〕。ただし、高等裁判所判例集は下級審の判例が省略される場合があり、平成15年以降は部内資料となりました。裁判所ウェブサイトに掲載された判例集の全文には、下級審の判例は省略されています。問いの判決は、民集60巻 6 号2307頁から掲載されています。例示 3 - 6 は、民集60巻 6 号2321頁に掲載された「参照」（第一審判決の主文、事実〔および理由：略〕）です。

<big>Q</big> 　被告人が長い裁判の途中（平成27年10月 4 日）で亡くなった事件「いわゆる名張毒ぶどう酒事件」についての裁判経過をたどり、事件当時の概要まで読みたい。

<big>A</big> 　判例 DB（LEX/DB、D1-Law.com、LLI/DB、Lexis AS ONE、Westlaw Japan など）では、控訴審や第一審の判決にリンクされていますので、そこから全文を読むこともできます。再審の裁判も対象にしているため、差し戻し審や再審などの複雑な裁判の古くからの経緯を追うことができます。裁判所の判例集以外の資料も収録対象にしているため、判例集から探すよりも広範に検索できます。ただし、審級関係相互のリンクについては、DB によって異なります。

　例示 3 - 7 は、名張　and　ぶどう酒という言葉をフリーキーワードとして、LEX/DB インターネット（（株）TKC）で検索した結果の例です。
　21件の検索結果の内容から、昭和39年12月23日津地方裁判所（第一審）以降の全再審請求、差し戻し審等の全裁判経緯がわかります。
　例示 3 - 8 は、最初の裁判である第一審　津地方裁判所の昭和39年12月23日判決の結果です。「審級関係」に控訴審、上告審、再審請求審、異議審、特別抗告審へリンクされています。

また、資料やDBに掲載されていない事件でも、支援団体のホームページ―20やブログから裁判経過や判決全文を得られることもありますので、参照しましょう。

20―名張毒ぶどう酒事件　奥西さんを守る東京の会 http://www5a.biglobe. ne.jp/~nabari/

例示3-7　LEX/DBインターネット(TKC)の審級関係リンク機能

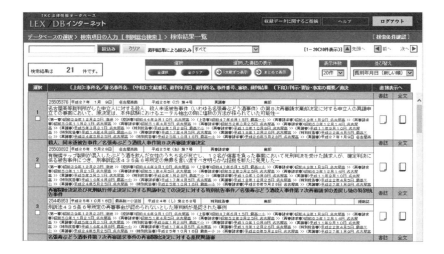

例示3-8　LEX/DBインターネット(TKC)の備考に掲載された裁判経過の例

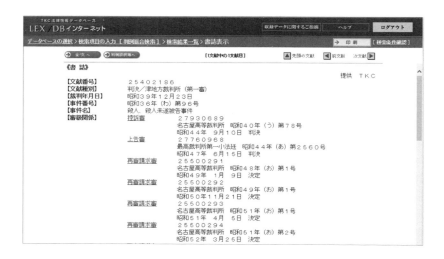

4. 判例に関連する資料

4.1 判例検索資料

　印刷体の判例検索資料は、判例 DB の発達と普及により、利用されること
が大変少なくなりました。しかし、印刷体の判例検索資料と DB との比較用
として、ここでは主な資料の概略を紹介します。印刷体の判例検索資料には、
判例要旨集や判例索引集などがあります。判例要旨集は判決要旨と判決理由
を掲載し、判例索引集は判示事項を法条別または裁判年月日順に編集してい
ます。判例要旨集、判例索引集の多くが法条別に編集されているため、特定
の法分野の判例要旨・判示事項・出典などを一覧することができます。また、
特定の判例について調べる場合は、直接判例集にあたらなくても裁判年月日
や裁判所名から検索して要旨や判示事項を参照することができます。

4.1.1 判例要旨集
　各裁判所の判決要旨と判決理由を法条別に配列し、判決全文を読まなくて
も当該判決の概略を知ることができます。裁判年月日や裁判所名がわかれば
検索できます。

(1) 全分野を対象とする判例要旨集
『判例体系　第一期・第二期版』（第一法規、加除式）第 1 期（1890〔明治
23〕〜 1973〔昭和48〕年）、第 2 期（1974〔昭和49〕年〜）
　各裁判所の判例要旨と判決理由を網羅的に条文ごとにまとめて収録してい
ます。裁判所名、裁判年月日、事件番号、登載判例集の巻・頁が明記され
ています。必要に応じて、少数意見、反対意見、補足意見も引用していま
す。
　印刷体の『判例体系』の内容をすべて収録したインターネット版『判例体
系』から厳選した USB 版（D1-Law nano 判例 20000）があります。検索
して全文を表示することができます〔→ p.201〕。

『**新判例体系**』（新日本法規）1891〔明治24〕年～

　『最高裁判所判例集』『高等裁判所判例集』に掲載されたすべての判例ならびに現行裁判所法施行後の重要な下級審判例を選択して収録しています。『大審院判決録』『大審院判例集』に掲載された判例も選択して掲載しています。

　法条順に、判決要旨と上告理由、判決理由の全文を掲載しています。裁判年月日順の審級別（裁判所別）索引があります。

『**判例總覧 刑事篇**』（帝国判例法規）　1巻、1949〔昭和24〕年5月～

『**判例總覧 民事篇**』（帝国判例法規）　1巻、1949〔昭和24〕年5月～

　最高裁判所と高等裁判所の判例はほぼ網羅的に、地方裁判所の判例は選択的に収録しています。法令別五十音索引、法令別総索引、目次、裁判年月日索引、判例批評索引など、索引機能が充実しています。

『**基本判例**』（第一法規）1890〔明治23〕年～

　明治以降の全裁判所・全分野の裁判の中から重要な判例を選択し、法令別・条文順に掲載しています。必要に応じて、結論が反対の判例が添えられています。また補足意見や反対意見などがある判例には注を付けてその旨を記載しています。採録されている判例の事実関係や上告理由などが注記されているものもあります。

　裁判年月日索引や裁判年月日順の審級別索引が付いています。

(2) 最高裁判所と大審院の判例要旨集

『**最高裁判所・高等裁判所民事判例要旨集**』1947〔昭和22〕年～

『**最高裁判所・高等裁判所刑事判例要旨集**』1947〔昭和22〕年～

　『最高裁判所判例集』『高等裁判所判例集』に掲載された判例の要旨を、法令別・条文順および裁判年月日順に掲載しています。5年ごとに発行され、昭和22～29年版から平成5～9年版まで9冊発行されています。各判例要旨の下に登載判例集の巻号を付記しています。巻末には裁判年月日索引が付されています。

『**法律年鑑**』（法律評論社）1925〔大正14〕～1939〔昭和14〕年

　新聞や雑誌に掲載された判決を法条文ごとに掲載しています。

『**法律年鑑**』法律時報編集部（日本評論社）1935〔昭和10〕～1943〔昭和18〕年、1958〔昭和33〕～1960〔昭和35〕年

条文ごとに判例要旨を掲載、判例評釈の出典もあげられています。

『大審院刑事判例要旨類纂』『大審院民事判例要旨類纂』（法曹会）1891〔明治24〕〜 1932〔昭和7〕年

　　明治24年から昭和7年の大審院判例のうち『大審院判決抄録』と『大審院判例集』に掲載された判例の要旨を法令別・条文順に掲載しています。判例要旨の下段に判例集の掲載巻頁が付されています。

『大審院民事・刑事判例要旨類纂　追録』1933〔昭和8〕〜 1937〔昭和12〕年

　　『大審院刑事判例要旨類纂』『大審院民事判例要旨類纂』の続巻。大審院判例のうち『大審院判例集』に登載された判例の要旨を掲載し、判決要旨の下に言渡し年も併記しています。

『民事破棄判例要覧』第1巻、1895〔明治28〕年〜　24巻、1993〔平成2〕年

　　『大審院民事判決録』『大審院民事判例集』『最高裁判所民事判例集』『最高裁判所裁判集（民事）』に収録された判例のうち、大審院および最高裁判所が原判決を破棄した判例すべてを収録しています。全判例には「破棄理由」が記載されています。法令別（民法・商法・民事訴訟法・諸法）、言渡し年月日順に分類して掲載しています。破棄理由の要約から検索できる索引集『別冊民事破棄判例要旨集』も刊行されています。

(3) 分野別の判例要旨集

　このほか、分野別の判例要旨集が出版されています。

『民法判例総覧』（帝国判例法規）1898〔明治31〕〜 1960〔昭和35〕年

　　大審院・最高裁判所以下の各裁判所の裁判（判決、決定）、法務省、司法省の訓令、通牒、回答および法曹会の決議のうち民法に関連のあるものをすべて収録しています。主要な判例に対する判例評釈の出典が明示されています。

『行政判例集成』（ぎょうせい）加除式　1890〔明治23〕年〜

　　大審院、行政裁判所の判例のほか、最高裁判所が発行する各判例集、『訟務月報』等に掲載された行政関係の裁判（判決・決定）の中から重要な判例を選択し、裁判年月日順に収録しています。各判例に要旨・裁判所名・裁判年月日・裁判の種類・事件番号・当事者名・出典を明示しています。

『判例不動産法』（新日本法規）加除式　1895〔明治28〕年〜

不動産法に関連する判例の解説が収録されています。賃貸借編、売買編、抵当権編、担保編、仮処分・仮差押編に分類されています。判例年次索引・事項別年月日索引があります。

『判例民事執行』（新日本法規）加除式　1891〔明治24〕年〜

民事執行法に関する判例を、大審院・最高裁判所とその他の裁判所に分け、判例要旨を掲載しています。民事執行法の条文ごとに旧法関係の条文を付けています。新法の各条文には立案趣旨と内容の説明があり、巻末に判例年次索引があります。

『選挙関係行政事件裁判例要旨集』（法曹会）1966〔昭和41〕〜 1984〔昭和59〕年

正編1955〔昭和30〕年、続編1964〔昭和39〕年、続々編1982〔昭和57〕年の３冊が刊行されています。

『行政事件裁判例集』の増刊。選挙関係行政事件に関する判例（関連する刑事事件および国家賠償請求事件の判例を含む）について、判示事項と要旨を法条文順に収録しています。２つの編に分類され、第１編には公職選挙法に関する判例、第２編には地方自治法による直接請求および最高裁判所裁判官国民審査法に関する判例が収録されています。裁判所別の言渡し年月日索引があります。

『教育関係判例要旨集』（第一法規）1949〔昭和24〕〜 1987〔昭和62〕年

教育関係・公務員・労働関係の判例を対象に重要な判例を選択し、項目別に判例要旨・出典・判決理由を収録しています。年月日索引があります。

『判例医療過誤』（新日本法規）加除式　1974〔昭和49〕年〜

医療事故等で参考となる民事・刑事の判例の要旨と解釈を「診療」編と「不法行為責任」編の２編に大別して収録しています。判例は、各分類ごとに裁判所別（大審院または最高裁判所、控訴院または高等裁判所、区裁判所または地方裁判所、簡易裁判所）、裁判年月日順に配列されています。出典、判例評釈も掲載するほか、必要に応じて上級審・下級審も注として表示しています。各判例の冒頭に判例番号を付し、判例を相互に参照できるなど検索に工夫をしています。

冒頭に総目次、巻末に判例年次索引があります。

『判例国家賠償』（新日本法規）加除式　1981〔昭和56〕年〜

国、または公共団体を相手方とする国家賠償請求事件の判例を国家賠償法

の法体系にもとづいて条文ごとに分類し、判例要旨と解説を収録していま
す。本文の上欄に事件ごとの見出しと一連番号を付し、判例を相互に参照
できるしくみとなっています。各判例には出典、評釈・解説の誌名が記載
されています。

各巻頭に総目次、巻末には条文ごとに整理した判例年次索引があります。

4.1.2　判例索引

　判例索引は、判示事項を法条別、裁判年月日順に編集した判例検索資料で
す。判例索引を使うことで、探している判例がどの資料に掲載されているか
を知ることができます。

『裁判所法施行後における民事裁判例総索引』 上・中・下（最高裁判所事務
総局）1947〔昭和22〕～ 1957〔昭和32〕年

　　現行裁判所法施行（1947年）から1957年12月までの民事判例（行政・労働
　　事件を除く）のうち判例集・判例雑誌などに掲載された判例の判示事項を
　　掲載しています。民法・商法・民事訴訟法・諸法に分類され、各条文順・
　　裁判年月日順・審級別順に収録されています。巻末に審級別・言渡し年月
　　日別索引があります。

『下級裁判所民事裁判例集総索引』（最高裁判所）1950〔昭和25〕～ 1970〔昭
和45〕年

　　『民事裁判例索引』（法曹会）（1971〔昭46〕年～）に引き継がれました。
　　民事裁判例（行政事件・労働事件・無体財産権事件・家事審判事件を除
　　く）のうち『高等裁判所判例集』『下級裁判所民事裁判例集』に掲載され
　　た判例と『判例タイムズ』『判例時報』『ジュリスト』『金融法務事情』『訟
　　務月報』などの判例雑誌に掲載された判例の判示事項を掲載しています。
　　改題後は、最高裁判所の判例の判示事項も掲載されています。評釈・解説
　　のある判例は評釈者名と掲載雑誌名が記載され、判示事項には最高裁・高
　　裁・地裁・簡裁のいずれか区別できるよう印が付されています。裁判所別
　　月日別索引もあります。

『刑事裁判例総索引』『憲法編（上・中・下）』『刑法編』（追補１）（追補２）
『刑事訴訟法編（１～４巻）』（追補１）（追補２）**『諸法編（上・中・下）』**
（追補１）（追補２）（最高裁判所事務総局編／法曹会）1947〔昭和22〕年～

　　裁判所法施行後の刑事裁判例のうち判例集・判例雑誌などに掲載された判

例の判示事項を法令別・条文順・裁判年月日順に掲載しています。評釈・解説のある判例は評釈者名と掲載雑誌名を付けています。裁判年月日索引がないため判例の参照条文から探します。

『**民事裁判例総索引**』『**民法編（上・下巻）**』『**商法編・民事訴訟編**』『**諸法編（上・下）**』（最高裁判所事務総局編／法曹会）1958〔昭和33〕～ 1970〔昭和45〕年、『**民事訴訟編**』1971〔昭和46〕～ 1994〔平成6〕年

民事裁判（行政事件・労働事件・家事事件を除く）のうち判例集・判例雑誌などに掲載された判例の判示事項を掲載しています。評釈・解説のある判例は、評釈者名と掲載雑誌名を付けています。

『**民事判例索引集**』（新日本法規）1947〔昭和22〕年～

現行裁判所法施行後言い渡された民事裁判（行政事件・労働事件・無体財産権事件・家事審判事件を除く）のうち、判例集・判例雑誌などに掲載された判例の判示事項を掲載しています。民法・商法・民事訴訟法・諸法の4編に分類され、条文順・裁判年月日順に収録されています。評釈・解説のある判例は評釈者名と掲載雑誌名が付されています。加除式索引で、追録が毎年発行されます。

『**刑事判例索引集**』（新日本法規）1947〔昭和22〕年～

現行裁判所法施行後の刑事裁判のうち判例集・判例雑誌などに掲載された判例の判示事項を掲載しています。刑法・刑事訴訟法・憲法・諸法の4編に分類され、条文順に収録されています。

『**行政事件裁判例集索引**』（法曹会）1巻、1951〔昭和26〕年～ 39巻、1988〔昭和63〕年

『行政裁判例集』『最高裁判所判例集』『高等裁判所判例集』に掲載された判例の要旨とその他の文献に掲載された判例の要旨をあわせて収録しています。各判例に対する判例評釈・解説の掲載文献を付記しています。

1989〔平成元〕年より、以下に誌名変更しました。

『**行政判例裁判例索引**』1989〔平成元〕年～ 1996〔平成8〕年

『**判例タイムズ**』臨時増刊（1回／年）

『**判例年報**』〔→ p.184〕

4.2 判例評釈（判例批評）・判例解説

　判例評釈や判例解説は、判例について研究者や実務家が解説したり、論評を加えるもので、法の解釈・適用上、大きな位置を占めています。学習上、判例の概略をつかんだり、どこに争点があるかを理解するのに参考になります。しかし、解説部分はあくまで執筆者自身の評価・解説であるということをふまえておく必要があります。

　また、判例全文が掲載される雑誌には、コメントや概要などが付されている場合もあります〔→ p.182〕。

　重要な判例解説・評釈の掲載雑誌には次のような資料があります。判例解説・評釈が掲載される資料にどのようなものがあるのかを知っておくことも、判例解説・評釈を探す手段の一つとして有効です。

（1）最高裁判所判例解説
『最高裁判所判例解説　民事編』『最高裁判所判例解説　刑事編』（法曹会）
1954〔昭和29〕年〜

　『最高裁判所判例集』に掲載された判例全てについて、当該事件の調査を担当した最高裁判所調査官[21]が解説しています。「調査官解説」とも呼ばれています。はしがきには、当該裁判についての調査官の個人的意見に基づいた解説とあります。『法曹時報』に毎月掲載されている「最高裁判所判例解説」を 1 年ごとにまとめた判例解説集です。巻末には裁判年月日索引があり、民集／刑集のページも付与されています。

　重要裁判の判示事項、裁判の要旨の後にその判例の解説が付されています。

21—**最高裁判所調査官**　最高裁判所に置かれる裁判所調査官で、裁判官の命を受けて、事件の審理および裁判に関して必要な調査を行うこととされています（裁判所法57条 2 項）。調査官はそれぞれの専門分野ごとに日常的に研究会等を開催し、研究・経験を積んで調査報告書を作成しています。判決を書くための資料も作成しています。調査官は下級審の裁判官の中から選ばれ、最高裁判所が任命します。

　なお調査官の配置は、首席調査官 1 人、上席調査官 3 人（民事・刑事・行政各 1 人）、調査官30人、計34人（内訳：民事関係17人、刑事関係 8 人、行政関係 5 人）計34人。

最高裁判所調査官による解説は、このほか『法律時報』の「最高裁新判例紹介」、『ジュリスト』の「時の判例」等にも掲載されています。

「最高裁判所判例解説 DVD」（（株）LIC）

『最高裁判所判例解説』昭和29年度版〜平成19年度版（1955〔昭和30〕〜2011〔平成23〕年）の民事篇・刑事篇の全巻が収録されています。

解説の当該判決全文および判示事項、判決要旨中のことばから検索ができます。キーワード検索のほか、法令条文、事件番号、裁判日付、法分野、年度、解説者名での検索が可能です。「法分野」を選択することにより、解説を法分野ごとに分類して参照するなどの機能や、解説中に引用された判例とその解説・評釈等の出典の一覧表示機能があります。「判決文付DVD」では、解説の判決全文だけでなく、一審・二審（高裁・地裁）の判決全文が同一画面上で参照できます。

(2) 雑誌に掲載される判例評釈

別冊ジュリストの『判例百選』シリーズ、ジュリスト増刊『基本判例解説』シリーズ、法学教室増刊『基本判例』シリーズなどは、重要な判例が多数取り上げられているため、講義やゼミなどでもよく利用されています。こうした解説書には、各判例項目の末尾などに、参考文献として他の判例評釈の情報が掲載されています。

『ジュリスト』（ジュリ）（有斐閣）1952〔昭和27〕年〜、月2回刊が平成23年1月号（1436号）より月刊に変更

（最新号目次）http://www.yuhikaku.co.jp/jurist/index.html

「最高裁　時の判例」「判例研究」などがあります。「最高裁　時の判例」では、最高裁判所調査官によって書かれた「事実」「判旨」「解説」を掲載しています。「判例研究」では、事実・判旨・評釈（判旨の結論に反対か賛成か）を掲載しています。

「ジュリスト DVD」（（株）LIC）

『ジュリスト』の創刊号から1474号（2014年12月）までの全ページをDVD-ROM に PDF ファイルで収録しています。「判例」については、法令条文、裁判所、事件番号、裁判日付で検索することができます。「論文・記事・判例評釈」は、タイトル、号、頁、著者、発行年、事項分類のほか重要判例解説は裁判日付から検索することができます。

『ジュリスト』増刊『最高裁　時の判例（平成元年〜23年）』

　『ジュリスト』〈時の判例〉欄に掲載された判例解説のうち、平成元年から平成20年にかけて出された最高裁判例を下記の分野別に収録しています。

　Ⅰ　公法編　114件
　Ⅱ　私法編（1）民法　137件
　Ⅲ　私法編（2）商法・民訴法ほか　160件
　Ⅳ　刑事法編（刑法・刑訴法ほか）　130件
　Ⅴ　平成15年〜17年　178件
　Ⅵ　平成18年〜20年　156件
　Ⅶ　平成21年〜23年　134件

『別冊ジュリスト判例百選』シリーズ（有斐閣）

　法分野ごとに編集され、重要な判例の解説が掲載されています。項目は、事実の概要、決定要旨、解説、参考文献からなります。参考文献として、他の判例評釈や関連文献があげられていますので、さらに他の文献をたどることができます。

『ジュリスト』臨時増刊『○年度重要判例解説』

　毎年4月上旬に刊行。前年度に『ジュリスト』に掲載された判例について各法分野別の〈判例の動き〉で概要を掲載しています。年に一度刊行されるため『判例百選』刊行後の新判例を補うことができます。掲載項目は法令別で「事実の概要」「判旨」「解説」「参考文献」からなります。索引は事項別、著者別、裁判所別、月日別があります。

『法学教室』（法教）（有斐閣）月刊　1980〔昭和55〕年〜

　「判例講座」では、会社法、民事訴訟法から判例を1件ずつ取り上げ、研究者が判例の概要を解説しています。

　「最近の主な判決」では、当該号の2ヵ月前の主な判例を最高裁判所、高等裁判所、地方裁判所から数件選び、概要を掲載しています。

　2000年10月号（No.241）には、『法学教室』の創刊号〜234号（1980年10月号〜2000年3月号）までの全記事内容を、執筆者名やバックナンバーから検索できる「『月刊 法学教室』全記事索引 CD-ROM」が付録として付いています。

『法学教室』増刊号『「基本判例」シリーズ』

　憲法・民法・刑法・商法・民訴・刑訴・行政法・国際法の各基本判例につ

いて研究者が解説しています。

『法学教室』別冊付録『判例セレクト』年2回（2月、3月）
　民法・刑法・憲法の判例の動きを10件前後掲載しています。
　『判例セレクト86 〜 00』2002〔平成14〕年、『判例セレクト2001 〜 2008』
　2010〔平成22〕年、『判例セレクト2009 〜 2013 I ・ II』（2015（平成27)
　年）もあります。

『法律時報』（法時）（日本評論社）月刊　1929〔昭和4〕年〜
　「最高裁新判例紹介」のほか、毎号2〜3項目の法分野別「判例研究」が
　掲載されています。それぞれ事実の概要・判旨・研究（解説）の順に記載
　され、メディア判例研究会・民事法判例研究会・刑事訴訟法判例研究会・
　特別刑法判例研究会・労働判例研究会などのメンバーが執筆しています。
　巻末に文献月報／判例評釈の一覧があり、最近の評釈を読みたいときに利
　用できます。

『法律時報』別冊『私法判例リマークス』（日本評論社）年2回刊　1990〔平
成2〕年〜
　民法・商法・民事訴訟法（執行・倒産を含む）・国際私法を対象に、前年
　度に『判タ』『判時』などの判例雑誌に掲載された判例の中から重要と考
　えられる各審級の判例を選択しています。判決（ないし決定）のポイント、
　事案、判旨、先例・学説、評論が掲載されています。とくに先例・学説、
　評論の掘り下げた記述が特徴です。巻末に裁判所・年月日索引があります。

『法学セミナー』（法セミ）（日本評論社）月刊　1956〔昭和31〕年〜
　「最新判例演習室」では、憲法、民法、刑法、民事訴訟法、刑事訴訟法、
　商法、行政法、労働法について、判例の事実の概要・争点・裁判所の判
　断・解説が掲載されています。

『法学セミナー』増刊『速報判例解説』年2回刊　2007〔平成19〕年〜
　憲法、行政法、民法（財産法・家族法）、刑法、商法、民事訴訟法、刑事
　訴訟法（Vol. 1 〜）、および労働法、経済法、国際法、知的財産法、税法、
　破産法、環境法（一部 Vol. 2 〜）の最新の重要判例の評釈が掲載されてい
　ます。Vol.10より『速報判例解説　新・判例解説 Watch』と名称変更。
　なお、デジタル版は（株）TKC 提供のローライブラリーで、検索して全
　文を読むことができます。

『民商法雑誌』（民商）（有斐閣）1935〔昭和10〕年〜

「判例批評」「判例紹介」は、最高裁判所民事判例集に掲載された民法、商法などの私法に関する判例の要旨・事実の概要・判決理由・参照条文・分析を掲載しています。判例の法律的判断に対する論点について、わかりやすく解説しています。また、「家事裁判例紹介」では、家裁月報に掲載された判例から数件を選び、要旨・事実の概要・判決理由・参照条文・分析を掲載しています。

判例時報別冊付録『判例評論』月刊〔→ p.183〕

『判例時報』の別冊付録。最新判例の批評を毎号10件前後掲載しています。ページ番号は『判例時報』と通しのほか、独自のページも付与されています。

判例タイムズ臨時増刊『主要民事判例解説』〔→ p.183〕

『旬刊金融法務事情』（金法）（金融財政事情研究会）1953〔昭和28〕年〜

「金融判例 Digest」に毎号数件の「事案の概要」「訴訟の争点」「訴訟の結論」「理由の要旨」「実務の指針」が掲載されています。「判決速報」には、4、5件の要旨・コメントのほか、当事者・主文・判決理由などの全文が掲載されています。「金融判例100」（1581号）では、判決論点・事案と判旨、学説と関連判例、現代的意義なども掲載されています。

LAN 対応 DVD（創刊号〜）もあります。

『金融判例研究（金融法務事情特集号)』（金融財政事情研究会）年刊　1991〔平成3〕年〜

『金融法務事情』の特集号として毎年1回発行されています。金融取引に関する重要判例について、金融取引業務に即して5領域（1.預金・為替、2.貸付・管理・回収、3.担保・保証、4.法的回収（執行・倒産）、5.その他（付随業務・周辺業務等））に分類・整理し、前年度の判例を概観し、重要なものは、研究者による判例研究を加えています。巻末に収録判例年月日・出典が明示されています。

『刑事法ジャーナル』（成文堂）月刊2005〔平成17年〕〜

「刑事裁判例批評」に刑事法関係の判例評釈が掲載されています。

『警察学論集』（立花書房）月刊1948〔昭和23〕年〜

法務省担当者等による「刑事判例研究」が掲載されています。

(3) 大学紀要・学会誌

大学の法学部や研究会が発行する「紀要」や、学会で発行する学会雑誌に

定期的に判例評釈が掲載されているものがあります。

『法学協会雑誌』（東京大学：財団法人法学協会）月刊　1884〔明治17〕年〜
　　毎号、東京大学判例研究会による「最高裁判所民事判例研究」が掲載され
　　ています。民集に掲載された判例を1〜2本選択して判例評釈を掲載して
　　います。

『法学協会雑誌データベース』
　　『法学協会雑誌』に掲載された論文・記事や判例評釈等を、創刊号（明治
　　17年）から最新号の1年前までの号を、書誌情報（テキスト）と本文
　　（PDF）の形式で収録しています。

『法学研究』（慶應義塾大学）月刊　1922〔大正11〕年〜
　　商法研究会による「商法」関連の判例の評釈と民事訴訟法研究会による
　　「最高裁判所民事訴訟事例研究」「下級審民事事例研究」に判例の評釈が掲
　　載されています。

『法学新報』（中央大学）月刊　1891〔明治21〕年〜
　　「判例研究」に毎号数件ずつ判例の「事実の概要」「判旨」「研究」を掲載
　　しています。

4.3　判例評釈・解説を探すためのツール

4.3.1　データベースを使って探す

　判例評釈や判例解説は、先に紹介した掲載資料の中のどこにあるのでしょ
うか。これらは判例掲載資料の中に点在しているため、効率よく探すには、
DBや印刷体の索引を使います。今のところすべてを横断的に検索できる手
段がないため、検索もれを少なくするには、収録年や収録対象誌などに応じ
て、DBや索引を選んで検索する必要があります。

（1）有料データベースで調べる

　索引データベースと判例全文DBで探す方法があります。判例全文DBで
は、ヒットした判例そのものの判例評釈・解説を探すことができます。該当
の判例の書誌中の「判例評釈」欄に書かれた文献が当該判例の解説・評釈で
す。

　また索引データベースでは、探したい判例の主題から判例評釈・解説を探

すことができます。

　以下紹介するものは有料DBで、利用するには契約が必要です。

D1-Law.com「法律判例文献情報」（第一法規）1981〔昭和56〕年〜

　印刷体とDVD版、Web版があります。DVD版・Web版は1982年から通
して検索できます。ある法律の条文に関する判例情報とその関連文献（図
書・雑誌論文）の書誌情報が収録されており、相互に行き来できるように
リンクされています。DVD版の更新は年2回で、印刷体の出版よりも遅
いですが、Web版は、月1回の更新で印刷体の『法律判例文献情報』（月
刊）の発行とほぼ同時に検索できます。

　印刷体の年間索引号は、前年度終了後の約半年後に発行されるため、そ
れまでの間は毎月刊行される冊子を調査することが必要です。印刷体の年
間索引号は2008年度索引（No. 375）をもって休刊しています。書誌的事
項までしか収録されていませんが、D1-Law.com「判例体系」を契約して
いれば、書誌から判決全文まで読むことができます。

　また、論文記事・判例評釈については、CiNii（国立情報学研究所論文デ
ータベースサービス）と連携されたため、検索結果から、大学紀要を中心
とした215誌（約5900論文）の本文を読むことができます。

　また、（表3-5）〔→ p.207〕で紹介したような判例DBにも、検索結果
の表示画面に判例評釈の項目があり、そこに掲載雑誌名と掲載巻号頁が表
示されています。

「法律文献総合INDEX」（日本評論社）「法律時報」創刊号（1929〔昭和4〕
年）〜最新発行号の約1ヵ月前

　雑誌『法律時報』（月刊）に掲載された文献情報と判例評釈情報がDB化
されています。ただし、雑誌に掲載されなかった情報でDBには収録され
ているものもあります。

　法律学・政治学関係の単行本および約650種の雑誌・紀要に掲載された論
文、判例評釈などを中心に収録しています。判例評釈は、フリーキーワー
ド、判決年月日、裁判所、判決等の種別、事件番号、判例掲載誌、評釈掲
載誌、執筆者、法律時報発行年月日から検索することができます。最新の
判例評釈については、雑誌を確認する必要があります。また、検索結果に
掲載頁が表示されない評釈もあります。

「Vpass（**重要判例検索サービス**）」（有斐閣）

　判例百選アーカイブ：別冊ジュリスト『判例百選シリーズ』（1960年から
2007年11月に刊行された「商標・意匠・不正競争判例百選」）、ジュリスト
臨時増刊『重要判例解説』（「昭和41年度・42年度版」～「平成25年度版」）
のほか、ジュリスト増刊『基本判例解説シリーズ』、法学教室増刊「基本
判例シリーズ」の全文がPDFで収録されています。「雑誌名・評釈者検
索」「各誌目次一覧検索」「刊行順一覧検索」「判例年月日索引検索」「全文
検索」などの検索項目があります。

　法学教室アーカイブ：法学教室（第1期）・法学教室（第2期）・月刊1号
～306号の記事全文がPDFで収録されています。「執筆者名」「論文名」
などで検索できます。

　また、個別のタイトルでの契約形態には以下の雑誌があります。

『**ジュリスト電子版**』

　『ジュリスト』1260号～最新号までの全文をPDFで収録しています。「号
数」「記事名」「執筆者名」などで検索できます。

『**判例百選電子版**』

　『判例百選』および『重要判例解説』の2008年刊行～最新号までの全文を
PDFで収録しています。「記事名」「執筆者名」などで検索できます。

『**法学教室電子版**』

　『法学教室』307号～最新号までの全文をPDFで収録しています。「号数」
「記事名」「執筆者名」などで検索できます。

「**LLI/DB（判例秘書 INTERNET、判例秘書 DVD）**」、「**アカデミック版判例
秘書（LLI 統合型法律情報システム）**」（判例検索、法律雑誌・文献検索）
（（株）LIC）

　・判例検索

　当該判決全文からの任意語、裁判年月日、裁判所名、事件番号、掲載文献、
法令条文から検索可能です。以下の「法律雑誌・文献検索」収録の雑誌に
掲載の評釈・解説があればリンクされ、全文を読むことができます。

　・法律雑誌・文献検索

　『最高裁判所判例解説』『ジュリスト』『判例タイムズ』『金融法務事情』
『金融・商事判例』『労働判例』『法学教室』『銀行法務21』『判例百選』[22]
の9タイトルについて創刊号から1～2年前の分まで、全文を読むことが

できます。また、『邦文法律雑誌記事索引』（創刊号から平成16年報まで刊行）では、最高裁判所図書館に所蔵された文献の論文記事、判例評釈の書誌を検索することができます。

タイトル、著者名のほか雑誌の巻号頁から判例検索では、当該判決全文からの任意語、裁判年月日、裁判所名などから検索可能です。

(2) 無料データベースで調べる

「雑誌記事索引」（国立国会図書館）1945〔昭和20〕年〜

国内刊行の雑誌に掲載された雑誌記事・論文を幅広く検索することができます。論題名、論題中の単語、著者を検索語として、文献の掲載雑誌・掲載巻号頁を特定することができます。判例評釈についても2ページを超える記事であれば掲載されます。全分野の雑誌が収録対象になっているため、法律分野以外の雑誌に掲載された記事を検索することができるなど、法律専門分野の索引を補うものとして利用することができます。検索画面で「記事分類、種別」のところに"判例研究"を入力して検索します。採録誌数は約1万誌です。

CiNii（論文情報ナビゲーター）（国立情報学研究所：NII）

CiNii Articles

NII-ELS 学協会刊行物（NII）、NII-ELS 学術刊行物（NII）、NII-ELS 研究紀要（NII）引用文献索引データベース（NII）、雑誌記事索引 DB（国立情報学研究所）など複数の DB で提供される約1,700万の学術論文情報を収録しています。無料公開・有料の違いはありますが、各学協会から許諾を得た学協会誌と大学の研究紀要400万件の本文を読むことができます。また検索された論文の引用文献情報をたどったり、本文を参照したりすることができます。検索画面では、簡易検索と詳細検索があります。詳細検索では、著者名、論文名、雑誌名、ISSN などから検索できます。

4.3.2 印刷体の検索資料を使って探す

DB に収録されていない古い判例の評釈や解説を探すときは、印刷体の判例評釈検索資料を使います。

22—Intra 版では、判例百選はオプション販売。

判例評釈検索資料を使う場合、2つのポイントがあります。1）調査の対象となっている判例の判決年月日を調べておく。評釈・解説は判決が言い渡されてから後の数年間に多く書かれるため、判決年月日がわかれば、その後の何年かを集中して探すことで効率よく探すことができるからです。2）その判決の争点はどの法律の何条に関するものなのかを明らかにしておく。ほとんどの判例評釈検索資料が条文別に収録されているからです。

『法律時報』「文献月報　判例評釈の部」（日本評論社）1929〔昭和4〕年〜

　　『法律時報』の毎月号の巻末に掲載されます。1972〔昭和47〕年より「判例評釈の部」として分離され、それ以前は文献編と区別なく掲載されていました。審級ごと、裁判年月日順に分類されています。

『最高裁判所図書館邦文法律雑誌記事索引』（最高裁判所図書館）1957〔昭和32〕年〜 2006〔平成18年〕

　　第1編：法律雑誌記事分類索引と第2編：判例評釈記事法条索引から構成されます。第2編は、前年1月から翌年5月までの法律記事の中から、判例評釈・研究・解説だけを、評釈対象判例の主な参照法令条文ごと（憲法・民法・商法・民訴法・民訴規則・刑法・刑訴法・刑訴規則・諸法令）に分類し、裁判年月日順に配列しています。

　　・記載項目

　　第一段：評釈題名

　　第二段：裁判年月日・裁判所・事件番号・登載判例集

　　第三段：評釈者・収録誌

　　・記載例

　　休み時間中の中学生間の傷害事故と学校側の損害賠償責任

　　昭和56.3.30浦和地 昭51（ワ）501 判タ443 p100

　　奥野久雄 法律時報 54-6（'82-6）p118

　　裁判年月日・裁判所・事件番号・判例集または判例雑誌を表示

「邦文法律雑誌記事索引DVD」

　　邦文法律雑誌記事索引の創刊号から2005〔平成16〕年、全48巻を収録しています。検索画面は、印刷体と同様に法律雑誌記事分類索引と判例評釈記事法条索引に分かれています。

『最高裁判所判例解説索引 民事編』『最高裁判所判例解説索引 刑事編』（法曹会）1954〔昭和29〕年〜

最高裁判所の判例解説・評釈索引です。これは、〔→ p.233〕で紹介した『最高裁判所判例解説　民事編』『最高裁判所判例解説　刑事編』の総索引です。

昭和29年度から55年度までに掲載された判例解説のほか、解説が書かれなかった判例も、判例集に掲載された判例であれば全件検索できます。判示事項索引と裁判年月日索引の2部からなり、判示事項は各法令に大別し条文順（判例集の参照条文）に掲載しています。

『**最高裁判所行政事件判例評釈索引**』（法曹会）1981〔昭和56〕年

最高裁判所の行政事件裁判例の評釈を掲載しています。1965〔昭和40〕～1978〔昭和53〕年までの判例を条文順に配列し、評釈および原審・第一審の裁判年月日も掲載しています。巻末には、裁判年月日索引が付され判例資料も記載しています。

『**戦後判例批評文献総目録（判例時報臨時増刊358号）**』（判例時報社）1964〔昭和39〕年

『判例時報』の臨時増刊として公刊。1947〔昭和22〕年5月（裁判所法施行）から1961〔昭和36〕年までに刊行された各判例集と『判例時報』に掲載された判例についての判例評釈の書誌情報を憲法・民法・商法・民事訴訟法・刑法・刑事訴訟法・労働法・諸法に大別して掲載しています。条文別・裁判年月日順に、当該判例の判示事項、裁判所・言渡し年月日・出典（判例集）を掲載し、その後に判例評釈者名と収録雑誌名を記載しています。しかし、判決年月日索引や評釈者名索引がないため、参照条文から検索することになります。

『**続判例批評文献目録**』（判例時報臨時増刊549号）（判例時報社）1969〔昭和44〕年

上記の続編。1961〔昭和36〕～1966〔昭和41〕年までに刊行された各判例集と『判例時報』に掲載された判例の評釈を掲載。付録として『大審院民事判例集の判例に対する判例評釈文献目録』を収録しています。

『**判例評釈インデックス**』（日本評論社）1972〔昭和47〕～1981〔昭和56〕年

1972〔昭和47〕～1976〔昭和51〕年、1977〔昭和52〕～1981〔昭和56〕年の各期間内に言い渡された判例評釈を、各裁判所ごとに言渡し年月日順に掲載しています。裁判の言渡し年月日順で掲載されているため、参照条

文からの検索はできません。

『憲法関係判例評釈文献目録』（法曹会）1947〔昭和22〕～ 1977〔昭和52〕年

日本国憲法に関する判例の評釈・解説を民事編・刑事編に分け、裁判所ごとに掲載し、判例ごとに判示事項と要旨を掲載しています。裁判年月日索引があります。

『判例民事法総索引』 民事法判例研究会（有斐閣）

民事事件の判例評釈書『判例民事法』1921〔大正10〕～ 1946〔昭和21〕年の総索引。

判例評釈検索資料は、収録対象の分野や年代が異なりますので注意して選ぶ必要があります。

『民事（刑事）裁判例索引』（法曹会）

法条文順に判示事項が掲載され、多くの場合判例索引として利用されますが、判例評釈も紹介されています。評釈・解説が付されている場合は判示事項の次に★印を付して、執筆者名・文献名・巻・号・頁を記載しています。

文献を調べる

LEGAL RESEARCH

1. 文献の基礎知識

1.1 文献とは

　第Ⅱ部、第Ⅲ部では法令と判例の調べ方について述べましたが、ここではそれ以外の文献の調べ方について説明します。第Ⅳ部で扱う文献とは、主に、法律学の資料のうち、法令、判例、議会資料などを除いた著作物のことをいいます。図書や雑誌に収録されている法学論文などがその代表的なものです。

　法律学を学ぶ際、また法律問題を解決しようとする際は、その課題・問題に関する「法令」や「判例」をまず探します。そしてそれらの「法令」や「判例」について書かれた文献も調査します。そのなかで「法令」の立法趣旨や経緯をたどり、判例に対する評釈・解説を知り、判例の変遷や学説の対立などに触れることができます。学説は法律上の論点に関する学問的な見解であり、判例と重ねて「判例・通説」といわれる場合もあり、他方、「有力説」「少数説」「折衷説」などといわれるさまざまな学説もあります。以上のような、法令の解釈や判例の解説、関連する学説などを収載した「文献」にはどのようなものがあり、その特性や特徴は何かについて説明し、それらの「文献」を調べるためのツールを紹介します。

　リーガル・リサーチ（1.1　リーガル・リサーチとは〔→p.2〕を参照）の対象となる「文献」には法律学の図書・論文のほかに白書・統計などを含む政府刊行物や、法律学以外の隣接分野の著作物や新聞記事なども含まれます。媒体としては印刷物、DVD-ROM・CD-ROM、ウェブ上のテキストやデータベースがあり、内容からは、学術研究書、論文、記事、教科書、コンメンタールや、辞書・百科事典などの参考図書に分けられます。また、これらの文献を探すための索引誌やデータベースがあります。

1.1.1　文献を探す――「人権を考える：ハンセン病がたどった道」のリサーチを例に

　A大学のB憲法ゼミナールでは、大学祭のテーマに「人権を考える：ハンセン病がたどった道」と題して討論会を企画しました。メンバーのほとんど

はハンセン病がどのような病であるかをしらず、たまたまその一人が河瀬直美監督・脚本の映画『あん』（2015年公開）を見て、想像を超えた重大な人権侵害の歴史に触れたというのがテーマを選択するきっかけでした。討論会を企画するにあたって、メンバーの全体がこのテーマに関して共通の理解・認識を持つ必要があると考え、早速リサーチに取り掛かることにしました。歴史的な経緯、その社会的な背景、法令の変遷、裁判の結果それらのどれをとっても奥が深くて大変な作業を要することがリサーチを進める前にすでに予感されました。まずは関連する文献探しから始めます。メンバーはそれぞれの役割を決めてリサーチすることにしました。リサーチのねらいを、1）ハンセン病とは何か　2）ハンセン病問題の歴史　3）ハンセン病に関する法令　4）ハンセン病に関連して示された裁判の結果　5）ハンセン病の今後の課題　の5点に絞り、そのために必要な図書、論文、新聞記事、インターネット情報を探すことにします。

(1) インターネットで情報を探す

　インターネット情報の功罪が叫ばれていますが、ここでは他の媒体を探す上でのヒントを得るためにもとりあえずインターネットで情報を探してみます。「ハンセン病研究センター」のページがみつかります。ハンセン病について全く知らなくてもハンセン病の特性や歴史や現在の動きを調べるための多くのヒントを得ることができます。「国立ハンセン病資料館」や資料館の「キッズコーナー」はわかりやすい表現で重要なポイントを説明してくれているので、討論会の資料の編集のためにも役立ちそうです。有用なウェブサイトはチェックしておきたいものです。

(2) 新聞記事を探す

　インターネット情報に比べて、一般的に信頼性があるとされている新聞には、限られた紙面のなかで、有効かつ適切に情報を与えてくれる記事を読むことができます。時には年表、表、写真など視覚的にも有益な情報が得られます。

　新聞記事の検索で以下の記事がみつかりました。

　「菊池事件、熊大生が模擬再審　あす菊池恵楓園、役演じ刑事手続き考える」2014年10月18日 朝日新聞 33ページ　熊本全県」

ハンセン病患者であるために、通常の法廷で裁判を受けることができず、特別法廷での人権侵害が疑われる裁判を受け、死刑が執行されてしまったいわゆる菊池恵楓園事件についての記事です。ハンセン病が過去のことではなく、現在でもなお解決のために関係者が努力を続けていることを知って、テーマの選択に自信を持ちました。

(3) 図書を探す

　大学のゼミナール主催の討論会の準備ですから、A大学の図書館を攻略することから始めました。蔵書目録（OPAC）（→ p.6）で「ハンセン病」のキーワードで検索してみると93件もヒットしたので、そのなかのどの本が討論会で利用できるか調べてみることにしました。とりあえずはタイトルで判断し、それぞれの役割に応じた図書を分担し、ざっと目を通してみることから始めました。本の目次や索引、参考資料が内容を知る上で役立つことを実感。討論のテーマに沿って全員が目を通すことにする本を目的別に選んでみました。ほかの本も一部分コピーをしたりメモを貼ったりなどリサーチには予想以上の時間がかかりました。
１）ハンセン病の療養所の実態を知るために、最近刊の以下の図書を選択
『病の共同体――ハンセン病療養所における患者文化の生成と変容』（青山陽子著、新曜社）2014
２）歴史
　ハンセン病の歴史は古文書に記載があるほど長いことがわかったので、討論会では近現代に限定して触れることにして、以下の図書を選択
『日本らい史　増補版』（山本俊一著、東京大学出版会）1997年
３）　法令
　検索で得たほとんどの本に法令についての記載はありましたが、法令をまとめた図書として以下を選択
　『ハンセン病関連法令集　資料集』国立ハンセン病資料館ブックレット２（国立ハンセン病資料館、編・刊）2010年
４）　裁判
　『開かれた扉：ハンセン病裁判を闘った人たち』（ハンセン病違憲国賠訴訟弁護団著、講談社）2003年
５）ハンセン病の今後の課題として、刊行年、サブタイトルと目次の内容で

以下の図書を選択
『日本の癩（らい）対策から何を学ぶか　新たなハンセン病対策に向けて』
（成田稔著、明石書店）2009年
　なお、資料を調べていくなかで、ハンセン病に関わる「菊池恵楓園事件」
なる史実に遭遇し、興味を持ちました。

（4）雑誌記事・論文を探す

　「菊池恵楓園事件」の詳しい内容を知るために、雑誌記事検索をしてみま
した。「国立国会図書館サーチ」を開き、「菊池事件」のキーワードで16件ヒ
ット、すべての記事が探している事件を取り上げた記事でした。菊池事件は
60年以上前の事件ですが、最高裁判所の調査委員会も関係者に聞き取り調査
を行い、分析を進めており、一方、菊池事件再審弁護団は検察庁が最高裁判
所の検証結果を踏まえて、再審請求をすべきであると主張しています。最近
でも論文が次々に発表されています。
　このデータベースのサーチの結果、菊池事件に関する模擬裁判を行った大
学に関連して、参加学生や教員が書いた論文が複数あることがわかりました。
「菊池事件について――法学部生による菊池事件模擬裁判」（岩下芳乃）法学
セミナー第60巻第2号（2015年）
　この論文の参考資料として記載があった以下の文献は、ハンセン病問題に
関する事実検証調査事業を受託した財団法人日弁連法務研究財団による総合
的な報告書です。2年半の検証作業の結果としてまとめられたもので、1,800
頁以上の大部な資料ではありますが、討論会の内容を掘り下げるために参照
すべき貴重な資料と位置付けていくことになりました。
　『ハンセン病問題に関する検証会議　最終報告書 上・下』（財団法人日弁
連法務研究財団　ハンセン病問題に関する検証会議編　明石書店）2007
　菊池事件に関しては鹿児島県弁護士会のHP上に「「菊池事件」について
検察官による再審請求を求める会長声明」が掲載されています。
A大学のB憲法ゼミナールのメンバーは討論会を企画するにあたって文献の
リサーチが如何に重要かということを痛感しました。

　このように文献のリサーチとは切り口が1つではなく、媒体もデータベー
スもさまざまで、探し方を工夫することによって調査内容をレベルアップす

ることができます。インターネット情報は有用なものがありますが、そこで
とどまらず、より重要でオリジナルな調査資料や研究書をリサーチする姿勢
が肝要です。

　ここまで１つの事例に基づいて調べるツールを探してみましたが、このよ
うなツールを総合的に検索し、多様な情報を入手することができるでしょう
か。最も効率的なリサーチを考えると、何もかも検索できるデータベースが
理想です。オールマイティなツールはありませんが、書籍も新聞も企業も人
物も含めて多くのデータベースを提供している商用データベースサービスが
あります。

「G-Search Database Service」

　通信社、新聞社、出版社など情報提供機関から情報を集め、それらを編集
し、検索の統一化をして、ユーザーに提供しています。データベース数
480以上情報総数１億件以上と銘打っています。企業情報、新聞・雑誌記
事情報、人物情報、特許・法律・技術情報、マーケティング情報などのほ
か、科学技術医学文献、地図・不動産データなど多岐にわたる情報が得ら
れます。企業情報、新聞情報などその情報ごとに複数のデータベースの横
断検索ができます。従量制の課金システムで利用します。

「NICHIGAI Database Service」（日外アソシエーツ）

　日外アソシエーツが提供している「magazineplus」「bookplus」「whoplus」
を中心としたデータベースサービス。図書、雑誌論文、人物情報などが検
索できます。大学図書館、公共図書館、企業・団体等むけに年間固定制の
「nichigai ／ web サービス」「日外 e-レファレンス・ライブラリー」があり、
従量制データベースはプロバイダ経由（G-Search,@-nifty）で利用します。
bookplus データベースの各契約図書館への搭載のサービスもあります。

「日経テレコン21」

　会員制のビジネスデータベースで、新聞記事を中心に雑誌、企業情報、人
事情報などを網羅したデータベース。国内主要紙140超の新聞、雑誌、ビ
ジネス誌、調査リポートなどからの記事を検索できます。そのほか企業、

業界・市場、人物・人事情報を提供しています。

1.1.2　引用文献や参考文献を正確にとらえる

　図書など文献には、基本となる本文のほかに目次や前書、後書、参考文献や引用文献、索引、奥付などがあります。引用文献のリストは、本文の記載を裏付ける文献の表示であり、読者が文献を確認する手がかりです。参考文献リストは、関連分野におけるほかの文献への道しるべともなります。引用文献や参考文献を活用するために、著者や書名、掲載誌などを正確に読みとりましょう。

　学術書や論文の中に、ほかの図書や論文が引用されている場合、引用部分は「」でくくられるか、文字の大きさを小さくしたり、文頭を下げて表記するなど、本文と見分けられるようにしてあります〔→ p.41、第Ⅰ部の「引用の作法」参照〕。

1.1.3　法律文献の表示法

　引用した文献のタイトルや著者名は、その引用部分の前後に表記されるか、注に記載されます。引用された文献を探すためには、注に記載された文献の種類（図書、雑誌、判例、判例解説など）や文献の形態、内容の違いを正確にとらえる必要があります。以下に図書と論文の引用書誌を紹介します。

単著の場合

『弁護のゴールデンルール』（キース・エバンス　高野隆訳　現代人文社）2000年

論文集のなかの論文の場合

「検察官の主尋問・再主尋問にあたって何を注意すべきか」（弘中淳一郎）『刑事弁護の技術（上）』（第一法規）1994年、329頁

雑誌論文の場合

　日本評論社を例に取ると、執筆要項で示す雑誌掲載論文の引用表記例は「著者名」「論文名」「掲載雑誌名」「巻号（発行年）」「頁」の順番で表記されているのが一般的です。

〔例〕宇川晴彦「供述証拠の収集を容易にするための手段」法時86巻10号（2014年）26頁

　ただし、引用表記は、当該論文を掲載する書籍、雑誌の性格によって異な

る場合があるとのことです。

　法律編集者懇話会編の「法律文献等の出典の表示方法 2014年版」という
基準がありますが、必ずしもその基準に従っているとはいえず、出版社や出
版形態等によりさまざまです。書誌を正確に読みとりましょう。

1.1.4　引用文献・参考文献の記載を読む際の注意点
　通常、図書の書名は『』、論文名は「」で表記されます。
　著者名、タイトル名、出版社名、頁数などだけでは、図書と論文の違いは
わかりませんが、論文の場合は、収録されている図書名か雑誌名、巻号が記
載されていますので、それで論文であることがわかります。
　図書には、文献名や法令名などにつきその図書独自の引用略語を作成して
いる場合があります。通常、凡例（図書の冒頭部分に掲載されていることが
多い）などに略語表が記載されていますので、そこで正確な資料名を調べま
す。
　判例の場合は独特な引用法がありますので、注意が必要でしょう〔→ p.156〕。

1.1.5　なぜ文献の種類にこだわるのか
　それは、文献探索のツールが、文献の種類によって異なっているからです。
図書を探すためのデータベース・索引誌で、雑誌論文を探すことはできませ
ん。たとえば、論文のタイトルを蔵書目録データベース（OPAC）に入力し
ても検索されません。その場合は論文検索のためのデータベースである雑誌
記事の索引などで探す必要があります。まず、探しているものが図書なのか
論文なのかを知っておくと便利です。
　以上のように、収録している文献の種類でデータベースが分かれているこ
とは利用者にとっては煩雑です。OPACで論文も検索できる機能があれば
網羅的な検索が可能になります。国立国会図書館の「国立国会図書館サー
チ」は、1回の検索で図書も論文も検索できるように作成されています。国
立情報学研究所の「CiNii」は、2011年末より従来「NACSIS Webcat」と
「CiNii」の二つに分かれていたデータベースを統一して機能をアップし、
「CiNii Books」と「CiNii Articles」の2つの入り口を持っています。「CiNii
Articles」には本文が収録されている論文も多数あります。

データベース・索引誌にはさまざまな特性がありますので、特性に応じた利用をすることにより効果的なリサーチが可能となります。

1.2　ことばを調べる

調べる対象に関することばやテーマについてあらかじめ調べておくことが必要な場合があります。そのためにネット上の検索機能を使って調べることも多いでしょう。同様に専門的なことばの概念、使い方などを簡潔にまとめている辞典・事典を利用することも効果的です。どのような辞典・事典があるのかを調べるツールとして、以下があります。

『辞書・事典全情報　2006-2013』（日外アソシエーツ）2006〔平成18〕～ 2013〔平成25〕年

『辞書の図書館』（清久尚美編、駿河台出版社）2002〔平成14〕年

『年刊参考図書解説目録』（日外アソシエーツ）2011〔平成23〕～ 2013〔平成25〕年

『日本の参考図書　4版』（日本図書館協会）2002〔平成14〕年

『日本の参考図書　四季版』（日本図書館協会）1966〔昭和41〕年～

ことばを調べるツールは辞書・事典のみではありません。辞書・事典はことばを単語として説明しますから断片的な説明にとどまる面があり、「すこし違う」「もう少しくわしく」「ほかとの関連では」と感じた場合は、学問的な体系の中でとらえなおしてみます。教科書や研究書などの目次や索引を利用しましょう。

1.2.1　法学辞典・事典を活用する

法学特有の概念や用語は、この分野に慣れていない人には難解に感じられるものです。法令の現代語化が進んでいますので、読みの難しいことばはやさしい現代語に変わりつつありますが、判例などを読むと、依然として「囲繞地通行権」（現代語化された民法では〔公道に至るための他の土地の通行権〕）などのようなことばに出会うことがあります。似たような「送付」「送達」「送致」ということばも、それぞれ異なった法分野で違った意味をもって使われています。

また、「善意」「悪意」は、一般的には「善良な心」と「他人に害を与えよ
うとする心」(『広辞苑』第6版)ですが、法の世界では、「善意の第三者」
が「その事情を知らない第三者」、「悪意の第三者」が「その事情を知ってい
る第三者」であるように、意味の違う使われ方をします。定義や意味、用法、
違いなどを知るために法学辞書・事典を活用しましょう。

1.2.2　主要な法律学辞典

『法律学小辞典　第4版補訂版』(金子宏ほか編、有斐閣) 2008〔平成20〕年
　法学部学生、実務家、受験生を対象とした辞典で法律学の専門用語や概念
　を解説しています。8261項目収録、五十音順に配列。解説の根拠となる法
　令・判例・学説を引用しています。基準日は、2008〔平成20〕年1月1日
　ですが、基準日以降に成立した主要な法令については、有斐閣のウェブペ
　ージの「刊行後の主要法令改正情報こちら」に掲載されています。『ジュ
　リスト』の記事「国会の概観」より抜粋した「主要成立法律」のPDFに
　は解説もあります(2014年12月)。巻末に「総合索引」「欧文略語一覧」
　「収録図表一覧」「外国人名索引」「判例年月日索引」があります。

DVD-ROM版「法律学小辞典　第4版補訂版」(金子宏ほか編、有斐閣)
2008〔平成20〕年は(株)ロゴヴィスタより販売されています。

『有斐閣　法律用語辞典　第4版』(法令用語研究会編、有斐閣) 2012〔平成
24〕年
　かな見出しの項目のもとに解説を簡潔にまとめてある小型の法律辞典です。
　法律の専門用語のほかに、一般用語も調べられます。約1万3800項目を収
　録。五十音順に配列。巻頭に「法令名等略語」があります。基準日は2012
　〔平成24〕年1月1日です。

ウェブ版「法律用語辞典　第4版」(法令用語研究会編、有斐閣) 2012〔平
成24〕年
　有斐閣のデータベース「Vpass」の1つで、(株)TKCの「ロー・ライブ
　ラリー」や(株)LICの「判例秘書INTERNET」等、第一法規「D1-Law.
　com」ウエストロー・ジャパン社の「Westlaw.Japan」データベースのオ
　プションとしても利用することができます。

『現代法律百科大辞典』CD-ROM付き。全8巻(伊藤正己ほか編、ぎょう
せい) 2000〔平成12〕年

法学分野の百科事典です。5500項目（索引用語約２万語）図表200点、問答約500を収録しています。五十音順に配列。「略語表一覧」「総索引・判例索引・問答索引」「資料編」（各種届・申請書・請求書等掲載）があります。CD-ROMは、項目・全文・法令・判例・問答・書式より検索ができます。内容は1999〔平成11〕年９月１日現在。

『ディリー法学用語辞典』（三省堂編修所編、三省堂）2015〔平成27〕年
　法学部生、一般社会人向けに編纂されたコンパクトな法学用語の辞典で、3,700語を収録しています。会社法、行政不服審査法など最新の改正も反映されています。

『図解による法律用語辞典　補訂４版追補』（自由国民社）2013〔平成25〕年
　当初『現代用語の基礎知識』の法律編として刊行されました。憲法、民法など法分野ごとに編を構成し、図や表を使ってわかりやすく解説しているのが特徴です。巻頭に「総用語索引」があります。2011〔平成23〕年１月１日現在（民法のみ2013〔平成25〕年11月１日）の法令を基本としています。

　政治・社会生活の変化とともに、法律の概念や規定も変わることがあります。辞典・事典の発行が古い（収録内容が古い）場合、最近使われだしたことばなどは調べられません。法学辞典に限らず、辞典・百科辞典は最新版を利用しましょう〔→ p.287以下〕。

1.2.3　辞書検索の実例

Q　「善管注意義務」ということばの正確な意味を知りたいのですが、辞典には出ていません。何を調べればよいのですか。

IV

1

A　善管注意義務は「善良な管理者の注意義務」を省略した表現です。『広辞苑』や『大辞林』のような国語辞典では項目が見つかりませんが、ほとんどの法学の辞典には収録されています。『最新基本用語辞典』（三修社）には「その人の職業や社会的地位に応じて一般的に期待されている注意義務」との記載がありました。『現代法律百科大辞典』のなかでは「注意義務」の項目の中に記載があります。

Q 刑法の条文にある「心神耗弱」ということばの正確な読みと意味を探しています。

A 『法令用語辞典 第9次改訂版』（学陽書房）の巻末索引で「心神耗弱」を引き、本文で詳しい説明を読むことができるのですが、読み方はわかりません。『法律学小辞典 第4版補訂版』（有斐閣）では「シンシンコウジャク」と振り仮名がふってあります。読みのわからないことばはgooの辞書〔→ p.257〕などインターネット検索が便利ですが、法律学のデジタル辞書を使う方法もあります。

ことばを調べる際には、まずインターネットを立ちあげて、検索エンジンに調べたいことばを入力してみるのが一般的な方法となっていますが、国語辞典や百科事典からはじめることも伝統的な方法です。調べていることばが法学の専門用語である場合は、法学分野の専門辞典を使いますが、分野が特定できない場合は、広い範囲のことばを収録している一般的な辞典を引くことも必要です。

Q 法制史の授業で聞いた「人足寄場」ということばを調べたいのですが、『法律学小辞典』には出ていません。法律用語ではないのですか。

A このような、歴史書や小説にも出てくることばは、国語辞典や歴史辞典で調べてみます。『広辞苑』（第6版）には、「人足寄場：江戸時代、無宿者や刑期満了者を収容して労役させた所」との記述がありました。歴史辞典のなかでは『岩波日本史辞典』に項目がありました。法学辞典の多くは、現行法で用いられることばを説明するために編集されていますので、法制史や犯罪学といった分野の専門用語が項目に取り上げられていないことはよくあります。

Q 根抵当とは何か、どのような場合につけるのかを調べています。根抵当は途中で変更ができるのかも知りたいです。辞典を見てみても、簡略な説明しかなくてわかりません。調べ方を教えてください。

A 『法律学小辞典』に「根（ね）抵当権」として項目はあります。根抵当は法律の世界だけではなく、ビジネスでも経済学でも使われますので『広辞苑』や経済系の辞典でも項目があります。詳しく調べるのなら物権法の教科書のなかで調べてみることを勧めます。巻末に索引がある本なら目次で迷うことなく、記述部分を探せます。たとえば『物権法第５版』（山野目章夫　日本評論社）2012年の巻末索引をひらいて同書第14章第８節＝根抵当権（p.337 〜 349）をみつけます。

1.2.4　サーチエンジンやウェブサイトでことばや事件を調べる

　サーチエンジンやウェブサイトを使う利点は、場所を選ばず、どこからでも利用でき、多くが無料であるということです。サーチエンジンを使って各種の辞典を利用することができますし、インターネット上で発信される個人、団体のウェブサイトで関連した情報をみつけることもできます。ことばを入力して、得られた情報からさらにリンクをたどってほかのページにアクセスし、情報の信頼度を確認したり、より有益なほかの情報を入手することも可能です。情報の信頼度はまちまちですから、重要なものを選別し、必要な情報を正確にとらえる能力を養いましょう。

「Yahoo!　Japan」辞書

　「デジタル大辞泉」『大辞林第３版』『プログレッシブ英和中辞典第４版』『プログレッシブ和英中辞典第３版』『世界大百科事典第２版』など多数の辞書で検索することができます。現代用語、人名、ビジネスなどの分野も収録しています。

「goo」辞書　https://dictionary.goo.ne.jp/

　国語（『デジタル大辞泉』）類語（『使い方の分かる類語例解辞典新装版』）英和『プログレッシブ英和中辞典第４版』和英（『プログレッシブ和英中辞典第３版』）中日（三省堂提供の『デイリーコンサイス中日辞典第２版』）日中（『デイリーコンサイス日中辞典』）Wikipedia記事検索専門用語集（『使い方の分かる類語例解辞典新装版』）などがあります。

Ⅳ
1

「**Google**」 https://www.google.co.jp/
　キーワードを入力して Google 検索をすれば、そのことばが使われている
サイトを表示するので、ことばを調べるときに利用できます。また「設
定」から「検索オプション」を開き、and、or、not 検索や言語、地域な
どで絞り込んで定義を調べることもできます。

「**Wikipedia**」 https://ja.wikipedia.org/
　Wikipedia はインターネット百科事典で、誰でも編集に参加できるサイト
です。カテゴリーに「法学」があり、下位のカテゴリーに「法学の基礎情
報テンプレート」などがあります。すべてを網羅してはいませんが、徐々
に項目を増やしています。Wikipedia の特徴は、記述されている単語のリ
ンクにより、短時間に効率よく調べることができることです。書きかけの
項目もありますが、ほかの辞書・データベースに比較して新しい情報が得
られることもあります。このサイトを利用する場合の注意点については、
〔→ p.22〕に記載しています。

「**Weblio**」（ウェブリオ） https://www.weblio.jp/
　ウェブ上にある664以上の専門辞書や国語辞典・百科事典から検索する辞
書のサイトで、「辞書」「類語辞典」「英和和英辞典」「日中中日辞典」「日
韓韓日辞典」「古語辞典」「その他の辞書」のタブがあり、1 回の検索で複
数のウェブ情報をヒットさせることができます。

「**三省堂　Web Dictionary**」2020年 9 月30日終了
　『デイリーコンサイス国語辞典』『デイリーコンサイス英和辞典』『デイリ
ーコンサイス和英辞典』の 3 つは無料で検索ができます。そのほか『スー
パー大辞林3.0』『新明解国語辞典』『グランドコンサイス英和辞典』など
21の辞典の有料による探索もできます。

「**標準対訳辞書**」 http://www.japaneselawtranslation.go.jp/dict/?re=2
　「Japanese Law Translation」（日本法令外国語訳データベースシステム）
は法令外国語訳推進の事業による法令翻訳データを公開したもので、法務
省 HP 内で利用できます。法令と辞書と文脈のタブがあり、「辞書検索」
では上記の辞書が検索できます。「法令検索」では法令用語の英訳が法令
条文の対訳のなかでハイライト表示されます。

「**英辞郎 on the Web**」https://eow.alc.co.jp/
　株式会社 ALC の開発した「英辞郎 on the Web」は、SPACE ALC のウ

ェブサイト上で利用できます。多くの用例を掲載している英和・和英辞書で、日本の法律用語を英語に置き換えるならどのことばが適当であるかなどの視点で調べる時に便利です。ほかに単語帳への登録や例文検索ができる「英辞郎 on the WEB Pro Lite」や有料の「英辞郎 on the Web Pro」があります。

1.2.5 新しいことば・事象を調べる現代用語集

法学分野や法律実務、その周辺の政治、経済、金融、社会の用語など、最近使われ始めたことばや事象は、辞典・法学辞典には取り上げられていないことがあります。その場合まずはインターネット検索が便利ですが、毎年刊行される現代用語集も有用です。印刷体で刊行を継続している用語集もありますが、デジタル配信に切り替えた用語集もあります。これらのほかに、『朝日キーワード』『朝日キーワード就職』（朝日新聞社出版）『日経キーワード』（日経HR）『今がわかる最新時事用語』（成美堂）など定期的に刊行されるハンディーな用語集もあります。

『**現代用語の基礎知識**』（自由国民社）年刊　1948〔昭和23〕年～

ジャンル別、テーマ別の編集形式で、各ジャンル・テーマごとに専門家が署名執筆している点が特徴です。法律に関しては「政治」ジャンルの中の一つのテーマとなり、その年に注目された法律問題や法改正を取り上げ、解説しています。（巻末に「全用語索引」「外来語」の索引あり）。「月刊基礎知識」がネット上で配信されています。

「**コトバンク**」https://kotobank.jp/

朝日新聞、朝日新聞出版、講談社、小学館などの辞書から検索できるインターネット辞典です。無料で読むことができます。辞書、百科事典、現代用語を収録しています。現代用語の「知恵蔵2015」は朝日新聞社発行「知恵蔵2007」（2007年11月発行）をベースにキーワードを追加して作成したウェブ版の現代用語サイトです。

「**imidas.jp**」（集英社）

2007年版までの発行で以後休刊となった現代用語集『imidas』の後を継ぐ集英社の現代用語解説サイトで、携帯電話での利用のみですが、2012年からはスマートフォンでも利用可能となりました。雑学事典や日本語辞典が収載されていますが、更新はコンテンツによって異なります。

1.3　事件・事象を調べる

　法の世界では、法現象を研究するために、また実務で法律問題を解決するために、過去に起こった事件・事象を調べることが多くあります。

　法学の学習や研究の分野でも、判例研究など、実際に起こった事件を対象にして行われることが少なくありません。ここでは事件・事象についてどのようなツールを使って調べるのかについて紹介します。

　先に述べた辞書・辞典、現代用語集に加えて、基本的なツールとして、各種専門辞典、年表、年鑑があります。政治学辞典や歴史辞典は、法学に関連する事件を調べるうえでも役立ちます。年表・年鑑を利用して、事件の全体像をとらえ、当時の政治的・社会的背景を知ることも有用ですし、年表・年鑑の記述のなかに、関連する文献や出典等が掲載されていることもあります。新聞記事による報道を知るためには、「4　新聞情報を調べる」〔→ p.373〕を参照してください。インターネットで検索する場合は、「Yahoo! Japan」や「Google」など検索エンジンを使って検索することによって、その事件に関する記述を含んだサイトを探し出すことができます。最近起こった事件・事象の場合はネット上の情報しかない場合もあります。

(1)　参考となる図書で調べる

　その事件について書かれた図書・論文を探して調べてみる方法があります。事件名やテーマをキーワードに図書・論文のデータベースで探します。

Q　「袴田事件」をテーマにレポートを書いていますが、「自白」に迫る問題を掘り下げてみたいと思います。

A　まずは OPAC（蔵書目録）で図書を探してみます。データベースで以下の図書が見つかりました。
『裁かれるのは我なり』（山平重樹著、ちくま文庫）2014〔平成26〕年
双葉社から2010年に出版された同書の版には　サブタイトルに「袴田事件主任裁判官三十九年目の真実」と書かれてありますので、この本が担当した主任裁判官を取材した本であることがわかります。問題となった「自白」に迫

るために検索を続けて、以下の図書をみつけました。

『自白が無実を証明する：袴田事件、その自白の心理学的供述分析』（浜田寿美男著、法と心理学会叢書、北大路書房）2006〔平成18〕年

　再審請求審の再審開始決定が出されたのが2014年３月ですから、その８年前に大部な研究書が書かれていたことがわかりました。

　袴田事件は2015年現在、この再審開始決定をめぐる即時抗告審において高裁、検察、弁護側の三者協議が行われ、DNA鑑定の手法につき対立しているという新聞記事もあり、いまだ終結していない事件であることがわかります。

　事件を調べるために法学辞典も使えますが、ほかに以下のような各種辞典・事典、年鑑・年表・裁判録もあります。

(2)　政治・歴史分野の辞典・事典

『**現代政治学事典　新訂版**』（大学教育社編、ブレーン出版）1998〔平成10〕年
　　政治学原論、政治史、政治思想史、行政学、国際政治、法学、社会学、経済学の分野を対象にした辞典です。五十音順に配列。略語索引があります。
『**政治学事典　縮刷版**』（猪口孝ほか編、弘文堂）2004〔平成16〕年
『**新編日本史辞典**』（京大日本史辞典編纂会編、東京創元社）1990〔平成２〕年
『**新編西洋史辞典　改訂増補**』（京大西洋史辞典編纂会編、東京創元社）1993〔平成５〕年
『**角川世界史辞典**』（西川正雄ほか編、角川書店）2001〔平成13〕年

(3)　法学関係の年表

『**日本国憲法史年表**』（杉原泰雄ほか編、勁草書房）1998〔平成10〕年
　　日本国憲法に関する1945年から1996年までの年表と解説書です。年表は「日本国憲法史」と「一般史」に分かれ、解説は日本国憲法とのかかわりで重要な事項を時系列に編集し、解説しています。巻末に「解説事項索引」があります。
『**各国対照日本憲法年表：近代国家化の軌跡**』（伊藤満著、新有堂）1980〔昭和55〕年
　　大日本帝国憲法と日本国憲法に関する事項を集めた年表です。諸外国の憲

法的な事象を並行的に掲載しています。

『**近代日本法律司法年表**』（赤石寿美ほか編、第一法規）1982〔昭和57〕年
　1867〔慶応３〕～ 1981〔昭和56〕年までの法律に関する年表です。憲法・統治機構、行政関係、民事、刑事、労働・社会・経済、国際関係の６部門に分け、それぞれ並列して記載する構成をとっています。巻末に「典拠文献・参考文献一覧」があります。

『**日本法史年表**』（熊谷開作ほか編、日本評論社）1981〔昭和56〕年
　古代から1945〔昭和20〕年までを収録。「法制」「法思想・法現象」「政治経済・社会」欄があります。旧版は『法・法学年表（日本)』（日本評論新社、1954）「法律学体系第２部・法学理論篇26」。

『**日本社会福祉法制史年表**』（桑原洋子編著、永田文昌堂）1988〔昭和63〕年、第２版：戦後編／ 1999〔平成11〕年、平成編は港の人（出版）／ 2006〔平成18〕年
　社会福祉に関連する法制を年表の形で解説しています。３冊をまとめると676〔天武４〕年より2003〔平成15〕年までを収録しています。2004年分からは『社会福祉の動向』（中央法規）で調べることができます。

『**日本刑罰史年表　増補改訂版**』（重松一義著、柏書房）2007〔平成19〕年
　古代より近代（2007年）までの刑罰に関する概説と年表を、時代を追って記述しています。

『**司法沿革誌**』（司法省編纂、原書房）1979〔昭和54〕年、原本1939〔昭和15〕年
　明治元年より昭和14年までの法令の公布など司法にかかわる事項が記載されています。巻末に「司法職員概観」があり、裁判官、検察官の氏名がわかります。

『**続司法沿革誌**』（法務大臣官房司法法制調査部編、法曹会）1970〔昭和45〕年
　上記の続編で、昭和14年４月１日より昭和18年12月31日までの事項が記載されています。

『**裁判所沿革誌**』（法曹会）１～６巻、1968〔昭和43〕年～
　『司法沿革誌』の続編で、昭和22年５月３日より平成18年12月31日までを収録しています。巻末に「裁判所機構図」等があります。

『**法務沿革誌**』（法務省司法法制調査部編、法曹会）１～９巻　1967〔昭和42〕年～

『日本弁護士沿革史』（日本弁護士連合会）1959〔昭和34〕年

『法曹百年史』（長野国助編、法曹公論社）1969〔昭和44〕年

　　明治初期から昭和にかけての日本の司法や法制沿革について概観していま
　　す。

『議会制度七十年史』（衆議院・参議院編、大蔵省印刷局）1962〔昭和37〕年

　　第8が『議会史年表』、第9・第10が『帝国議会史』上・下巻です。明治
　　23〔1890〕年帝国議会が開設されてから昭和35〔1960〕年までの70年間に
　　わたる議会に関する年表です。慶応3年から議会開設までの重要事項も含
　　みます。帝国議会と国会の2部に分けて収録。

『議会制度百年史』（衆議院，参議院編、大蔵省印刷局）1990〔平成2〕年

　　議会制度編、院内会派編衆議院の部、院内会派編貴族院参議院の部、資料
　　編があります。「国会史」（上・中・下）、「帝国議会史」（上・下）があり
　　ます。

「法情報学関係年表」

（Noboru Kado,Osaka University Faculty of Law）

(4) 総合年表

『近代日本総合年表　第4版』（岩波書店）2001〔平成13〕年

　　近現代史年表では代表的な総合年表です。政治、経済・産業・技術、社会、
　　学術・教育・思想、芸術、国外の6欄に分けて記述しています。収録年代
　　は1853〔嘉永6〕〜2000〔平成12〕年。巻末に「典拠文献」、「索引」が
　　あります。

『岩波電子日本総合年表』（岩波書店、CD-ROM版）1993〔平成5〕年

　　『近代日本総合年表　第3版』と『日本文化総合年表　初版』の2つが収
　　録されており、キーワード検索ができます。法令・条約・宣言59件収録。

『日本史総合年表　2版』（加藤友康ほか編、吉川弘文館）2005〔平成17〕年

　　2004〔平成16〕年までの政治・社会・文化全般にわたる事件・事象を集め
　　た総合的な年表です。巻末に五十音索引と各時代の資料（ex.近代で「国
　　会一覧」など）を掲載しています。

『年表情報集覧』第1期、第2期各全5巻（年表研究会編、大空社）1998
〔平成10〕〜1999〔平成11〕年

『日本全史ジャパン・クロニック』（宇野俊一ほか編、講談社）1991〔平

３〕年

『**年表日本歴史**』全６巻（井上光貞ほか編、筑摩書房）1980〔昭和55〕～
1993〔平成５〕年

『**クロニック世界全史**』（樺山紘一ほか編、講談社）1994〔平成６〕年

『**世界史年表・地図　第21版**』（亀井高孝ほか編、吉川弘文館）2015〔平成
27〕年

『**標準世界史年表・地図　第48版**』（亀井高孝ほか編、吉川弘文館）2014〔平
成26〕年

『**世界史年表　第２版**』（歴史学研究会編、岩波書店）2001〔平成13〕年

『**世界史大年表**』（青山吉信ほか編、山川出版社）1992〔平成４〕年

『**20世紀年表**』（神田文人ほか編、小学館）2001〔平成13〕年

『**20世紀年表**』（毎日新聞社）1997〔平成９〕年

「**年表・年譜一覧**」（Okamoto Makoto）
　　https://www.ne.jp/asahi/coffee/house/TIMELINE/timeline.html

(5)　年鑑

『**法務年鑑**』（法務省）1949〔昭和24〕年創刊、年刊

『**読売年鑑**』（読売新聞社）1949〔昭和24〕年創刊、年刊

『**世界年鑑**』（共同通信社）1949〔昭和24〕年創刊、年刊

『**朝日年鑑**』（朝日新聞社）1913〔大正２〕年創刊、年刊、2000年版で発行中止

『**毎日年鑑**』（毎日新聞社）1920〔大正９〕年、年刊、1981年で発行中止

『**時事年鑑**』（時事通信社）1918〔大正７〕年、年刊、1994年版で発行中止

(6)　そのほかの専門資料

『**法律事件百選**』ジュリスト900号記念特集　有斐閣　1988年
　　1945〔昭和20〕年から1987〔昭和62〕年までの144事件についての解説を
　　見開き１ページで収録しています。年月日順の配列。

『**日本政治裁判史録**』（我妻栄ほか編、第一法規）1968〔昭和43〕～1970〔昭
和45〕年（明治・前）（明治・後）（大正）（昭和・前）（昭和・後）の５冊。
　　明治維新後重要な政治的事件の内容と裁判の過程を解説しています。

『**戦後政治裁判史録１～５　第２版**』（田中二郎ほか編、第一法規）1980〔昭
和55〕年

『日本政治裁判史録』の続編で、戦後35年間に起きた重大な意味をもつ93件の裁判を年月日順に配列して解説しています。１巻巻頭に「戦後35年・通史」、５巻巻末に「戦後35年・年表」「最高裁判所裁判官一覧」があります。

Q 体罰に関わる歴史を調べていますが、これまでにどのような事件があってどう決着したか知りたいのですが、判例のデータベースでは昭和30年頃からの事件しか見つかりません。

A 体罰に関するリサーチはキーワード選びに工夫が必要です。体罰、学校、暴力、傷害、事故、家庭などさまざまな言葉を and や or で工夫して検索してみます。裁判にならなかったケースで注目すべき事件もあるかもしれないと考え、判例データベースで主な事件を押さえたうえで、なおほかの資料を使って補完します。時系列で探す際は年表などを使うと便利です。『年表情報集覧』の五十音索引を利用してみましょう。「体罰」のキーワードで以下の本に年表が掲載されているのがわかりました。

坂本秀夫著『体罰の研究』（三一書房、1995年）、324-332頁「体罰事件等判例一覧」

この一覧表で大正５年の事例が裁判になったことが読み取れました。このようなツールで関連する図書の中に掲載されている年表を調べることができます。この本は1995年の刊行ですから、その後の事件は大阪府のみですが以下の年表で調べることができます。

早﨑元彦著『体罰はいかに処分されたか』2009年、法律文化社　資料１．大阪府教職員懲戒処分等に係る体罰事案の概要

最近の事件は速報性がある雑誌論文のデータベース、たとえば「CiNii Articles」で検索してみます。「体罰」のキーワードで検索すると746件の論文がヒットし、新しい情報から調べていくと以下の論文がみつかって、現在最高裁判所のこの判例が注目されていることがわかります。

伴義聖ほか著「はんれい最前線　悩める教育現場に光明⁉　体罰に新判断基準［最高裁平成21.4.28第三小法廷判決］」判例地方自治（323）2010〔平成22〕年

このように、判例データベースを利用するほかに、図書・論文を追って重要

な判例や事件を調べることもできます。

1.4　人物を調べる

この項では、人物について調べる一般的な方法に加えて、法学を学ぶうえで参考となるツールを紹介します。

その人物の何を、どこまで知りたいかによって調べるツールが決まります。経歴について知りたい、業績や著作を知りたい、活躍した時期を知りたい、没年を知りたいなどなど、何をどこまで知りたいかによって、探し方やツールが異なります。この節では、人物を調べるためのツールをウェブ、人物索引、人物辞典・事典、分野ごとのツールに分類し、紹介します。

1.4.1　ウェブで探す

すでに紹介しましたが〔→ p.29〕、サーチエンジンに探している人物名をそのまま入力するだけで、何らかの情報を引き出せるのがインターネットの広がりです。しかしその内容は、ホームページや新聞に名前が掲載されただけといったものも含まれますし、なかには不確かな情報もあります。ときには探しあてた結果が、同名の別な人であったりしますので、情報の評価には注意が必要です。

図書・論文など著作のある人物の場合、Amazon や紀伊國屋書店などの書店系データベースで検索をかけると、著作物の詳細がわかり、在庫の有無、入手方法まで示されています。

人物を探すためのサーチ・エンジン、ウェブサイト、リンク集を紹介します。

「**Google Scholar**」https://scholar.google.com/
学者・研究者の研究業績を探す際に便利なサーチエンジンです。Googleが導くインターネット情報のなかで、学術資料を選択した検索を可能にします。検索の結果、関連するウェブサイトをリストするのは Google と同様です。著者を入力することによって、著書、論文を知ることができます。国立情報学研究所の「CiNii Articles（日本の論文をさがす）」へのリンクがあり、本文を公開している論文に行きつく場合もあります。詳しくは〔→ p.338〕参照。

検索項目：【キーワード】【フレーズ】【著者】【出典】【日付】

「KAKEN 科学研究費助成事業データベース」 https://kaken.nii.ac.jp/

国立情報学研究所が文部科学省、日本学術振興会と協力して作成・公開している科学研究費助成に関するデータベースです。日本における全分野の最新の研究情報について検索することができます。研究者の検索では所属や研究課題の研究分野、研究課題のキーワードが表示されます。また研究課題の検索ではその人物が関わった特定の研究課題が表示され、代表者、研究期間、研究分野、研究種目、研究機関、キーワード、研究概要が表示されます。特定の研究テーマに関する科研費の研究会を調べることもできます。

　詳細検索の検索項目：【報告書 PDF 全文】【研究分野】【研究種目】【研究機関】【研究課題名】【研究課題番号】【採択年度】【キーワード】【総配分額】【研究者名】【研究者番号】【研究者所属機関】【発表文献書誌情報】【産業財産権出願名称】【産業財産権番号】【産業財産権種類】【産業財産権発明者】【産業財産権権利者】【産業財産権出願日】【産業財産権取得日】【国内外の別】

「Researchmap」 https://researchmap.jp/

国立研究機関や全国の大学の研究者を調べるうえで有用なサイトです。システムは国立情報学研究所社会共有知研究センターで研究開発・提供されています。科学技術振興機構（JST）がサービスを提供しています。研究者の登録によるデータベースで研究者個人やコミュニティの検索ができます。検索項目は【氏名】【所属】【研究キーワード】などで、研究分野、学歴、研究業績などが表示されます。

JST ウェブページの「J-GLOBAL」の研究者タブで検索することもできます。

「Wikipedia」

ポータルの社会科学に「法学」があります。「日本の法学・法律学」には「法曹等」のページがあります。内外の裁判官や検察官、弁護士についての個別の記載もあります。

「法学関係者没年表」

https://rnavi.ndl.go.jp/research_guide/entry/link-3.php

著者名、没年月日、書名、簡単検索の記載があり、書名の項では国立国会

図書館「近代デジタルライブラリー」に本文が収録されている資料にリンクをはった書籍も多くあります。2005年1月1日現在（05/12/8更新）。

「国立国会図書館のリサーチ・ナビ」

調べ方のタブを選んで「人物 and 法律」の検索で253件がヒットします。

1.4.2　有料データベースで探す

人物情報を効率よく検索できる有料のデータベースがあります。「WHO」「WHOPLUS」「日経 WHO'S WHO」などです。これらのデータベースでの人名検索は、無料で公開されているサイトに比べて詳しく正確な情報が得られます。法人契約をしている大学の図書館や会社などでは、ユーザーは無料で使える場合もありますが、個人の場合は G-search などのゲートウェイ接続〔→ p.18〕で利用する方法があります。

人物情報データベースのほかに、新聞データベースに組み込まれた人物情報のデータベースもあります。朝日新聞オンライン記事データベース「聞蔵」には毎日更新される人物データベースがありますし、読売新聞データベース「ヨミダス文書館」の「人物」、日本経済新聞のデータベース「日経テレコン」の「人事検索」などは、それぞれの特色を生かした人事・人物情報を提供しています。

「who」「whoplus」（日外アソシエーツ）

「who」では約33万人の生没年月日、職業活動分野、肩書き等の人物情報と文献情報を探すことができます。

「whoplus」は「who」の情報を中心に『人物レファレンス事典』など人物関連事典・索引の28万人を加えて61万人を検索することができます。公共図書館や大学・研究機関向けそれぞれに年間定額制の契約設定をしていますが、bookplus データベースなどとのセットで契約する企業・団体・個人向けに上限付きの件数課金制の設定もあります。

「人物情報横断検索」（G-Search）

「朝日新聞人物データベース」「日外アソシエーツ現代人物情報」「読売人物データベース」「ダイヤモンド役員・管理職情報」「東京商工リサーチ経営者情報」を横断して検索できるサービスです。関連の新聞記事などの情報を得ることもできます。従量課金制の契約で利用ができます。

「日経テレコン21」人事検索

「日経 WHO'S WHO」（日本経済新聞社）企業２万2,000社の人事情報28万人、官庁関係、議員などが２万人収録されています。見出し情報は無料ですが、本文は有料です。日経テレコンデータベースのコンテンツの一つです。

検索項目：【氏名】【会社名】【勤務先所在地】【電話番号】【生年】【出身校】【出身地】【キーワード】

「大宅壮一文庫雑誌記事索引検索 Web 版」（大宅壮一文庫）

大宅壮一文庫は所蔵する雑誌に収録された記事を集めて総数614万件（2015年３月現在年間約20万件ずつ増加）の索引を作成しています。そのなかでデータベース化されて Web 版に収録されているのは明治時代から最新まで501万件の索引です。

1988年以降の主要な雑誌約400誌に掲載された記事を収録しています。収録している人名項目数は11万人で毎年2,000人が追加されます。データ更新は週３回。雑誌に掲載された記事の中の人物を探すことができます〔→ p.357〕。分類別検索のなかに「人名検索」「職業別人名検索」「職業ジャンル検索」「件名項目検索」「件名キーワード検索」があります。

1.4.3　人物辞典・事典の索引を利用する

ある人物について、どの人物辞典・事典、人名録に掲載されているかを調べるためのツールです。一人の人物について複数の事典に記載されている場合は、それぞれ事典名が掲載されます。簡単な人物紹介もあります。下記に紹介する事典は30冊以上の人物辞典・事典を網羅した索引です。

『人物レファレンス事典　昭和（戦後）・平成編〈２〉2003－2013　新訂増補』（日外アソシエーツ）2013〔平成25〕年

『西洋人物レファレンス事典〈政治・外交・軍事篇〉』（日外アソシエーツ）2013〔平成25〕年

『西洋人物レファレンス事典〈思想・哲学・歴史篇〉』（日外アソシエーツ）2012〔平成24〕年

『東洋人物レファレンス事典〈政治・外交・軍事篇〉』（日外アソシエーツ）2014〔平成26〕年

『外国人物レファレンス事典20世紀　第２期（2002-2010）〈３〉漢字名）〈４〉索引』（日外アソシエーツ）2012〔平成24〕年

『外国人物レファレンス事典20世紀　第2期（2002-2010）〉〈1-2〉欧文名』
（日外アソシエーツ）2011〔平成23〕年

1.4.4　総合的な人物辞典・事典・人名録で探す
　　使用するツールがどの時代の人物を収録しているかに注意して選択します。
『人物文献目録2011-2013』（日外アソシエーツ）2014〔平成26〕年
　　Ⅰ日本人編、Ⅱ外国人編　1981年刊行の『人物文献目録』シリーズの最新刊。
　　日本人2万7,435人、図書・雑誌記事7万1,931点、外国人1万1,754人、
　　文献3万3,516点収録。
『日本人物文献索引　政治・経済・社会』（日外アソシエーツ）2006〔平成
18〕年
　　1991～2005年刊の書籍からの歴史上の人物や、現在活躍中の政治家、実
　　業家等5,001人に関する文献6万2,732件を収録。
『明治大正人物事典1〈政治・軍事・産業篇〉』（日外アソシエーツ）2011
〔平成23〕年
　　明治・大正時代に活躍した日本人の人物事典。「Ⅰ　政治・軍事・産業篇」
　　では政治家、官僚、法曹人、軍人等5,345人を収録。「分野別索引」ありま
　　す。
『日本人物情報大系』（芳賀登ほか編、皓星社）1999〔平成11〕年～2002年
〔平成14〕（復刻）
　　分野別に編集された100巻からなる大部の人物辞典です。
『講談社日本人名大辞典』（講談社）2001〔平成13〕年
　　古代から現代までの人物約6万5,000名余を収録しています。CD-ROM付。
　　索引：難読姓・名、外国人名アルファベット、日本史年表。
『日本近現代人名辞典』（臼井勝美ほか編、吉川弘文館）2001〔平成13〕年
　　明治維新から20世紀末の間に政治・経済・外交・科学・文化等で活躍した
　　人物を収録しています。索引：漢字画引・人名・文献・事項、項目一覧
　　（死没年月日順）。
『現代日本朝日人物事典』（朝日新聞社）1990〔平成2〕年
『新潮日本人名辞典』（新潮社）1991〔平成3〕年、電子ブック版1993〔平成
5〕年
『大宅壮一文庫雑誌記事索引総目録 CD-ROM』〔→ p.357〕

『大宅壮一文庫雑誌記事索引総目録』〔→ p.357〕
　以上２つのツールは雑誌に掲載された人物を探す際に有用です。

1.4.5　外国人を調べる

『岩波西洋人名辞典　増補版』（岩波書店）1981〔昭和56〕年

『岩波＝ケンブリッジ世界人名辞典』（ディヴィト・クリスタル編、岩波書店）1997〔平成９〕年、CD-ROM 版1998〔平成10〕年

『コンサイス外国人名事典　第３版』（三省堂）1999〔平成11〕年

『現代外国人名録2012』（日外アソシエーツ）2012〔平成24〕年
　政治家、経営者、学者等、世界各国で活躍中の人物１万455人を収録。アルファベットからひける索引あり、2002年刊の CD-ROM あり。

1.4.6　現在活躍中の人物を調べる

　現在活躍中の人物を調べるにはまずはインターネット情報にアクセスするのが一般的ですが、印刷体のツールを利用することも有用です。ただし、紳士録、興信録や職員録など個人情報保護の観点からか休刊となる傾向もあります。

『新訂現代日本人名録2002』（日外アソシエーツ）2002〔平成14〕年
　現代日本の学術、文化、スポーツ、経済等の各界で活躍している人物約12万人を収録しています。2001年11月６日現在の生存者を対象。４巻本。姓・名の読みの五十音順。記載は職業、勤務先肩書・専攻分野・国籍・生年月日・出生地・学歴・資格・経歴など。2000年版、2004年版の CD-ROM があります。

『人事興信録上・下』（興信データ）1903〔明治36〕年創刊
　2009年版まで刊行し、以後休刊。

『日本紳士録』（交詢社出版局編、ぎょうせい）隔年刊　1889〔明治22〕年創刊
　第80版（2007年）まで刊行し、以後休刊。

『研究者・研究課題総覧（法学・経済学）1996年版』（第３分冊）（電気・電子情報学術振興財団編、紀伊国屋書店）1997〔平成９〕年
　1998年刊の CD-ROM 版もあります。

『職員録』（国立印刷局）年刊　1886〔明治19〕年〜
　上巻：国の機関、独立行政法人及び特殊法人等の職員、下巻：都道府県及

び市町村等地方公共団体の職員。

『**職員録総覧**』加除式（職員協会）1953〔昭和28〕年～

国の主要な官公庁の職員録。係長相当職以上の職名・氏名を掲載。書籍版は加除式。オンライン版も発行。

『**全国大学職員録**』私立大学編、国公立大学編（大学職員録刊行会編、廣潤社）1958〔昭和33〕年創刊、平成18年版まで刊行し、以後休刊。

『**全国短大・高専職員録**』（大学職員録刊行会編、廣潤社）1964〔昭和39〕年創刊、平成18年版まで刊行し、以後休刊。

『**別冊読売年鑑：分野別人名録**』（読売新聞社）年刊　1980〔昭和55〕年～

皇室、国会議員、政治家など１万8,000人のデータを収録しています（2015年版）。各分野ごとの編集で巻末に人名索引があります。

『**日本新聞年鑑**』（日本新聞協会編、電通）年刊　1947〔昭和22〕年～

「新聞人名録」が年鑑の４部構成の１つとなっています。新聞・通信各社の部長以上および放送各社の局長以上約3,500人の情報を収録（2015年版）。配列は五十音順。

1.4.7　物故者を調べる

『**CD 現代日本人名録　物故者編 1901–2000**』（日外アソシエーツ）2001〔平成13〕年

『**現代物故者事典**』（日外アソシエーツ）1980 ～ 1982、1988 ～ 1990、1991 ～ 1993、1994 ～ 1996、1997 ～ 1999、2000 ～ 2002、2003 ～ 2005、2006 ～ 2008、2009 ～ 2011、2012 ～ 2014、総索引（昭和元年～平成23年）〈１〉〈政治・経済・社会篇〉

『**昭和物故人名録　1926 ～ 1979**』（日外アソシエーツ）1983〔昭和58〕年

1.4.8　著書・論文のある人を調べる

『**現代日本執筆者大事典**』全５巻（佃実夫編、日外アソシエーツ）1978〔昭和53〕～ 1980〔昭和55〕年

『**現代日本執筆者大事典77/82**』（紀田順一郎ほか編、日外アソシエーツ）1984〔昭和59〕～ 1986〔昭和61〕年

『**新現代日本執筆者大事典**』全５巻（紀田順一郎ほか編、日外アソシエーツ）1992〔平成４〕～ 1993〔平成５〕年

『現代日本執筆者大事典　第4期（1992〜2002)』全5巻（紀田順一郎ほか編、日外アソシエーツ）2003〔平成15〕年

『現代日本執筆者大事典　第5期（2003〜2015)』全3分冊（紀田順一郎ほか編、日外アソシエーツ）2015〔平成27〕年

『国立国会図書館著者名典拠録——明治以降日本人名　第2版』（国立国会図書館）1991〔平成3〕年、2000年版 CD-ROM もあり。

　日本人著者名を収録しています。検索件数は、典拠記入20万5,524件、参照記入6,113件で6巻が漢字索引です。

『著作権台帳文化人名録』（日本著作権協議会）1951〔昭和26〕〜 2001〔平成13〕年（26版)

　別冊索引があります。

1.4.9　分野別人名録で探す

　活躍している分野がわかっている人物を探す場合は、分野ごとのツールを使うのが便利です。法曹・法学者、議員、政治家などを調べられます。

「日本弁護士連合会」のサイト

1「弁護士情報検索」https://www.nichibenren.jp/member_general/lawyerandcorpsearchselect/corpInfoSearchInput/changeBarSearch/
　日本弁護士連合会に登録されているすべての弁護士の検索ができます。
　検索項目（弁護士情報検索）：【会員区分】【登録番号】【氏名】【かな】【所属弁護士会】【性別】【事務所住所】【事務所名】【原資格国の国名】

2「ひまわりサーチ」https://www.bengoshikai.jp/search_area.html
　各都道府県の弁護士会の運営による共通の検索システムです。事務所名・所在地などのほかに重点取扱業務も調べられます。
　検索項目：【氏名】【かな】【会員区分】【事務所名】【事務所所在地】【性別】【出身地】【外国語能力】【原資格国名】【フリーワード】等

「新日本法規ウェブサイト」　https://www.sn-hoki.co.jp/

1「弁護士タウン」登録した弁護士の履歴や所属、事務所の住所等のアクセスがわかります。

2「裁判官検索」平成14年7月1日以降の全国の裁判官の異動履歴が掲載されています。

3「法曹界人事」約6ヵ月前からの法務省と最高裁の人事が掲載されます。

IV
1

『**全國辯護士大觀**』（法律新聞社）隔年刊　1977〔昭和52〕年〜

　　全国の弁護士の写真および略歴を掲載しています。各弁護士会ごとの氏名の五十音順で配列し、生年月日、出身、所属事務所名・住所電話、自宅住所・電話番号、登録年、学歴などがわかります。巻末に「人名略歴の部」「日本弁護士連合会歴代会長」「司法関係一覧」「索引」があります。市販しています。

『**会員名簿**』（日本弁護士連合会）年刊　1975〔昭和50〕年〜

　　毎年4月1日現在の、全国の弁護士、弁護士法人の名簿です。弁護士会ごとに氏名の五十音順に配列し、所属事務所と住所、電話番号、FAX番号がわかります。巻末に索引があります。

『**ビジネス弁護士大全2011**』（日経BP社）2010〔平成22〕年

　　弁護士のなかのビジネス弁護士（一般企業法務、M&A、ファイナンス、知的財産権等）のみを対象として基本情報を収録しています。1069人の弁護士（外国人弁護士を含む）の経歴、専門分野・実績と137の法律事務所の情報を擁しています。Part4は法律事務所データ＆弁護士INDEXです。

『**全裁判官経歴総覧**』（日本民主法律家協会司法制度委員会編、公人社）

　　第1分冊：期別異動一覧編（第5版）2010〔平成22〕年

　　期毎の編集で誌名の五十音順配列で裁判官の異動がわかります。巻末に氏名の五十音順索引あります。

　　第2分冊：関与判例・著作編（第3版）1998〔昭和63〕年

　　全裁判官の五十音順配列で、巻末に資料「裁判所裁判官実配置一覧」など資料編あります。

『**裁判官 Who's Who 首都圏編**』（池添徳明ほか編著、現代人文社）2004〔平成16〕年

　　東京高裁・地裁編（2002年）もあります。

『**裁判官紳士録**』（裁判官紳士録刊行委員会編、現代ジャーナリズム出版会）1981〔昭和56〕年

　　1979年版もあります。

『**法曹百年史**』（長野国助編、法曹公論社）1969〔昭和44〕年

　　第6編が「人名鑑」で、大審院時代からの裁判官、検察官、弁護士、法学博士についての記載があります。

『**日本法曹界人物事典**』1〜9巻・別巻（ゆまに）1995〔平成7〕〜1996

〔平成 9 〕年　『帝国法曹大観』など資料20点の復刻。

『**法学者：人と作品**』（伊藤正己編、日本評論社）1985〔昭和60〕年

『**日本の法学者**』（潮見俊隆ほか編著、法学セミナー増刊、日本評論社）1974〔昭和49〕年　戦前期に活躍した日本の法学者21名を収録。セミナー叢書としても刊行（1975年）。

『**ドイツ法学者事典**』（G.クラインハイヤーほか編、学陽書房）1983〔昭和58〕年

『**ドイツ語圏公法学者プロフィール：国法学者協会の1003人**』（石川敏行編著、中央大学出版部）2012〔平成24〕年 日本比較法研究所資料叢書10

『**ユダヤ出自のドイツ法律家**』（ヘルムート・ハインリッヒス［ほか］著、中央大学出版部）2012〔平成24〕年 日本比較法研究所資料叢書62

『**西ドイツ刑法学　学者編**』（宮澤浩一編、成文堂）1978〔昭和53〕年

『**現代ドイツ公法学人名辞典**』（日笠完治編著、信山社）1991〔平成 3 〕年

『**国会便覧**』（日本政経新聞社）1955〔昭和30〕年創刊

　現行の衆議院・参議院議員の写真略歴、官公庁幹部職員抄録などを掲載した小型のハンドブックです。『別刷国会便覧』保存版 1 集〜 4 集（1975〔昭和50〕〜 1997〔平成 9 〕年）もあります。

『**議会制度百年史**』1990〔平成 2 〕年

　「衆議院議員名鑑」（衆議院編、大蔵省印刷局）

　第 1 回（明治23年 7 月 1 日執行）〜第39回（平成 2 年 2 月18日執行）総選挙に当選した衆議院の全議員についての経歴を集録しています。第28回総選挙までの当選者は『議会制度七十年史』にも掲載されています。

　『貴族院・参議院議員名鑑』（参議院編、大蔵省印刷局）

　第 1 回〜第92回帝国議会の貴族院議員と第 1 回〜第118回国会の参議院議員の全員についての主な経歴を収録しています。第35回国会までの議員は『議会制度七十年史』にも掲載されています。

Ⅳ

1

Q 袴田事件を担当した裁判官を調べていますが、どのようなツールがありますか？　各裁判官の経歴や関与した裁判も調べることができますか？

A 袴田事件の裁判は昭和43年の第一審から平成26年の再審請求審に至るまで、抗告審、特別抗告審など数回あり、裁判の結果や、裁判官名などを一挙に調べるには判例データベースが便利です。各裁判官の経歴は平成14年以降であればe-hoki（新日本法規）の裁判官検索で調べられます。それ以前の経歴や関連の裁判例を調べるには『全裁判官経歴総覧』期別異動一覧編を勧めます。第5版では高輪第1期（昭和22年12月修習終了）から第62期（平成21年9月修習終了）の裁判官の異動履歴がわかります。裁判官がどのような事件に関わったのかを調べる場合は同書の第3版第2分冊「関与判例・著作編」を利用します。この本は1998年の刊行ですから、それより後の情報はデータベースで調べましょう。「裁判所」ウェブサイトの「裁判例情報」で全文キーワードに裁判官名を入力して関連判例を調べることができますし、より網羅的に調べるなら前述の判例データベースで検索してみましょう。

1.5　団体を調べる

1.5.1　総合的なツール

会社、中央官庁、地方公共団体、大学、研究所、学会、研究会など各種団体は、新設、統廃合など改編が少なくないので、確認する機会が多くあります。まずはインターネット検索をしてウェブサイトを探すなど最新の情報を探しましょう。そのほか印刷体でも団体を調べるためのツールがありますので、効率的に利用します。全分野を収録している総合的なツールもありますが、会社法人、官庁、学会など分野ごとに名簿・名鑑が発行されていますので、適切なツールを選択します。

『**全国各種団体名鑑**』（原書房）1965〔昭和40〕年創刊〜、隔年刊

全国の各種団体を網羅的に収録している上・中・下・別冊の4巻本の年鑑で（別冊は1995年版から）、隔年で刊行されます。国際、行政、司法、社会、厚生などの分野別に構成され、公益法人、任意法人も含みます。法学

関係では、上巻の「法務」の分野に「法務・司法」、「警察・防衛」、「矯正・保護」があります。五十音順索引は別冊。

1.5.2　法曹関係のツール

『**裁判所データブック**』（最高裁判所編著、判例調査会）年刊　2001〔平成13〕年～

『**弁護士白書**』（日本弁護士連合会編著、日本弁護士連合会）年刊　2002〔平成14〕年～

　関連するウェブサイトのリストは、以下です。

裁判所　https://www.courts.go.jp/

検察庁　https://www.kensatsu.go.jp/

日本弁護士連合会　https://www.nichibenren.or.jp/

日本司法書士会連合会　https://www.shiho-shoshi.or.jp/

法務省　https://www.moj.go.jp/

法曹会　https://www.hosokai.or.jp/

司法協会　http://www.jaj.or.jp/

矯正協会　http://www.kyousei-k.gr.jp/

法テラス　https://www.houterasu.or.jp/

1.5.3　中央官庁・地方公共団体・国会のツール

（1）ウェブで探す

　各府省庁はウェブサイトで、組織・政策・広報・刊行物等、総合的な情報を発信しています。信頼性の高い情報を無料で迅速にみられます。法令や法案、判例等を読むこともできます。法令を探す〔→ p.100〕、判例の基礎知識〔→ p.146〕。

官公庁関係ウェブサイト

「**国の行政機関**」（電子政府の総合窓口 e-Gov ポータル）

https://www.e-gov.go.jp/

「**衆議院**」https://www.shugiin.go.jp/internet/index.nsf/html/index.htm

「**参議院**」https://www.sangiin.go.jp/

「**国立国会図書館議会官庁資料室**」https://www.ndl.go.jp/jp/tokyo/

Ⅳ

1

parliamentary/index.html

「**全国自治体マップ検索**」https://www.j-lis.go.jp/spd/map-search/cms_1069. html

(2) 機能や組織を調べる

『**国会便覧**』（日本政経新聞社）1955〔昭和30〕年～

『**官公庁事典**』（産業調査会事典出版センター）1997〔平成 9 〕年

『**新・国会事典第 3 版**』（浅野一郎ほか編著、有斐閣）2014〔平成26〕年

(3) 住所や電話番号を調べる

『**官公庁便覧**』（日本加除出版）年刊　1985〔昭和60〕年～

『**登記所・裁判所・警察署便覧――管轄・所在地・電話番号付**』（日本加除出版）年刊　1995〔平成 7 〕年～

(4) 刊行物を調べる

『**政府刊行物等総合目録（政刊目録）**』（全国官報販売協同組合）1971〔昭和46〕年～、2011年版で刊行を取りやめましたので、以後は全国官報販売協同組合のウェブで検索をします。

『**政府刊行物新聞（政刊新聞）**』（全国官報販売協同組合）月刊　1961〔昭和36〕年～

　全国官報販売協同組合が扱っている政府刊行物の新刊情報がわかります。

1.5.4　大学・研究所・学会・研究会関係

(1) ウェブで探す

「**文部科学省**」の「**文部科学省関係のリンク集**」

　https://www.mext.go.jp/b_menu/link/main_b12.htm

　教育機関としては国立・公立・私立大学、短期大学、放送大学など、科学技術・学術として科学技術・学術政策研究所そのほかへのウェブサイトにリンクしています。

「**学会名鑑**」（日本学術会議、日本学術協力財団、科学技術振興機構）

　https://gakkai.jst.go.jp/gakkai/

　「分野別で探す」「五十音順で探す」があります。「人文・社会科学」のな

かの法学の学会は45件ですが、学際的な学会など含めるとさらに多く収録されています。詳細検索では「フリーワード」や「代表者」で検索ができます。

「SCHOOL NAVI」（井関高志）https://www.schoolnavi-jp.com/
　大学、短大、高専、高等学校、中学校、小学校、養護学校のウェブページを網羅したリンク集。新聞社、出版社等へのリンクもあります。

(2) 印刷体ツールで探す

『全国大学一覧』（文教協会）年刊　1960〔昭和35〕年～
　全国の大学の名簿で、国立大学、公立大学、私立大学の３つの主なブロックがあり、ブロックのなかでは、北から南に配列されています。放送大学や私立大学通信教育部などの分野も掲載しています。毎年４月１日現在の内容。巻末に「大学に関する統計等」、五十音順の「索引」があります。

『学会名鑑2007～2009年版』（日本学術協力財団）2007〔平成19〕年
　『全国学術研究団体総覧』の後継誌。1,730の学術団体を収録。学問分野別の配列で２章が法律学・政治学となっています。巻末に五十音順の「学会名称索引」があります。

1.5.5　企業関係のツール

『会社四季報』（東洋経済新報社）季刊　1936〔昭和11〕年～
　全国の上場会社などについての新しい情報を掲載。

『会社四季報全75年 DVD:1936年～2011年』（東洋経済新報社）

「日経テレコン21」
　「東京商工リサーチ」「帝国データバンク」などを含む複数のデータベースを擁する企業情報データベースは、全国100万社以上の企業概要等を調べることができます。２万社を収録する「日経会社プロフィル」は日経の記事や人物情報とリンクします。本文は有料ですが、見出しまでは無料。新設企業情報、財務情報なども調べることができます。
　検索項目：【会社名】【本社所在地】【業種】等。

「G-search Database Service」
　G-search が提供する10社21ファイルをベースにした「企業情報横断検索」と「帝国データバンク信用情報」などのデータベースを横断して検索でき

る「信用情報横断検索」があります。

1.5.6 国際機関

　国際機関についても、インターネット検索が便利です。府省庁や銀行、JICA（国際協力事業団）などのウェブサイトに国際機関のリンク集があります。中央大学図書館国際機関資料室、東京大学総合図書館国際資料室、京都大学大学院法学研究科所属国際法政文献資料センターなど専門的に資料収集を行っている大学のウェブサイトにもリンク集があります。「Google」「Yahoo!」などのサーチエンジンで検索が可能です。

「外務省国際機関人事センター」の「リンクページ」
　https://www.mofa-irc.go.jp/
　国際機関本部のホームページや日本政府の関連ページへリンクできます。
「京都大学大学院法学研究科附属法政策共同研究センター」
　https://cislp.law.kyoto-u.ac.jp/about.html
「国際機関総覧2002年版」（外務省総合外交政策局編、日本国際問題研究所）2002〔平成14〕年
『国際協力・交流全国 NGO・NPO 名鑑』（外務省編集協力、日本外交協会）2002〔平成14〕年

1.6　白書を調べる

　白書は、中央官庁が編集し、政府の施策の現状を国民に周知させることを目的として刊行されるものです。各府省庁から原則として年1回の年次報告書として発行されますが、複数の府省庁にまたがって刊行される白書も珍しくありません。
　[例]『ものづくり白書』経済産業省・厚生労働省・文部科学省
　そのほかに地方公共団体や民間の団体で発行される出版物にも、白書と名づけられて、刊行されるものがあります。
　2001年1月、中央省庁の改編がなされ、2007年1月には防衛庁が防衛省に昇格し、現在は1府12省庁となっています。その変遷にともなって白書にもタイトルや、刊行母体の変更や統合、廃止などが行われました。政府の刊行物のなかには、同じタイトルでも公文書版と市販本版の2種ある資料があり

ます。白書も同様ですが、内容は同じです。

　また、英語版白書や「～白書のあらまし」「図説～白書」「目で見る～白書」「図で見る～白書」など、内容をわかりやすく編集した白書も発行されています。多くの白書の発行所は、従来は印刷局（大蔵省印刷局→財務省印刷局→国立印刷局）でしたが、現在は民間出版社も含めて毎年変わる白書もあります。過去の白書に関しては各府省のウェブサイトでは削除し、「国立国会図書館デジタルコレクション」に移動する例がみられます。

　白書は、各府省庁のウェブにも掲載されています。キーワードで検索できるデータベースもあります。ウェブ版では、概要や要約のみ掲載される場合もありますから、印刷体の白書とまったく同じ情報が得られるとは限りません。また、最新情報、過去情報ともに収録が限定されている白書もあります。

1.6.1　どのような白書があるかを調べる

「電子政府の総合窓口 e-Gov ポータル」 →「白書」

https://www.e-gov.go.jp/

　各府省庁のウェブページにリンクしています。担当の府省庁名から探せます。白書本文が読めます。

「首相官邸」 →「e-Gov ポータル」 →「白書」

https://www.e-gov.go.jp/about-government/white-papers.html

　年次別にまとまっており、白書名で探せます。平成 8 年までさかのぼって白書本文が読めます。「国立国会図書館議会官庁資料室」のサイトからもリンクがはられています。

「国立国会図書館」 →「リサーチナビ」 →「官庁資料」 →「日本・白書・年報」

https://rnavi.ndl.go.jp/politics/entry/JGOV-hakusyo.php

　市販版、原局版、オンライン版など詳細な情報がわかります。白書本文にリンクしています。

「内閣府」 →「白書、年次報告書等」

https://www.cao.go.jp/action/action.html

　白書を最も多く作成している内閣府のウェブサイトでは、内閣府所管の白書が一覧でわかります。白書本文が読めます。

「政府刊行物センター（全国官報販売協同組合）」

https://www.gov-book.or.jp/

分野別で「白書／白書解説」を選択し、検索すると最新5年間の白書情報が得られます。表紙の写真と書誌、価格等がわかります。

『政府刊行物等総合目録』（「全官報」企画・資料課編、全国官報販売協同組合）年刊

「白書一覧」のリストに民間発行の白書も含めて掲載しています。2011年版で発行をとりやめていますので、その後は上記のネットで検索します。

『日本白書総覧』（大慈彌俊二編著、丸善プラネット）1997〔平成9〕年

1947〔昭和22〕～1996〔平成8〕年までに政府、都道府県、市町村、民間機関、個人が刊行した白書を広く収録しています。継続刊行の白書も一冊ずつ刊行年、頁数を記載しています。タイトル1,900点以上、収録冊数7000冊。

『年鑑・白書全情報　45/89、1990-2002、2003-2012』（日外アソシエーツ）1991〔平成3〕年～

『政府白書目次総覧』 既刊38巻（日本図書センター）1999〔平成11〕年～

『キーワードで読む白書入門』（ぎょうせい白書研究会編著、ぎょうせい）2006〔平成18年〕

『キーワードで読む白書ガイド』（ぎょうせい白書研究会編著、ぎょうせい）2007〔平成19〕年

1.6.2　白書のダイジェスト版

『白書の白書』（木本書店編集部編、木本書店）年刊　1986〔昭和61〕年～

2015年版は41の白書を収録。各白書のなかの表・グラフなどのデータを主に収録しています。巻末に五十音順の白書名、データ名の索引があります。

各府省庁の編集による主な白書を表4−2〔→ p.293〕で示します。国会への報告書として『〜の概況』『〜年次報告書』などのタイトルで刊行されている白書もあります。各白書の刊行月はほぼ一定ですが、年度によって変わることもあります。

Q 『施行15年の検証と2025年への展望』という本を探しています。大学の OPAC ではヒットしません。

A 大学の OPAC で見つからない場合は、大学の総合データベース「CiNii Books」で検索してみましょう。タイトルに入力して「介護保険白書：施行15年の検証と2025年への展望　介護保険白書編集委員会編　本の泉社　2015」であることがわかりました。図書館の OPAC ではサブタイトルではヒットしなかったということです。この本は各府省が議会で報告するために作成する年次報告書としての白書とは違うようです。継続して作成されている公的な白書であれば各府省のウェブでも読むことができるのですが、この白書は民間で発行された書籍のようですので図書館で探してみましょう。

1.7　統計を調べる

1.7.1　総務省統計局のデータ

統計に関しては白書と同様、政府刊行物として、また民間出版物として、多くの統計書が発行されています。それらの統計を専門的に収集し、閲覧に供している機関として、総務省統計図書館〔→ p.319〕があります。

各府省庁のウェブサイトには主な統計が掲載されていますが、総合的、横断的に調べるためには、総務省の以下のウェブサイトが最も有用です。

「総務省統計局」　https://www.stat.go.jp/

統計データは「分野別一覧」「五十音順一覧」「統計表一覧」などを利用して探せますが、e-Stat「政府統計の総合窓口」では「統計をさがす」だけではなく、「地図や図表で見る」「調査項目を調べる」などのタブがあり、統計について総合的な情報を得られます。「統計サイト検索・リンク集」には検索のボックスがあり、各府省の統計をひろくキーワードから調べることができます。「新着情報」では約2ヵ月前からの新しい統計が読めますし、「公表予定」では1年先に公表予定の統計がわかることもあります。『日本統計年鑑』『日本の統計』『世界の統計』（最新版からバックナンバー6・7年分）などはこのサイトで読むことができます。「統計図書館・統計相談」のタブから統計図書館の蔵書検索もできます。

1.7.2　司法関係の統計

「法務省」の「白書・統計」　https://www.moj.go.jp/

　　訟務事件・登記・検察・婦人補導・矯正・少年矯正・保護・戸籍・供託・人権侵犯事件・出入国管理関係・在留外国人統計の一部が掲載されています。過去約10年に公表された統計です。e-Stat「政府統計の総合窓口」の「政府統計全体から探す」（府省別）で「法務省」を選択しても、矯正統計、供託統計などの12の統計を読むことができます。

「裁判所」の「司法統計」　https://www.courts.go.jp/

　　『司法統計年報』『司法統計月報』（いずれも平成12年度より最近まで）、前年度の「グラフで見る司法統計情報」が掲載されています。掲載は印刷体の一部です。

　　検索項目：【年度】【月】（月報のみ）【編分類名】

『司法統計年報』（最高裁判所事務総局編、法曹会）年刊　1952〔昭和27〕年〜

　　民事・行政編、刑事編、家事編、少年編の4冊で刊行。前年度中に全国の裁判所が取り扱った事件についての裁判統計報告を、各種分類項目に従って集計整理し、収録しています。

『平成○年の犯罪』（警察庁）年刊　1952〔昭和27〕年〜

　　平成18年度まで刊行。「平成12年の犯罪」から最近までは警視庁のウェブサイトにも掲載されています。1963〔昭和38〕年までは『犯罪統計書』（警察庁刑事局企画課）。

『民事・訟務・人権統計年報Ⅰ、Ⅱ』（法務大臣官房司法法制調査部調査統計課）年刊　1973〔昭和48〕年〜

　　登記、訟務、人権擁護行政にかかわる統計を収録しています。第94（昭和55年）より2分冊。巻：登記、訟務、人権、巻：戸籍、供託、法律扶助、登記免許税、登記手数料。『登記・訟務・人権統計年報』第85（昭和46年）までを改題したもの。

『法務統計月報』（法務大臣官房司法法制調査部調査統計課）月刊　1952〔昭和27〕年〜

　　民事、刑事、矯正、保護などについての統計を月ごとに収録しています。『検索統計月報』を承継。708号（平成20年12月）で刊行終了。

『交通統計』（交通事故総合分析センター）年刊　平成元年版〜

『労働統計年報』（厚生労働省大臣官房統計情報部編、労務行政）年刊　1948

〔昭和23〕年～

1.7.3　統計のガイドブック等

『**統計情報インデックス**』（総務省統計局編、日本統計協会）年刊　1992〔平成4〕年創刊、2008年版まで刊行

　　統計の「所在源」に関する情報を編成したもので、業務統計、加工統計、政府・民間機関の統計に関する刊行物を収録しています。「キーワード索引」や「書誌情報」があります。

『**統計調査総覧**』（総務省統計局統計基準部編、全国統計協会連合会）年刊1999〔平成11〕年～平成16年版まで刊行

　　「国（省庁等）編」「地方公共団体（都道府県・市）編」の2分冊で各編ともに本編、索引、付録で構成。

『**白書統計索引**』（日外アソシエーツ編）2005〔平成17〕年～

　　2004、2007、2010、2013年版があります。キーワードで検索できます。『年鑑白書収載図表統計索引1997』の続編です。

『**統計ガイドブック　第2版**』（木下滋ほか編、大月書店）1998〔平成10〕年

『**統計・調査資料ガイド**』（龍谷大学社会科学研究所、吉田栄子編、文眞堂）1999〔平成11〕年

1.7.4　各種統計を抜粋し編集した資料

『**日本統計年鑑**』（総務省統計局編、日本統計協会）年刊　1949〔昭和24〕年～

　　https://www.stat.go.jp/data/nenkan/index1.html

　　主要な統計を集めた資料です。25章が「司法・警察」で司法統計がまとめられています。英文併記。巻末に事項索引。総務省統計局のウェブサイトからエクセル（表計算ソフト）のファイル形式・PDF形式でダウンロードすることもできます。

『**世界統計年鑑**』（国際連合統計局編、原書房）年刊　1952〔昭和27〕年～

　　40以上の国際機関や各国の機関からのデータを収録しています。英文併記。

『**日本の統計**』（総務省統計研修所編、日本統計協会）年刊　1956〔昭和31〕年～、総務省統計局のウェブサイトに掲載あり。

『**世界の統計**』（総務省統計研修所編、日本統計協会）年刊　1951〔昭和26〕年～

『国際統計要覧』の改題（1994年版〜）。総務省統計局のウェブサイトに掲載あり。

『日本国勢図会』（矢野恒太記念会、日本評論社）年刊　1927〔昭和2〕年〜
『世界国勢図会』（矢野恒太記念会、国勢社）年刊　1985〔昭和60〕年〜
『朝日新聞ジャパン・アルマナック：英和対訳・データ年鑑』（朝日新聞社）
1992〔平成4〕年〜 2006〔平成18〕年

Q ドメスティック・バイオレンスについてのレポートを書きたいのですが、統計からみた分析をしたいと思います。白書や統計の使い方を教えてください。

A ドメスティック・バイオレンスは「配偶者からの暴力」ですね。同じ家庭内暴力でも児童虐待や高齢者虐待などを含めた問題は「ファミリー・バイオレンス」と呼ばれるようになりました。まず手始めにGoogle で「配偶者からの暴力　白書」と入力すると、内閣府の『男女共同参画白書』『厚生労働白書』『犯罪被害者白書』『犯罪白書』『警察白書』などがヒットし、これらの白書に統計も掲載されていることがわかります。白書の多くは各府省庁のウェブサイトに全文が掲載されていますので、自宅でも読むことができます。たとえば警察庁のホームページの「白書・統計」では「生活安全の確保に関する統計等」のなかで「平成26年中のストーカー事案及び配偶者からの暴力事案等の対応状況について」なる統計が見つかり「第2　配偶者からの暴力事案等の対応状況」を開くことができました。同様にほかの白書においても、それぞれのかかわる施策・統計を掲載しています。総務省統計局のウェブサイトも調べてみましょう。政府統計への入り口である「政府統計の総合窓口（e-Stat）」で「配偶者からの暴力」を入力して2014年度内閣府男女共同参画局の「平成26年度男女間における暴力に関する調査集計結果統計表」を見つけました。なお詳しい統計を探して内閣府男女共同参画局のホームページを開き、「配偶者からの暴力の被害者支援情報」としてまとまったページを選び最新の施策を探ることもできました。
このリサーチ経緯から、白書・統計を調べるためには、キーワードの選択、所管府省庁の選択、複数の府省の場合は内容を確かめながらの絞り込みが重要であることがわかりました。

表4-1　法学辞典・事典一覧

```
書名
著者
発行所
発行年
内容・索引等
```

●一般（書名の五十音順）

くらしの法律百科:いざ、というときに身を守る、財産を守る　改訂新版

小学館
2008

コンパクト法律用語辞典　6版

尾崎哲夫著
自由国民社
2011

現代法辞典

遠藤浩ほか編
ぎょうせい
1982

最新法令用語の基礎知識　三訂版

田島信威著
ぎょうせい
2005

裁判員のためのよく分かる法律用語解説

古江頼隆ほか著
立花書房
2006

裁判員のための法律用語&面白ゼミナール

船山泰範ほか編
法学書院
2009

自治体職員のための法令キーワード辞典　2版

上田章ほか編
第一法規
1993

実用法律用語事典：紛争解決に・ビジネスに必ず役立つ

自由国民社
2009

新法律学辞典　3版

竹内昭夫ほか編
有斐閣
1989

新法令用語の常識

吉田利宏著
日本評論社
2014

すぐに使える〔最新〕基本法律用語辞典

三修社
2012

全訂法学辞典　改訂増補版

日本評論社
1971

超実用すぐひける法律用語辞典

コンデックス情報研究所編
成美堂出版
2006

似たもの法律用語のちがい　3訂補訂2版

法曹会
法曹会
2000

IV
1

日常生活の法律全集：会社に家庭に 安心の実用法律事典　追補版

自由国民社
2012

判例辞典　増補版

中川淳編
六法出版社
1986

ビジネスマンのためのインターネット 法律事典

藤田康幸とLCネット編
日経BP社
2001

必携法令難語辞典　3版

浅野一郎ほか編
三省堂
2003

ベイシック法学用語辞典

國井和郎ほか編
有斐閣
2001

法学キーワード　2版

野村豊弘編
有斐閣
2003

法学用語小辞典　新版増補

河本一郎ほか編
有斐閣
1996
有斐閣小辞典シリーズ

法律英語用語辞典　3版補訂

尾崎哲夫著
自由国民社
2015

法律學辭典　全5巻

末弘嚴太郎ほか責任編集
岩波書店
1937

法律大辞書　全6巻

大日本百科辞書編輯部編
日本図書センター
1998
『法律大辞書』（大日本百科辞書編輯所編、同文館）1910-1911を復刻

法律用語辞典　4版

小野幸二ほか編
法学書院
2010

法律用語を学ぶ人のために　新版

中川淳ほか編
世界思想社
2007

法律用語の意味がわかる辞典　読める・使える・役に立つ

北河隆之監修
日本実業出版社
2001

法律類語難語辞典　新版

林大ほか編
有斐閣
1998

法令解釈事典　上、下

遠藤浩ほか編
ぎょうせい
1986

法令用語辞典　9次改訂版

吉国一郎ほか編
学陽書房
2009
執筆者は主に内閣法制局等省庁の職員

法令用語小辞典 7次改訂版

吉国一郎ほか編
学陽書房
1997
『法令用語辞典』（学陽書房）の普及版

法令用語の常識 3版

林修三著
日本評論社
1975
ほかに『法令解釈の常識』『法令作成の常識』あり

法令用語ハンドブック 3訂版

田島信威著
ぎょうせい
2009

よくわかる法律用語辞典

東京弁護士会
ぎょうせい
2009

●法分野別の法学辞典・事典（分野順）

三省堂憲法辞典

大須賀明ほか編
三省堂
2001

体系憲法事典 新版

杉原泰雄編集代表
青林書院
2008

行政法事典

北村喜宣ほか編
法学書院
2013

新行政法辞典

園部逸夫ほか編
ぎょうせい
1999

教育法学辞典

日本教育法学会編
学陽書房
2000

税法用語事典 7訂版

金子宏編著
税務経理協会
2006

税法用語辞典 8訂版

岩崎政明ほか編
大蔵財務協会
2011

環境法辞典

淡路剛久編
有斐閣
2002

環境事典

日本科学者会議
旬報社
2008

体系民法事典 3版増補

中川善之助ほか編
青林書院
1990

民法小辞典 3訂版

玉田弘毅編
住宅新報社
2009

新・キーワード民法：民法基本用語辞典

中田邦博ほか著
法律文化社
2007

契約用語 使い分け辞典

高橋均ほか編
新日本法規
2011

IV
1

現代民法用語辞典

池田真朗編著
税務経理協会
2008

事典 家族

比較家族史学会編
弘文堂
1996

体系・戸籍用語事典 最新・青木惺補訂

髙妻新著
日本加除出版
2014

民事訴訟法辞典

林屋礼二ほか編
信山社
2000

民事手続法事典 上・中・下

宮脇幸彦ほか編
ぎょうせい
1995

現代会社法用語辞典

宮島司編著
税務経理協会
2008

会社法辞典

河本一郎ほか編
中央経済社
1994

金融法務用語辞典

神田秀樹編
経済法令研究会
2010

金融法務辞典 14版

伊藤進ほか編
銀行研修社
2010

金融用語辞典 4版

貝塚啓明ほか編
東洋経済新報社
2005

国際金融用語辞典 6版

貝塚啓明ほか編
銀行研修社
2007

証券用語辞典 5版

武田昌輔ほか編
銀行研修社
2010

デリバティブ用語辞典

可児滋著
ときわ総合サービス株式会社
2001

英和・和英ビジネス法律用語辞典

喜多了祐編著
中央経済社
2000

ビジネス法務基本用語和英辞典 2版

原秋彦著
商事法務
2013

ビジネス法務：プロフェッショナル用語辞典

TMI総合法律事務所編著
日経BP社
2009

現代ビジネス法辞典

山本忠弘ほか編著
嵯峨野書院
2002

経済・法律英和・和英辞典

尾崎哲夫著
ダイヤモンド社
2006

独＝日＝英ビジネス経済法制辞典

田沢五郎
郁文堂
1999

バロンズ金融用語辞典 7版

ジョン・ダウンズほか編
日経BP社
2009

刑事法辞典

三井誠ほか編
信山社
2003

刑事法小辞典 2版

中山研一編
成文堂
2003

刑法キーワード 補訂

町野朔編
有斐閣
1996

犯罪・非行事典

星野周弘ほか編
大成出版社
1995

犯罪学辞典

犯罪学研究会編
成文堂
1982

犯罪・捜査の英語辞典

山田政美ほか編著
三省堂
2012

法と心理学の事典－犯罪・裁判・矯正

越智啓太ほか編
朝倉書店
2011

知的財産権辞典

奥山尚一ほか編
三省堂
2001

知的財産権事典 3版

半田正夫ほか編
丸善
2007

著作権事典 新版

文化庁内著作権法令研究会監修
著作権情報センター編
出版ニュース社
1999

国際関係法辞典 2版

国際法学会編
三省堂
2005

国際法辞典

筒井若水ほか編
有斐閣
1998

●外国法に関する辞典

英米法辞典

田中英夫ほか編
東京大学出版会
1991
Logo Vista 電子辞典シリーズにもあり

英米法律語辞典

小山貞夫著
研究社
2011

英米商事法辞典 新版

鴻常夫ほか編
商事法務研究会
1998

Ⅳ
1

アメリカビジネス法辞典

福田守利著
商事法務
2011

BASIC英米法辞典

田中英夫ほか編
東京大学出版会
1993

英米法律情報辞典

飛田茂雄著
研究社
2002

増補和英法律語辞典 再版

伊藤重治郎編
大学書房
1972

フランス法辞典

山口俊夫編
東京大学出版会
2002

フランス法律用語辞典 3版

〔レモン・ギリアンほか編著〕Termes Juridiques研究会訳
三省堂
2012

ドイツ法律用語辞典 改訂増補版

山田晟著
大学書林
1993
ドイツ法律用語の解説、ABC順、法令索引等付録

独和法律用語辞典 2版

ベルンド・ゲッツェ著
成文堂
2010

和独法律用語辞典 2版

ベルンド・ゲッツェ著
成文堂
2012

ドイツ政治経済法制辞典

田沢五郎著
郁文堂
1990

法律ラテン語辞典

柴田光蔵著
日本評論社
1985

ポ日法律用語集

森征一ほか著
有斐閣
2000

スウェーデン法律用語辞典

萩原金美編著
中央大学出版部
2007

スペイン語法律用語辞典

山田信彦編著
信山社出版（大学図書）
2006

政治法律ロシア語辞典

稲子恒夫著
ナウカ
1992

中日・日中法律用語辞典

畑中和夫ほか編
晃洋書房
1997

中国ビジネス法用語辞典

キャストグループ編
中央経済社
2013
『国際比較法シリーズ』別冊

表4−2　白書の一覧（五十音順）

書名	編著者	創刊	ウェブ情報	変遷等
エネルギー白書	経済産業省資源エネルギー庁	2004	経済産業省全文掲載	概要版あり
海外情勢白書（世界の厚生労働）	厚生労働省	2001	厚生労働省2000〜2001年より本文掲載、海外労働情勢も1994年より本文掲載	継続前誌：海外労働情勢
外交青書	外務省	1957	外務省昭和32年版より本文掲載	1号〜30号まで：わが外交の近況、英語版あり
海上保安レポート	海上保安庁	2001	海上保安庁2001年度版より本文掲載　海上保安白書は平成12年度版本文、9年〜11年度は概要版	継続前誌：海上保安白書
海事レポート	国土交通省海事局	2001	国土交通省平成13年版より本文、日本海運の現況平成10〜12年版本文掲載	継続前誌：日本海運の現況
科学技術白書	文部科学省	1958	文部科学省本文昭和33年版より、英文版1998年版より掲載	英文版、子ども版あり
環境・循環型社会・生物多様性白書	環境省	2009	環境省本文昭和44年版（公害白書）より掲載	継続前誌：公害白書（昭和44〜46年）・環境白書（昭和47〜平成18年）、循環型社会白書（平成13〜18年）環境・循環型社会白書（平成19〜20年）、生物多様性白書、英語版あり
観光白書	国土交通省	1964	国土交通省平成9年版より本文、平成14年版より概要も掲載	
気象業務はいま	気象庁	2002	気象庁2011年版より全文掲載	継続前誌：今日の気象業務
金融庁の一年	金融庁	2001	金融庁平成12年事務年度版より全文、概要版掲載「金融監督庁の一年」も平成10〜11年版で掲載	継続前誌：金融監督庁の一年
経済財政白書	内閣府	2001	内閣府過去は説明資料のみ掲載、経済白書は全文	継続前誌：経済白書縮刷版、英文版あり
警察白書	警察庁	1973	警察庁全文掲載	
原子力規制委員会年次報告	原子力規制委員会	2012	原子力規制委員会平成24年度より本文、概要版掲載	
原子力安全白書	原子力安全委員会	1981〜2010		
原子力白書	内閣府原子力委員会	1957〜2010	内閣府昭和31年より平成21年まで全文掲載	英語版、概要版あり

公害紛争処理白書	総務省 公害等調整委員会	1985	総務省平成17年版より全文掲載	概要版あり
公正取引委員会年次報告（独占禁止白書）	公正取引委員会	1948	公正取引委員会平成元年版より本文掲載	
厚生労働白書	厚生労働省	2001	厚生労働省本文掲載、厚生白書も掲載	英語版、あらまし版あり 継続前誌：厚生白書
交通安全白書	内閣府	1971	内閣府平成9年度より概要版、平成14年版より全文	英語版あり
交通政策白書	国土交通省	2015	国土交通省平成27年版より掲載	電子書籍版あり
公務員白書	人事院	1978	人事院昭和63年版より全文掲載	
高齢社会白書	内閣府	1996	内閣府平成9年版より概要、平成14年版より全文掲載	概要英訳版あり
国土交通白書	国土交通省	2002	国土交通省平成13年度版より本文掲載。運輸白書昭和39年より平成12年。建設白書平成8年より12年まで	継続前誌：運輸白書、建設白書　ダイジェスト版あり
国民生活白書	内閣府	1956〜2008	内閣府平成2年度版より全文掲載	英語版あり
子ども・若者白書	内閣府	2010	内閣府全文・英語版（概要）青少年白書も平成8年より20年まで本文など掲載	継続前誌：青少年白書
自殺対策白書	内閣府	2007	内閣府全文、概要掲載	英語版概要あり
出入国管理	法務省入国管理局	1959	法務省平成15年版より本文掲載、17年版より本文・英語版掲載	英語版あり
首都圏白書	国土交通省	1990	国土交通省平成12年版より本文、概要（要旨）版掲載	
障害者白書	内閣府	1994	内閣府平成8年版より概要、平成14年版より全文も掲載	英語版あり
少子化社会対策白書	内閣府	2004	内閣府本文、概要版、英訳版掲載	平成22年版〜24年版は子ども・子育て白書、平成16年〜21年は少子化社会白書
消費者白書	消費者庁	2011	消費者庁全文、概要版掲載	平成25年度版より消費者白書となる
情報通信白書	総務省	2001	総務省平成13年版より、通信白書、昭和48年版より全文掲載	継続前誌：通信白書　概要版、英語版、Kids版あり
消防白書	総務省消防庁	1966	総務省消防庁平成13年より全文掲載	全文検索あり
食育白書	内閣府	2006	内閣府全文・概要版掲載	概要英語版あり

食料・農業・農村白書	農林水産省	2005	農林水産省平成18年版より本文掲載、農林水産省図書館へのリンクで昭和36年度分からも本文掲載	概要版、英語版、ポイント版あり
人権教育・啓発白書	法務省・文部科学省	2003	法務省平成18年度より概要、20年度より本文掲載	
森林・林業白書	農林水産省林野庁	2002	農林水産省平成元年度版より本文掲載	概要版、英語版概要もあり
政策評価等の実施状況及びこれらの結果の政策への反映状況に関する報告	総務省	2001	総務省平成13年度分より全文、概要版掲載	
水産白書	農林水産省水産庁	2005	農林水産省平成元年度版より本文掲載	過去の白書は漁業の動向に関する年次報告概要版あり
政府開発援助（ODA）白書	外務省	2001	外務省2001年版より本文掲載「我が国の政府開発援助の実施状況に関する年次報告」は1997～99年掲載	英語版あり
政府調達における我が国の施策と実績	内閣官房副長官補付	1995	官邸平成12年版より本文掲載	
世界経済の潮流	内閣府政策統括官室	2002	内閣府2002年より全文、世界経済白書も昭和33年版より全文掲載	継続前誌：世界経済白書
男女共同参画白書	内閣府	1997	内閣府全文は平成13年より、概要版平成14年より掲載	平成9年は報道発表資料　継続前誌：女性の現状と施策
地域の経済	内閣府政策統括官	2003	内閣府全文掲載、地域経済レポートも1999年版より掲載、2001～02年版は英文要旨	継続前誌：地域経済レポート
地方財政白書	総務省	1961	総務省平成14年より全文、概要版掲載	平成15年よりビジュアル版掲載　英語版は2003年より
中小企業白書	経済産業省中小企業庁	1963	経済産業省中小企業庁1963年版より本文掲載	概要版あり
通商白書	経済産業省	1990	経済産業省2005年版より全文掲載	継続前誌：日本貿易の現状
電源開発の概要	経済産業省資源エネルギー庁電力・ガス事業部	1963		
電気通信紛争処理委員会年次報告	総務省電気通信紛争処理委員会	2002	総務省平成18年度版より全文掲載	
特定個人情報保護委員会年次報告	特定個人情報保護委員会	2014	特定個人情報保護委員会本文と概要版掲載	

IV
1

特例民法法人白書	内閣府	2009	内閣府平成21年度より、公益法人白書も平成14年度より本文掲載	継続前誌：公益法人白書
土地白書	国土交通省	1990	国土交通省平成13年版より概要・本文掲載平成2年より26年はキーワード検索あり	
特許行政年次報告書	特許庁	1998	特許庁2000年版より本文掲載	継続前誌：特許廳年報
日本経済	内閣府政策統括官室	2004	内閣府本文、概要版掲載	経済の回顧版もあり
日本の水資源（水資源白書）	国土交通省水管理・国土保全局水資源部	1983	国土交通省平成8年版より本文掲載	
働く女性の実情（女性労働白書）	厚生労働省雇用均等・児童家庭局	1953	厚生労働省平成7年版より本文掲載	概要版あり
犯罪白書	法務省法務総合研究所	1960	法務省昭和35年版より全文掲載、あらまし版は平成11年版より掲載	平成23年版より法教育リーフレットも掲載
犯罪被害者白書	内閣府	2006	内閣府本文、概要版平成20年版より概要英語版も掲載	
防衛白書（日本の防衛）	防衛省	1970	防衛省昭和45年、51年より本文掲載、防衛白書の検索（年度検索、本文のキーワード検索）	英語版、これでわかる版、コンパクト版あり
防災白書	内閣府	1971	内閣府平成13年版より全文・概要版掲載	概要版、英語版あり
母子家庭の母の就業の支援に関する年次報告	厚生労働省	2004	厚生労働省平成16年版より全文掲載	
ものづくり白書（製造基盤白書）	経済産業省、厚生労働省、文部科学省	2004	経済産業省本文掲載	概要版あり
文部科学白書	文部科学省	2002	文部科学省本文・英文版・教育白書掲載	継続前誌：教育白書
レポート海難審判	国土交通省海難審判所	2009	海難審判庁平成21年版より本文掲載	継続前誌：海難審判の現況
労働経済白書	厚生労働省	2001	厚生労働省平成13年より本文、要約版掲載、労働白書の本文も掲載	継続前誌：労働白書

2. 図書を探す

2.1 図書を探す前に

　インターネットを通して図書を購入することが多くなりましたが、書店や古書店で手に取って内容を見ながら探す機会もまだ多くあります。入手したい図書が決まっている場合は正確な書誌情報を調べておくとよいでしょう。テーマや主題が決まっているだけなら、どんな図書が刊行・流通されているかなど出版情報を出版社や取次（問屋）のデータベースで、あらかじめ調べておくとよいでしょう。大きな書店のデータベースでは店舗での在庫状況から配架場所までわかる場合があります。店舗内でも書誌情報を調べてくれるサービスや、自分で調べることのできる環境が用意されているところもあります。

　図書館を利用する場合は、図書の検索のルールを知っておきましょう。図書館の書架をながめながらの本探しも思わぬ発見をすることがありますが、特定の図書を求める場合は、探し方を知っておく必要があります。蔵書目録データベース（OPAC）で検索することによって、探している図書の詳細がわかりますし、分類番号がわかれば、その分類の書架に直行して探すことができます。テーマの共通するほかの本を見つけたり、新版や新訂などの情報も知ることができます。

2.2 出版社・書店で図書を探す

　ここでは本を購入する際に便利な出版情報誌、データベース、インターネット情報などを紹介します。

　書店は、本や雑誌など分類やレイアウトなどに工夫をこらし、探したい資料を簡単にみつけることができるように配置しています。大学生協・書店では、学生が履修する科目のテキストや参考書をすぐに購入できるようにあらかじめ品揃えをし、新学期に臨んでいますので、授業での指定図書の購入などはこちらを利用するのが適切です。

2.2.1　インターネット検索

新刊情報は書店や図書流通、出版社のデータベースを利用します。

市販されている図書の情報については、以下のデータベースが便利です。

「**Books**」（日本書籍出版協会）　https://www.books.or.jp/

現在入手可能な書籍のデータベース。各出版社からの書籍データを収録し、96万点の図書の検索ができます。毎日更新。分類からの検索はできません。「Books link」は検索結果より得た書籍のより詳しい情報を得るために、各出版社の該当書籍のページにリンクするサービスです。出版社186社、18万件を擁しています（2015年9月30日現在）。

検索項目は簡易：【タイトル】【著者名】【出版社】

詳細：【タイトル（書名・シリーズ名）】【著者名】【発行年】【出版社】【ISBN コード】

「**amazon.co.jp**」　https://www.amazon.co.jp/

インターネットを介しての書店としては最大手です。和書・洋書を問わず、また新刊本も古書も、図書も雑誌も、流通にのるような資料はすべて検索ができるサイトです。表紙の写真、簡単な内容の説明、読者の評価が読めます。「なか見！検索」はすべての図書に付されてはいませんが、本文の一部（表紙や目次、奥付等も）をみることができます。購入する際に必要な価格（新刊本・古書とも）を調べて、比較したうえで、書店を選ぶこともできます。

検索項目：【書名】【著者名】【キーワード】【ISBN】【出版社】【ジャンル】【出版年月】【価格】など

なお、同社は日本における電子書籍事業に参入し（2013年10月）、市場において4割強のシエアを占めるといわれています。

紀伊國屋書店には以下の2つのデータベースがあります。国内は280万件、海外750万件の書籍のデータベースです。

1　「**紀伊國屋書店　WEB STORE**」　https://www.kinokuniya.co.jp/

一般を対象としたオンラインストアで和書・洋書・洋古書・海外マガジン・電子書籍などの検索ができます。分類検索で法律書は約6万4,000件収録されています（2015年10月1日現在）。書店のDBですから流通・価格情報などの調査に便利ですが、書誌情報を知るためにも有用です。

検索項目：【ISBN】【書名（AND 検索）】【著者名（漢字・ひらがな）】【内

容キーワード】【出版社名】【出版年月】【分類】【NDC 分類】
電子書籍（Kinoppy）のページもあります。

2 「**紀伊國屋書店 BookWebPro**」 https://pro.kinokuniya.co.jp/
研究者・図書館・法人向けデータベースです。和書・洋書含めて1,000万
以上のタイトルの書籍を検索できます。会員登録が必要です。専門家向け
の高度な検索機能を備え、図書館・法人の購入・支払いに対応したシステ
ムを有していることが特徴です。

「**MARUZEN&JUNKUDO ネットストア**」 https://www.junkudo.co.jp/
丸善書店とジュンク堂書店の合体した公式サイトで検索ができます。293
万件収録されています。会員登録をすると取り置きや店頭での試読みがで
きます。
検索項目：【書名】【著者名】【キーワード】【ISBN】【出版社】【出版年月】
【価格】など

「**honto**」 https://honto.jp/netstore.html
丸善、ジュンク堂、文教堂の書店と本の通販サイト、電子書籍ストアがひ
とつになったネットストアです。
検索項目：【商品名】【著者名等】【キーワード】【出版社等】【ISBN 等】
【出版時期】【価格帯】など

「**bookplus**」（日外アソシエーツ）
1926〔昭和元〕年より現在までに出版された図書のデータベースです。約
415万件を収録（2014年11月現在）し、絶版書も含まれます。1986年以降
の本には、要旨・目次情報、小説のあらすじ、2000年以降の本には表紙書
影、2001年以降の本には著者紹介情報も掲載しています。大学や研究機関、
公共図書館向けの固定料金制のほかに企業・団体・個人向けの上限制と件
数課金制の組み合わせなど多様な契約ができます。「OPAC 連携サービ
ス」もあります。
検索項目：【書名】【著者名】【キーワード】【刊行年月】【ISBN】

IV
2

　以上のデータベースは収録年に違いはあるものの、新刊情報も含めて網羅
的に収録しています。ほかに以下のような特徴をもったデータベースもあり
ます。

「**Google ブックス検索**」https://books.google.co.jp/

Google ブックスは Google の書籍版で図書の全文検索ができます。従来型の図書データベースはタイトルや著者、分類を入力することによって図書を検索し、書誌情報を得ることを目的としていましたが、このサービスでは図書の本文情報の一部または全部を読むこともできるのが特徴です。出版社や図書館より集めた図書の全文テキストデータを対象に検索をし、3通りの検索結果の表示をします。1）すべての書籍では書誌データを表示します。2）部分プレビューの書籍の検索では数ページ分の本文が読めます。3）全文表示の書籍でヒットした図書は著作権が切れている書籍や、出版社や著作権者が収録を許可した書籍で、全文を読むことができます。購入へリンクすることもできます。いくつかの図書館と提携して蔵書のデジタル化を進め、データベースに収録しています。絶版で市場にない資料を無料で読むことができる場合があります。

検索項目：【キーワード】【言語】【書籍名】【著者】【出版社】【出版日】【ISBN】【ISSN】

「**弁護士会館ブックセンター**」http://www.b-books.co.jp/bbc/index.php

法律実務、法学研究に特化した図書・雑誌をウェブ上で購入できます。1週間ごとに更新する新刊情報のコーナーもあります。

　　出版社がわかっている場合は、その出版社のウェブサイトで書籍を検索する方法もあります。書店や取次のウェブサイトより詳しい本の説明が掲載されている場合があります。以下は出版社のリンク集です。

「**日本書籍出版協会会員出版社一覧**」https://www.jbpa.or.jp/outline/member.html

「**SCHOOL NABI 相互リンク集**」（井関高志）https://www.schoolnavi-jp.com/book/nobook.html

以上のほか、サーチエンジンを使ってサイトを探すこともできます。

2.2.2　印刷体資料検索

『**出版年鑑**』（出版ニュース社）年刊　1951〔昭和26〕年〜

出版概況や関連法令、前年に刊行された書籍や雑誌など出版に関する情報を提供している年鑑で、「資料・名簿編」と「目録・索引編」の2冊本で

発行されます。「資料・名簿篇」は年間史、法規・規約、統計・資料、名簿が収載されており、「目録・索引篇」には書籍や雑誌など8万2589点が収録されています。2002年から2004年までは『日本書籍総目録』CD-ROMと合わせて出版されました。

『BOOKPAGE 本の年鑑』（日外アソシエーツ編・刊）年刊　1988〔昭和63〕年～

前年に出版され、販売された新刊書の要旨・目次を記載しています。2015年版は5万9,400冊を2巻本に収録。分類別に編集し1000項目の見出しがあり、書名の五十音順に配列されています。巻末に「著者名索引」と「書名索引」があります。「法律」の分野では、「憲法」「民法・民事法」など、法分野ごとの分類のほかに「判例集」「法令集」などの項目もあります。特定の本を探す場合は、出版年がわかっている必要があります。本の内容が説明されているのが特徴です。

『法律図書総目録』（法経書出版協会）年刊　1967〔昭和42〕年～

法律と政治の2分野において、現在発行・販売されている図書の目録です。2015年版には、出版89社による3,700点の図書が収録されています。主に2014年10月現在刊行されている書籍を収録し、その後刊行予定のものも収録されています。法分野ごとに配列し、巻頭に新刊書名索引、巻末に法律雑誌一覧表、書名・著者名索引、掲載出版社名簿があります。「法律書経済書経営書のWEBサイト」が立ち上がりましたので、より早い情報が得られるようになりました。https://www.houkeimokuroku.jp/

『日本件名図書目録』（日外アソシエーツ）1984〔昭和59〕年～

件名から探し出せる目録で、1927〔昭和2〕年以降に刊行された図書、小冊子が収録されていますが、1985年からは年刊で刊行されています。Ⅰ　人名・地名・団体名編、Ⅱ　一般件名編に分かれています。最新の2014年版はⅠ、Ⅱ合わせて約10万点を収録しています。

新しい本の情報は以下のツールで調べられます。

『出版ニュース』（出版ニュース社）旬刊　1949〔昭和24〕年～

出版関係の記事が掲載されている出版情報誌です。NDC分類順の「新刊分類速報」「新聞・雑誌書評リスト」が毎号掲載されています。1年分をまとめて『出版年鑑』として刊行されます。

『**新刊情報**』（トーハン）週刊　1981〔昭和56〕年～

　　書籍、雑誌の問屋である取次の大手が発行する情報誌です。全国の出版社、官報扱い、地方小出版社流通センター扱い（約6,000社）の新刊図書の情報を掲載しています。分類順に配列、巻末に「書名索引」「著者名索引」があります。

『**ウィークリー出版情報**』（日販図書館サービス）週刊　1982〔昭和57〕年～

　　各種図書館や一般読者を対象に新刊の出版物を収録しています。4,500の出版社、地方出版社の刊行する新刊図書・ムック誌、政府刊行物を収録しています。分類順の配列で巻末に「書名索引」「著者名索引」があります。

『**これから出る本**』（日本書籍出版協会）月2回刊　1976〔昭和51〕年～

　　近刊予定の学術書、実務書、ビジネス書などが、33部門に分類され、書名の五十音順に配列。書名・価格は変更されることがあります。

2.2.3　古書検索

　　絶版になった図書は古書店で手に入れる方法もあります。カタログを発行したり、ウェブページに在庫検索を掲載している古書店もありますが、以下のデータベースを利用すると、総合的な検索ができます。

「**日本の古本屋**」（東京都古書籍商業協同組合インターネット事業部）

https://www.kosho.or.jp/

　　全国古書籍商組合連合会傘下の古書店の全参加を目指すデータベースで、多くの古書店の在庫600万件の古書が検索できます。古書の流通状況がわかり、注文もできます。

　　在庫検索：【検索ワード】【書名】【著者名】【出版社】【ISBN/ISSN】【刊行年】【解説】など。

　　「古書店検索」もあります。

「**（本と文化の街）スーパー源氏**」（株式会社紫式部）　https://www.supergenji.jp/

　　スーパー源氏に参加している古書店の在庫700万件を収録しているデータベースで、本・書店・古書店を探せます。

　　パワフル検索の項目：【書籍名】【著者名】【出版社】【副題】【伝統的分類】【フイーリング別分類】。ほかに「作家・ジャンル別一覧から検索」などあり。

「amazon.co.jp」 https://www.amazon.co.jp/
　新刊のみならず、古書も扱っています〔→ p.298〕。

「BOOKTOWN JIMBOU」（NPO 法人連想出版）https://jimbou.info/
　古書店の街東京神田神保町の176の書店を紹介し、古書店52、新刊店 6 の
蔵書を一括検索できるデータベースです。
　書店や本を探すことができます。古書データベースと新刊本データベース
があり、ことばや文章で連想できる検索のほか、一致検索があり、検索項
目は【書名】【著者】【キーワード】です。

　以上のほか、法律古書を多く扱っている以下のような古書店サイトで検索
するのも入手に結びつく可能性があります。

伸松堂書店　http://www.shinsyodo-syoten.com/
　印刷物の『伸松堂目録』も刊行しています。

2.2.4　法律関係出版の特徴と出版社ウェブサイト
　法律関係の教科書や教材などは新しい法令や判例に対応させるため、改版
や改訂などが頻繁に行われる傾向があります。教科書等が、法令や判例など
アップツーデートな内容であるかどうか確認する必要があります。
　第一法規やぎょうせい、新日本法規などは、一般書のほかに法令集や判例
集、書式集などを加除式図書や DVD-ROM・CD-ROM の形態で継続的に出
版しています。このような出版物は一般の書店で店頭販売されることは稀で、
図書館や会社、官庁などが直接購入しています。
　また、学術書は商業出版社だけではなく、東京大学出版会、早稲田大学出
版部など、大学の出版部からも発行されます。政府刊行物は各府省の担当部
門によって監修・編集されたのち、国立印刷局（『官報』『法令全書』と職員
録などを刊行）や法曹会、民間出版社などより出版されています。全国官報
販売協同組合（全官報）や各府省の販売部などで購入できます。法学の資料
を探すには図書のみではなく、加除式資料や CD-ROM・DVD-ROM などの
媒体資料や、政府刊行物など幅広いリサーチが必要です。
　法学関係の図書を出版している主な出版社のウェブサイトを紹介します
（五十音順）。
ぎょうせい　　　　　　　https://gyosei.jp/

金融財政事情研究会	https://www.kinzai.or.jp/
経済法令研究会	https://www.khk.co.jp/
勁草書房	https://www.keisoshobo.co.jp/
現代人文社	http://www.genjin.jp/
弘文堂	https://www.koubundou.co.jp/
三省堂	https://www.sanseido-publ.co.jp/
自由国民社	https://www.jiyu.co.jp/
商事法務	https://www.shojihomu.co.jp/
信山社	https://www.shinzansha.co.jp/
旬報社	https://www.junposha.com/
新日本法規	https://www.sn-hoki.co.jp/
成文堂	http://www.seibundoh.co.jp/
青林書院	https://www.seirin.co.jp/
第一法規	https://www.daiichihoki.co.jp/
立花書房	https://www.tachibanashobo.co.jp/
日本加除出版	https://www.kajo.co.jp/
日本評論社	https://www.nippyo.co.jp/
判例時報社	https://hanreijiho.co.jp/
判例タイムズ社	https://www.hanta.co.jp/
法学書院	http://www.hougakushoin.co.jp/
法律文化社	https://www.hou-bun.com/
民事法研究会	http://www.minjiho.com/
有斐閣	http://www.yuhikaku.co.jp/

2.2.5　出版社PR誌

　PR誌を発行している出版社もあります。新刊情報が掲載されているとともに、法学に関する論文やエッセイが掲載されることもあります。

『書斎の窓』（有斐閣）隔月刊（2014年より）

　社会科学に関する関心の高いテーマの分析、時事的な話題や新刊本の書評などの記事が掲載されます。巻末に「有斐閣新刊案内」「学会誌紹介」。毎年11月号に年間の総目次があり、600号（2010.12）には10年分の内容目次があります。有斐閣のウェブサイトに「PR誌書斎の窓」のページがあり、1998年からの目次が読めます。

『學鐙』（丸善）月刊

『図書』（岩波書店）月刊

『本郷』（吉川弘文館）奇数月刊（隔月刊）

『UP』（東京大学出版会）月刊

『創文』（創文社）月刊

『法苑』（新日本法規）年3回

『機』（藤原書店）月刊

『究』（ミネルヴァ書房）月刊

『未来』（未來社）季刊

2.3　図書館を利用する

　リーガル・リサーチの結果見つかった図書の多くは、書店・ネット書店・生協・出版社などの出版・流通機構を経由して購入できますが、必ず入手できるとは限りません。最近は、図書が絶版になるのも早く、出版から数年経つと、書店では入手できないこともあります。また、利用したい資料が個人で購入するには高価すぎたり、大部なものであったりして購入を躊躇することもあります。そのようなときには図書館利用が便利です。閲覧して内容を知る、借りて読む、一部をコピーして読む、類書を調べるなど、図書館利用の効用は大きいものがあります。利用できる図書館の開館時間、アクセスなどを調べておくと役に立ちます。

　あなたが学生でしたら、図書を探すとき最初に利用するのは自分の所属する大学の図書館でしょう。図書館のほかに学部・学科・大学院などに資料

室¹などをもつ大学もあります。また、ほかの大学図書館を利用すること
もできます。そのほか、国立国会図書館や都道府県立の図書館、市町村立の
図書館も利用できます。

　学生でなければ、上記の国立国会図書館や公立の図書館を利用することに
なりますが、最近は一般市民に開放している大学図書館もありますので、利
用できる図書館を調べておくことも有益でしょう。

　大学図書館には相互利用等の特徴がありますので、ここでは大学図書館と
そのほかの公立図書館とを分けて説明することとします。

2.3.1　大学の図書館で探す

(1)　自分の所属する大学図書館で探す

　法学部をもつ大学の図書館は、市町村立の公立図書館に比べて法学・法律
学の資料を多く所蔵しています。教科書、研究書、全集、叢書、コンメンタ
ールなど、法学の資料を系統的・網羅的に収集しています。蔵書検索は長年、
カード目録による検索が主流でしたが、コンピュータによる蔵書検索システ
ム に 移 行 し ま し た。 こ の シ ス テ ム は OPAC（Online Public Access
Catalog）と呼ばれています。検索方法は各大学によって多少違いますが、
書名、著者名、キーワード等を入力することによって蔵書を検索し、所蔵し
ていればその書誌事項や大学内での所在、閲覧・貸出の可否などを知ること
ができます。利用方法を習得するために図書館の利用案内を読んだり、ガイ
ダンス、オリエンテーションに参加することをおすすめします。

　ほとんどの大学図書館の OPAC は、所蔵資料のみが収録されています。
ただし最近では、所蔵していない資料についてもリンクをはって、ほかのデ
ータベースから、書誌・所在情報を調べることができるように工夫されてい
る OPAC もあります。

1─**法学部の資料室**　法学部をもつ大学では、総合的な図書館のほかに法
　　学部図書室、法学部資料室など、学部独自の資料室をもっているとこ
　　ろがあります。判例集、法令集や専門図書などを所蔵し、法学特有の
　　レファレンスに応じている場合もありますので、図書館だけではなく、
　　その大学のどこに法学資料があり、そこはどういう機能をもっている
　　のか、知っておく必要があります。

例示 4−1　大学図書館のOPAC

　[**例**]　新刊本『民事訴訟法の立法史と解釈学』を明治大学図書館のOPAC
で探す

　明治大学図書館のOPACには、明治大学、山手線沿線私立大学図書館コ
ンソーシアム―2、国立国会図書館、国立情報学研究所の4通りの検索対象
があり、それらのOPACで必ずしもヒットしなかった新刊本の情報も知る
ことができます。たとえば以下の書籍で検索をかけてみます。
『民事訴訟法の立法史と解釈学』（松本博之、信山社）2015年

　上記4つの検索のうち、国立国会図書館のOPAC以外は全くヒットしな
かったので、明治大学OPACの結果画面に表示された「神保町在庫検索」

2―山手線沿線私立大学図書館コンソーシアム　①ウェブ検索による所蔵
　情報の提供と共有、②利用証による入館利用、③資料の相互貸借の推
　進の3点を目標に結成。青山学院大学、学習院大学、國學院大學、東
　洋大学、法政大学、明治大学、明治学院大学、立教大学の8大学の図
　書館が加盟しています

の「新刊本」検索をしたところ、ヒットし、近在の「明治大学駿河台売店」「神保町本店」など2件の書店の在庫が確認されました。図書の書誌を知ることができますし、急いで入手したいときには便利です（検索日は2015.10.3　刊行日2015.9.30）。

(2) ほかの大学図書館で探す

　大学の図書館間では相互協力システムが作られていますので、自館に所蔵していない場合は、ほかの図書館で閲覧したり、貸出や複写を依頼することができます。そのほか、複数の大学間で地域的な相互協力のシステムを形成していることもあります（ex. 東京都心にある大学8館で形成している前述の「山手線沿線私立大学図書館コンソーシアム」など）。蔵書目録の一括検索や相互利用など関係者に便宜がはかられています〔→ p.28〕。

　ほかの大学図書館を利用する前に、探している資料がどの大学にあるかを調べる方法があります。国立情報学研究所（National Institute of Informatics：NII）のデータベース「CiNii Books」で検索する方法と、各大学図書館が作成している OPAC で検索する方法があります。

① 「CiNii Books」 https://ci.nii.ac.jp/books/

　国立情報学研究所の「CiNii」データベースには、「CiNii Books – 大学図書館の本を探す」と「CiNii Article – 日本の論文を探す」〔第Ⅳ部「3　論文を探す」→ p.326〕の2つの入り口があります。2012年度で終了の「NACSIS-Webcat」と「CiNii 論文情報ナビゲーター」が合体したデータベースで、2011年11月9日より公開されました。「全国の大学図書館約1200館が所蔵する約1,000万件の本の情報（1億2,000万冊以上の所蔵データ）や著者の情報を検索することができる」と記載されています。本も雑誌記事も一つのデータベースで検索できる長所があります。承継した「NACSIS-Webcat」にはなかった機能としては、複数の論文が掲載されている論文集の検索では、内容の紹介（著者や論文名）が飛躍的に詳しくなり、かつそれらの著者や論文名で検索することが可能になったことです。また各大学の OPAC にリンクしているので、所蔵場所、資料ID、登録番号、現在利用可能かどうかのリアルタイムの情報が即座に入手できます。（2015年10月3日現在）。

　検索項目は以下です。

【図書雑誌検索】：【タイトル】【著者名】【著者ID】【統一タイトルID】【出版者】【ISBN】【ISSN】【NCID】【件名】【分類】【注記】【資料種別】【言語種別】【出版年】【図書館ID】【機関ID】【地域】

【著者検索】と【内容検索】が別にあります。

注意点：

・ドメスティック・バイオレンスについての図書を調べる際「フリーワード」に「ドメスティックバイオレンス」「ドメスティック・バイオレンス」「ドメスティック　バイオレンス」と３通りの入力をすると、ヒット件数はそれぞれ異なり、３番目の入力が一番多くヒットします。スペースを空けることで２つのワードのAND検索をすることになります。複合語のキーワード検索には工夫が必要な場合があります。

・同一の資料でも、検索の方法によってヒットしたりしなかったりします。各大学の登録の方法が違う場合は、検索結果が異なります。

［例］法学部創立十周年記念論文集：青山法学論集31巻１・２・３合併号（同大学法学会）

キーワードの１：法学部創立三十周年記念論文集所蔵28館

キーワードの２：青山法学論集所蔵175館

・紀要の通常号として発刊された記念論文集は雑誌の一部としてのみ登録されると、記念論文集のタイトルで検索してもヒットしません。この例では、雑誌として登録されるほかに、記念論文集としてデータを登録した館は175館中28館しかなかったと推測できます。同様にシリーズで発刊された多巻ものの図書の登録も各巻ごとにタイトルが付されている場合、書誌としてのタイトルをシリーズ名か各巻ごとか、それとも両方をとるかは図書館によって違いがあります。

・NIIに参加している図書館が、すべての所蔵資料を登録しているとは限りません。登録が遅れているかもしれません。検索されない場合でも所蔵していることはあります。

②「WebcatPlus」　http://webcatplus.nii.ac.jp/

国立情報学研究所（NII）が提供する情報サービスで江戸期前から現代までに出版された書物を対象に、キーワードや文章の入力による連想検索ができます。大学図書館1,000館や国立国会図書館の所蔵目録などを情報源として、作成されています（2015年10月４日現在）。

検索項目は以下です。

連想検索：【文章】

一致検索：【フリーワード】のみですが、調べる対象「本」、「作品」、「人物」それぞれに詳細条件の設定もできます。

一致検索の簡易版で「Webcat Plus Minus」もあり、検索項目は【フリーワード】【タイトル】【著者・編者】【出版社】【出版年】【ISBN/ISSN】【データID】などです。

③各大学の図書館の OPAC で調べる

「CiNii Books」はほとんどの大学の蔵書をまとめて検索できる総合データベースですが、以下のような場合は各大学で独自に作成している OPAC で調べ直す必要があります。

①国立情報学研究所に情報を提供していない大学の図書館の所蔵を調べるとき。

②「CiNii Books」で検索してもヒットしないが、どこかの大学で所蔵していると考えられるとき。所蔵していても「CiNii Books」には未登録ということもあります。

③「CiNii Books」の検索結果で不十分なとき。個別の大学図書館のデータがほしい時など。

上記のような場合は、各大学で作成している OPAC で検索してみます。その際も蔵書数が多い、あるいは探している本の分野に力を入れて収書している大学を選んで再検索してみましょう。多くの大学図書館はウェブサイト上で蔵書検索ができるシステムを採用しています。また複数の大学を一括して検索できる蔵書検索を可能にするコンソーシアムを形成している大学もあります。大学図書館 OPAC のリンク集としては以下があります。文部科学省のウェブサイト関係リンク集から大学のウェブサイトを探し、図書館のページを開くこともできます。

「日本国内の大学図書館関係 www サーバ」（東京工業大学附属図書館）

　https://www.libra.titech.ac.jp/about/libraries_Japan.html

「図書館リンク集」の大学図書館（日本図書館協会）

　https://www.jla.or.jp/link/tabid/95/Default.aspx

「日本の大学図書館、公共図書館とのリンク＋ OPAC」（上田修一）

　http://user.keio.ac.jp/~ueda/libwww.html

(3) 法律の図書を探すうえで注意すること

①改版、改訂、補訂など出版事項に気をつけよう

　法律の図書は、法令の改正や判例の変更により、最新の情報をもとに書き換えられる必要があることの多い分野です。分野によっては大きな法令の改廃によって全く内容が変わってしまうこともあります。同じ著者、同じ書名の本であっても、いつのものか、改正前か後か、何版かをチェックします。

②分類記号を読む

　多くの大学において採用されている日本十進分類法（NDC）〔→ p.26〕によると、法律の分野の本は320番台ですが、320の部門に収まらない法律の本はたくさんあります。図書館によって分類のしかたに差はありますが、独占禁止法は経済の335.57、労働法は社会の366.14、医事法は医学・薬学の部門の498.12、知的財産法は技術・工学・工業の507.2、環境法は建設工学・土木工学の519.12と分類される場合もありますので、同じ法律書でもすべてまとまって配架されているわけではありません。シェルフブラウジング（書架の前で本を探す）をするときは、320の分野だけでなく、隣接分野や関連分野など、広く探すようにしましょう。

③差し替え式の書籍ではないか

　法律分野では、法令の改廃や判例の蓄積などに対応して書籍の内容をアップデートするために、差し替え式（ルーズリーフ式）の図書が刊行されています。法令集・判例集・書式集などに、この刊行形態が多く採用されています。随時「追録」が発行され、ページそれぞれが該当箇所のページに差し替えられていきます。刊行年が特定しづらい形態であるためか、図書のデータベースに収録されていないことがあります。

　追録には「○○年△△月××日内容現在」の表記があります。内容がいつのものか、どこまで差し替えの作業をしているかをチェックする必要があります。そのためには、巻末や巻頭に付されている「差し替え表」を確認してください。

　差し替え式図書は一般の図書とは別の書庫・書架に配置してある図書館もあります。OPACでヒットしても、その分類の場所に配置していないことがあるので、要注意です。

④記念論文集は独立した論文を集合した図書

　研究者や大学・研究団体の記念論文集として発行された図書は、タイトル

や編著者で OPAC 検索すればヒットするのですが、各論文のタイトルや著者で検索してもヒットしない場合があります。形態は本ですが、内容は雑誌と同じく各論文が独立しているという特徴があります。記念論文集に収録されている各論文の情報を知るためには、記念論文集も収録対象としている論文のデータベースを利用します。第一法規の「法律判例文献情報」、日本評論社の「法律文献総合 INDEX」は論文集に収録された個々の論文からも検索できます。無料で検索できるデータベースとしては「CiNii Books」があります。比較的最近の論文集については著者名や論文名でもヒットします。

(4) トライ・アンド・エラー

　なぜ本が見つけられないのか。実際には図書館に本が所蔵されているのに、OPAC で調べても検索できないこともあります。理由は複数考えられます。
①書名や著者名が違っている　多少違っていても検索可能なシステムもありますが、違っているとヒットしないことも多いので、キーワードをもう一度見なおしてみましょう。書名と思っていたものがシリーズ名やサブタイトルであったり、著者名の漢字が違っていたりしませんか。確実にわかっているものだけを入れなおしてみます。フルタイトルでヒットしない場合は、タイトル中のキーワードに区切って入れなおしてみます。・（ナカグロ）、−（ハイフン）、／（スラッシュ）などの記号の入力も要注意です。
②図書であってもコード番号がない　ISBN（International Standard Book Number、国際標準図書番号）が付されていない図書があります。出版社から刊行されて書店や取次店により流通している図書は必ずこの番号を備えているのですが、政府刊行物や公の団体や会議などで配布される資料などは重要な資料であっても市販されない、よって一般では入手しにくい資料があります。図書であっても逐次的に刊行されるので雑誌のようでもあり、種類分けが難しい資料もあります。灰色文献などと呼ばれています。裁判所や法務図書館、日弁連などのデータベースで検索してみるのもお勧めです。
③資料の整理中　新しく受け入れた資料は、支払や請求記号を付すなどの図書館内部での一定の事務処理が必要です。刊行されたばかりの資料は、購入されていてもすぐには探し出せないこともあります。
④本がまだ発行されていない　刊行予告のデータは、時として変更されることがあります。書名変更、刊行遅延、刊行取りやめという場合もあります。

2.3.2　国立・公立の図書館などを利用する

(1) 国立国会図書館で探す　https://ndlonline.ndl.go.jp/#!/

　国立国会図書館は国内で発行された出版物を「納本制度」〔→ p. 8〕により収集しており、日本で本を一番多く所蔵している図書館です。納本制度によって書店では入手できない非売品の図書や限定本や政府刊行物も確実に入手できるので情報収集において特別な役割を果たしています。

　18歳以上の国民（日本在住の外国人も含む）であれば誰でも利用できるため利用者も多く、利用の際には、あらかじめ資料の所蔵状況や請求記号など事前に調べておくと時間の節約になります。整理等のための休館日もあるので、ウェブサイトで開館しているかどうかも調べておいたほうがいいでしょう。

　調べ方案内には「リサーチ・ナビ（調べ方案内）」「レファレンス協同データベース」「Books on Japan」などがあります。「リサーチ・ナビ（調べ方案内）」は「本をさがす」「しらべるヒント」などリサーチの実践に役立つサイトです。また「レファレンス協同データベース」は各図書館からのレファレンスの実践例にふれることができて、図書館の実力を垣間見ることができます。「Books on Japan」（日本関係欧文図書目録）は平成14年以降整理された日本関係欧文図書の書誌情報を、年4回（1月、4月、7月、10月）提供しているサイトです（2015年10月4日現在）。

国立国会図書館の蔵書を中心にそのほかの蔵書も調べるためのデータベース
「国立国会図書館サーチ」　https://iss.ndl.go.jp/

　2012年1月本格始動のデータベースで、以下のコンセプトに基づいて開発されました。
　・従来の資料に加えたデジタル情報のさらなる活用
　・国立国会図書館の多様な資料・情報、サービスの一元的な利用
　・外部の情報・サービスに対する統合的なアクセス
機能概要として「国立国会図書館をはじめ、国内の各機関から収集した、8000万件以上の文献情報等を検索できます。横断検索を含め、およそ100のデータベースと連携しています。」とサイト上で記載があります（2015年10月4日現在）。国立国会図書館の蔵書のみではなく、公共図書館の蔵書も対象に1回のクリックで検索できます。所蔵情報（各所蔵図書館の蔵書目録のトップページへのリンクがはられている）もわかり、利用の可否

も調べられます。「国立国会図書館デジタルコレクション」などのデジタル資料へのアクセスも容易になりました。CiNii やオンライン書店等にもリンクがあるので、大学での所蔵や流通情報もわかります。平成24年2月からは、「JPO 近刊情報センター」とのシステム連携により、近日中に刊行される図書（近刊図書）の検索が可能になりました。

簡易検索【キーワード】を入力。「本」「記事・論文」「新聞」などの種類で絞り込みもできる。

詳細検索：【タイトル】【著者・編者】【出版社】【出版年】【ISBN/ISSN】など。

データベース、資料種別、所蔵館をあらかじめ選択できる。

障がい者向け資料検索：上記詳細検索とほぼ同じですが、点字、デイジー、録音図書などの資料種別を選択できます。

このシステムの検索対象となっている主なデータベースは以下です。

「NDL-OPAC」「国立国会図書館オンライン」へ移行

国立国会図書館が所蔵する一般図書の検索や雑誌記事の検索ができるデータベースです。デジタル資料の中身を読んだり、閲覧や複写の申しこみ、資料のダウンロードもできます。和洋の図書、和洋の雑誌新聞、電子資料、和古書・漢籍、博士論文等について検索ができます。データは720万件。

「国立国会図書館デジタルコレクション」https://dl.ndl.go.jp/

国立国会図書館で収集・保存しているデジタル資料を検索・閲覧できるサービスで、図書、雑誌、古典籍資料（貴重書等）、博士論文、官報、新聞、憲政資料、日本占領関係資料、プランゲ文庫、歴史的音源、科学映像、脚本などがあります。図書については「昭和43（1968）年までに受入れた戦前期・戦後期刊行図書、議会資料、法令資料及び児童書のうち、約90万点を収録しています。著作権処理済みの約35万点は、インターネットで閲覧可能です。」と説明ページに記載があります。

詳細検索項目：【キーワード】【タイトル】【目次】【著者・編者】【出版地】【出版者】【出版年】など。

「近代デジタルライブラリー」 http://kindai.ndl.go.jp/index.html

国立国会図書館の所蔵する明治・大正・昭和前期の蔵書を検索して、画面で読むことができます。明治期の法律書、法令集、判例集などの本文を読めますし、印刷、ダウンロードもできます。

平成28（2016）年5月末でサービスを終了し、「国立国会図書館デジタルコレクション」と統合しました。（変更後）https://dl.ndl.go.jp/

リサーチの例

　第Ⅳ部の冒頭〔→ p.246〕で紹介した「人権を考える：ハンセン病がたどった道」を企画したA大学B憲法ゼミナールのメンバーは、より多くの情報を求めて、国立国会図書館のデータベースで調べてみることにしました。

　「国立国会図書館サーチ」で検索します。種類をわけないで「すべて」を選択しハンセン病のキーワードで検索したところ、4170件ヒットし、本は1433件、記事・論文2026件、新聞3件、児童書28件、レファレンス情報136件、デジタル資料1474件、実に膨大な資料・情報があることがわかります。

（2）公立図書館で探す

　都道府県立・市町村立の公立図書館は、身近な利用しやすい図書館です。市町村立図書館は法学に関する専門書や判例集、法令集については大学図書館ほど所蔵していませんが、条例や市報・ミニコミ誌など、ローカルな資料の所蔵に関しては最も有用な図書館であるといえます。一般書を読んだり、地域の政治・歴史の調査などを調べるときにも有用です。あなたが学生であれば、大学の図書館とうまく使い分けて利用することを勧めます。各図書館はそれぞれ蔵書目録を持っており、ウェブで公開しているのが一般的ですが、都道府県単位の横断検索も便利です。相互貸出などの制度もあるとなお一層便利です。携帯電話で検索・貸出予約ができる図書館も多くあります。

　国立国会図書館のウェブでは、公立図書館の蔵書の検索もできます。以下のウェブページは図書館・図書館蔵書の検索に役立ちます。

「国立国会図書館サーチ」

　簡易検索のキーワードでヒットした図書については、ほかの公立図書館（主に都道府県立図書館）の所蔵が一度にリストされます。また同サイトの「詳細検索」で公共図書館を選択すれば効率的な検索ができます。

　国立国会図書館のウェブサイト上にあります。

　全国の公立図書館へのリンク集があります。

例示 4−2　国立国会図書館の資料検索ウェブサイト

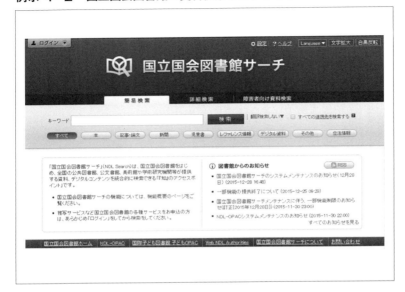

「カーリル」

　https://calil.jp/

　カーリルは全国6,000以上の図書館での蔵書検索ができます。あらかじめ
よく利用する複数の図書館を登録しておくと便利です。

「Jcross 横断検索ナビ」（ブレインテック）

　https://www.jcross.com/navi/

　全国の図書館横断検索サイトの紹介をしています。公共図書館や大学図書
館のなどの横断検索情報がわかります。

　蔵書数の多い都道府県立の図書館のなかで、東京都立図書館のデータベー
スを一つの例として紹介します。

「wwwOPAC」（東京都立図書館）　https://www.library.metro.tokyo.lg.jp/

　東京都立図書館2館（中央、多摩）共通の蔵書検索システムで横断検索が
できます。「総合検索」は東京都の公立図書館の蔵書雑誌記事の検索がで
きます。電話・手紙・Eメールでもレファレンスを受け付けています。東

京都立中央図書館が特に力をいれてサービス提供している資料はビジネスや法律、健康・医療などで、法情報の検索を支援するための「法律情報サービス」も行っています。

　法情報コーナーなどを特設する、ウェブ等で法情報の調べ方を発信する、地域の法テラスと共同して法律相談を開くなど、積極的に法情報の提供をしている公共図書館がほかにもあります[3]。
「鳥取県立図書館→テーマ別調べ方案内→法律情報の調べ方」
　https://www.library.pref.tottori.jp/legal-info/cat11/cat4/
「宮崎県立図書館」
　https://www2.lib.pref.miyazaki.lg.jp/
「奈良県立図書情報館→調査・相談」
　https://www.library.pref.nara.jp/reference
「千葉県立中央図書館→調べ方案内」
　https://www.library.pref.chiba.lg.jp/reference/pathfinder/index.html
「横浜市立図書館→調べもの・相談→法情報コーナー」
　https://www.city.yokohama.lg.jp/kurashi/kyodo-manabi/library/
shirabemono/houjouhou.html
「米子市立図書館→法律情報コーナー」
　http://www.yonago-toshokan.jp/corner/law

(3) 専門図書館で探す

　大学の図書館や公共図書館のほかに、専門図書館を利用する方法もあります。どのような専門図書館や情報機関があるかを調べるには、以下のようなツールを利用します。
『専門情報機関総覧』（専門図書館協議会事業推進委員会編、専門図書館協議会）2015〔平成27〕年、1956〔昭和31〕年創刊、3年刊
　1,659機関の専門情報機関を収録しています。
「専門図書館協議会」https://jsla.or.jp/

3―「国内の公共図書館における法情報提供サービス」（日置将之）『国立
　国会図書館カレントアウェアネス』No305、2010年

国（政府）、関係独立行政法人、図書館関連団体、関連学会、世界の図書館関連団体など58の機関にリンクがあります。

「Academic Resource Guide」

https://www.ne.jp/asahi/coffee/house/ARG/library.html

以下の専門機関・図書館は法学の資料を多く所蔵しています。

最高裁判所図書館

〒102-8651　東京都千代田区隼町4-2　電話　03-3264-8111（内5137）

https://www.courts.go.jp/saikosai/tosyokan/index.html

最高裁判所内にある裁判所の図書館で、国立国会図書館の支部図書館でもあります。蔵書数は法律関係を中心に27万冊（和書17万、洋書10万）で、ウェブで蔵書検索ができます。弁護士、研究者などの特別利用者の制度もあります。

法務図書館

〒100-0013　東京都千代田区霞が関1-1-1　法務省内（中央合同庁舎6号館　赤れんが棟2階）　電話　03-3580-4111（代表）内線5760

法務省内にあって、法律関係の図書・資料を30万冊所蔵しています。一般の人も教育・研究・調査目的なら利用できますが、事前に電話をする必要があります。最高裁判所図書館と同様、国立国会図書館の支部図書館となっています。ウェブで蔵書検索と法律雑誌の記事検索ができます。

国立国会図書館議会官庁資料室（国立国会図書館新館3F 〒100-8924　東京都千代田区永田町1-10-1　電話03-3581-2331（代表）

https://www.ndl.go.jp/jp/tokyo/parliamentary/index.html

明治以来の法令集、条約集、判例集、国会議事録などの議会資料をそろえ、外国については、150ヵ国の法令資料、70ヵ国の議会資料を収集しています。ウェブ上でも収集資料の紹介をしており、関連リンク集があります。「リサーチ・ナビ」は印刷体資料からウェブサイトまでを対象にテーマ、資料群別に調べ方を紹介しています。

国立公文書館

〒102-0091　東京都千代田区北の丸公園3-2　電話03-3214-0621（代表）

https://www.archives.go.jp/

歴史資料として重要な公文書等を保存しており、閲覧ができます。「デジ

タルアーカイブ」では公文書（行政・司法・法人・寄贈寄託文書及び内閣文庫）を検索し、一部は全文も読むことができます。

アジア歴史資料をインターネット公開する「アジア歴史資料センター」があります。

外務省外交史料館

〒106-0041　東京都港区麻布台1-5-3　電話03-3585-4511

https://www.mofa.go.jp/mofaj/annai/honsho/shiryo/

戦前の外務省記録、通信全覧、条約書などの資料や戦後の外交記録等を所蔵しています。『日本外交文書』の編纂・刊行にもあたっています。請求された手続きに従って利用することができます。日本外交文書デジタルアーカイブがHP上にあります。

総務省統計図書館

〒162-8668　東京都新宿区若松町19-1　総務省第2庁舎　電話03-5273-2020（代表）

https://www.stat.go.jp/library/

国、地方公共団体等の統計資料を専門に所蔵する図書館です。ウェブ上で蔵書検索ができます。

図書閲覧（係）　電話　03-5273-1132　メール　q-etsuran@soumu.go.jp

統計相談（係）　電話　03-5273-1133　メール　toukeisoudan@soumu.go.jp

東京大学法学部研究室図書室外国法令判例資料室

〒113-0033　東京都文京区本郷7-3-1　東大法学部3号館　電話03-5841-3172・3137（レファレンス）

https://www.lib.j.u-tokyo.ac.jp/center/gaise.html

法学部研究室図書室全体としては約76万冊の図書、約5,900種類の雑誌を所蔵しており、必要な手続きを経て学外者も利用できます。外国法令判例資料室（旧外国法文献センター）は海外の法令・判例・条約集など、約7万7,000冊を収集しています（2015年10月調べ）。

CRIC 著作権情報センター

〒169-0074　東京都新宿区北新宿2-21-1　新宿フロントタワー32階 TEL 03-5348-6030 FAX 03-5348-6200　https://www.cric.or.jp/index.html

知的財産権に関する資料を収集し、公開しています。国内法令、条約のほ

か「著作権文献・資料検索」のデータベースがあります。「資料室ウェブサイト」では所蔵資料の検索ができます。

大宅壮一文庫

〒156-0056　東京都世田谷区八幡山3-10-20　電話 03-3303-2000
https://www.oya-bunko.or.jp/

約1万タイトル、76万冊の雑誌と7万冊の書籍を収集しています。週刊誌など一般誌を大量に所蔵している点が特徴で、大宅式分類法で作成した索引総数614万件（2015年3月現在。年間約20万件ずつ増加）、人名索引約14万人（271万件）、件名索引約7,000項目（343万件）を擁しています。採録時期は明治時代から現在までです。館内で閲覧することができます。入館料300円で、雑誌10冊まで閲覧可。10冊超える場合は10冊ごとに100円追加。資料複写、ファクシミリサービスなど有料。

ジェトロ（日本貿易振興機構）　https://www.jetro.go.jp/news/announcement/2018/edf2ec391a7d023e.html

ジェトロ・ビジネスデータベースコーナー（東京）　https://www.jetro.go.jp/db_corner.html

国際ビジネスの専門コーナーです。

ジェトロにはビジネスライブラリーのほかに以下の研究所があります。

ジェトロ　アジア経済研究所　https://www.ide.go.jp/Japanese/

〒261-8545　千葉県千葉市美浜区若葉3-2-2　電話 043-299-9500（代表）

主にアジア経済ですが、広くオセアニアやアフリカにわたる資料を所蔵しています。

定期刊行物・図書・報告書・レポート・統計などを出版しています。

蔵書目録（OPAC）https://opac.jetro.go.jp/

2.4 法律関係の文献目録・データベースで図書を探す

これまで、国立情報学研究所や国立国会図書館の蔵書データベースを使って、大学図書館や国立国会図書館に収蔵されている図書の検索方法をみてきました。

この２つのデータベースで検索することにより、多くの図書の書誌情報が得られますが、大学図書館や国立国会図書館、そのほかいわゆる「図書館」の蔵書目録ですべての書籍がヒットするわけではありません。法律関係の図書をより広く探すためには、蔵書目録以外の文献目録・データベースを利用します。法律の分野専門の文献目録・データベースがあります。第一法規と日本評論社が有料データベースを提供しているので、ここではその２つについて説明し、そのほかの印刷体の文献目録はリスト（表４-３）で紹介します。

(1) 『法律判例文献情報』（法律判例文献情報研究会編、第一法規）

法律に関する図書、論文、判例、判例評釈などを検索できる印刷体の索引誌として1981〔昭和56〕年に創刊されました。ウェブ版もある総合データベースです。法分野のリサーチには欠かせないツールです。

文献編と判例編があり、相互に参照することができます。印刷体は法体系ごとに編集されています。1982年からの法律新刊図書・法律論文・署名入り新聞記事などを収録しています。年刊索引号は事項別で、巻末に著者名索引がありましたが、2008年版までの刊行です。ウェブ版は契約データベース「D1-Law.com 法情報総合データベース」の１つとしても提供されています。更新回数は約週１回、収録数は図書・雑誌論文合わせて文献編約65万件、判例編４万8,000件です（2015年10月５日現在）。

(2) 雑誌 『法律時報』「文献月報」（日本評論社）

『法律時報』の毎号巻末に掲載している「文献月報」は、1929年創刊時から現在までの法律図書・論文などの情報を収録しています。印刷体の累積版としては約55万件を収録しています。ウェブ版「法律文献総合 INDEX」はそれらの法情報を基盤とするデジタルデータベースとして作成され、現在も

表 4-3　法学関係文献目録リスト

タイトル	戦後法学文献総目録　Ⅰ〜ⅩⅢ　(1978〜1996)
収録年 発行所 特　徴	1945 年より 1992 年まで 日本評論社 法律時報の「文献月報」を集成。『法学文献総目録』の続編。図書 / 雑誌論文併載。法体系別に編集

タイトル	法学文献総目録　1〜3 巻　(1979〜1980 刊)
収録年 発行所 特　徴	1916 年より 1944 年まで 日本評論社 1 巻は 1916〜1930 年刊行の文献を収録。2・3 巻は法律時報の「文 献月報」を集成。図書 / 雑誌論文併載。法体系別に編集

タイトル	和漢図書目録
収録年 発行所 特　徴	1936 年（昭 11）より 司法省、法務図書館 元誌は司法省刊。追録は法務図書館刊。追 2・3 の第 1 分冊：法律図書、 第 3 分冊：著者索引

タイトル	最高裁判所図書館月報　邦文図書の部
収録年 発行所 特　徴	1951 年より　継続前誌：最高裁判所図書館図書月報 最高裁判所 法律図書と一般図書に分け、2 ヵ月分ごとに掲載。最高裁判所図書目 録に未収録の最近受入の図書が検索できる。

タイトル	最高裁判所法律図書目録　和書の部 (1964〜1966 刊)増加 1〜7 (1969〜1999 刊)
収録年 発行所 特　徴	1950〜1999 年刊 最高裁判所図書館 1990 年版：同年 6 月末現在、著者索引あり。 1996 年版：第 1 分冊 1962 年 12 月末現在、第 2 分冊 1964 年 3 月現在、 第 3 分冊： 著者索引 増加版 1〜7 (1969〜1999)

タイトル	日本件名図書目録
収録年 発行所 特　徴	1927 年より 日外アソシエーツ 一般件名、人名、団体名、地名などで検索できる。1977〜84 年は法律・ 司法の分野で 1 冊にまとめられている。件名の五十音順

タイトル	**法学研究の栞**	
収録年	上：1951（昭26）　下：1950（昭25）	
発行所	東大学生文化指導会	
特　徴	法分野ごとに配列、図書/雑誌論文併載	

タイトル	**邦文法律関係記念論文集総合目録**　（1988刊）	
収録年	1984（昭59）年12月末までに刊行された記念論文集を収録	
発行所	法律図書館連絡会編	
	国立国会図書館刊	
特　徴	個人の部は被伝者、団体の部は被記念団体の五十音順、執筆者索引あり、法律図書館連絡会加盟館37館（発刊当時）の所蔵も掲載	

毎月寄贈される法律学・政治学関係の単行本と1,000種の雑誌からの法情報を継続して配信しています。大学図書館や法科大学院図書館などで契約データベースとして利用されています。

　総合検索の項目：【フリーキーワード】【執筆者名】【出典名】【法律時報発行年月】【単行本発行年月】そのほか「文献」「判例評釈」「執筆者名等」の検索タブがあり、【発行所】や【ISBN】などで検索できます〔→ p.349〕。更新は月1回。

Q 消費税が8％に増税されてから1年以上たち、消費税法を読んでみたのですが、どこにも8％とは書かれていないのですが。また10％に上がるそうですが、根拠となる条文を知りたいです。

A 六法で消費税法を読んでみましょう。『六法全書』で「第29条　消費税の税率は、100分の7.8とする」とあります。「消費税は8％ではなかったか」と疑問に思い、総務省の「法令データ提供システム」で改めて調べてみるとこちらは6.3％になっています。この差はいったい何でしょう。ここが法令探しのむずかしさです。確かに平成24年の法律改正で消費税率は8％にあがったのですが、実は消費税率は国6・3＋地方1.7両方を合わせたもので、それで消費税8％にアップとなりました。それでは『六法全書』の7.8％は何かというとこれはすでに2段階目の消費税率アップが見込まれた数字でした。地方税率の2.2％とあわせて10％になるという計算です。

IV
2

このような複雑な法令探しに助けとなる文献を探してみましょう。第2節法令を調べるでも紹介されましたが、立法についての情報誌である『時の法令』には以下の記事があります。

「消費税法の改正──社会保障・税一体改革関連法」上竹良彦（財務省主税局税制第二課）時の法令　1927号4頁

　また国税庁のウェブサイトにも消費税についてのタイムリーな説明があります。消費税など市民生活に直接影響する法令も正確に理解するのは容易なことではないことがわかります。

Q 裁判員裁判に関心があるのですが、量刑相場について書かれた本を探しています。小説や研究書は見つかったのですが、実例が書かれているものはないのですか。

A 量刑相場を一覧にした本があったと思いますが、一般の本屋さんで売られている本ではないと思います。裁判所や日本弁護士連合会のウェブサイトで調べてみるのもよいですね。Googleで検索してみてその結果一覧で信頼性のあるページを拾っていきましょう。もちろんキーワードは量刑です。裁判所の委員会で配布されたと思われるPDFがみつかりました。
資料6「量刑分布等について」（2015年10月12日取得）
http://www.courts.go.jp/saikosai/vc-files/saikosai/file3/80809013.pdf
殺人から覚せい剤取締法違反まで処断罪別に表になっています。
日本弁護士連合会のサイトを開いて「量刑調査」でページ内検索をかけると、第一東京弁護士会刑事弁護委員会が「量刑調査報告集」という本を何回か刊行したことがわかりました。弁護士会館ブックセンターのウェブサイトで最新刊が入手できます。
『量刑調査報告集4』第一東京弁護士会刑事弁護委員会 編（第一東京弁護士会）2015〔平成27〕年
　また量刑に関しては以下のような論文がネット上で読めることもわかりました。
「わが国における量刑法改革の動向」（井田良）慶應法学　第7号（2007年）1頁
　現在、裁判員に対して量刑データベースの公開がなされているようですが、

裁判員制度が始まる前にこのような研究が進んでいたようです。

3. 論文を探す

3.1 論文を探す前に

　論文は雑誌や紀要などの定期刊行物、専門書や記念論文集に収録されるなどして公刊されます。図書は刊行までにある程度の期間を要しますが、雑誌は図書に比べて一般的に製作期間が短いため、雑誌に掲載される論文は速報性が高いといわれています。また、最初は雑誌論文として公表された複数の論文が、ある時点で図書としてまとめられて出版されることもあります。

　多くの図書館では、継続購入している雑誌の過去の分は合冊製本し、新刊分は一冊ごとの雑誌の形で利用させています。一見別物ですが、内容は連続していますので、形態上の特徴も覚えておきましょう。

　デジタルで公開される論文も徐々に増えてきました。その多くは逐次刊行物として刊行された後、デジタル化されて、オフライン、オンラインで公開されています。主要法律雑誌の記事も次々とデジタル化され、法情報の総合的なパッケージの1つとして契約され利用されることも多くなってきました。単体でデジタル配信の契約ができるものもあります。学術論文のデジタル化はNIIでも試験的、限定的に行われていましたが、その後、インターネットの飛躍的な発展のなかで、無料で利用しやすいシステムの改良が行われました。各大学においても独自のリポジトリ（教職員・学生の研究成果を一定のシステムに保管し、インターネットを通じて国内外に公開する〔→ p.337〕）の構築に取り組んでいますので、その成果も徐々に蓄積され、ウェブ上で公開されてきています。

　その傾向を追いながら法学論文の検索方法全体を見ていきたいと思います。

3.1.1　法律雑誌にはどのようなものがあるか

　法律の雑誌には発行主体によって、商業誌、大学の紀要、行政機関・立法機関・司法機関・政党が発行する雑誌、学会が発行する学会誌などの種類があります。判例集、白書、統計資料など逐次的に刊行される資料をすべて雑誌として取り扱う場合もありますが、本書では、これらの資料は関連する他

例示4-3　法律総合雑誌

の章で紹介してあります。ここでは商業誌の代表的な数点について紹介し、大学紀要の特徴についてふれますが、どのような雑誌があるかについては巻末付録の「文献略語表」〔→ p.401〕を参照してください。

(1)　商業誌

　出版社の発行する雑誌です。法律分野の商業誌には実務家向けの情報を掲載している雑誌、研究者対象の学術誌、法学部や法科大学院の学生対象の学習雑誌、司法試験等のための受験雑誌などがあります。判例掲載誌は第Ⅲ部で詳述します〔→ p.182〕。代表的な法学雑誌を紹介します。

①法律総合雑誌

月刊『ジュリスト』（有斐閣）1952〔昭和27〕年〜

季刊『論究ジュリスト』（有斐閣）2012〔平成24〕年〜

　法律の解釈や立法動向、裁判実務上の問題などをとりあげる法律雑誌です。旧『ジュリスト』は月2回の刊行でしたが、2012年1月より月1回刊行にかわり、新たに季刊増刊で『論究ジュリスト』が発刊され、2分冊化されました。『ジュリスト』は実務家・一般市民向けの「使える雑誌」で、『論究ジュリスト』は学者・研究者向けの「考える雑誌」であるとされています。

　索引：事項別・執筆者別索引が1200号までほぼ100号ごとに別冊で刊行

　別冊ジュリスト

　『判例百選シリーズ』基本的な判例を見開き一枚の分量で解説・評釈して

Ⅳ

3

います。法学部、法科大学院の学生には必須の雑誌とされており、法分野別に刊行され、新しい判例を収録しつつ版を重ねています。引用を書く場合は版表示も重要です。

（例：労働判例百選第1版〜第8版刊行）

シリーズの開始期（1960〜1964）

判例百選：ジュリスト200号記念号、続判例百選：211-2臨時増刊、憲法判例百選：276-2臨時増刊、その後、行政判例百選などが臨時増刊で刊行され、別冊となったのは1965年の刑事訴訟法判例百選からです。

臨時増刊：『重要判例解説』（年刊）、『学説展望』（300号特別記念）、『判例展望』（500号特別記念）などです。

増刊：「法律学の争点シリーズ」「新・法律学の争点シリーズ」「最高裁時の判例」は継続して刊行。「基本判例解説シリーズ」「基礎法学シリーズ」、そのほか特集号もあります。

ジュリスト電子版は240ページを参照してください。

『法律時報』（日本評論社）月刊　1929〔昭和4〕年〜

商業雑誌としては最も歴史のある法律総合学術誌です。各号、特集と論考、判例研究、新法令解説などから構成され、毎号巻末に「文献月報」「判例評釈」リストが掲載されています。

毎年12月号は、『〇年学界回顧』という特集号で、法分野ごとにその年の研究動向がまとめられ、主要文献の紹介や評価も掲載されています。

臨時増刊：『判例回顧と展望』毎年春に刊行され、前年の主要判例の紹介や評釈を掲載しています。

『私法判例リマークス』：年2回の刊行。1990〔平成2〕年〜「民法」「商事法」「民事手続法」「国際私法」の判例の評釈を掲載。

『法学教室』（有斐閣）

第1期：別冊ジュリストとして刊行　1（1961.7）〜8（1963.11）

第2期：別冊ジュリストとして刊行　1（1973.5）〜8（1975.7）

月刊版は1980〔昭和55〕年より継続して刊行されています。

主に法学部学生・大学院生向けの法学雑誌です。ジュリストの姉妹誌。

索引：年度内容一覧（毎年 3 月号掲載、2014年まで）、「全記事索引」
CD-ROM（法学教室2000年10月号特別付録）。

別冊：『基本問題シリーズ』『基本判例シリーズ』（現在は増刊）

別冊付録：『判例セレクト』年刊で継続。1986 ～ 2000年、2001 ～ 2008年、
2009 ～ 2013年合本もあり。

電子版は240ページを参照してください。

『法学セミナー』（日本評論社）月刊　1956〔昭和31〕年～

おもに法学部学生・大学院生向けの法学雑誌です。

総目録： 1 ～ 100号、 1 ～ 200号別冊で刊行。その後は毎年 3 月号に年間
総目次があります（2013年まで）。

別冊：『新基本法コンメンタール』『基本法コンメンタール』『基本判例シ
リーズ』『新・総合特集シリーズ』

別冊：『司法試験の問題と解説○年』（2006年、2007年は増刊、2011年まで
は『新司法試験の問題と解説○年』のタイトル）

増刊：『速報判例解説』2007〔平成19〕年～ 2011〔平成23〕『新・判例解
説 Watch』2012〔平成12〕年～

電子版は240ページを参照してください。

『法曹時報』（法曹会）月刊　1949〔昭和24〕年～

立法、司法に関する論文、解説、 1 年間の事件の概況などが掲載される雑
誌で、研究者、実務家が対象です。最高裁判所調査官の執筆による最高裁
判所判例解説は、最初にこの雑誌に掲載され、一年分がまとまった時点で
『○年度最高裁判所判例解説』として刊行されます。

(2) 判例掲載雑誌

『判例時報』（判例時報社）旬刊

判例の掲載を主としている法律雑誌です。下級審の判例を探すためには必
須の資料です。

『判例タイムズ』（判例タイムズ社）月 2 回刊

『判例時報』とともに判例を掲載している主要な雑誌です。民商法関係の
判例が充実しています。

(3) 分野別法律雑誌

『**民商法雑誌**』（有斐閣）月刊　1935〔昭和10〕年～

　民商法関係の代表的な雑誌で、「論説」「判例批評」「判例紹介」等の記事があります。各巻 6 号に総目次あり〔→ p.236〕。

『**民事月報**』（法務省民事局／法曹会）月刊　1944〔昭和19〕年～

　戸籍、不動産登記、商業・法人登記などに関する論説、法令等が掲載されます。通達・回答もあります。

『**NBL**』（商事法務）月 2 回刊　1971〔昭和46〕年～

　物権、債権などの民法分野や商法、経済法、コンプライアンス、民事訴訟法、会社更生法、不動産関連法規など、ビジネス法務のテーマを専門に扱っています。研究者、弁護士、官庁の担当者、企業の法務担当者が多く執筆。総索引は上期（ 6 月15日号）、下期（12月15日号）に掲載（2014年まで）。

『**(旬刊) 商事法務**』（商事法務）月 3 刊　1955〔昭和30〕年～

　商事法を主とした実務雑誌で、執筆は弁護士、官庁の担当者、研究者。商事法関係の改正法案や意見書などの資料も早く掲載されます。索引は別刷付録で年 2 回、 6 月25日号と12月25日号の付録として刊行。掲載号別とテーマ別あり。

『**刑事法ジャーナル**』（イウス出版／成文堂、28号より成文堂）季刊　2005〔平成17〕年～

　論説、特集のほか「刑事立法の動き」「外国刑事法務事情」「外国刑事法学事情」「刑事裁判例批評」などを連載しています。内容索引は No.1 ～ No.9 （No.10に収録）、No.10 ～ No.19 （No.20に収録）、No.20 ～ No.30 （No.31に収録）、No.31 ～ No.42 （No.43に収録）。

『**季刊刑事弁護**』（現代人文社）季刊　1994〔平成 6 〕年～

　毎号刑事弁護に関する特集が組まれます。実務の問題、研究の課題双方を取り上げています。増刊として『刑事弁護 Beginners』『少年事件 Beginners』があります。

『**警察学論集**』〔警察大学校編、立花書房〕月刊　1947〔昭和23〕年～

　数少ない刑事法関係の雑誌です。法務省、警察庁関係の実務家の論文も掲載されます。「刑事判例研究」が連載されています。索引は次巻 1 号の巻末に掲載。

(4) 大学紀要

大学・研究機関が編集・発行する研究論文誌です。主にその大学に所属する教員や大学院生の執筆する論説や判例研究、資料、書評などが掲載されます。ほかの大学や学術団体との間で寄贈交換していますので、多くは大学の図書館などで閲覧できます。デジタル化も進んでいますので、以下も参照のこと→3.1.2　デジタル雑誌〔p.333、表4-4　本文が読める大学紀要〕。

雑誌名が同名のものや、同名ではなくても似通っていて、特定がむずかしいものがある（たとえば、「法学」ということばを使った誌名が多い）ので、大学名など発行主体を知ることが重要です。

[例]　『法学研究』：95タイトル
　　　（慶應義塾大学法学研究会、愛知学院大学法学会など）
　　　『法学論集』：27タイトル
　　　（鹿児島大学法文学部、関西大学法学会など）（「CiNii」調査
　　　2015.10.7）

1つの学部に複数の紀要があることも多く、学術研究雑誌、研究活動報告誌、大学院の研究発表誌などそれぞれ種類や刊行母体の異なる紀要が発行されている場合があります。

法学の論文は法学部の紀要に掲載されるだけではなく、隣接分野である政治学、経済学、歴史学系の学部の紀要にも掲載されることがあるので、法学部の紀要以外の雑誌も視野に入れることが大切です。

2004年より開校された法科大学院刊行の紀要も増えました。2015年10月現在、『慶應法学』など30校の法科大学院刊行の紀要があります。

(5) 学会誌

それぞれの学会が定期的に発行する機関誌で、学会での発表の成果や、個別研究論文、書評などその学会にかかわる記事が掲載されます。その分野での研究の動向を知ることができます。また注目される本・論文などの紹介や文献目録・抄録が掲載されるものもあります（誌名末の数字は創刊年）。

『アメリカ法』（日米法学会）1965
『年報医事法学』（日本医事法学会：日本評論社）1986
『家族〈社会と法〉』（日本家族〈社会と法〉学会：日本加除出版）1985
『企業法学』（企業法学会：商事法務）1992-2009

『**金融法研究**』（金融法学会）1985

『**空法**』（日本航空法学会：勁草書房）1955

『**刑法雑誌**』（日本刑法学会：有斐閣）1950

『**憲法研究**』（憲法学会）1962

『**公証法学**』（日本公証法学会：成文堂）1972

『**交通法研究**』（日本交通法学会：有斐閣）1971

『**公法研究**』（日本公法学会：有斐閣）1949

『**国際私法年報**』（国際私法学会：信山社）1999

『**国際人権**』（国際人権法学会）1990

『**国際法外交雑誌**』（国際法学会：有斐閣）1902

『**ジェンダーと法**』（ジェンダー法学会：日本加除出版）2004

『**私法**』（日本私法学会：有斐閣）1949

『**司法福祉学研究**』（日本司法福祉学会）2001

『**社会保障法：日本社会保障法学会誌**』（日本社会保障法学会）1986

『**消費者法**』（日本消費者法学会：民事法研究会）2009

『**情報ネットワーク・ローレビュー**』（情報ネットワーク法学会：商事法務）
2003

『**信託法研究**』（信託法学会）1977

『**成年後見法研究**』（日本成年後見法学会、民事法研究会）2004

『**税法学**』（日本税法学会）1951

『**租税法研究**』（租税法学会：有斐閣）1973

『**仲裁と ADR**』（仲裁 ADR 法学会：商事法務）2006

『**著作権研究**』（著作権法学会：有斐閣）1967

『**日独法学**』（日独法学会）1977

『**日仏法学**』（日仏法学会：有斐閣）1961

『**日本教育法学会年報**』（日本教育法学会：有斐閣）1972

『**日本経済法学会年報**』（日本経済法学会：有斐閣）1998

『**日本工業所有権法学会年報**』（日本工業所有権法学会：有斐閣）1978

『**日本国際経済法学会年報**』（日本国際経済法学会：法律文化社）1995

『**日本スポーツ法学会年報**』（日本スポーツ法学会：エイデル研究所）1994

『**日本不動産学会誌**』（日本不動産学会）1985

『**日本法医学雑誌**』（日本法医学会）1944

『日本労働法学会誌』（日本労働法学会）1965

『農業法研究』（農業法学会：有斐閣）1958

『犯罪學雑誌』（日本犯罪學會：犯罪學雑誌發行所）1929

『犯罪社会学研究』（日本犯罪社会学会：立花書房）1976

『被害者学研究』（日本被害者学会：成文堂）1992

『比較法研究』（比較法学会：有斐閣）1950

『防衛法研究』（防衛法研究会）1977

『法社会学』（日本法社会学会：有斐閣）1951

『法制史研究』（法制史学会：創文社）1952

『法曹養成と臨床教育』（臨床法学教育学会：日本加除出版）2009

『法哲学年報』（日本法哲学会：有斐閣）1953

『法と教育』（法と教育学会：商事法務）2010

『法とコンピュータ』（法とコンピュータ学会）1983

『法と心理』（法と心理学会：日本評論社）2001

『法と精神医療』（法と精神医療学会：成文堂）1987

『民事訴訟雑誌』（民事訴訟法学会：法律文化社）1954

（以上、法律関係の学会で発行している機関誌リスト　誌名の五十音順）

3.1.2　デジタル雑誌

　海外の法律データベース「LexisNexis」や「Westlaw」「beck-on-line」では、論文名や著者などの書誌が検索できるだけでなく、相当数の論文（LEXIS で約600タイトルの雑誌）それ自体をフルテキストで入手できるものもあります。日本では書誌検索にとどまるデータベースがほとんどでしたが、本文を読むことができるものも増えています。有斐閣や日本評論社、商事法務などのデジタル化された雑誌記事本文を複数の総合データベースで利用することができます。

　個々の雑誌をデジタル契約することもできます。雑誌のオンライン書店「Fujisan」（https://www.fujisan.co.jp/category/107/）は雑誌の定期購読等の専門書店で、デジタル雑誌の配信をしています。「ビジネス・経済」の項目で『判例タイムズ』がヒットしました。速報性、買い忘れ防止、場所もとらないなど個人で雑誌を購入する場合のメリットはあります。以下にデジタルで読める雑誌を総合データベースごとに説明します。

①有料の雑誌本文情報

（株）LIC「LLI/DB 判例秘書 INTERNET・判例秘書 DVD」「判例秘書アカデミック版（LLI 統合型法律情報システム）」

1．『判例タイムズ』『ジュリスト』『金融・商事判例』『旬刊金融法務事情』『労働判例』『最高裁判所判例解説』『銀行法務21』『法学教室』の記事が PDF ファイルで収録されています。インターネット版は同社の「LLI 判例検索」の関連判例にリンクしています。複数の雑誌の横断検索もできます。創刊号から収録されていますが、新刊の記事は読めません。

2．掲載年度：『最高裁判所判例解説』昭和29年度～平成22年度、『判例タイムズ』創刊号～ 1409号、『旬刊金融法務事情』創刊号～ 2016号、『金融・商事判例』創刊号～ 1464号、『労働判例』創刊号～ 1107号、『銀行法務21』創刊号～ 785号『ジュリスト』創刊号～ 1474号、『論究ジュリスト』創刊号～ 11号『判例百選』創刊号～行政判例百選Ⅱ［第 6 版］『法学教室』創刊号～ 366号（2015年11月15日現在）。

有斐閣「オンラインデータベース」「Vpass」

有斐閣が刊行している雑誌本文、辞典、六法などの法令集を基本とし、既存の判例データベースと組み合わせることによって総合的な法情報のサービスを提供しています。それぞれの雑誌等は単体でも契約することができます。収録範囲は『ジュリスト電子版』ジュリスト1260号～最新号『論究ジュリスト電子版』論究ジュリスト 1 号～最新号、『法学教室電子版』法学教室307号～最新号、『法学教室アーカイブ』法学教室（第 1 期）・法学教室（第 2 期）・月刊 1 号～ 306号、『判例百選電子版』判例百選・重要判例解説2008年以降の刊行分から最新号、『判例百選アーカイブ』「判例百選」（1960年）から「商標・意匠・不正競争判例百選」（2007年11月）まで、重要判例解説シリーズは、「昭和41年度・42年度重要判例解説」から「平成25年度重要判例解説」まで。基本判例解説シリーズ、基本判例シリーズ等。『民商法雑誌電子版』民商法雑誌141巻 1 号～最新号、『判例六法Professional』平成27年版、『法律用語辞典』（第 4 版）『六法全書電子復刻版』昭和32年度から前年度版

（株）LIC の「判例秘書 INTERNET」「LLI 統合型法律情報システム」、（株）TKC の「ロー・ライブラリー」（法科大学院向けデータベースのパッケージ）、第一法規「D1-Law.com」、ウエストロー・ジャパンの

「Westlaw Japan」からも利用できます。

有斐閣の CD-ROM、DV-ROM のコンテンツ

「六法全書電子復刻版 DVD、〔昭和32年版～平成23年版〕」「法学教室 DVD〔第一期〕〔第二期〕月刊法学教室〔創刊号～ 366号〕」「判例百選 DVD、2003年11月発行　2010年12月追補版発行　2013年 8 月追補版発行」「ジュリスト DVD〔創刊号～ 1474号〕2001年10月発行　2015年 9 月追補版発行」「ジュリスト内容索引 CD-ROM、創刊号～ 1100号」

（株）TKC「ロー・ライブラリー」のデータベース

法科大学院向けに作られたものですが、個人でも契約すれば利用することができます。「ロー・ライブラリー」の主軸は判例のデータベース「LEX/DB」ですが、このシステムには基本データベースとして以下のデータベースなどが含まれています。

「公的判例集データベース」「刑事事件量刑データベース」「Super 法令Web」「法学紀要データベース」（参加大学が提供する紀要の相互利用ができるデータベースです。フリーワード、執筆者名で検索できます。）「新・判例解説 Watch」「法学資料データ（リンク集)」「ローレビュー（リンク集)」「法学協会雑誌データベース」「国家学会雑誌データベース」

また、出版社のデータベースとしては以下の雑誌本文が読めます。オプションとしての契約が必要です。創刊号から直近の号（出版社によって時期は異なる）までを収録しています。

●日本評論社のデジタル資料

『法律時報』ウェブ版

「法律時報」：本誌『法律時報』、別冊『判例回顧と展望』別冊『私法判例リマークス』特集『学界回顧』の書誌（テキスト）と本文（PDF）を、創刊号から最新の 1 ヵ月前まで収録しています。

『法学セミナー』ウェブ版

本誌『法学セミナー』の主に学習用連載を除く記事の PDF 版で、2009年からは原則としてすべての記事を収録しています。

『私法判例リマークス』「インターネットコンメンタール」

●有斐閣のデジタル資料〔→ p.334参照〕

●商事法務研究会のデジタル資料

『旬刊商事法務』『資料版商事法務』『NBL』

●判例タイムズ社のデジタル資料

『判例タイムズ』『主要民事判例解説』『別冊判例タイムズ』

●中央経済社のデジタル資料

『旬刊経理情報』『企業会計』『税務弘報』

●法曹会

『最高裁判所判例解説』『法曹時報』

そのほか、『旬刊金融法務事情』『季刊刑事弁護・無罪判例要旨』『交通事故民事判例集 Web』「交通事故裁定例集 Web」『判例地方自治』『季刊労働法』「公正取引ウェブ」のデータベースもあります。

「LEX/DB」でヒットした個々の判例から、収録している雑誌データベースの判例評釈記事にリンクしています。また雑誌の記事からも関連の判例にリンクしています。

「Lexis AS ONE」（Lexis Nexis JP）の総合データベース

判例、法令も調べることができますが、ほかに「文献情報検索」「記事・コラム」もあります。検索項目は【著者名】【出版社】【雑誌・文献名】などです。書籍、雑誌、「主要34誌」の文書種別を選択できます。

判例解説の掲載は以下の4誌です。

『判例タイムズ』創刊号〜 1412号、『旬刊金融法務事情』創刊号〜 1999号『金融・商事判例』創刊号〜 1469号『労働判例』創刊号〜 1112号

本文の収録コンテンツは以下です。

『Business Law Journal』創刊号（平成20年4月号）〜（平成27年10月号）

その他「時事解説」「Business Lssues」などのカテゴリーがあります。

一般誌300誌、紀要370誌の46万件の法律文献の書誌情報も収録し、「主要34誌」は雑誌によって違いがありますが、ほぼ平成元年からの刊行物を網羅しています。2万4,000件の書籍文献情報も収録しています（2015年8月28日時点）。

「Westlaw Japan 日本法総合オンラインサービス」

契約のタイプとしては個人向け「Westlaw Japan Basic Package」と法人向け「Westlaw Japan Pro Package」に分かれ、それぞれに基本コンテンツと追加オプションコンテンツがあります。いずれにおいても判例、法令のほかに、文献が収録されています。

「Westlaw Japan Basic Package」

１．基本コンテンツ

WLJP Book Shelf

　裁判法大系30巻、判例・法令解説書23冊、経済法令別冊金融商事判例
（４巻）、知的財産法の理論と実務（４巻）、東京大学法科大学院ローレビ
ュー（全巻）、京都大学「法学論叢」（全巻）

２．有料オプションコンテンツ

「判例タイムズ」＋別冊判例タイムズ「主要民事判例解説」　、「法の支配」、
有斐閣 Vpass、有斐閣ジュリスト等の電子版、「民商法雑誌」、時の法令の
「法令解説」、「六法全書電子復刻版」、「法律用語辞典」、「判例六法
Professional」、加除式書籍

「Westlaw Japan Pro Package」

１．基本コンテンツ

「Westlaw Japan Basic Package」の基本コンテンツ

「判例タイムズ」、別冊判例タイムズ「主要民事判例解説」

２．追加オプションコンテンツ

「Westlaw Japan Basic Package」の追加コンテンツとほぼ同様

　2015年８月より『最高裁判所判例解説』『法曹時報』が有料オプション
コンテンツに加わりました。

②無料の学術論文本文情報

「CiNii Articles」　https://ci.nii.ac.jp/

　各大学・研究機関でリポジトリの構築〔→ p.326〕が進められており、ウ
ェブサイトで紀要の本文情報が読める大学が増えています。また、NII
（国立情報学研究所）では、365万件の論文本文を PDF 化して「NII-ELS」
として集録しています。ほかの学術論文情報とともに「CiNiiArticles」
（「CiNii 論文情報ナビゲーター」の後継 DB）」で利用できます。創刊時か
らすべての論文を公開している紀要と、ある時期から公開を始めた紀要と
がありますから、収録の巻号を確認する必要があります。また、論文など
主な記事のみを公開しているか、すべてを公開しているかは、紀要によっ
て異なりますから注意が必要です。「CiNii」DB には収録がないリポジト
リの本文情報も多数あります。「日本の大学図書館、公共図書館とのリン
ク＋ OPAC」（上田修一作成）には大学図書館の OPAC とリポジトリー

の情報が収録されています〔表 4 – 4 本文が読める法学紀要→ p.339〕を参照。

「Google Scholar」 https://scholar.google.com/
「人物を探す」の項でもふれましたが、「Google Scholar」は多くのウェブ情報のなかから、学術情報・資料を選択して探す際に便利なサーチエンジンです〔→ p.266〕。ヒットするサイトは大学・研究所、書店、出版社、図書館関係などが多く、学者・研究者なら大学の授業や試験、著書、論文などネット上で公開されている情報など、図書や論文なら出版社や書店からの情報、法曹関係なら弁護士の発信するウェブサイトやブログなどが多くヒットします。図書や論文の書誌が表示され、論文であれば掲載雑誌名、収録されているデータベース名がわかり、大学のリポジトリに蓄積されている場合、または「CiNii Articles」の論文 PDF に掲載されている場合は、本文が読めます。関連情報や引用情報（その論文がほかの著書、論文で引用されている場合は、その書誌あるいは本文）も表示されるのが特徴です。出版社は学術専門誌のコンテンツをインデックスに登録することによって、より多くのユーザーに情報を提供することができます。また、図書館リンクプログラムに参加している図書館では、ヒットした資料に関する図書館での情報が得られます。ハイライト表示された論文には全文へのリンクがあり、ウェブ上で全文を読むことができます。
「CiNii Articles」（国立情報学研究所）とのリンクがあるので、収録されている論文の情報もわかります。

表4－4　本文が読める法学紀要（2016年1月10日までの「CiNii Articles」のコンテンツと各大学のウェブサイト上に掲載されたリポジトリ情報による。）

	大学名	誌名	Ciniiの本文情報（リンク）	リポジトリ
あ	朝日大学	朝日法学論集	31(2004)～44・45(2013)	朝日大学機関リポジトリ 41(2011)～46(2014)
	亜細亜大学	亜細亜法学	1(1)(1966)～49(2)(2015)	亜細亜大学学術リポジトリ 1(1)(1966)～50(1)(2015)
	大阪大学	Osaka University Law Review	1(1952)～57(2010)	大阪大学学術情報庫（OUKA） 1(1952)～60(2013)
	大阪経済法科大学	法学論集	66(2008)	
	大阪市立大学	法学雑誌	43(1)(1996)～60(3・4)(2014)	大阪市立大学学術情報総合センター 紀要論文データベース 57(1)2010～60(3・4)2014
	大宮法科大学院大学	大宮ローレビュー	1(2005)～5(2009)	
	岡山商科大学	岡山商科大学法学論叢	13(2005)～15(2007)	
	岡山大学	岡山大学法学会雑誌	30(1981)～65(2015)	岡山大学学術成果リポジトリ 30(1981)～65(2015)
	沖縄大学	沖大法学論叢	1(1)(1975)～2(1)(1976)	沖縄地域学リポジトリ AIRnet 1(1)(1975)～2(1)(1976)
		沖大法学	3(1980)～21(1999)	沖縄地域学リポジトリ AIRnet 3(1980)～19・20(1997)
	沖縄国際大学	沖縄法政研究	1(1999)～10(2008)	沖縄国際大学学術成果リポジ検索 12(2009)、14(2012)、15(2013)
		沖縄法学	27(1998)～37(2008)	沖縄国際大学学術成果リポジ検索 38(2009)～42(2013)
か	香川大学	香川法学	1(1)(1982)～27(3・4)(2008)	香川大学学術情報リポジト（EARMS） 1(1)(1982)～34(3・4)(2015)
	学習院大学	学習院大学法学会雑誌	リポジトリにリンク	学習院学術成果リポジト(GLIM-IR) 31(1995)-36(1)(2000)
	鹿児島大学	鹿児島大学法文学部紀要法学論集	リポジトリにリンク	鹿児島大学リポジトリ 1(1965)～4(1968)
		鹿児島大学法学論集	33(1)(1998)～40(2)(2006)	鹿児島大学リポジトリ 5(1)(1969)～46(2)(2012)
	神奈川大学	神奈川法学	1(1)(1965)～40(3)(2008)	神奈川大学学術機関リポジトリ 1(1)(1965)～40(3)(2008)
	金沢大学	金沢法学	46(1)(2003)～49(2)(2007) （除く49(1))	金沢大学学術情報リポジトリ 26(1)(1983)～58(1)(2015)
	関西学院大学	法と政治	1(1・2)(1949)～58(3・4)(2008)	関西学院大学リポジトリ 21(2)(1970)～66(3)(2015)
	関西大学	関西大学法学論集	53(3)(2003)～58(6)(2009)	関西大学学術リポジトリ 27(1)1977～65(3)2015
		ノモス	15(2004)～21(2007)	関西大学学術リポジトリ 12(2001)～27(2010)
	九州大学	九大法学	84(2002)～96(2008)	九州大学学術情報リポジトリ QIR 76(1998)～111(2015)
		法政研究	13(2)(1943)～73(4)(2007)	九州大学学術情報リポジトリ QIR 1(1)(1931)～82(1)(2015)

九州国際大学	九州国際大学大学院法政論集	10(2008)〜13(2011)	九州国際大学学術成果リポジトリ 10(2008)〜13(2011)
	九州国際大学法学論集	14(1)(2007)〜20(1)(2013)	九州国際大学学術成果リポジトリ 14(1)(2007)〜20(3)(2014)
京都学園大学	京都学園法学	1(1990)〜75・76(2015)	CiNii情報へリンク
京都産業大学	産大法学	38(1)(2004)〜47(2)(2013)	京都産業大学学術リポジトリ 38(1)(2004)〜49(1・2)(2015)
近畿大学	近畿大学法科大学院論集	1(2005)〜4(2008)	近畿大学学術情報リポジトリ 1(2005)〜11(2015)
	近畿大学法学	50(1)(2002)〜55(4)(2008)	近畿大学学術情報リポジトリ 48(3・4)(2001)〜63(1)(2015)
熊本大学	熊本法学	22(1974)〜121(2010) (除く104,105)	熊本大学学術リポジトリ 22(1974)〜134(2015) ※123(2011)からは全件公開
	熊本ロージャーナル	1(2007)〜4(2010)の一部	リポジトリに掲載なし
久留米大学	久留米大学法学	32・33(1998)〜59・60(2008)	久留米大学学術機関リポジトリに掲載不明
慶應義塾大学	法學研究	オープンアクセスなし	KeiO Academic Resource Archive (KOARA) 81(1)(2008)〜88(4)(2015)
	慶應法学	1(2004)〜32(2015)	KeiO Academic Resource Archive (KOARA) 1(2004)〜32(2015)
甲南大学	甲南法学	45(1・2)(2004)〜54(1・2)(2013)	甲南大学機関リポジトリ 45(1・2)(2004)〜55(4)(2014)
神戸学院大学	神戸学院法学	リポジトリにリンク	神戸学院大学法学会 28(2)(1998)〜43(1)(2013)
神戸大学	Kobe University Law Review	リポジトリにリンク	神戸大学学術成果リポジトリ(Kernel) 創刊号(1961)〜48(2014)
	神戸法學雑誌	リポジトリにリンク	神戸大学学術成果リポジトリ(Kernel) 1(1)(1951)〜65(1)(2015)
	六甲台論集. 法学政治学篇	リポジトリにリンク	神戸大学学術成果リポジトリ(Kernel) 53(2)(2006)〜62(1)(2015)
国士舘大学	国士舘法学	収録なし	国士舘大学学術情報リポジトリ (i-Lib kiss) 第32号 (2000) 現在332件の収録あり 2016年9月以降は新システムに移行
	比較法制研究	収録なし	
駒澤大学	駒澤法曹	1(2005)〜11(2015)	駒澤大学学術機関リポジトリ
	駒澤大学法学部研究紀要	23(1965)〜60(2002)	駒澤大学学術機関リポジトリ 23(1965)〜73(2015)
	駒澤法学	1(1)2002〜2(1)(2002)	駒澤大学学術機関リポジトリ 1(1)2002〜14(1)(2015)
	法学論集	1(1964)〜63(2001)	駒澤大学学術機関リポジトリ 1(1964)〜63(2001)
	駒澤大学大学院公法学研究	収録なし	駒澤大学学術機関リポジトリ 1(1975)〜34(2008)
	私法学研究	収録なし	駒澤大学学術機関リポジトリ 1(1976)〜29(2005)
さ 札幌学院大学	札幌学院法学	21(1)(2004)〜24(2)(2008)	札幌学院大学学術機関リポジトリ 21(1)(2004)〜31(2)(2015)

札幌大学	札幌法学	1(1)1990〜23(2)(2012)	札幌大学学術情報リポジトリ 1(1)1990〜26(1·2)(2015)
志学館大学	志学館法学	2(2001)〜3(2002)	鹿児島県学術共同リポジトリ 1(2000)〜16(2015)
静岡大学	静岡大学法政研究	リポジトリにリンク	静岡大学学術リポジトリ(SURE) 1(1)(1996)〜20(1)(2015)
	静岡大学法経研究	リポジトリにリンク	静岡大学学術リポジトリ(SURE) 22(1)(1973)〜44(4)(1996)
島根大学	島大法学	リポジトリにリンク	島根大学学術リポジトリ(SWAN) 22(1)(1978)〜51(2015)
首都大学東京	東京都立大学法学会雑誌	44(1)(2003)〜45(2)(2005)	首都大学東京機関リポジトリ (みやこ鳥MIYAKO-DORI) 44(1)(2003)〜45(2)(2005)
	法学会雑誌	46(1)(2005)〜48(2)(2007)	首都大学東京機関リポジトリ (みやこ鳥MIYAKO-DORI) 46(1)(2005)〜55(2)(2015)
上智大学	上智法学論集	リポジトリにリンク	上智大学学術情報リポジトリ (Sophia-R) 1(1957)〜 59(2)(2015)※一部本文公開
信州大学	信州大学法学論集	1(2002)〜8(2007)	信州大学学術情報オンラインシステム(SOAR) 1(2002)〜26(2015)
駿河台大学	駿河台法学	19(1)(2005)〜21(2)(2008)	駿河台大学学術情報リポジトリ 19(1)(2005)〜29(1)(2015)
成蹊大学	成蹊法学	リポジトリにリンク	成蹊大学学術情報リポジトリ 74(2011)〜82(2015)
成城大学	成城法学	リポジトリにリンク	成城大学リポジトリ 1(1978)〜81(2012)
専修大学	専修法学論集	リポジトリにリンク	専修大学学術機関リポジトリ (SI-Box) 96(2006)〜124(2015)
	専修ロージャーナル	リポジトリにリンク	専修大学学術機関リポジトリ (SI-Box) 1(2006)〜10(2014)
創価大学	創価法学	創刊号(1971) 〜37(2·3)(2008)	創価大学学術機関リポジトリ 創刊号(1971)〜45(1)(2015)
	創価ロージャーナル	1(2005)〜2(2007)	創価大学学術機関リポジトリ 1(2005)〜2(2007)
た 高岡法科大学	高岡法科大学紀要 高岡法学	1(1990)〜26(2015) 1(1990)〜33(2015)	
拓殖大学	拓殖大学論集 政治·経済·法律研究	6(1)2003〜10(2)(2008)	政治経済研究所 10(1)(2008)〜17(2)(2015)
大東文化大学	大東文化大学法学研究所報	1(1985)〜28(2008)	大東文化大学リポジトリ 1(1985)〜34(2014)
	大東文化大学法学研究所報·別冊	1(1992)〜16(2008)	大東文化大学機関リポジトリ 1(1992)〜22(2014)
	大東法学	創刊号(1974) 〜17(2)(2008)	大東文化大学機関リポジトリ 創刊号(1974)〜24(1)(2014)
	大東ロージャーナル	創刊号(2005)〜4(2008)	大東文化大学機関リポジトリ 創刊号(2005)〜10(2014) 除く5〜8

	大学	雑誌名		
	千葉大学	千葉大学法学論集	20(1)(2005)～30(1・2)(2015)	千葉大学学術成果リポジトリ(CURATOR) 20(1)(2005)～30(1・2)(2015)
	中央学院大学	中央学院大学法学論叢	リポジトリにリンク	中央学院大学法学論叢電子版 創刊号(1987)～29(1)(2015)
	中央大学	法学新報	収録なし	中央大学学術リポジトリ(CHAIR) 121(1・2)(2014)～
		中央ロージャーナル	収録なし	中央大学学術リポジトリ(CHAIR) 10(1)(2013)～
		比較法雑誌	収録なし	中央大学学術リポジトリ(CHAIR) 46(1)～
	中京大学	中京法学	リポジトリにリンク	中京大学法学部学術情報 1(1)(1966)～49(1・2)(2014) 中京大学学術情報リポジトリ 49(1・2)(2014)～50(2)(2015)
		CHUKYO LAWYER	収録なし	中京大学法科大学院法曹養成研究所 創刊号(2004)～23(2015)
		中京大学大学院生法学研究論集	1(1981)～27(2007)	中京大学法学部法学研究科法学研究論集 1(1981)～28(2008)
	筑波大学	筑波ロー・ジャーナル	リポジトリにリンク	つくばリポジトリ(Tulips-R) 1(2007)～18(2015)
		筑波法政	リポジトリにリンク	つくばリポジトリ(Tulips-R) 1(1978)～64(2015)
	帝京大学	帝京法学	収録なし	帝京大学研究・教育リポジトリ WebOPAC 22(1)(2001)～29(2)(2014)
	東京大学	本郷法政紀要	1(1993)～15(2006)	
	東京経済大学	現代法学	リポジトリにリンク	東京経済大学学術機関リポジトリ 1(2000)～29(2015)
	東洋大学	東洋法学	26(1)(1983)～56(1)(2012)	東洋大学学術情報リポジトリ 11(1)(1967)～59(1)(2015)
	同志社大学	同志社法学	1(1949)～55(3)(2003)	同志社大学学術リポジトリ 1(1949)～64(6)(2013)
な	名古屋大学	名古屋大学法政論集	63(1975)～263(2015) 外部リンクのみ	名古屋大学学術機関リポジトリ(Nagoya Repository) 167(1997)～263(2015)
	奈良産業大学	奈良法学会雑誌	15(1・2)(2002)～19(1・2)(2006)	
	新潟大学	法政理論	37(1)(2004)～39(1)(2006)、9(3)(1977)～47(3/4)(2015) 外部リンクのみ	新潟大学学術リポジトリ(nuar) 1(1)(1968)～48(1)(2015)
	日本大学	日本法学	77(1)(2011)～79(3)2013	日本大学リポジトリには収録なし
		政経研究	48(1)(2011)～50(1)(2013)	日本大学リポジトリには収録なし
	ノースアジア大学	秋田法学	リポジトリにリンク	ノースアジア総合研究センター 45(2005)～52(2011)
は	白鴎大学	白鴎法学	1(1994)～21(1)(2014)	
		白鴎大学法科大学院紀要	1(2007)～8(2014)	

	大学	雑誌名		
	一橋大学	白鴎大学法政策研究所年報	2 (2008) ~8 (2015) 創刊号 (2007) は外部リンクのみ	
		一橋法学	リポジトリにリンク	一橋大学機関リポジトリHERMES-IR 1 (1) (2002) ~14 (2) (2015)
		一橋大学研究年報. 法学研究	リポジトリにリンク	一橋大学機関リポジトリHERMES-IR 1 (1957) ~36 (2001)
	姫路獨協大学	姫路法学	55 (2014) ~57 (2015)	姫路獨協大学付属図書館→姫路獨協大学紀要→CiNii情報
	広島大学	広島法科大学院論集	1 (2005) ~11 (2015)	広島大学学術情報リポジトリ 1 (2005) ~11 (2015)
		廣島法学	27 (1) (2003) ~29 (1) (2005)	広島大学学術情報リポジトリ 5 (3・4) (1982) ~39 (1) (2015)
	広島修道大学	修道法学	20 (1) 1998 ~34 (2) (2012)	広島修道大学学術リポジトリ 20 (1) 1998 ~37 (1) (2014)
	法政大学	法学志林	収録なし	法政大学学術機関リポジトリ 57 (1) (1959) ~112 (2) (2015)
	北海学園大学	北海学園大学法学研究	39 (1) (2003) ~46 (3) (2010)	北海学園学術情報リポジトリ (HOKUGA) 39 (1) (2003) ~51 (2) (2015)
	北海道大学	北大法学論集	リポジトリにリンク	北海道大学学術成果コレクション (HUSCAP) 1 (1951) ~66 (4) (2015)
		北大法政ジャーナル	リポジトリにリンク	北海道大学学術成果コレクション (HUSCAP) 1 (1994) ~20 (2013)
み	三重大学	三重大学法経論叢	20 (2) (2003) ~22 (1) (2004)	三重大学学術機関リポジトリ (MIUSE) 1 (1) (1984) ~27 (2) (2010)
	三重短期大学	三重法経	125 (2004) ~130 (2007)	
	明治学院大学	法律科学研究所年報	リポジトリにリンク	明治学院大学機関リポジトリ 26 (2010) ~31 (2015)
		法学研究	リポジトリにリンク	明治学院大学機関リポジトリ 84 (2008) ~99 (2015)
	明治大学	明治大学法科大学院論集	1 (2006) ~16 (2015)	明治大学学術成果リポジトリ 1 (2006) ~16 (2015)
		法律論叢	20 (1) (1941) ~87 (6) (2015)	明治大学学術成果リポジトリ 20 (1) (1941) ~87 (6) (2015)
		Meiji law journal	1 (1994) ~22 (2015)	明治大学学術成果リポジトリ 1 (1994) ~22 (2015)
	名城大学	名城法学	51 (1) (2001) ~62 (4) (2012)	名城大学法学部法学会ウェブページ
	桃山学院大学	桃山法学	1 (2003) ~24 (2014)	
や	山梨学院大学	山梨学院大学法学論集	38 (1997) ~51 (2004)、55 (2005), 64 (2010) ~74 (2014)	山梨学院リポジトリ 38 (1997) ~51 (2004), 55 (2005), 64 (2010) ~76 (2015)
		山梨学院ロー・ジャーナル	1 (2005) ~9 (2014)	山梨学院リポジトリ 1 (2005) ~10 (2015)

	大学名	誌名		リポジトリ
	横浜国立大学	横浜法学	22(1)(2013)〜23(3)(2015) 前誌:横浜国際経済法学 14(1)(2005)〜17(1)(2008)、 17(2)(2008)〜21(3)(2013) 外部リンクのみ	横浜国立大学学術情報リポジトリ(YNU) 22(1)(2013)〜23(3)(2015) 前誌:横浜国際経済法学 14(1)(2005)〜21(3)(2013)
ら	立教大学	立教法学	1(1960)〜86(2012)	立教大学学術リポジトリ 立教Roots 1(1960)〜91(2015)
		立教大学大学院法学研究	42(2011)〜43(2012)	立教大学学術リポジトリ 立教Roots 42(2011)〜43(2012)
		立教法務研究	1(2008)〜5(2012)	立教大学学術リポジトリ 立教Roots 1(2008)〜8(2015)
	立命館大学	立命館法学	リポジトリヘリンク	立命館大学法学部・法学研究科・法務研究科研究データベース 239(1995)〜361(2015)
		Ritsumeikan Law Review	リポジトリヘリンク	立命館大学法学部・法学研究科・法務研究科研究データベース 11(1995)〜32(2015)
	琉球大学	琉大法学	リポジトリヘリンク	琉球大学学術リポジトリ 7(1966)〜93(2015)
	龍谷大学	龍谷法学	31(1)(1997)〜40(4)(2008)、 41(1)(2008)〜47(4)(2015) は外部リンク	龍谷大学学術機関リポジトリR-SHIP 41(1)(2008)〜48(1)(2015)
		龍谷大学大学院法学研究	8(2006)〜10(2008)、 11(2009)〜17(2015) は外部リンクのみ	龍谷大学学術機関リポジトリR-SHIP 8(2006)〜17(2015)
	流通経済大学	流経法学	1(1)(2002)〜8(2)(2008)	
わ	早稲田大学	早稲田法学	リポジトリヘリンク	早稲田大学リポジトリ(DSpace@Waseda University)
		早稲田法学会誌	リポジトリヘリンク	早稲田大学リポジトリ(DSpace@Waseda University) 2(1950)〜66(1)(2015)
		早稲田大学大学院法研論集	収録なし	早稲田大学リポジトリ(DSpace@Waseda University) 143(2012)〜150(2014)

インデックスへの登録や図書館リンクプログラムへの参加は、今後増えていくことが予想されますし、インターネットと図書館、出版社の新しい関係に道を開く可能性があります。

検索オプション項目：【キーワード】【著者】【出典】【日付】

3.1.3　雑誌の検索ツール

どのような雑誌が発行されているか、探している雑誌の発行主体はどこか、いつから刊行されているかなど、雑誌そのものについて調べたいときは、以下のようなツールがあります。

『雑誌新聞総かたろぐ』（メディア・リサーチ・センター）年刊　1978〔昭和53〕年～

国内で発行される逐次刊行物の書誌や特徴を記載しています（2015年版は逐次刊行物要覧１万8,935点、発行社数１万1,886社）。雑誌編、新聞・通信編、そのほか定期刊行物編の３編に分かれ、雑誌編は分野別の編集で、法学に関する雑誌は「0700　法学・政治学」の項にまとまっています。新聞・通信編は地域別、内容別に分類されており、法律関係は「2210法律・法曹」の項です。大学新聞も収録しています。大学・短大などの紀要・論集や発行所のリストもありそのほかの定期刊行物編には図書館や美術館、大学、自治体などの発行する定期刊行物が収録されています。書誌はタイトル、創刊年、刊期、判型、平均ページ数、定価、販売方法、発行・販売日、取次コード、発行部数、発行社（者）、その所在地、対象読者、内容、ウェブページの有無がわかります。巻末に「タイトル索引」あり。

「CiNii Books―大学図書館の本をさがす」　https://ci.nii.ac.jp/books/

「NII」（国立情報学研究所）が提供する全国の大学・研究機関の所蔵する図書・雑誌の総合目録です。詳しい説明は2.3.1　大学の図書館で探す（2）ほかの大学の図書館で探す①を参照〔→ p.308〕。収録している雑誌の書誌は約34万タイトルです。「CiNii Articles――日本の論文を探す」への切り替えも１クリックででき、雑誌の記事情報に簡単にアクセスできるようになりました。

検索項目は「図書を探す」と同じ〔→ p.297〕参照。

「国立国会図書館サーチ」　https://iss.ndl.go.jp/

「本」にチェックマークをいれて検索します。図書と雑誌が同時に検索で

きるシステムです。個別雑誌画面には国会図書館の所蔵の詳細はありますが、ほかの公共図書館の所蔵は完全表示されてはいません。「NDL-OPAC」での検索は雑誌を選択できるので効率的です。

検索項目については「図書を探す」と同じ〔→ p.291〕参照。

3.2 論文を探すためのツール

論文を探して入手するためには、論文検索用のデータベースか索引誌で検索し、掲載されている雑誌名・巻号、または論文を収録している図書名を特定する必要があります。掲載誌がわかっていて巻号がわからないときも、データベースで検索するのが近道です。雑誌の年間索引か目録で探す方法もありますが、発表年度のおよその推定ができなければ、何年分もの索引を調べることになります。旧来の「NACSIS-Webcat」や「NDL-OPAC」の書誌検索に収録されているのは図書や雑誌名までで、個々の論文を検索することはできません。しかし国立国会図書館や国立情報学研究所では図書と雑誌と雑誌論文を一括して検索できる次世代データベースの開発が進み、検索窓を1つの画面に統一する工夫がされました。「CiNii Books」「CiNii Articles」への移行で雑誌から雑誌論文記事のデータベースへ簡単に切り替えることができますし、「国立国会図書館サーチ」上では図書も雑誌も記事・論文も同時に検索ができます。

第一法規『法律判例文献情報』「D1-Law.com」データベース、日本評論社「法律時報文献月報・判例評釈」「法律文献総合 INDEX」データベースも図書と雑誌論文の両方を収録しているツールです。

3.2.1 媒体別のツールの特徴

ツールには、ウェブ版、DVD-ROM・CD-ROM 版、印刷体の媒体があります。

(1) ウェブ版検索資料

出版社、データベース関連の企業などで制作・発信されている有料のデータベースがあります。また図書館や学会や個人で作成している無料のウェブ版データベースにも有益な情報があります。DVD-ROM・CD-ROM 版や印

刷体のツールに比べて新しい情報が得られる可能性があります。

　国立国会図書館の「NDL 雑誌記事索引」、国立情報学研究所の「CiNii Articles」は、無料で利用できる総合分野の論文データベースです。法務図書館の「法律関係雑誌記事索引」、最高裁判所図書館の法律論文記事等もそれぞれの図書館のウェブサイトで検索することができます。

　法律分野のデータベースのほとんどは法律系出版社やデータベース会社の作成する有料データベースです。大学などで法人契約をしている場合は、教職員・学生は自由に利用できます。公共図書館で契約している場合も、利用者は自由に検索できるでしょう。

(2) CD-ROM・DVD-ROM 版検索資料

　大学図書館や公共図書館などで購入している場合は、来館者は自由に利用できます。ウェブ版と違って購入すれば資産として計上され、その後の利用には経費がかからないのが利点です。ウェブ版と同様、大量のデータをまとめて検索できますが、速報性に欠ける場合があります。

(3) 印刷体検索資料

　論文情報を一定期間（月刊・年刊・数年刊など）まとめて本や雑誌に収録し、定期的あるいは不定期的に刊行しています。雑誌に継続して掲載している資料もあります。データベース検索が何年分もの論文をまとめて検索できるのに比べて、論文の発表時期がわからない場合は何冊もの索引誌を調べなければならないので、手間がかかります。体系別編集の索引が多いので、目次を一覧して、全体の構成を理解する必要があります。著者名索引や事項索引を利用します。雑誌に掲載されている索引であれば、刊行されるたびに、ざっと目を通してチェックするなどの方法で利用されていますし、一覧性にすぐれています。

　以上、媒体によって利点がそれぞれ異なりますので、適切なツールを選択することが必要ですが、速報性・効率性という利点からウェブ版の利用に移行しています。

Ⅳ

3

3.2.2　法律論文を索引誌・データベースを使って探す

　法律分野の論文を探すためには、(1) 法律全般の索引・データベースで探

す、（2）テーマ別の索引誌・データベースで探す、（3）雑誌の目録で探す
（4）総合的な索引誌・データベースで探す、などの方法があります。毎月ま
たは毎年継続的に冊子体で刊行し、その情報をウェブにアップするもの、ウ
ェブ版のみで作成・発信されるものもあります。また主題別の雑誌や学会誌
に掲載される文献目録もあります。

（1）法律全般の索引で探す
①第一法規の索引・データベース
『法律判例文献情報』（法律判例文献情報研究会編、第一法規）1981〔昭和
56〕年〜

法律関係文献（図書、雑誌、研究紀要等1,500誌、朝日・読売・毎日・日
経新聞に掲載された法律関係署名論文・対談等の書誌情報）および判例集
の書誌情報を掲載している索引・データベースです。記念論文集に掲載さ
れた論文の収録もされています。ウェブ版、印刷体、DVD-ROM の3形
態があります。

ウェブ版法律判例文献情報

単体でも、有料データベース「D1-Law.com　第一法規法情報総合デー
タ
ベース」の一つとしても利用ができます。文献編 65万6,210件、判例編4
万8,194件収録されています。毎週更新。採録誌約1,600誌のうち、現在採
録対象としているのは雑誌285誌、大学紀要376誌、判例編25誌です。現行
法規や判例情報とのリンク、ガイド機能や同意語処理が特徴です。
「D1-Law.com」の収録データベース「判例体系」には判例タイムズ解説
PDF が掲載されています。収録は1〜1414号（1950年4月〜2015年9月
発行　2015年10月9日現在）です。2010年から CiNii（国立情報学研究所
の論文データベース）との連携がはじまり、一部の論文本文が読めるよう
になりました。（約2万件の論文、2013年5月現在)。学術機関リポジトリ
ポータル JAIRO への連携による本文参照も加わりました。「D1-Law.
com」で有斐閣『Vpass』オプションを契約すると、「判例百選」「ジュリ
スト増刊」「法学教室」などの記事データ約2万1,000件を読むことができ
ます〔→ p.334〕。

検索項目：【フリーワード】【事項索引】【分類】【著者名】【掲載誌・号
数】【発行所】【発行年月日】【種別（論文・図書の区分)】【外国法区分】

【形式区分】【文献番号】【裁判年月日】【裁判所】【事件番号】パネル検索
もあり。

DVD-ROM・CD-ROM 版法律判例文献情報

1982年1月からの文献・判例情報を収録しています。2011年11月から
CD-ROM から DVD-ROM に媒体が変更になりました。更新は年2回なので、月間の印刷体で補充します（印刷体込の価格で提供）。文献編の検索項目：【分類】【キーワード】【著者名】【事項索引】【掲載雑誌名】【発行所】【発行年月日】【裁判年月日】【裁判所】【事件番号】

印刷体『法律判例文献情報』

月刊誌で、DVD-ROM 版と同様に「文献編」「判例編」の2編で構成されています。2008年版まで臨時増刊で年間索引号が発行されていましたが、以後は刊行されていません。

　法体系別の編集で、小項目はタイトルの五十音順、記載項目は標題、執筆者名、掲載誌名、号数、発行年月（日）、掲載ページとなっています。最近発表された新しい論文を探す場合は、ウェブ版を利用するか、印刷体の月刊誌を1冊ずつあたる必要があります。掲載対象誌の一覧は、毎年1号（4月号）の巻末に掲載されます。

②日本評論社の索引・データベース

「文献月報」は雑誌『法律時報』の創刊（1929〔昭和4〕年～）以来、毎号巻末に掲載され、現在も継続している文献情報記事です。法律関係の学術図書や研究紀要・雑誌等の論文、書評の書誌情報を法分野ごとに掲載しています。「文献月報」の内容は、同誌に同時に掲載されている「判例評釈」記事とともにウェブ版「法律文献総合 INDEX」としてデジタル化されています。

ウェブ版「法律文献総合 INDEX」

法学関係のデータベースとして収録年は最長、収録数も最大です。2004年4月より開始されました。「文献月報」「判例評釈」「執筆者名等」の3つの検索の他に総合検索もあります。目次の詳細が収録されている図書、論文集もあり、キーワードの検索をすることによって論文の内容から文献を検索することもできます。（株）TKC の「ロー・ライブラリー」総合データベースでも利用できます。

検索項目は　2.4法学関係の文献目録・データベースで図書を探す

〔→ p.321〕参照。

雑誌『法律時報』の「文献月報」

法律学・政治学等の文献情報を毎号巻末に「文献月報」のタイトルで掲載しています。法体系別に分類されていますので、研究者・専門家は、専攻分野を選んで毎月の最新情報をチェックするなどの利用ができます。収録されるのは刊行されてから約3ヵ月後です。記念論文集など複数の論文があるものは各論文名・著者名も掲載されます。「文献月報ニュース」は創刊された雑誌情報などが掲載されています。掲載雑誌名は略語表示されていますが、毎年1月号に「文献略語表」が巻末に掲載されています。略語の五十音順配列に編集されていて、正式名称と編集・発行所、発行形態がわかります。〔→ p.401以下収録〕

『戦後法学文献総目録』（法律時報編集部編、日本評論社）

『法律時報』の「文献月報」をまとめて図書として刊行。1945〔昭和20〕〜 1992〔平成4〕年刊行の法学文献を収録し、13巻まで刊行しています。

『法学文献総目録』（法律時報編集部編、日本評論社）1979〔昭和54〕〜 1980〔昭和55〕年

戦前の法学資料を収録しています。図書と雑誌等の論文を対象に、1巻は1916〔大正5〕〜 1930〔昭和5〕年に公刊された文献を法体系別に編集、2巻は1929〔昭和4〕〜 1935〔昭和10〕年、3巻は1936〔昭和11〕〜 1944〔昭和19〕年。『法律時報』に掲載された「文献月報」を各月順に収録しています。

上記3つの目録は、戦前から現在までの法学文献を継続的に収録してきた索引誌です。

③法務図書館の雑誌記事索引

法務図書館は開館当初より、『和漢図書目録』と『法律関係雑誌記事索引』を刊行してきました。それらの索引誌に代えて所蔵する蔵書と所蔵雑誌に掲載されている雑誌論文と記事の検索ができるデータベース「法務図書館図書情報検索システム」があります。法務図書館は一定の条件のもとで、一般の利用もできます。

「法務図書館図書情報検索システム」 https://opac.library.moj.go.jp/mylimedio/search/search-input.do?mode=comp

法務図書館収集の蔵書・定期刊行物と記念論文集に掲載された法律関係の

記事が収録されているデータベースです。法務省ウェブサイトの「その他」をクリックして、「法務図書館蔵書検索」画面に移ることもできます。検索項目は以下です。

簡易検索：【キーワード】

蔵書検索：【書名・タイトル】【出版者】【雑誌名】【巻次】【著者名】【叢書名】【個人件名】【一般件名】【ISBN】【裁判所名】【事件番号】【論題名】【法令名】【記事キーワード】その他裁判年月日での単独検索や範囲指定、対象を絞り込むこともできます。

新着資料検索：新刊と新着があり、分野を選択できます。

印刷体 『**法律関係雑誌記事索引**』年刊　1945〔昭和25〕～ 2003〔平成15〕年「事項索引」と「執筆者索引」の２編で構成され、事項索引は法体系別に分類されており、小項目の中はタイトルの五十音順に配列されています。巻末に、誌名の五十音順の「収録定期刊行物及び記念論文集一覧」があります。平成15年版の刊行を最後にウェブでの公開に移行しました。

④**最高裁判所図書館の雑誌記事索引**

「最高裁判所図書館」の「蔵書検索」

https://www.opac8.com/user/courts/court.html

最高裁判所図書館は法務図書館と同様、長年にわたり蔵書目録と雑誌記事の索引誌を発行してきました。これらの目録・索引誌の情報は最高裁判所のウェブサイトの「最高裁判所蔵書検索システム」に引き継がれました。図書も雑誌記事も両方検索できるデータベースです。雑誌記事は平成17年１月以降の論文を収録していますので、それより前の論文は下記のDVDか印刷体の索引を利用します。記念論文集などの図書に収録されている論文も検索できます。

詳細検索項目：【タイトル名】【著者名】【出版社】【出版年月日】【ISBN】【ISSN】【フリーワード検索】和洋区分や資料区分の選択もあります。

「最高裁判所図書館邦文法律雑誌記事索引 DVD」（（株）LIC）

最高裁判所図書館刊行の『邦文法律雑誌記事索引』1958年（昭和32年報）～ 2004年（平成15年報）全47巻の DVD 化で、33万件を収録しています。検索項目：「法律雑誌記事分類索引」「判例評釈記事法条索引」の２つに分かれていて、どちらも最初は判例検索画面が登場し、判例から関連する文献にリンクしていきます。「判例秘書」データベースにも収録されていま

す。このパッケージではほかの雑誌の本文にリンクし、判例も判例評釈も読むことができます。

『最高裁判所図書館邦文法律雑誌記事索引』 1957〔昭和32〕～ 2006〔平成18〕年

　　最高裁判所図書館所蔵の雑誌に収録されている法律関係の雑誌の記事索引です。「法律雑誌記事分類索引」「判例評釈記事法条索引」「執筆者索引、採録誌一覧」の３編があります。48号（平成16年報）をもって刊行を中止していますが、その後の記事情報は最高裁判所図書館のウェブサイトで検索できます。

⑤ **『邦文法律関係記念論文集総合目録』**（法律図書館連絡会編、国立国会図書館・丸善）1988〔昭和63〕年

　　1984〔昭和59〕年12月までに刊行された法律関係の記念論文集に掲載された論文を収録しています。37の法律関係の図書館で所蔵する論文集が対象誌です。「個人の部」と「団体の部」からなり、執筆者索引もあります。

(2)　テーマ別の索引誌・データベースで探す

　　法学のなかの特定の分野のみを対象として論文を収録している索引誌があります。また、インターネット上で特定分野の論文を検索できるウェブサイトもあります。

『文献目録憲法論の50年　1945-1995』（日外アソシエーツ）1996〔平成８〕年

『文献目録憲法論の10年　1996-2005』（日外アソシエーツ）2006〔平成18〕年

　　日本国憲法に関するできごと、図書、論文、新聞の目録を１年ごとにまとめ、年順に配列しています。巻末に「著者索引」「事項索引」があります。

『憲法文献大事典　1945（昭和20）年～ 2002（平成14年）』（文献情報研究会編著、日本図書センター）2004〔平成16〕年

　　憲法問題に関する文献（図書）3900点の書誌と解説を出版年順に配列しています。巻末に「著名索引」「編著者名索引」があります。

『日本国憲法に関する邦文文献目録その１　基本的人権および憲法改正』（国立国会図書館）1969〔昭和43〕年

　　収録年代は昭和20年代から50年代までです。

『文献商法学　上・下』（服部栄三編、商事法務研究会）1977〔昭和52〕～ 1978〔昭和53〕年

上巻：会社編、下巻：総則・手形・商行為編。

『文献商法学　続1〜5』（服部栄三編、商事法務研究会）1996〔平成8〕〜
2000〔平成12〕年

　　上記2つは、『旬刊商事法務』に掲載された「商事法文献紹介」「文献商法
　　学月報」（1958〔昭和33〕〜2000〔平成12〕年）をまとめた文献目録で、
　　記念論文集などの図書、雑誌などの論文を収録しています。巻末に「事項
　　索引」「編著者名索引」があります。「文献商法学月報」はその後上記雑誌
　　に No.560（2004年3月5日号）まで掲載されています。

『家族法文献集成──戦後家族法学の歩み』（太田武男編、京都大学人文科学
研究所）1969〔昭和44〕年

『家族法判例・文献集成──戦後家族法学の歩み』（太田武男編、有斐閣）
1975〔昭和50〕年

　　1948〜1975年に発表された家族法関係の判例と文献を収録しています。
　　図書と雑誌等の論文併載。巻末に「雑誌刊行年月日一覧」があります。

『続編　家族法判例・文献集成』（太田武男編、有斐閣）1982〔昭和57〕年

　　1976〜1982年に発表された家族法関係の判例と文献を収録しています。
　　図書と雑誌等の論文併載。

『家族（法）文献目録──わが国における諸外国の家族（法）研究』（1975
〜1988年）東京大学社会科学研究所文献資料目録、第8冊（東京大学社会
科学研究所編・刊）1989〔平成元〕年

『法制史文献目録』（法制史学会編、創文社）

　　収録期（1945〔昭和20〕〜59〔昭和34〕年）1962年刊

　　〃（1960〔昭和35〕〜79〔昭和54〕年）1983年刊

　　〃（1980〔昭和55〕〜89〔平成元〕年）1997年刊

　　これ以降については以下のウェブサイトで公開されています。

「法制史学会のホームページ」の「法制史文献目録」1990〔平成2〕年〜

　　https://www.jalha.org/bksrch.htm

　　学会誌『法制史研究』論文本文はJ-STAGE（https://www.jstage.jst.
　　go.jp/）上で公開されています。

『英米法〔邦語〕文献目録』（田中英夫・堀部政男編、日米法学会）1966〔昭
和41〕年

『英米法研究文献目録　1867-1975』（田中英夫・堀部政男編、東京大学出版

会）1977〔昭和52〕年

『**英米法研究文献目録　1976-1995**』（日米法学会編、東京大学出版会）1998〔平成10〕年

　1977年刊の目録に続く第2巻として刊行。

　上記3タイトルは英米法に関して書かれた邦文の図書・論文の分類目録です。1996年から2002年までの図書・論文は『アメリカ法』Ⅱ号に掲載されている追録を利用します。

(3)　雑誌の目録で探す

　雑誌は一定の単位ごとに（年、巻、複数巻）目録や索引を作っていることが多いので、主題専門の雑誌の場合はそれを一覧すると、その雑誌に掲載された論文のみですが、その分野での論文がわかります。他の文献の情報も加えた主題別の目録を掲載している雑誌もあります。

『**アメリカ法**』（日米法学会）Ⅱ号掲載の「［英米法研究文献目録］補充および追録」（2002年まで掲載）

『**年報医事法学**』（日本医事法学会編、日本評論社）の「○年医事法学関係文献目録」「○年医事法関係判決目録」

『**大原社会問題研究所雑誌**』（法政大学大原社会問題研究所）の「社会・労働関係文献月録」

『**海法会誌**』（鴻常夫編、勁草書房）の「日本文献目録」

『**季刊教育法**』（エイデル研究所）の「教育法文献目録」

『**空法**』（日本空法学会）の「外国文献抄録」（高田桂一著）

『**公正取引**』（公正取引協会）の「独占禁止法関係文献目録」

『**公法研究**』（日本公法学会）の「学界展望：憲法・行政法」

『**国際商事法務**』（国際商事法研究所）の「最新文献情報」

『**国際法外交雑誌**』（国際法学会）の「主要文献目録について」各巻2号に掲載。2014年より、同学会のホームページ上に掲載

『**国家学会雑誌**』（東京大学法学部研究室編、国家学会事務所）の各巻末に「学界展望」

『**私法**』（日本私法学会）の「欧文抄録」

『**旬刊商事法務**』（商事法務研究会）の「文献商法学月報」1687号（2004年2月5日）まで

『年報政治学』（日本政治学会編、岩波書店）の各年Ⅱの「学界展望」（日本
　政治学会文献委員会編）

『租税法研究』（租税法学会編、有斐閣）の「学界展望」

『日仏法学』（日仏法学会）の「文献報告」

『日本労働研究雑誌』（日本労働研究機構）の「JIL労働文献目録」（518号ま
　で）、「労働文献目録」（537号まで）以降ウェブサイトに掲載。

『犯罪心理学研究』（日本犯罪心理学会）の「学界情報・犯罪心理学本邦文献
　目録」

『法制史研究』（法制史研究編集委員会編、法制史学会）の「〇年度法制史文
　献目録」

『法とコンピュータ』（法とコンピュータ学会）の「法とコンピュータ関係文
　献目録」

『民事法情報』（民事法情報センター）の「文献月報」2010年5月で刊行中
止。

(4) 総合的な索引誌・データベースで探す

　法学以外のジャンルも含む総合的な記事索引誌・データベースを紹介しま
す。それぞれの特徴をいかして、効果的なリサーチをしましょう。

① 「**NDL ONLINE**」（国立国会図書館）　https://ndlonline.ndl.go.jp/#!/
　NDL-OPAC（国立国会図書館蔵書検索・申し込みシステム）の中にあり
　ます。国立国会図書館の所蔵する雑誌のうち、学術雑誌、専門誌、政党等
　の機関誌、一般総合誌などの掲載記事のうち一定の選定基準をみたす記事
　を収録しています。採録誌総数は2万2,279誌（内、現在採録中1万848誌、
　廃刊・採録中止1万1,431誌）（2015年10月6日現在）です。法令、判例の
　原文は収録していません。「簡易検索」か「雑誌記事検索」を選びます。
　雑誌の発売後2〜3週間後に収録され、人文・社会系では1948年から収録
　されています。全分野を対象としている総合的なデータベースですから、
　学際的な調査を含む幅広いリサーチには最適です。採録しているはずの雑
　誌からの記事が検索できない、年報や研究報告などが採録されていないと
　いう問題もありますが、ウェブサイトから無料で検索できる利便性が特徴
　です。
　検索項目：【論題名】【著者名】【雑誌名】【出版者・編者】【件名】【機関コ

ード】【雑誌分類】【記事分類・種別】【ISSN】【レポート番号】【請求記
号】【記事登録 ID】【収蔵場所】【出版年】【巻号】【本文の言語】
「国立国会図書館サーチ」で記事・論文を選択し、雑誌記事を探すことも
できます。

『**雑誌記事索引——人文・社会編　季刊版**』
『**雑誌記事索引累積索引版**』(紀伊國屋書店)
　季刊版は1948〔昭和23〕～ 1995〔平成 7〕年、累積索引版は1948〔昭和
23〕～ 1989〔平成元〕年刊行されました。どちらも大項目区分による分
類です。このほかに『累積索引版法律・司法　1948 ～ 1986』が日外アソ
シエーツより刊行されています。

② 「magazineplus」
　日外アソシエーツ社の「nichigai/web サービス」で提供する有料データ
ベースで、雑誌 2 万8,141誌に図書 1 万3,123冊、論文・記事1,366万件を
収録しています(2015.9.19現在)。国立国会図書館の「雑誌記事索引」
(1948年～)、記念論文集・一般論文集・シンポジウム・講演集(1945年
～)、学会年報・研究報告(1945年～)、一般誌・総合誌・ビジネス誌
(2003年～)などのデータを収録しています。「雑誌記事索引」の情報は早
いですが、記念論文集などにはタイムラグがあります。
　検索項目：【標題・キーワード】【著者・訳者等】【誌名／書名】【編者・出
版社等】【コード類】ほかに詳細表示データへの全文検索があります。

③ 「CiNii Articles 日本の論文を探す」　https://ci.nii.ac.jp/
　国立情報学研究所の「CiNii」のデータベースで、学術雑誌や大学の紀要
などに発表された論文等を検索することができます。主なデータベースは
国立情報学研究所の学協会刊行物「NII-ELS」、国立国会図書館の「雑誌
記事索引」、大学や研究機関の作成するリポジトリ、科学技術振興機構の
「J-STAGE」などです。収録されている論文情報約1,600万件、本文情報
が約400万件あります(2014年 4 月作成のデータ)。「論文検索」「著者検
索」「全文検索」の 3 通りがあり、各検索にフリーワードがあります。論
文(詳細検索)の検索項目：【タイトル】【著者名】【著者 ID】【著者所属】
【刊行物名】【ISSN】【巻号ページ】【出版社】【参考文献】【出版年】
「CiNii 本文収録刊行物ディレクトリー」では刊行物の巻号一覧、目次がわ
かり、オープンアクセスで本文が読める論文も多くあります。有料のサー

ビスもあります。

④ JAIRO（学術機関リポジトリ. ポータル）Japanese Institutional Repositories Online　https://irdb.nii.ac.jp/

　　NII（国立情報学研究所）は学術機関のリポジトリを収集し、学術機関リポジトリデータベースを構築しています。502機関　217万2,406件のコンテンツが検索可能です（2015年10月9日現在）。今後データ集積が増えるにつれて、利用頻度も増してくることが予想されます。

　　検索項目：【キーワード】【タイトル】【著者名】【雑誌名】など。

⑤大宅壮一文庫雑誌記事索引

　　大宅壮一文庫を利用する方法は2.3.2（3）専門図書館を利用する項〔→ p.320〕で詳しく説明しています。

　　この章では大宅壮一が作成している雑誌記事索引について説明します。大宅式分類法で作成した索引総数614万件（2015年3月現在。年間約20万件ずつ増加）、人名索引約14万人（271万件）、件名索引約7,000項目（343万件）を擁しています。採録期間は明治時代から現在までです。この索引もウェブ版、CD-ROM版、印刷体の3種があります。

「Web OYA-bunko」大宅壮一文庫雑誌記事索引検索 Web 版

　　1988〔昭和63〕年以降の約1,400誌（内現在刊行中は400誌）に掲載された501万件の記事を収録しているウェブ版の索引です。人名索引約14万人（271万件）、人名項目数10万人、件名索引343万件を収録しています。会員版のほかに教育機関・公立図書館版があり、契約して利用します。館内で利用することもできます。更新は週3回。検索は簡単検索、詳細検索、分類別検索、目録検索の4種類があります。分類別検索のなかには人名検索・職業別人名検索、職業ジャンル検索、件名項目検索、件名キーワード（7万語）検索などがあります。

『大宅壮一文庫雑誌記事索引総目録 CD-ROM』1992年～ 1996年版（1997〔平成9〕年）～ 2008年版（2009年）

　　1988〔昭和63〕～ 2008〔平成20〕年までの記事を14枚の CD-ROM に収録しています。検索項目：【フリーワード】【執筆者・発言者】【発行日】【雑誌名】【雑誌ジャンル】【件名項目】【キーワード】【人名項目】【職業ジャンル】【記事種類】

『大宅壮一文庫雑誌記事索引総目録』（印刷体）年刊　1985〔昭和60〕～

1997〔平成9〕年

　明治期から1995年までの雑誌に掲載された記事を収録しています。人名編と件名編に分かれ、件名には総索引が別冊で刊行されています。現在、28冊が刊行されています。

⑥ **『明治・大正・昭和前期雑誌記事索引集成』**（石山洋ほか編、皓星社）
1994〔平成6〕〜1999〔平成11〕年

　社会科学編だけで70巻の膨大な雑誌記事の索引誌です。法学の分野では『経済法律文献目録』（神戸商業大学商業研究所編纂）『国際法及国際私法論題輯覧』などを収め、そのほか『法学協会雑誌』『判例研究』『法律評論』などに掲載された論文を収録しています。この索引をベースにした「ざっさくプラス——雑誌記事索引集成データベース」（国立国会図書館の雑誌記事索引を含む）が図書館向けの有料サービスで提供されています。社会科学篇全70巻（論文タイトル約65万件、執筆者約のべ65万人）が検索できます。https://zassaku-plus.com/service/login?return_url=https%3A%2F%2Fzassaku-plus.

⑦ **『学会年報・研究報告論文総覧』**（日外アソシエーツ）2010〔平成22〕年

　国内の大学、研究所、学会などの学術団体が発行する年報や報告書の内容が一覧でき、「雑誌記事索引」や『全国短期大学紀要論文索引』に収録されない記事を検索できます。1945〔昭和20〕年から2002〔平成14〕年刊行の年次研究報告類の書誌事項と基本書目を集めた前誌の継続版です。2003〔平成15〕年から2009〔平成21〕年に刊行されたものを収録しています。論文執筆者名、収録誌名、学術団体名の索引付き。掲載誌は103誌・714冊、論文は5,746点です。

⑧ **『全国短期大学紀要論文索引』**（図書館科学会編、日本図書センター）

　短期大学が発足した1950〔昭和25〕年から刊行している短期大学の紀要のみの索引誌です。巻末に著者索引があり、1991年まで刊行されています。

3.3　論文の探し方

3.3.1　ツールの選択

　論文探しに成功するには、前節で説明したデータベースや索引誌など、検索ツールをどのように使い分けるかが重要です。ツールを適切に選ぶ基準は、

図4-1　主なツールの収録年代

	明治期	1929	1945	1948	1957	1981	1988	2005	現在まで
大宅壮一文庫雑誌記事検索	■	■	■	■	■	■	■	■	
日本評論社法律文献総合INDEXサービス			■	■	■	■	■	■	■
法律時報文献月報						■	■	■	■
法務図書館蔵書検索ウェブ			■	■	■	■	■	■	■
学会年報・研究報告論文総覧			■	■	■	■	■	■	■
国立国会図書館雑誌記事索引ウェブ				■	■	■	■	■	■
日外アソシエーツMAGAZINEPLUS					■	■	■	■	■
最高裁判所邦文法律雑誌記事検索						■	■	■	■
最高裁判所蔵書目録ウェブ版							■	■	■
第一法規法律判例文献情報							■	■	■
大宅壮一文庫雑誌記事検索ウェブ	現在入力中								

　そのツールの収録資料と収録年で、「どのような雑誌から記事を収録しているか」「いつごろ書かれた論文を収録しているか」が重要になります。
　探している論文の内容に適したツールを選ぶことが肝要です。複数のツールを利用するとリサーチの精度も高まります。

(1) 分野別の検索ツールの違い
①法律関係の論文データベース・索引で探す
　第一法規：「法律判例文献情報」ウェブ版、DVD-ROM 版、印刷体
　日本評論社：「法律文献総合 INDEX」ウェブ版、「法律時報文献月報」（月刊『法律時報』掲載）
　法務図書館ウェブサイトの「法務図書館図書情報検索システム」
　最高裁判所図書館ウェブサイトの「最高裁判所蔵書検索」
②総合分野の論文データベース・索引で探す
　「NDL 雑誌記事索引」「国立国会図書館サーチ」
　「CiNii Articles」
　『学会年報・研究報告論文総覧』
③一般誌・大衆誌の雑誌記事を探す
　「大宅壮一文庫雑誌記事索引」印刷体と CD-ROM とウェブ版
④記念論文集の論文を探す

「MAGAZINEPLUS」「法律判例文献情報」「法律文献総合 INDEX」「法務図書館図書情報検索システム」

　これらのツールがどの年代の論文を収録しているかに注意します。印刷体のツールにもデータベースにも、収録年代が記述されています。上の表で、主なツールの収録年代を見てみましょう。

(2) 法律の論文を探すうえで注意すること
①最新論文の探し方

　ごく新しい論文の情報はデータベースに収録されていないこともあります。新刊雑誌の目次に目を通す、出版社のウェブ情報で探してみるなどの工夫が必要です。Google などのサーチエンジンでヒットすることもあります。

②分類に注目

　印刷体の索引誌では、調べる年代によって、カテゴリーの新設、変更などで項目が変わっている場合もあります。たとえば公害問題は『法律関係雑誌記事索引』の10号では「行政法」→「災害関係法」→「公害問題」にリストされていましたが、30号では「公害・環境法」として、大項目が立てられています。それぞれのツールの目次をみて、その全体の構成を把握しておきましょう。データベースの場合は同意語、同義語、類語などの処理をしているかどうかにも注意し、カテゴリーやジャンルを絞っていきます。

③略語を調べる

　データベースや索引誌では、多くの場合、雑誌名は略語で表記されています。正式なタイトルは『法律時報』の毎年 1 月号の巻末に掲載されている「文献略語表」〔→ p.401以下〕で調べられます。また、「法律文献等の出典の表示方法2014年版」（法律編集者懇話会）にも、法令名、判例集、定期刊行物の略称のリストがあります。

④別冊・増刊・綴じ込みなどに気をつける

　法学雑誌には増刊、別冊、別刷なども多く、これらに掲載される論文が引用されます。たとえば『別冊ジュリスト』には、『憲法判例百選』『民法判例百選』などの判例百選シリーズなどがあり、ほかに『憲法の争点』などの争点シリーズの増刊などもあり、掲載記事は本誌の「ジュリスト」の名を冠することなく、別冊名のみで引用されることがあります。

　『判例時報』には、別刷り付録のかたちで、『判例評論』という半ば独立し

た雑誌が毎月1回綴じ込みで発行されます。『判例評論』の記事を引用するときには『判例評論』の誌名で巻号、頁数を記載するのが一般的ですが、『判例時報』の一部とみなして『判例時報』の巻号、頁数で表記されている例も見られます。『判例評論』は『判例時報』とは別々に合冊製本されているか、綴じ込んで合冊されているかによって配架場所が違ってきます〔→ p.25, p.311〕。

　各雑誌の別冊、増刊情報は表4-5、表4-6を参照してください。

　雑誌には巻号の数のほかに通し号数という別の数字を使っているものが少なくありません。論文等で引用する場合、どちらを使うかは執筆者によってさまざまです。図書館が雑誌を所蔵するとき、合冊製本された背表紙に巻号か通し号数のどちらかまたは両方を印刷しています。引用と製本の背表紙の数字が違う場合は、本を開いて調べることになります。

　索引誌やデータベース以外にも、有用なツールとして使えるものがあります。たとえば『法律時報』の毎年12月号は「○年学界回顧」の特集が組まれ、法分野ごとに学界の動向や研究の方向性の概観や、資料的価値があると思われる論文や図書が紹介されています。論文の評価を含んでいる点が特徴です〔→ p.328〕。

⑤情報誌を活用

　雑誌論文の検索のためには、情報誌としての機能を持つ雑誌も利用しましょう。『法律判例文献情報』は文献検索のための雑誌です。『法律時報』の毎号巻末の「文献月報」「判例評釈」はざっと目を通して最近発表された論文をチェックするのに適しています。

3.3.2　論文検索の実例

(1) 特定の論文を探す

　探している論文が決まっている場合は、大切なのは以下の2つです。

> 引用を正しく読むこと
> 適切なデータベース・索引誌を選ぶこと

　印刷体の索引誌を利用する場合は、探しているテーマがどのあたりに位置するかを目次で調べておく必要があります。その場合、法学の体系的な知識が必要です。事項索引、著者索引、相関索引があれば、利用しましょう。

　索引誌は年刊や月刊など何冊にもわたるものが多いので、あらかじめ論文

表4-5 法律雑誌別冊・増刊一覧表①〜別冊・増刊の誌名から:本誌を探す

(2015年10月27日現在)

誌 名	本 誌	刊	特 徴
カウサ (Causa)	法学セミナー増刊	2002〜2004年	以降休刊
学説展望	ジュリスト	1964年	300号記念特集
学説展望 続	ジュリスト別冊	1965年	
学界回顧	法律時報	毎年12月号の特集	
基礎法学シリーズ	ジュリスト増刊	1969〜1971年	
基本判例解説シリーズ	ジュリスト増刊	1966〜1979年	2版、3版あり
基本判例シリーズ	法学教室増刊・別冊		初版別冊、2版増刊
基本判例シリーズ	法学セミナー別冊	1973〜1975年	
基本法コンメンタール	法学セミナー別冊		No.201から新・基本法コンメンタール刊行開始
金融判例研究	金融法務事情	毎年9月10日号の特集	本誌と別の号数あり
現代消費者法	市民と法別冊	年4回発行	No. 4 以降は「市民と法. 別冊」の表示なし
最高裁時の判例	ジュリスト増刊		I〜IV(平成元年〜14年)、V(平成15年〜17年)、VI(平成18〜20年)、VII(平成21〜23年)
司法試験シリーズ	法学セミナー別冊	1979年〜	
私法判例リマークス	法律時報別冊	毎年2月・7月	1990年〜
重要判例解説	ジュリスト臨時増刊	H18から4月10日	
主要民事判例解説	判例タイムズ別冊	毎年9月25日	昭和52年度〜57年度「民事主要判例解説」、昭和62年度改題して再開。平成18年度まで臨増。平成19年度〜22年度まで別冊。
条例百選	ジュリスト	1983年	800号記念特集
条例百選 新	ジュリスト増刊	1992年	
条例集覧 新	ジュリスト増刊	1993年	
シリーズ司法改革	法律時報増刊	2000〜2001年	
新・判例解説Watch	法学セミナー増刊	毎年4月・10月	2007年〜 Vol.1〜9は速報判例解説
セミナー法学全集	法学セミナー増刊		
総合特集	ジュリスト増刊		
総合特集シリーズ	法学セミナー増刊		
総合特集シリーズ 新	法学セミナー別冊	2012年〜	
判例回顧と展望	法律時報臨時増刊	毎年6月頃	1984年〜
判例セレクト	法学教室別冊付録	毎年2月・3月	2010年から2分冊、1986〜2000、2001〜2008、2009〜2013の数年分にまとめられている
判例展望	ジュリスト	1972年	500号記念特集
判例展望 続	別冊ジュリスト	1973年	
判例年報	判例タイムズ別冊	毎年4月10日	昭和37年版〜平成18年版 臨増平成19年版〜平成22年版 別冊
判例百選	別冊ジュリスト		本誌と別の号数あり
判例評論	判例時報別刷綴じ込み	毎月1日号(綴じ込み)	本誌と別の号数あり
ビギナーズ・シリーズ	季刊刑事弁護増刊		刑事弁護2007年、2014年、少年事件2011年、医療観察法2010年
法学教室	別冊ジュリスト	第1期版1961〜63年	
	ジュリスト別冊	第2期版1973〜75年	
法学入門	法学セミナー別冊	1975〜2004年	1975〜95年 増刊 1996〜2004年 別冊
法律学の争点シリーズ	ジュリスト増刊		2007年から新・法律学の争点シリーズ

誌　名	本　誌	刊	特　徴
民事交通訴訟における過失相殺率の認定基準	判例タイムズ別冊		別冊1号(昭和50年) No.1(平成3年) 15号(平成9年) 16号(平成16年) 38号(平成26年)
民事執行判例・実務フロンティア	判例タイムズ綴じ込み	毎年春	2009年は別冊民事執行判例エッセンス2002の改訂版
季刊・民事法研究	判例タイムズ臨時増刊	1983~1988年	「民法判例レビュー」1~21回まで連載、終刊後通常号掲載へ
民法判例レビュー	判例タイムズ臨時増刊	1988~2010年	22~90回　通常号　91~106回　臨増
論究ジュリスト	ジュリスト増刊	2012年~	

表4−6　法律雑誌別冊・増刊一覧表②～本誌から別冊・増刊の誌名を探す

(2015年10月28日現在)

雑誌名	出版社	増刊	臨時増刊	別冊	(別冊)付録	その他
ジュリスト	有斐閣	基礎法学シリーズ 基本判例解説シリーズ 最高裁時の判例 総合特集 法律学の争点シリーズ 論究ジュリスト	重要判例解説	判例百選 1960~1964年 臨時増刊 1965年~ 別冊 学説展望 続 条例百選・条例集覧 法学教室第1・2期		「○法」新旧対照条文
判例時報	判例時報社					判例評論
判例タイムズ	判例タイムズ		主要民事判例解説 季刊・民事法研究 民法判例レビュー 22~90回通常号 91~106回臨時増刊	判例年報 昭和37年度版~ 平成18年度版 臨増 平成19年度版~ 平成22年度 別冊 民事交通訴訟における過失相殺率の認定基準		民事執行判例・実務フロンティア 毎年3月(通常号) 2009年は別冊
法学教室	有斐閣	「基本判例」シリーズ			判例セレクト	
法学セミナー	日本評論社	Causa(カウサ) セミナー法学全集 総合特集シリーズ 新・判例解説Watch		基本判例シリーズ 新基本法コンメンタール 司法試験シリーズ 法学入門		
法律時報	日本評論社	シリーズ司法改革	判例回顧と展望	私法判例リマークス		学界回顧

IV

3

図4−2　データベース操作の基本

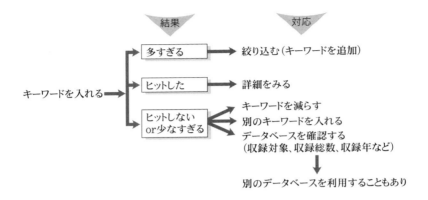

の発表された年代が推測できていると効率的です。論文の内容からどの時期のものか判断できる場合もあります。

　データベースを利用する場合は、確実にわかっているタイトルや著者名を入力します。入力を最小限にして、結果を見てから絞り込んでいくのが検索のコツです。タイトルについてはタイトル中の単語をキーワードとして入力するのが一般的です。複合語などは単語ごとに区切って入力したほうがよいでしょう。

Q 山田卓生「法的ルールの個別的適用」という論文を探していますが、見つかりません。

A それでは総合的な索引である国立情報学研究所の「CiNii Articles」や「国立国会図書館雑誌記事索引」で検索してみましょう。確かに収録はないようですね。大学紀要や雑誌に掲載された論文ではないかもしれません。第一法規の「法律判例文献情報」で検索してみましょう。ヒットし、以下の記念論文集に収録された論文だったことがわかりました。
『現代社会と民法学の動向（下）――民法一般　加藤一郎先生古稀記念』（星野英一ほか編、有斐閣）1992　123-152p.
　このように記念論文集に収録された論文は索引・データベースには収録さ

れないことがあります。雑誌論文のみではなく図書も検索できる「国立国会図書館サーチ」ではその論文が『山田卓生著作選集』にも収録があることがわかります。

(2) 特定のテーマの論文を探す
①検索の前準備をする

　探す対象の論文が特定されている場合は、タイトルや著者入力で探しますが、特定のテーマに関する論文を探す場合は、テーマや関連するキーワードで検索して、その結果をみながら適切な論文をみつけだす作業が必要です。与えられたテーマについて予備知識がない場合は、法学辞典や用語辞典を引いて、テーマの意味や背景を理解しておきましょう。関連用語がみつかることもあるので、データベース検索の絞り込みが容易にできます。たとえば「ゴミ処理」に関するリサーチをする場合は「廃棄物」「塵芥」などのキーワードも考えられますし、もっと進んで「生活廃棄物」「産業廃棄物」「放射性廃棄物」「環境汚染」「公害問題」に広げていくこともあるでしょう。以下の辞典やデータベースも参考になります。

『類語検索大辞典日本語大シソーラス』（山口翼編、大修館）2003〔平成15〕年

『類語大辞典』（柴田武編、講談社）2002〔平成14〕年

『類語新辞典』（中村明ほか編、三省堂）2005〔平成17〕年

「WebcatPlus」（NII）http://webcatplus.nii.ac.jp/

②参考文献リストを活用する

　授業や研究などで、テキストが指定されている場合は、そのテキストの章末や文末にある参考文献を探してみます。テーマに沿った論文をみつけることができるでしょう。

③関連する分野の雑誌をチェックする

　特定のテーマをもつ雑誌にあたることも有効です。その場合も1冊ごとの目次、索引だけでなく、年間の索引やテーマ別の索引があればそれを利用するほうが近道です。

④データベースを活用する

　特定のテーマの論文を多くの雑誌の中から検索するには、データベースや索引誌の利用が不可欠です。特定の論文を探すときには、「著者」や「タイ

トル」が重要な検索項目でしたが、テーマによる検索は主題や件名などテーマを特定する「キーワード」や「主題」が最重要となります。自然語で入力してもヒットしない場合は、件名索引やガイドキーなどを利用します。

　データベース・索引誌を利用する場合は、そのツールが「どのような編集方針で作られているか」「どの時期を対象としているか」を知ることが大事です。

　日ごろから索引を利用することに慣れることが大切ですが、検索に成功したときの手順をおぼえておくと有益でしょう。

　検索を続けていると、前の入力をクリアしないまま新しい検索をし、結果としてヒットしないということがあります。全クリアの状態になっているかどうか確認します。

Q 個人情報保護法制の成立に関わって「OECD ガイドライン」が非常に重要な役割を果たしたと聞いたので、その内容を知りたい。全文も読みたい。何に掲載されているのか。

A 専門的なリサーチが必要ですね。それではまず大学など教育機関の蔵書の総合目録である国立情報学研究所の「CiNii Articles」のデータベースを選択してみます。「個人情報　OECD」を入力した結果、33件の論文がヒットし本文を読める情報が以下を含めて 5 点ありました。そのなかで OECD ガイドライン＝「プライバシー保護と個人データの国際流通についてのガイドラインに関する理事会勧告」の内容を述べている以下の論文をマークしてみましょう。

「個人情報の保護：情報社会における個人のプライバシー」（芦葉浪人著）教育情報研究：日本教育情報学会学会誌11巻 4 号（1996） 3 p.

本文に目を通して概略をおさえた上で、ほかの文献との比較や全文を探すため、図書館で調べてみます。藤原静雄著『逐条個人情報保護法』（弘文堂、2003年）を選択し、巻末事項索引で「OECD ガイドライン」を詳しく紹介している箇所を探し出し、「個人データの国債流通とプライバシー保護ガイドライン」（小沢美治夫著）ジュリスト742号（1981）264-268p, の情報を得ました。日本における個人情報保護法制と OECD ガイドラインの関係がつかめそうですね。また、上記教科書は目次をみると、歴史から現在・将来

まで網羅的に著述されているので、個人情報保護の全体的な把握ができるかもしれません。

全文は、総務省行政管理局刊行の『個人情報保護法関係資料集』に「OECD理事会勧告8原則」として掲載されていますし、OECD東京センターのウェブサイトに仮訳としても掲載されています。

表 4−7　文献・文献検索のデータベース

データベース名	**法律判例文献情報**（第一法規）
形態/更新/有料	ウェブ版　毎週 CD-ROM 版　2回 / 年 DVD-ROM 版（2011 年より） 有料
総収録件数	文献編　65万6555件 判例編　4万8220件（2015 年 10 月 21 日現在）
収録範囲	1982 年1月～ 法律関連の図書・雑誌論文・署名入り新聞記事および判例集の書誌情報
検索項目	〔文献編〕：フリーワード／事項／分類／最近追加された文献／著者名／掲載誌・巻号／発行所／発行年月日／種別／外国・内国／形式区分／文献番号／裁判年月日／裁判所／事件番号 検索項目 〔解説検索〕：フリーワード／参照法令／裁判年月日／裁判所／事件番号／裁判所／裁判官
特徴	D1-Law.com データベースの契約であれば「現行法規」「判例体系」「解説検索」のタブも並行してあるので、関連の法令や判例を検索でき、要旨や本文も読むことができる。「解説検索」のタブでは『判例タイムズ』『最高裁判所判例解説』『法曹時報』掲載の解説の検索ができ、本文も読むことができる（『最高裁判所判例解説』『法曹時報』の本文は別途契約が必要）。『CiNii Articles』への連携で約 22000 件の論文、『学術機関リポジトリポータル JAIRO』への連携で 15 誌、約 1,000 件の本文が閲覧でき（2015 年 8 月現在）、定期的なメール配信も行っている。月1回の雑誌の形でも刊行されている。
データベース名	**法律文献総合 INDEX**（日本評論社）
形態/更新/有料	ウェブ版　毎月 有料
収録範囲	1929〔昭和 4〕年『法律時報』創刊号～ 法律・政治学関係の図書・雑誌論文
検索項目	〔文献検索〕区分・分類指定／フリーキーワード・パネル方式／執筆者名等／出典名／法律時報発行年月／単行本発行年月／発行所／ISBN 〔文献検索〕のほかに〔執筆者名検索〕〔判例評釈検索〕〔総合検索〕あり。〔判例評釈検索〕については「第Ⅲ部 判例を調べる」を参照のこと。
特徴	『法律時報』が創刊以来、毎号掲載している「文献月報」をデータベース化したもので、㈱ TKC のデータベース「ローライブラリー」のオプションの一つとして契約していれば、同データベースに収録されている判例情報にリンクする。法学関係では最も古くからの情報を提供している。

データベース名	**法務図書館蔵書目録**（法務図書館）
形態/更新/有料	ウェブ版（法務図書館ウェブサイト） 無料
総収録件数	図書 30 万冊
収録範囲	蔵書 雑誌記事索引 1945〔昭和 20〕年〜
検索項目	簡易検索（書名、著者名、出版者名） 蔵書検索（詳細）：書名・タイトル／雑誌名／巻次／著者名／出版社名／叢書名／個人件名／一般件名／ ISBN ／起訴罪名／認定罪名／裁判所名／事件番号／裁判官名／判例キーワード／論題名／法令名／記事キーワード／裁判日／出版年　対象資料で絞り込みができる。 新刊検索：1 年前から ジャンルを選択して一覧表でみる。 新着検索：1 か月、2 か月、6 か月前からを選択 ジャンルを選択して一覧表でみる。
特徴	法務図書館所蔵の図書と定期刊行物や記念論文集に収録されている論文の検索ができる。法務図書館刊行の『和漢図書目録』『法律関係雑誌記事索引』誌の後続データベース。
データベース名	**最高裁判所図書館蔵書目録**（最高裁判所図書館）
形態/更新/有料	ウェブ版（最高裁判所図書館ウェブサイト） 無料
総収録件数	和図書約 17 万冊、洋図書約 10 万冊の約 27 万冊
収録範囲	蔵書 雑誌論文 2005〔平成 17〕年1月〜
検索項目	和洋区分／資料区分／タイトル名／著者名／出版社／出版年月日／ ISBN ／ ISSN ／フリーワード検索
特徴	最高裁判所図書館の図書と雑誌に収録されている論文の記事が検索できる。雑誌記事は平成 17 年1月以降の論文を収録。それより前は印刷体の「最高裁判所邦文法律雑誌記事索引」に収録。DVD 版（創刊号〜平成16年報）もある。「新着図書のお知らせ」は一か月ごとの PDF ファイルで表示。

●国立情報学研究所関連

データベース名	CiNii (CiNii Books ／ CiNii Article ／ Cinii Dissertations)、WebcatPlus ／（国立情報学研究所）
形態/更新/有料	ウェブ版（国立情報学研究所ウェブページ） 無料、有料のサービスもあり

総収録件数	CiNii Books、約 1200 館の蔵書による約 1000 万件の書誌データ、約 12000 万件の所蔵データ CiNii Articles、論文情報約 1600 万件、本文約 400 万件
収録範囲	蔵書 CiNii Articles は複数のデータベースにより構築されているため収録年はそれぞれ異なる。
検索項目	CiNii Books：〔図書・雑誌検索〕：フリーワード／タイトル／著者名／著者 ID／統一タイトル ID／出版者／ISBN／ISSN／NCID／件名／分類／注記／資料種別／言語種別／出版年／図書館 ID／機関 ID／地域〔著者検索〕：著者名〔内容検索〕：フリーワード CiNii Articles：〔論文検索〕：フリーワード／本文リンクの有無／タイトル／著者名／著者 ID／著者所属／刊行物名／ISSN／巻号ページ／出版者／参考文献／出版年〔著者検索〕：著者名〔全文検索〕：フリーワード CiNii Dissertations：フリーワード／本文リンクの有無〔詳細検索〕：タイトル／抄録・目次・注記／著者名／学位授与大学名／大学 ID／学位授与番号 ID／取得学位名／学位授与年 WebcatPlus：〔連想検索〕文章〔一致検索〕フリーワード〔書棚〕のタブがある。連想検索の結果の数は必然的に多くなるが、関連する文献を上位に示している。結果画面に表示される連想ワードや出版年で絞り込みができる。同義語、類語を調べる際にも有用。
特徴	全国の大学が所蔵する図書・雑誌・新聞の蔵書目録と雑誌など定期刊行物に掲載されている論文や記事の索引。2011 年末より「NACSIS−Webcat」と「CiNii 論文ナビゲーター」が「CiNii」データベースの画面で合体し、それぞれのデータベースの機能を強化して発足した。CiNii Articles には国立国会図書館の「雑誌記事索引」も収録されており、また NII−ELS や各大学のリポジトリなどの蓄積する論文本文が読める。機関定額制オプションもあり、OpenURL リンク先などが設定されている。

●国立国会図書館関連

データベース名	**国立国会図書館サーチ**（国立国会図書館）
検索項目	検索項目：〔簡易検索〕キーワードと資料の種別 〔詳細検索〕タイトル／著者・編者／出版社／出版年／件名／分類記号／ISBN／ISSN／出版地 都市名、国名、国名コード／翻訳検索 〔障害者向け資料検索〕キーワード／タイトル／著者、編者等／原本出版者ほか／原本出版年／件名／分類／ISBN／ISSN／製作者、所蔵館
特徴	国立国会図書館、都道府県立図書館、国立情報学研究所、国立公文書館、国立美術館等の資料および民間電子書籍サイト等の蔵書・出版目録などを検索対象として、蔵書や、雑誌記事、デジタルコンテンツなどを統合的に検索できるポータルサイト。立法情報のタブもある。NDL-OPAC をはじめ、以下に続く各データベースの検索の窓口でもある。8000 万件以上の文献情報をおよそ 100 のデータベースから検索できる。近刊図書の検索もできる。（国立国会図書館のウェブサイトに掲載 https://iss.ndl.go.jp/information/function/#1 2015 年 10 月 26 日検索）

その他	NDL-OPAC（国立国会図書館蔵書検索・申込システム）
	同館所蔵の図書、雑誌、新聞、電子資料、和古書・漢籍、博士論文、地図、録音映像、蘆原コレクションなどを対象として検索ができる。メタデータ件数約 1,100 万件、毎日更新
	検索項目：〔簡易検索〕キーワード〔詳細検索〕キーワード／タイトル／著者／出版社／請求記号／件名／分類／ ISBN ／ ISSN など。
	NDL 雑誌記事索引
	国立国会図書館の所蔵する雑誌に掲載されている雑誌記事が検索できる。約 1200 万件、毎日更新
	検索項目：論題名／著者／雑誌名／出版者・編者／件名／機関コード／雑誌分類／記事分類・種別／ ISSN ／レポート番号／請求記号／記事登録 ID ／所蔵場所／出版年／巻号／本文の言語
	NDLOPAC の検索画面には以上の 2 つのデータベースのほかに〔規格リポート類〕〔占領関係〕のタブがある。
	国立国会図書館デジタルコレクション（https://dl.ndl.go.jp/）
	国立国会図書館で収集・保存しているデジタル資料を検索・閲覧できるサービスで、図書 90 万点（35 万点）雑誌 123.5 万点（0.8 万点）、古典籍資料（貴重書等）9 万点（7 万点）、博士論文 14 万点（1.5 万点）、官報 2 万点（2 万点）、新聞 6 点（6 点）などが収録されている。（）内はインターネット公開点数。そのほか電子書籍・電子雑誌も収録。国立国会図書館がデジタル化した資料のうち、インターネット公開されておらず、絶版等の理由で入手困難な資料（平成 27 年 7 月時点では、約 137 万点）を図書館向けにデジタル送信するサービスも始まっている。
	近代デジタルライブラリー（http://kindai.ndl.go.jp/）
	明治期・大正期刊行の資料のうち、デジタル化した資料をインターネット公開してきたデータベースで、検索の結果画面として目次情報とデジタル画像があり、古い法令や判例、書籍を読むことができる。2016〔平成 28〕年 5 月末より、国立国会図書館デジタルコレクションに統合の予定。

●日外アソシエーツ関連

データベース名	**magazineplus**（日外アソシエーツ）
形態/更新/有料	ウェブ版 毎週
	有料
収録件数	
収録範囲	雑誌 28,141 誌＋図書 13,123 冊を対象として論文・記事 1,366 万件を収録している（2015.9.9 現在）。
検索項目	全文検索（キーワード）
	文献の情報 標題・キーワード／著者・訳者等
	雑誌の情報 誌名・書名／編者・出版者等／コード類
	出版年月日／巻号／含まない検索／雑誌分類／記事種別／本文言語の補助的項目がある。
特徴	NDL雑誌記事索引の文献情報を網羅。一般誌、専門誌のほか記念論文集や学会年報からの記事が収録されている。

IV

3

データベース名	bookplus（日外アソシエーツ）
形態/更新/有料	ウェブ版 有料
収録範囲	1926 年から現在までに刊行された図書約 415 万件を収録している（2014 年 11 月現在）。毎日更新、1986 年以降の本には要旨・目次情報、小説のあらすじを収録し、2000 年以降の本には表紙書影、2001 年以降の本には著者紹介情報も掲載されている。（2015.10.26 日検索）最近 2 週間の新着情報には表紙のカラー画像付き。
検索項目	〔全文検索〕：キーワード／刊行年月 〔通常検索〕：書名／キーワード／著者名／出版社名／ISBN
特徴	bookplus では絶版本・非流通本も検索でき、図書の内容を調べることができる。

データベース名	大宅壮一文庫雑誌記事索引検索（大宅壮一文庫）
形態/更新/有料	ウェブ版 毎月 CD-ROM 版 14 枚 有料
収録件数	501 万件
収録範囲	週刊誌などの大衆紙を含めた雑誌の記事を収録している。1988 年以降から最新までの記事は収録しているが、それ以前の記事も、順次データベース化されている。
検索項目	ウェブ版：〔簡単検索〕フリーワード 〔詳細検索〕フリーワード／執筆者／発行日／記事種類／雑誌名／雑誌ジャンル 〔分類別検索〕人名／職業別人名／職業ジャンル／件名項目／件名キーワード ほかに印刷体索引から移行をしている索引を検索できる〔目録検索〕があるが、将来的にはほかの検索タブと統合の予定。 CD-ROM 版：フリーワード／執筆者・発言者／発行日／雑誌名／雑誌ジャンル／件名項目／キーワード／人名項目／職業ジャンル／記事種類
特徴	大宅壮一文庫の所蔵する雑誌に収録されている記事の索引。印刷体の目録や CD-ROM も含めると索引は総数 614 万件（2015 年 3 月現在。年間約 20 万件ずつ増加）人名索引 約 14 万人（271 万件）、件名索引 約 7000 項目（343 万件）を擁する。採録期間 明治時代から現在までだが、雑誌によって期間は異なる。 著作者、著名人、文化人、芸能人など掲載された人物の記事を調べることもできるデータベース。

4.　新聞情報を調べる

　日常生活の中で、新聞のもつ役割には大きなものがあります。新聞は政治、経済、社会のあらゆる場面で、事実や背景をできるだけ早く知らせるという使命をもっています。社会科学の分野では、事件・事象の分析に新聞記事を参照することがよくあります。法律学の分野でも、新しい法律が成立すれば、その内容や解説がすぐ記事になりますし、社会的に注目を集める裁判に関する記事も掲載されます。社会生活に密着しているメディアとして、特集記事や連載など、資料として価値があるものは、あとで単行本になることもあります。

　新聞は種類、形態、保存等のどれについても多種多様であり、日々生み出される大量の記事情報を調査するのは簡単ではありません。数日前に読んだ記憶のある新聞記事を、あらためて探してもなかなか見つけられなかった経験をもっている人は、少なからずいるでしょう。図書や雑誌以上に整理・管理が難しい新聞は、原紙（新聞紙そのまま）の長期保存には適さないので、図書館などでは新聞縮刷版を購入したり、新聞記事データベースを備えることで記事検索の便宜をはかっています。

　新聞記事データベースにも、ヒットした新聞記事をテキストのみを表示するもの、画像データでも表示するものなど、データベースによって、また記事によって、多種多様です。記事に付随する写真、表は画像データで探さなければなりません。探している記事が「いつ頃のものか」「どのような新聞に掲載されていたか」を推定して、データベース、記事索引誌や新聞縮刷版などを使い分けてください。

　新聞のデジタル資料として有料のデジタル版と無料のニュース速報があります（例　有料のデジタル版：朝日新聞デジタル、無料のニュース速報：asahi.com）。日に2回（朝刊・夕刊）発行の印刷版に比べるとデジタルの方がリアルタイムのニュースが読めます。すぐれた速報性に加えてバックナンバーを読める、記事検索ができる、新聞休刊日でも読めるという利点もあり

ます。

4.1 どのような新聞が発行されているか

新聞のタイトルを調べるには以下のようなツールがあります。

「国立国会図書館サーチ」（国立国会図書館）https://iss.ndl.go.jp/
　種別で「新聞」を選択して検索します。データは4万件です。2011年まで
は「全国新聞総合目録データベース」で国立国会図書館および約1,300機
関の新聞の書誌情報・所蔵状況を調べることができましたが、現在は国立
国会図書館サーチに移行しました。

「Pressnet」（日本新聞協会）　https://www.pressnet.or.jp/
　「メディア・リンク」に地域別の新聞・通信社、放送各社などのリストが
あり、各社のウェブサイトへリンクをたどることができます。会員社は新
聞104社、通信4社、放送22社で、7の合同サイトに移動できます（2015
年10月9日現在）。ほかに内外の関係諸団体へのリンクがあります。

『雑誌新聞総かたろぐ』（メディア・リサーチセンター）年刊　1979〔昭和
54〕年版～
　地域別では全国紙とブロック・県、ローカル紙に分類され、続いてコミュ
ニティ、スポーツ、マスコミ、文学など内容別に分類されています。法
律・法曹として5紙が掲載されています。掲載点数3,357点（2015年版）。

「雑誌新聞総かたろぐ Web 検索」https://www.media-res.net/pp_index/
index.html
　フリーワード検索とジャンル検索ができます。
　発行社名と住所・連絡先・サイト URL・地図、刊行物名、本誌における
掲載分野・ページなどを調べることができます。会社データの追加も掲載
されます。

『日本新聞年鑑』（日本新聞協会編、電通）年刊　1947〔昭和22〕年～
　新聞、通信、放送130社（2015年10月12日現在）が会員となる日本新聞協
会の年鑑で、新聞界の概況や各社の現況などがわかります。「概況編」「現
況編」「資料編」「新聞人名録」で構成されています。最新刊は2015年です。

『専門新聞要覧』（日本専門新聞協会）年刊　創刊1983〔昭和58〕年
http://www.senmonshinbun.or.jp/

協会加盟90社の刊行する専門新聞を調べることができます。フリーワードと専門分野別検索があります。

『明治新聞雑誌文庫所蔵新聞目録』（東京大学法学部明治新聞雑誌文庫編、東京大学出版会）1977〔昭和52〕年

　明治や大正時代に刊行された新聞を調べるのに便利です。紙名の五十音順（外国新聞はアルファベット順）に配列され、巻末に都道府県別と国別の索引があります。収録数は1,856タイトル。

4.2　新聞記事を検索して読む

　新聞情報は、テレビ・ラジオなどに比べて速報性では大きく後退していましたが、インターネットを利用することで速報性を取り戻し、かつ記事検索を利用することにより、過去の事件や事象を調べるための貴重な資料の集合体となりました。従来型の新聞データベースは過去より現在までの個々の記事をキーワード等の検索によりサーチして読むシステムでしたが、新聞のデジタル版は、写真入りの一面記事からはじまって、新聞紙を開いて読むような構成がされているリアルタイムのニュース配信サイトとなっています。デジタル版の契約をすることにより、すべての記事を対象に全文の検索ができて、本文を読むことができるようになりました。一部の記事はテキストのみで画像が配信されていない記事もあります。

　全国紙はすべてデータベースをもっています。個人で契約することも可能ですが、大学や企業などの法人や公共図書館などで契約している場合は、利用者は無料で利用することができます。通常利用している図書館等でどのような新聞データベースを契約して利用者に提供しているか調べておくとよいでしょう。

　そのほかにCD-ROM、DVD-ROMなどのオフライン版では明治期、大正期からの膨大な新聞記事を検索でき、印刷体では新聞集成やニュース事典、新聞縮刷版などで新聞記事を探し、読むことができます。

4.2.1　新聞のデジタル版

　毎日配達される新聞を読むように、契約をしてデジタルで配信される新聞を読むことができます。印刷体の新聞と内容はほぼ同じですが、デジタル

でしか配信されない記事内容もあります。ここでは「朝日新聞デジタル」と「日本経済新聞電子版」を紹介します。

「朝日新聞デジタル」

契約をして PC やタブレット端末で毎日のニュースを読むことができます。「24時間速報」はその都度発信されます。紙面にはない動画の画面も特徴です。地方記事も読めます。朝刊、夕刊バックナンバーは1週間分掲載され、当日刊と同様に記事が読めます。「朝日新聞デジタル」、『朝日新聞』の記事過去1年分は検索し、読むことができます。沖縄タイムスとのダブルコースの契約もあります。

「日本経済新聞電子版」

1日の記事は朝刊・夕刊300本＋電子版オリジナル600本を合わせて約900本です。携帯電話やタブレット端末で読むこともできます。企業情報・用語解説、人事検索などの機能が特徴です。過去5年分の朝夕刊や創刊以来の電子版のコンテンツを検索できます。

4.2.2 有料データベース

「日経テレコン」（日本経済新聞社）

https://telecom.nikkei.co.jp/

記事、企業情報、業界市場、人物・人事、海外情報が得られます。日経8紙『日本経済新聞』『日経産業新聞』『日経 MJ （流通新聞)』『日経ヴェリタス』などを中心として140以上の国内紙ビジネス誌や一般誌、専門誌も含めた記事検索ができます。ジュリスト、Westlaw Japan 新判例解説、LexisNexis ビジネスロー・ジャーナルなどの情報も提供しています。過去30年にさかのぼって記事を調べることができます。

記事検索（詳細）項目：【キーワード】【検索期間】【検索範囲】【データベース】

「G-Search Database　Service」（株式会社ジー・サーチ）

https://db.g-search.or.jp/

新聞や雑誌記事、企業情報などのデータベースのゲートウェイなので、それぞれのデータベースごとに情報の範囲や料金体系が異なりますが、102紙の横断検索ができます（2015年10月9日現在）。全国紙のほか、『北海道新聞』『琉球新報』などの地方紙や専門紙、スポーツ紙なども収録してい

ます。PDFファイルで新聞掲載の写真や図をみることもできます。

検索項目：【記事タイトル】【本文】【掲載日】【検索対象データベース】。

「朝日新聞有料記事・写真検索」

記事データベースは「大学図書館・公共図書館向け」「小・中学校、高校向け」「企業団体向け」「個人・ご家族向け」のサービスがあり、ほかに写真データベースがあります。

http://www.asahi.com/information/db/2forl.html

「大学図書館・公共図書館向け」には「聞蔵IIビジュアル（記事テキスト＋イメージ）」があります。スマホ版、タブレット版もあります。

基本コンテンツは「朝日新聞1985年〜」「AERA」「週刊朝日」「朝日新聞縮刷版昭和（戦後）」「知恵蔵」です。オプションコンテンツとして「朝日新聞縮刷版（明治・大正）昭和戦前」、「歴史写真アーカイブ」「人物」「歴史写真」「アサヒグラフ」「英文ニュース」があります。

検索項目は【キーワード】【発行日】のシンプル検索のほか、詳細検索では検索対象（見出しか本文かなど）や分類、朝夕刊、面名、本紙／地域版、発行社（東京、大阪など）など詳細な検索オプションがあり、縮刷版の検索では検索年代を指定し、画像ソフトで読みます。

「小・中学校、高校向け」には「朝日けんさくくん」、「企業団体向け」には「聞蔵II for B」、「個人・ご家族向け」には「記念日新聞」「朝日新聞デジタルSELECT」と「Astand」があります。

『読売新聞』のデータベース https://database.yomiuri.co.jp/

「ヨミダス文書館」

『読売新聞』記事テキストは1986〔昭和61〕年から収録し、2008〔平成20〕年12月からの記事は画像で読むことができます。「現代人名録」（現代のキーパーソン2万6,000人収録）も利用できます。600万件収録。

「ヨミダス歴史館」

明治・大正・昭和・平成時代の読売新聞の記事が読めるデータベースです。全部で1,300万件収録。

検索項目：【検索語】【検索方式（全文・キーワード）】【検索期間】ほかに地域版や分類選択あり

「毎日新聞データベース」 https://mainichi.jp/contents/edu/maisaku/

法人向けニュース・写真提供サービスと教育機関・自治体向けサービス、

スマホなどに対応もする個人向けサービスがあります。「毎索」は教育機関向けサービスで1872年から1999年（1989-1999年は FLASH 形式）までの紙面が提供されています。

「The Sankei　Archives 産経新聞ニュース検索サービス」

1992〔平成４〕年９月７日から現時点までの東京本社朝・夕刊と、1998〔平成10〕年12月15日から現時点までの大阪本社「朝・夕刊」、地方版は東京都内版、大阪府下版の『産経新聞』の記事約214万件の検索ができます。

4.2.3　無料でみられるウェブ上のニュース速報・ニュース検索

「日本経済新聞」NIKKEI NET（https://www.nikkei.com/）

「朝日新聞」asahi.com（https://www.asahi.com/）

「読売新聞」Yomiuri On-Line（https://www.yomiuri.co.jp/）

「毎日新聞」毎日 JP（https://mainichi.jp/）

「産経新聞」産経ニュース（https://www.sankei.com/）

「47NEWS」（https://www.47news.jp/）

「ジャパン・タイムズ」TheJapanTimes（https://www.japantimes.co.jp/）

「京都新聞（電子版）」（https://www.kyoto-np.co.jp/）

　各新聞社のウェブサイトへのアクセスは、前述の「Pressnet」（https://www.pressnet.or.jp/）のメディアリンクを利用します。

4.2.4　オフライン（CD-ROM・DVD-ROM）版データベース

①朝日新聞社の CD-ROM

「CD-HIASK　朝日新聞記事データベース」（朝日新聞社／紀伊國屋書店）
1985〔昭和60〕～ 2005〔平成17〕年　1989〔平成元〕年～

　　検索項目：キーワード、見出し、分類、朝夕刊の別、紙面、掲載年月日

　　朝日新聞の東京・大阪・西部・名古屋・北海道／各本支社版の記事を収録しています。各年１枚の CD-ROM に記事を収録。

「朝日新聞戦後見出しデータベース」CD-ROM（朝日新聞社）1945〔昭和20〕～ 1999〔平成11〕年　2000〔平成12〕年

　　検索項目：全検索のキーワード、見出し、大分類、中分類、掲載年月日

　　朝日新聞縮刷版の1945年以降の見出しを収録しています。テーマより記事の見出しを検索し、新聞掲載年月日、掲載面、縮刷版での掲載頁などが表

示されます。

「朝日新聞戦前紙面データベース」 CD-ROM（朝日新聞社）

「昭和元年～9年編」年刊 （1926年12月～1934年12月）2001〔平成13〕年

「昭和10年～20年編」年刊 （1935年1月～1945年12月）2002〔平成14〕年

昭和戦前期新聞のデータベースで、分類は12の大分類の下に小分類があります。紙面が印刷できます。

②**日本経済新聞社の CD-ROM、DVD-ROM**

「日経全文記事データベース日本経済新聞 CD-ROM 版」 年刊

検索項目：フリーキーワード

『日本経済新聞』の朝・夕刊・地方経済面の記事全文を1990〔平成2〕年から収録しています。

「日経全文記事データベース　日経産業新聞　日経金融新聞　日経 MJ（流通新聞）CD-ROM」 年刊

検索項目：フリーキーワード

日経産業・金融・MJ（流通）新聞の記事全文を収録。1994〔平成6〕年から2007〔平成19〕年までを収録しています。各年 CD-ROM 1枚。

「4紙版　日経全文記事データベース DVD-ROM 版」

検索項目：フリーキーワード

日本経済新聞（東京本社発行）最終版、地方経済面の記事と日経産業・金融・流通3紙の新聞記事を収録。1990年から2000年版までは4紙の5年分の記事をまとめて1枚に収録されていましたが、2001年版から2008年版までは各年1枚の DVD-ROM に作成されています。横断検索が可能です。

③**毎日新聞社の CD-ROM**

「CD 毎日新聞」（日外アソシエーツ）

毎日新聞の東京・大阪本社の朝夕刊最終版の新聞記事を収録しています。1991年から各年1枚の CD-ROM で作成し、5年分をまとめ、専用ソフトを付けた CD-ROM も平行して刊行されています。

検索項目：見出しキーワード、フリーワード、掲載面種別、掲載年月日

④**読売新聞社の CD-ROM**

「読売新聞縮刷版 CD-ROM」（読売新聞社／紀伊国屋書店）

検索項目：簡単キーワード、詳細キーワード、キーワード一覧

1994〔平成6〕年より2004〔平成16〕年まで月刊で CD-ROM 2枚、年刊

索引版は年1枚発行されています。

「明治の読売新聞」1874〔明治7〕年11月2日の創刊号〜1912〔明治45〕年7月30日を収録。

「大正の読売新聞」1912〔明治45〕年7月30日〜1926〔昭和元〕年12月30日を収録。

「昭和の読売新聞　戦前1」1926〔昭和元〕年12月1日〜1936〔昭和11〕年12月31日を収録。

「昭和の読売新聞　戦前2」1937〔昭和12〕年1月1日〜1945〔昭和20〕年12月31日を収録。

「昭和の読売新聞　戦後1」1946〔昭和21〕年1月1日〜1960〔昭和35〕年12月31日までを収録。

「昭和の読売新聞　戦後2」1961〔昭和36〕年1月1日〜1970〔昭和45〕年12月31日までを収録。

「昭和の読売新聞　戦後3」1971〔昭和46〕年1月1日〜1980〔昭和55〕年12月31日までを収録。

4.2.5　印刷体のツール

　過去の新聞記事を探すためには新聞のデータベースで検索し、本文を読むのが主流ですが、図書館などでは1ヵ月分をまとめて編集し直した各新聞の縮刷版を読むこともできます。また、記事検索のための索引誌を利用する方法もあります。主題別の新聞切り抜き情報誌なども、テーマが特定されている場合は便利です。ほかには、新聞集成・記事索引誌などもあります。

(1)　縮刷版

　新聞の紙面をそのまま縮小して印刷し、1ヵ月分の紙面を本の形にまとめたものです。掲載年月日がわかれば、その日の紙面から探すことができます。

　全国紙では以下のような新聞の縮刷版が発行されています。

『朝日新聞縮刷版』1919〔大正8〕年〜、記事索引あり

『毎日新聞縮刷版』1950〔昭和25〕年〜、記事索引あり

『読売新聞縮刷版』1945〔昭和20〕年〜、記事索引あり

『日本経済新聞縮刷版』1949〔昭和24〕年〜、記事索引、五十音順インデックスあり

(2) 新聞集成・記事索引誌

新聞記事を再編集し、索引などを付して検索しやすくした印刷体のツールがあります。記事全文を読めるものもあります。

『**毎日ニュース事典　1～8巻**』（毎日新聞社）1973〔昭和48〕～ 1980〔昭和55〕年

『**読売ニュース総覧**』（読売新聞社）1980〔昭和55〕～ 1994〔平成6〕年

『**新聞集成明治編年史**』（同編纂会）1934〔昭和9〕年

『**新聞集成大正編年史**』（大正昭和新聞研究会）1966〔昭和41〕年

『**新聞集成昭和編年史**』（平野清介編、明治大正昭和新聞研究会）1955〔昭和30〕年～

『**明治ニュース事典Ⅰ～Ⅷ**』（明治ニュース事典編纂委員会ほか編、毎日コミュニケーションズ）1983〔昭和58〕～ 86〔昭和61〕年、総索引あり

『**大正ニュース事典Ⅰ～Ⅶ**』（大正ニュース事典編纂委員会ほか編、毎日コミュニケーションズ）1986〔昭和61〕～ 89〔平成元〕年、総索引あり

『**昭和ニュース事典Ⅰ～Ⅷ**』（昭和ニュース事典編纂委員会ほか編、毎日コミュニケーションズ）1990〔平成2〕～ 94〔平成6〕年、総索引あり

『**朝日新聞記事総覧（大正編、昭和編、平成編）**』（朝日新聞社、日本図書センター）1985〔昭和60〕～ 1999〔平成19〕年

『**全国紙社説総覧**』（明文書房）年4回　2004〔平成16〕年～

朝日・毎日・読売・日経・産経の全国紙に掲載された社説に関する情報を3ヵ月ごとにまとめて編集したツール。1年ごとにまとめた『全国紙社説索引』も刊行されている。

(3) 新聞切抜資料・情報誌

国立国会図書館の新聞資料室では全国紙など約9,620タイトルの日本語の新聞と、主要な外国紙約1,170タイトルを所蔵しています。原紙、縮刷版、マイクロフィルムなどの形態で保存され、閲覧することもできます。そのほか、国内主要紙の切抜資料を利用することもできます。

切抜記事は朝日、毎日、読売、日本経済、産経、東京新聞などを対象として作成されました。政治、外交、経済、社会、文化など、主題別または分野別にファイルされています。期間は1948〔昭和23〕年から1992〔平成14〕年発行までで、以降は中止しています。『国立国会図書館新聞切抜事項名索引』

『国立国会図書館新聞切抜分類表』『国立国会図書館新聞切抜分類項目一覧：五十音順』もあります。

　新聞切り抜き情報誌は、新聞記事のコピーを集めて特定のテーマ別に編集し、冊子にしたものです。定期的に発行されていて、その記事の全文を読むことができます。

『**ニュースの索引**』（全国出版協会・出版科学研究所）月刊　1967〔昭和42〕年〜

『**女性情報：切り抜き情報誌**』（パド・ウイメンズ・オフィス）月刊　1986〔昭和61〕年〜 2002〔平成14〕年

『**月刊切抜き体育・スポーツ**』（アイオーエム）月刊　1974〔昭和49〕年〜 2012〔平成24〕年

『**切抜き集子どものからだと心**』（アイオーエム）1980〔昭和25〕年〜 1989〔平成元〕年

『**月刊切抜き保健**』（アイオーエム）月刊　1975〔昭和50〕年〜 2012〔平成24〕年

『**新聞情報**』（TKC出版）月刊　1977〔昭和52〕年〜

『**双康教育ダイジェスト**』（光映出版）月刊

『**月刊子ども論　new 月刊子ども**』（クレヨンハウス総合文化研究所）月刊　1986〔昭和61〕年〜 2006〔平成18〕年

『**D-file 自治体情報誌**』（イマジン）月2回（1・8月は月1回）　1989〔平成元〕年9月〜

『**月刊人権と社会──クリップライブラリー**』（エヌ・シー・エル）月刊　1991年4月〜、『労働と人権』より改題

『**高齢社会ジャーナル**』（高齢社会情報センター）月刊　1987〔昭和62〕年〜 2008〔平成20〕年、『月刊高齢社会』の後継誌

4.2.6　法律関係の新聞・機関紙

　新聞についての情報を調べるときは、前述の『雑誌新聞かたろぐ』などを利用します。特定の新聞を調べるには巻末の索引を利用し、テーマに関する新聞を広く探したいときは、目次の分類にしたがって探してみます。法律の分野の新聞もまとまって記載されています。最高裁判所の『裁判所時報』に

は最新の判例も掲載されています。『裁判所時報』と『週刊法律新聞』の2紙は『法律判例文献情報』の記事索引に収録されていますが、ほかの新聞は各紙の索引・目録以外は検索の手段がありません。

『**官報**』（国立印刷局、日刊）〔→ p.70〕

『**裁判所時報**』（最高裁判所事務総局）月2刊　年刊索引あり〔→ p.174〕

『**週刊法律新聞**』（法律新聞社）週刊　1956〔昭31〕年〜

『**日弁連新聞**』（日本弁護士連合会）月刊　1974〔昭和49〕年〜索引、縮刷版もあり（https://www.nichibenren.or.jp/document/newspaper.html）

『**LIBRA**』（東京弁護士会）月刊　2001〔平成13〕年〜（https://www.toben.or.jp/message/libra/）「LIBRA ON LINE」で今号からバックナンバーまでの記事が読めます。

『**NIBEN Frontier**』（第二東京弁護士会）月刊　2002〔平成14〕年〜（https://niben.jp/niben/books/frontier/backnumber/）バックナンバーの記事を公開しています。

『**青年法律家**』（青年法律家協会弁護士学者合同部会）月刊　1961〔昭和36〕年〜、索引

『**全青司**』（全国青年司法書士協議会）月刊、索引

『**法テラス**』（日本司法支援センター）季刊　2007〔平成19〕年〜

Q 非嫡出子の相続分差別の撤廃の経緯について調べています。本や論文は入手したのですが、最高裁の決定の後、どのような動きがあったのか知りたいのですが。

A どのような動きがあったのか、時系列で調べるために新聞記事のデータベースを利用しましょう。非嫡出子の相続分差別が違憲であるという最高裁の判断は裁判所のウェブサイトの裁判例情報で調べて2013年の9月4日ということがわかりますので、それ以降の新聞記事を検索します。全国紙はすべてデータベースをもっているので検索はできますが、契約が必要なので、利用している図書館で契約している新聞のデータベースを利用しましょう。「非嫡出子」と入力し期間指定をすると、過去の新聞記事を検索し、読むことができます。新聞の記事では民法上の嫡出でない子を意味する「非嫡出子」というキーワードより「婚外子」というキーワードの方が一般

的であることも検索の過程でわかりましたね。最高裁判所の判断が各自治体の事務対応に影響し、民法900条の4号のただし書きが法改正されていく経緯について調べることができます。日経テレコンは契約形態によっては日経各紙だけでなく、朝日・毎日新聞の記事も収録しています。そのほか、朝日新聞や日本経済新聞のデジタル版の定期購読者は朝日新聞なら過去1年間、日本経済新聞なら5年間の記事を検索して読むことができます。

5. 法曹業務のための
ハンドブック・ガイドブック

　法律実務に必要な情報をまとめたハンドブックやガイドブックがあります。これらは実務用に特化した資料なので、書籍流通のルートには乗らず、一般の書店では手に入りにくいものもあります。出版元に問い合わせてわかる場合もあります。日本弁護士連合会のウェブサイトにもこれらの情報を知らせるページがあります。

https://www.nichibenren.or.jp/jfba_info/publication.html

　申請や届出の書式をまとめた「書式集」も刊行されています。『法律図書総目録』（法律書経済書経営書目録刊行会刊）〔→ p.301〕の「法律事務・書式」にはおもな書式集が掲載されています。「法律書・経済書・経営書総目録」サイト（https://www.houkeimokuroku.jp/）で検索することもできます。最近では所管府省庁のウェブサイトで各種書式が公開され、オンラインで書類申請できる場合もあります。

　ここでは、ハンドブック・ガイドブックなどの一部を紹介します。

『弁護士職務便覧』（東京弁護士会・第一東京弁護士会・第二東京弁護士会編、日本加除出版）年刊　2002〔平成14〕年〜

『弁護士に相談しよう！　法律相談センター公式ガイド』（日本弁護士連合会法律相談センター編、民事法研究会）1999〔平成13〕年

『法律事務所経営ガイド』（日本弁護士連合会弁護士業務対策委員会編、弘文堂）1995〔平成7〕年

『Q&A　弁護士報酬ハンドブック』（東京弁護士会法友全期会報酬基準研究会編、ぎょうせい）2004〔平成16〕年

『交通事故損害額算定基準』（日弁連交通事故相談センター専門委員会編、日弁連交通事故相談センター）隔年で刊行　最新刊は24訂版2014〔平成26〕年

『民事交通事故訴訟・損害賠償額算定基準　上（基準編）・下（講演録編）』（日弁連交通事故相談センター東京支部）毎年2月に改訂版を発行しています。最新版は第44版2015〔平成27〕年

上記２つの資料は日弁連交通事故相談センターのウェブで案内があります。

『書式と理論で民事手続 新版──訴訟から執行までのやりとり』
（鬼追明夫・加島宏監修・法と法実務研究会編、日本評論社）2010〔平成22〕年

『実践　民事執行法　民事保全法　第２版』（平野哲郎著、日本評論社）2013〔平成25〕年

『交通事故損害賠償必携　資料編』（倉田卓次、宮原守男ほか編、新日本法規）年刊　最新版は2011年版です。

『子どもの虐待防止・法的実務マニュアル』（日本弁護士連合会子どもの権利委員会編、明石書店）最新版は５版、2012〔平成24〕年刊行です。

『付添人活動のマニュアル（新版）』（日本弁護士連合会子どもの権利委員会編、日本弁護士連合会子どもの権利委員会）2003〔平成15〕年

『少年事件付添人マニュアル──少年のパートナーとして　第２版』（福岡県弁護士会子どもの権利委員会編、日本評論社）2013〔平成25〕年

『スムーズな清算・再生のための倒産手続選択ハンドブック　改訂版』（東京弁護士会法友会全期会債務整理企業再生研究会編、ぎょうせい）2012〔平成24〕年

『遺産分割実務マニュアル（改訂版）』（東京弁護士会法友会全期会編、ぎょうせい）2006〔平成18〕年

『Ｑ＆Ａ類型別不動産取引実務マニュアル』（東京弁護士会法友会全期会不動産法研究会編、ぎょうせい）1995〔平成７〕年

『新版刑事弁護マニュアル（捜査弁護、外国人・少年弁護編）上』東京弁護士会法友全期会、ぎょうせい　1997〔平成９〕年

『新版刑事弁護マニュアル（公判弁護編）下』（東京弁護士会法友会全期会編、ぎょうせい）1997〔平成９〕年

『法廷弁護技術　第２版』（日本弁護士連合会編、日本評論社）2009〔平成21〕年

『公判前整理手続を活かす』（日本弁護士連合会裁判員本部編、現代人文社）2011〔平成23〕年

『裁判員裁判刑事弁護マニュアル』（後藤貞人・四宮啓・高野隆・早野貴文 編、第一法規）2009〔平成21〕年

『証拠収集実務マニュアル　改訂版』（東京弁護士会法友会全期会編、ぎょう

せい）2009〔平成21〕年

『法律家のための IT マニュアル　新訂版』（日本弁護士連合会弁護士業務改革委員会、第一法規）2015〔平成27〕年

『接見交通権マニュアル　第16版』（接見交通権確立実行委員会編、日本弁護士連合会）2015〔平成27〕年

『刑事弁護 Beginners：実務で求められる技術と情熱を凝縮した刑事弁護の入門書 ver. 2　（季刊刑事弁護増刊)』（現代人文社）　2014〔平成26〕年

『法律事務職員簡単実務マニュアル　２．実践編（３版）』（パラリーガルクラブ著、弘文堂）2006〔平成18〕年

『新法律事務職員研修ビデオ　(全13巻)』（東京弁護士会）2002〔平成14〕年

LEGAL RESEARCH

付　録

法律文献等の出典の表示方法 [2014年版] （一部抜粋）
文献略語表

法律文献等の出典の表示方法 ［2014年版］（法律編集者懇話会）一部抜粋

https://www.houkyouikushien.or.jp/katsudo/pdf/houritubunken2014a.pdf

Ⅳ　法令名の略語

各年版の総合六法全書（三省堂、有斐閣）の法令略語に依拠した。

あ行………
あらゆる形態の人種差別の撤廃に関する国際条約　　**人種差別撤廃約**
育児休業、介護休業等育児又は家族介護を行う労働者の福祉に関する法律　　**育児**
介護
意匠法　　**意匠**
一般社団法人及び一般財団法人に関する法律　　**一般法人**

か行………
外国為替及び外国貿易法　　**外為**
介護保険法　　**介保**
会社計算規則　　**会社計算**
会社更生法　　**会更**
会社更生法施行規則　　**会更規**
会社分割に伴う労働契約の承継等に関する法律　　**労働契約承継**
会社法　　**会社**
会社法施行規則　　**会社規**
会社法の施行に伴う関係法律の整備等に関する法律　　**会社法整備**
覚せい剤取締法　　**覚せい剤**
確定拠出年金法　　**確定拠出**
貸金業法　　**貸金業**
家事事件手続規則　　**家事規**
家事事件手続法　　**家事**
河川法　　**河川**
学校教育法　　**学教**
割賦販売法　　**割賦**
仮登記担保契約に関する法律　　**仮登記担保**
環境影響評価法　　**環境影響評価**

環境基本法　　**環境基**

偽造カード等及び盗難カード等を用いて行われる不正な機械式預貯金払戻し等からの預貯金者の保護等に関する法律　　**偽造カード**

教育基本法　　**教基**

行政機関の保有する個人情報の保護に関する法律　　**行政個人情報（行政個人情報保護）**

行政機関の保有する情報の公開に関する法律　　**行政情報公開**

行政事件訴訟法　　**行訴**

行政代執行法　　**代執**

行政手続法　　**行手**

行政不服審査法　　**行審**

供託法　　**供託**

銀行法　　**銀行**

金融商品取引法　　**金商**

金融商品の販売等に関する法律　　**金販**

経済的、社会的及び文化的権利に関する国際規約　　**人権Ａ規約**

警察職務執行法　　**警職**

警察法　　**警察**

刑事収容施設及び被収容者等の処遇に関する法律　　**刑事収容**

刑事訴訟規則　　**刑訴規**

刑事訴訟費用等に関する法律　　**刑訴費**

刑事訴訟法　　**刑訴**

刑事補償法　　**刑補**

軽犯罪法　　**軽犯**

刑法　　**刑**

健康保険法　　**健保**

検察審査会法　　**検審**

検察庁法　　**検察**

建築基準法　　**建基**

公益社団法人及び公益財団法人の認定等に関する法律　　**公益法人**

公益通報者保護法　　**公益通報**

公害紛争処理法　　**公害紛争**

後見登記等に関する法律　　**後見登記**

皇室典範　　**皇典**

公衆等脅迫目的の犯罪行為のための資金の提供等の処罰に関する法律　**犯罪資金提供**

公職選挙法　**公選**

厚生年金保険法　**厚年**

更生保護法　**更生**

公文書等の管理に関する法律　**公文書管理**

小切手法　**小切手**

国際物品売買契約に関する国際連合条約　**国際売買約**

国際連合憲章及び国際司法裁判所規程　**国連憲章（国際裁）**

国際連合平和維持活動等に対する協力に関する法律　**国連平和維持（国連平和協力）**

国税徴収法　**税徴**

国税通則法　**税通**

国税犯則取締法　**税犯**

国籍法　**国籍**

国民健康保険法　**国保**

国民年金法　**国年**

国有財産法　**国財**

個人情報の保護に関する法律　**個人情報（個人情報保護）**

戸籍法　**戸籍**

国会法　**国会**

国家行政組織法　**行組**

国家公務員法　**国公**

国家公務員倫理法　**国公倫理**

国家賠償法　**国賠**

国旗及び国歌に関する法律　**国旗国歌**

雇用の分野における男女の均等な機会及び待遇の確保等に関する法律　**雇均（雇用均等）**

雇用保険法　**雇保**

さ行………

災害対策基本法　**災害基**

最高裁判所裁判官国民審査法　**裁判官審査**

財政法　**財政**

最低賃金法　　**最賃**

裁判員の参加する刑事裁判に関する法律　　**裁判員**

裁判所法　　**裁所**

裁判の迅速化に関する法律　　**裁判迅速化**

自衛隊法　　**自衛**

資金決済に関する法律　　**資金決済**

自然環境保全法　　**自然環境**

失火ノ責任ニ関スル法律　　**失火**

実用新案法　　**新案**

私的独占の禁止及び公正取引の確保に関する法律　　**独禁**

児童虐待の防止等に関する法律　　**児童虐待**

自動車損害賠償保障法　　**自賠**

児童の権利に関する条約　　**児童約**

児童買春、児童ポルノに係る行為等の処罰及び児童の保護等に関する法律　　**児童買春**

児童福祉法　　**児福**

市民的及び政治的権利に関する国際規約　　**人権Ｂ規約**

借地借家法　　**借地借家**

社債、株式等の振替に関する法律　　**振替（社債振替）**

宗教法人法　　**宗法**

住宅の品質確保の推進等に関する法律　　**住宅品質**

銃砲刀剣類所持等取締法　　**銃刀**

住民台帳基本法　　**住基台帳**

出資の受入れ、預り金及び金利等の取締りに関する法律　　**出資**

出入国管理及び難民認定法　　**入管**

商業登記法　　**商登**

少年審判規則　　**少年規**

少年法　　**少年**

消費者教育の推進に関する法律　　**消費教育**

消費者基本法　　**消費基**

消費者契約法　　**消費契約**

消費税法　　**消費税**

商標法　　**商標**

商法　　**商**

付
録

商法施行規則　　**商規**
職業安定法　　**職安**
食品衛生法　　**食品衛生**
食品表示法　　**食品表示**
女子に対するあらゆる形態の差別の撤廃に関する条約　　**女子差別撤廃約**
所得税法　　**所得税**
人事訴訟規則　　**人訴規**
人事訴訟法　　**人訴**
心神喪失等の状態で重大な他害行為を行った者の医療及び観察等に関する法
律　　**医療観察**
信託業法　　**信託業**
信託法　　**信託**
ストーカー行為等の規制等に関する法律　　**ストーカー**
生活保護法　　**生活保護**
政治資金規正法　　**政資**
精神保健及び精神障害者福祉に関する法律　　**精神福祉**
製造物責任法　　**製造物**
性同一性障害者の性別の取扱いの特例に関する法律　　**性同一性障害**
政党助成法　　**政党助成**
世界人権宣言　　**人権宣言**
臓器の移植に関する法律　　**臓器移植**
総合法律支援法　　**法律支援**
相続税法　　**相続税**
組織的な犯罪の処罰及び犯罪収益の規制等に関する法律　　**組織犯罪**
租税特別措置法　　**租特**
手形法　　**手形**

た行………
大日本帝国憲法　　**明憲（旧憲、帝憲）**
建物の区分所有等に関する法律　　**区分所有**
短時間労働者の雇用管理の改善等に関する法律　　**短時労**
担保附社債信託法　　**担信**
知的財産基本法　　**知財基**
地方公務員法　　**地公**

地方財政法　　**地財**

地方自治法　　**自治（地自）**

地方税法　　**地税**

地方独立行政法人法　　**地独行法**

中間法人法　　**中間法人**

仲裁法　　**仲裁**

著作権法　　**著作**

電子記録債権法　　**電子債権**

電子消費者契約及び電子承諾通知に関する民法の特例に関する法律　　**電子消費者契約**

電子署名及び認証業務に関する法律　　**電子署名**

動産及び債権譲渡の対抗要件に関する民法の特例等に関する法律　　**動産債権譲渡**

道路交通法　　**道交**

道路法　　**道路**

特定債務等の調整の推進のための特定調停に関する法律　　**特定調停**

特定産業廃棄物に起因する支障の除去等に関する特別措置法　　**産廃除去**

特定商取引に関する法律　　**特定商取引**

特定非営利活動推進法　　**非営利活動**

独立行政法人通則法　　**行政法人**

都市計画法　　**都計**

土地基本法　　**土地基**

土地区画整理法　　**区画整理（土区）**

土地収用法　　**収用（土収）**

特許法　　**特許**

な行………

内閣府設置法　　**内閣府**

内閣法　　**内閣**

日本国憲法　　**憲**

日本国憲法の改正手続に関する法律　　**憲改**

任意後見契約に関する法律　　**任意後見**

年齢計算ニ関スル法律　　**年齢計算**

農地法　　**農地**

付録

は行………

配偶者からの暴力の防止及び被害者の保護に関する法律　　**配偶者暴力**

破壊活動防止法　　**破防**

爆発物取締罰則　　**爆発物**

破産規則　　**破産規**

破産法　　**破産**

罰金等臨時措置法　　**罰金臨措**

犯罪捜査のための通信傍受に関する法律　　**通信傍受**

犯罪被害者等の権利利益の保護を図るための刑事手続に付随する措置に関する法律　　**犯罪被害保護（犯被保護）**

非訟事件手続規則　　**非訟規**

非訟事件手続法　　**非訟**

人質による強要行為等の処罰に関する法律　　**人質**

風俗営業の規制及び業務の適正化等に関する法律　　**風俗**

不公正な取引方法　　**不公正告（不公正取引）**

不正アクセス行為の禁止等に関する法律　　**不正アクセス**

不正競争防止法　　**不正競争**

不当景品類及び不当表示防止法　　**景表**

不動産登記法　　**不登**

文化財保護法　　**文化財**

弁護士法　　**弁護士**

法人及び公益財団法人の認定等に関する法律の施行に伴う関係法律の整備等に関する法律　　**一般法人整備**

法人税法　　**法人税**

法の適用に関する通則法　　**法適用**

暴力行為等処罰ニ関スル法律　　**暴力処罰**

保険業法　　**保険業**

保険法　　**保険**

母体保護法　　**母体保護**

ま行………

麻薬及び向精神薬取締法　　**麻薬**

マンションの管理の適正化の推進に関する法律　　**マンション管理**

マンションの建替えの円滑化等に関する法律　　**マンション建替**

396

身元保証ニ関スル法律　　**身元保証**

民事再生規則　　**民再規**

民事再生法　　**民再**

民事執行規則　　**民執規**

民事執行法　　**民執**

民事訴訟規則　　**民訴規**

民事訴訟費用等に関する法律　　**民訴費**

民事訴訟法　　**民訴**

民事調停法　　**民調**

民事法律扶助法　　**法律扶助**

民事保全規則　　**民保規**

民事保全法　　**民保**

民法　　**民**

民法施行法　　**民施**

ら行………

利息制限法　　**利息**

領海及び接続水域に関する法律　　**領海**

労働安全衛生法　　**労安**

労働関係調整法　　**労調**

労働基準法　　**労基**

労働組合法　　**労組**

労働契約法　　**労契**

労働者災害補償保険法　　**労災**

労働者派遣事業の適正な運営の確保及び派遣労働者の就業条件の整備等に関する法律　　**労派遣（労働派遣）**

労働審判法　　**労審**

Ⅴ　判例集・判例評釈書誌の略称

　裁判所及び市販の判例資料で慣用化している略称に依拠した。

　２字表記を原則とする方向を追求したが、略称表記に「ゆれ」のあるものは、併記した。（　）内は、発行元、初号〜終号刊行年を示す。〜印の次に空欄のあるものは、今日、刊行継続中であることを示す。

1　大審院時代の判例集等

（1）公的刊行物

行政裁判所判決録（行政裁判所、東京法学院、中央大学、帝国地方行政学会、最高裁判所、明23（1輯）〜昭22（58輯））　**行録**

大審院刑事判決抄録（大審院、明24（1巻）〜大10（93巻））　**刑抄録**

大審院刑事判決録（司法省、明8〜明17、明19〜20、明24〜28）　**刑録**

大審院刑事判決録（東京法学院、中央大学、明28（1輯）〜大10（27輯））　**刑録**

大審院刑事判例集（大審院判例審査会、法曹会、大11（1巻）〜昭22（26巻））　**刑集**

大審院民事判決抄録（大審院、明31（1巻）〜大10（93巻））　**民抄録**

大審院民事判決録（司法省、明8〜明20、明24〜明28）　**民録**

大審院民事判決録（東京法学院、中央大学、明28（1輯）〜大10（27輯））　**民録**

大審院民事判例集（大審院判例審査会、法曹会、大11（1巻）〜昭21（25巻））　**民集**

朝鮮高等法院判決録（高等法院書記課、司法協会、大3（1巻）〜昭18（30巻））　**朝高録**

（2）私的刊行物

大審院裁判例（法律新聞別冊）（法律新聞社、大14（1巻）〜昭12（11巻））　**裁判例**

大審院判決全集（法律新報付録）（法律新報社、昭9（1輯）〜昭17（9輯））　**判決全集**

法学（東北大学法学会誌）（東北大学、岩波書店、昭7（1巻）〜昭19（13巻1号））　**法学**

法律〔学説判例〕評論全集（法律評論社、明45（1巻）〜昭19（32巻））　**評論全集**

法律新聞（法律新聞社、明33（1号）〜昭19（4922号））　**新聞**

2　最高裁判所時代の判例集等

（1）公的刊行物

下級裁判所刑事裁判例集（法曹会、昭34（1巻）〜昭43（10巻））　**下刑**

下級裁判所民事裁判例集（法曹会、昭25（1巻）〜昭62（35巻5-8号））　**下民**

家庭裁判月報（昭24（1号）〜）　**家月**

行政裁判月報（昭23（1号）〜昭24（24号・追録））　**行月**

行政事件裁判例集（法曹会、昭25（1巻）〜平9（48巻11・12号））　**行集**

刑事裁判月報（法曹会、昭44（1巻）〜昭62（18巻5-6号））　**刑月**

刑事裁判資料　**刑資**

交通事故による不法行為に関する下級裁判所民事裁判例集（法曹会、昭36度、昭38度）　**交通下民**

高等裁判所刑事裁判特報（昭29（1巻）〜昭33（5巻））　**高刑特**

高等裁判所刑事判決特報（昭24（1号）〜昭29（40号）） **判特**

高等裁判所刑事判決速報集（法曹会、昭56〜） **高刑速**

高等裁判所刑事判例集（判例調査会、昭23（1巻）〜） **高刑**

高等裁判所・地方裁判所・簡易裁判所民事裁判特報（昭24） **高地簡特**

高等裁判所民事判例集（判例調査会、昭23（1巻）〜） **高民**

最高裁判所刑事判例集（判例調査会、昭22（1巻）〜） **刑集**

最高裁判所裁判集刑事（裁判所の部内資料、昭22（1号）〜） **裁判集刑**

最高裁判所裁判集（刑事）要旨集 **最刑要旨**

最高裁判所・最高裁判所刑事判例要旨集（1〜9） **最高刑要旨**

最高裁判所・最高裁万障民事判例要旨集（1〜9） **最高民要旨**

最高裁判所裁判集民事（裁判所の部内資料、昭22（1号）〜） **裁判集民**

最高裁判所裁判集（民事）要旨集 民法編（上）（下）、商法・民事訴訟法（上・下）、民事関連法編（上）（下）、行政法編（上）（下）、社会経済法編（上）（下）
最民要旨

最高裁判所民事判例集（判例調査会、昭22（1巻）〜） **民集**

裁判所時報（法曹会、最高裁事務総局編、昭23（1号）〜） **裁時**

第一審刑事裁判例集（昭33（1巻）） **一審刑集**

知的財産権関係民事・行政裁判例集（法曹会、平3（23巻）〜平10（30巻）） **知財集**

登記関係先例集（テイハン、昭30（上、下、追加編〜Ⅰ〜Ⅷ）〜） **登記先例**

東京高等裁判所判決時報（刑事）（昭26〜昭28（1-3巻）） **東高刑時報**

東京高等裁判所判決特報（刑事）（昭22（1号）〜昭25（28号）） **東高刑特**

東京高等裁判所判決時報（法曹会、昭28（4巻）〜） **東高時報**

不法行為に関する下級裁判所民事裁判例集（法曹会、昭31〜昭32） **不法下民**

民事裁判資料 **民資**

無体財産関係民事・行政裁判例集（法曹会、昭44（1巻）〜平2（22巻）） **無体集**

労働関係刑事事件判決集（法曹会、第1輯（刑事裁判資料10号）〜） **労刑決**

労働関係民事行政裁判資料（昭23（1号）〜昭25（8号）） **労裁資**

労働関係民事裁判例集（法曹会、昭25（1巻）〜平9（48巻5-6号）） **労民**

労働関係民事事件裁判集（法曹会、昭24（1号）〜昭25（7号）） **労裁集**

（2）その他の官庁刊行物

公正取引委員会審決集（公正取引協会、昭25（一）〜） **審決集**

公正取引委員会排除命令集（公正取引委員会内部資料、昭37〜） **排命集**

高等裁判所刑事裁判速報（各高等検察庁作成の部内資料） **高検速報**

国税徴収関係判例集（国税庁、昭24〜） **国税例集**

付録

審決取消訴訟判決集（特許庁、昭和23 ～）　**取消集**

訟務月報（法務省訟務局、昭30 ～（１巻）～）　**訟月**

推計の合理性に関する裁判例集成（法務省訟務局、（昭25 ～昭53））　**推計裁集**

税務訴訟資料（国税庁、昭22 ～）　**税資**

直接国税課税判決要旨集（国税庁直接税部、４冊（昭和22 ～昭60））　**直税要集**

不当労働行為事件命令集（中央労働委員会、昭24 ～）　**命令集**

民事月報（法務省民事局、昭19 ～）　**民月**

（３）私的刊行物

金融・商事判例（経済法令研究会、月２）　**金判**

金融法務事情（金融財政事情研究会、月２、平22「旬刊金融法務事情」から改題）　**金法**

交通事故民事裁判例集（ぎょうせい、昭43（１巻１号）～）　**交民**

判例時報（判例時報社、月３）　**判時**

判例タイムズ（判例タイムズ社、月２）　**判タ**

判例地方自治（ぎょうせい、月１）　**判自**

法律新聞（新法律新聞社、昭31（１号）～昭33（112号））：週刊法律新聞（法律新聞社、昭41（１号）～）　**新聞**

労働経済判例速報（日本経営者団体連盟、月３）　**労経速**

労働判例（産業労働調査所、月２）　**労判**

文献略語表 （87巻13号より）

（法律時報編集部）

◇この略語表は、小誌が受贈している定期刊行物のうち、正式名称を略することが可能なものを中心に作成した（なお、正式名称で表記した方がよいと思われるものは、略語を作成していない）。＊印は、2011年度より新規に略語表示したもの、および略語を変更したものである。

◇略語はあいうえお順、紀要→雑誌の順で表記するものとする。学会誌は（ ）内を略語表記とする。

◇なお、本略語表は、今後とも、各方面のご意見を聞いたうえで、補正していきたいと考えていますので、ご意見がありましたら、編集部までお知らせください。

◆紀要・雑誌

〈あ〉

愛学	愛知学院大学論叢法学研究（愛知学院大学法学会、年4）〈入手先：成文堂、〒162-0041新宿区早稲田鶴巻町514, T03-3203-9201〉
愛学宗研	愛知学院大学宗教法制研究所紀要（愛知学院大学宗教法制研究所）〈入手先：成文堂〉
愛大	愛知大学法学部法経論集（愛知大学法学会、年3）
青社	青山社会科学紀要（青山学院大学大学院、年2）
青法	青山法学論集（青山学院大学法学会、年4）
青山ロー	青山法務研究論集（青山学院大学法務研究学会、年2）
青山ビジネスロー＊	青山ビジネスロー・レビュー（青山学院大学大学院法学研究科　ビジネスロー・センター、年2）
秋紀	紀要（ノースアジア大学法学研究所、年1）
秋田	秋田法学（ノースアジア大学法学研究所、年2）
秋論	論叢（秋田栄養短期大学、年1）
朝日	朝日法学論集（朝日大学法学会、年2）
亜大	亜細亜法学（亜細亜大学法学研究所、年2）

〈い〉

一研	一橋研究（一橋大学大学院、年4）
一法	一橋法学（旧一研、一橋大学研究年報／法学研究より誌名変更）（一橋大学大学院法学研究所、年3）

茨社 *	茨城大学人文学部紀要社会科学論集（茨城大学人文学部）
茨政	茨城大学政経学会雑誌（茨城大学政経学会、83号で休刊）
岩大 AL	Artes Liberales（岩手大学人文社会科学部、年2）

〈え〉

愛媛	愛媛法学会雑誌（愛媛大学法学会、年2）
AIPPI	A.I.P.P.I.（社団法人日本国際知的財産保護協会、月1）〒105-0001港区虎ノ門1-14-1郵政互助会琴平ビル4F, T03-3591-5301
L & T	Law & Technology（民事法研究会、年4）〒151-0073渋谷区笹塚2-18-3エルカクエイ笹塚ビル6F T03-5351-1571

〈お〉

大宮ロー	大宮ローレビュー（大宮法科大学院大学）
大原社研	大原社会問題研究所雑誌（法政大学大原社会問題研究所）〈入手先；法政大学出版局、〒102-0073千代田区九段北3-2-7法政大学一口坂別館、T03-5214-5540〉
岡法	岡山大学法学会雑誌（岡山大学法学会、年4）
沖紀 *	沖縄大学法経学部紀要（沖縄大学法経学部、同大学HP）
沖国	沖縄法学（沖縄国際大学法学会）
沖大	沖大法学（沖縄大学法学会、21号で終刊）

〈か〉

香川	香川法学（香川大学法学会）
学習院	学習院大学法学会雑誌（学習院大学法学会、年2）
学習院ロー	学習院大学大学院法学研究科法学論集（学習院大学大学院法学研究科、年1）
神奈	神奈川法学（神奈川大学法学部）
神奈川ロー	神奈川ロージャーナル（神奈川大学法科大学院法務研究科）
金沢	金沢法学（金沢大学法学部）
鹿法	法学論集（鹿児島大学法文学部）
関院	法学ジャーナル（関西大学大学院法学研究科院生協議会）
関学	法と政治（関西学院大学法政学会）
関西法政 *	法政治研究（憲法論叢より誌名変更）（関西法政治研究会）
関西ロー	法科大学院ジャーナル（関西大学法務研究科）

関東学院	関東学院法学（関東学院大学法学部法学会、年4）
関東学園	法学紀要（関東学園大学法学部）
関法	法学論集（関西大学法学会）
海事法	海事法研究会誌（社団法人日本海軍集会所、年6）〒112-0002文京区小石川2-22-2和順ビル3F，T03-5802-8363
外登	外国人登録（外国人登録事務協議会全国連合会、月1）〒100-8977千代田区霞ヶ関1-1-1法務省入国管理局登録課気付〈入手先：テイハン、〒113-8691文京区本郷5-11-3，T03-3811-5312〉
外法	外国の立法（国立国会図書館調査立法考査局、月1）〒100-8924千代田区永田町1-10-1，T03-3581-2331
科警	科学警察研究所報告（科学警察研究所、年7）〒102-0075千代田区三番町6，T03-3261-9986
家月	家庭裁判月報（最高裁判所事務総局、65巻8号で終刊）
家庭の法*	家庭の法と裁判（日本加除出版、季刊）〒170-8688豊島区南長崎3-16-6，T3953-5642
監査	月刊監査役（社団法人日本監査役協会、月1）〒100-0005千代田区丸の内1-9-1丸の内中央ビル13F，T03-5219-6100
鑑定	不動産鑑定（住宅新報社）〒105-0001港区虎ノ門1-1-18東京虎ノ門ビル、T03-3504-0361

〈き〉

北九州	法政論集（北九州大学法学会）
九国	法学論集（九州国際大学法学会）
九社	社会科学論集（九州大学教養部社会科学研究室、年1）
九政	政治研究（九州大学政治研究室）
九法	九大法学（九大法学会）
京園	京都学園法学（京都学園大学法学会）
京女	京女法学（京都女子大学法学部）
杏林	杏林社会科学研究（杏林大学社会科学学会）
近畿ロー	近畿大学法科大学院論集（近畿大学法科大学院）
近法	近畿大学法学（近畿大学法学会）
企会	企業会計（中央経済社、月1）〒101-0051千代田区神田神保町1-31-2，T03-3293-3381
季環	環境研究、（公益財団法人日立環境財団、年4）〒100-8220千代田

区丸の内1-5-1新丸ビル8 F, T03-3212-2747

季教	季刊教育法（エイデル研究所、年4）〒102-0073千代田区九段北4-1-9, T03-3234-4641
季行	季刊行政管理研究（総務省大臣官房企画課、年4）〒100-8926千代田区霞ヶ関2-1-2中央合同庁舎第2号館、T03-5253-5156
教委	教育委員会月報（文部科学省初等中等教育局初等中等教育企画課）〒100-0013千代田区霞ヶ関3-2-2, T3581-4211〈入手先；第一法規株式会社、〒107-0062港区南青山2-11-17, T03-3404-2251〉
行財政	行財政研究（行財政総合研究所、年4）〒105-0003港区西新橋1-17-14リバティ14ビル2 F, T03-3502-6360
季労	季刊労働法（労働開発研究会、年4）〒162-0812新宿区西五軒町8-10臼井ビル5 F, T03-3235-1861
金判	金融・商事判例（経済法令研究会、月2）〒162-8421新宿区市谷本村町3-21, T03-3267-4811
金法	旬刊金融法務事情（金融財政事情研究会、月3）〒160- 8520新宿区南元町19金融財政会館、T03-3355-1721〈入手先：きんざい、〒160-8520新宿区南元町19, T03-3358-0019〉
銀法	銀行法務21（経済法令研究会、月1）

〈く〉

熊商	商学論集（熊本学園大学商学会）
熊法	熊本法学（熊本大学法学会）
熊本県立	アドミニストレーション（熊本県立大学総合管理学会）
熊本ロー	熊本ロージャーナル（熊本大学大学院法曹養成研究科）
久留米	久留米大学法学（久留米大学法学会）

〈け〉

慶院	慶應義塾大学大学院法学研究科論文集（慶應義塾大学大学院法学研究科）
慶応ロー	慶應法学（慶應義塾大学大学院法務研究科）
経セ	経済セミナー（日本評論社、年6）〒171-8474豊島区南大塚3-12-4, T03-3987-8621
刑ジャ	刑事法ジャーナル（成文堂）
刑弁	季刊刑事弁護（現代人文社、年4）〒160-0016新宿区信濃町20佐藤

	ビル201, T03-5379-0307
警論	警察学論集（警察大学校、月1）〒183-0003府中市朝日町3-12-1，T3387-6111〈入手先：立花書房、〒101-0052千代田区神田小川町3-28-2, T03-3291-1561〉
ケ研	ケース研究（家庭事件研究会）〒100-0013千代田区霞ヶ関1-1-1 一般財団法人法曹会、T03-3581-2146
現消	現代消費者法（民事法研究会、年4）

〈こ〉

神院	神戸学院法学（神戸学院大学法学会）
甲南ロー	甲南法務研究（甲南大学法科大学院）
神戸	神戸法学雑誌（神戸法学会）
甲法	甲南法学（甲南大学法学会）
国院	國學院法政論叢（國學院大學大学院）
国学院	國學院法學（國學院大學法学会）
国士舘	國士舘法學（国士舘大学法学会）〈入手先：敬文堂、〒162-0041新宿区早稲田鶴巻町516, T03-3203-6161
国問研	国際問題研究所紀要（愛知大学国際問題研究所）
駒紀	法学部研究紀要（駒澤大学法学部）
駒公	公法学研究（駒澤大学大学院法学研究科公法学専攻院生会）
駒沢ロー	駒澤法曹（駒澤大学法科大学院）
駒私	私法学研究（駒澤大学大学院法学研究科私法学研究会）
駒政	政治学論集（駒澤大学法学部）
駒論	法学論集（駒澤大学法学部）
公益	公益法人（公益法人協会、月1）〒113-0021文京区本駒込2-27-10, T03-3945-1017
更生	更生保護（法務省保護局、月1）〒100-8977千代田区霞ヶ関1-1-1 法務省保護局更生保護振興課内、T03-3581-1022〈入手先：更生保護法人日本更生保護協会、〒151-0051渋谷区千駄ヶ谷5-10-9, T03-3356-5721〉
公取	公正取引（公正取引協会、月1）〒107-0052港区赤坂1-4-1赤坂KSビル2F, T03-3585-1241
更犯	更生保護と犯罪予防（日本更生保護協会）
工法	工業所有権法研究（夢工業所有権研究所）〒101-0062千代田区神田

駿河台1-6お茶の水スクエアＢ館、T03-3291-9721

| 国際税制 | 国際税制研究（納税協会連合会）〒540-0012大阪市中央区谷町1-5-4．T06-6942-2917〈入手先：清文社、〒530-0041大阪市北区天神橋２丁目北2-6大和南森町ビル、T06-6135-4050〉 |

国際税制　　　　国際税制研究（納税協会連合会）〒540-0012大阪市中央区谷町1-5-4．T06-6942-2917〈入手先：清文社、〒530-0041大阪市北区天神橋２丁目北2-6大和南森町ビル、T06-6135-4050〉

国税速　　　　　旬刊国税解説速報（株式会社国税解説協会）〒151- 0073渋谷区笹塚1-47- 1 京王重機ビル112号、T03-3460-4525

戸時　　　　　　戸籍時報（日本加除出版）

〈さ〉
埼社　　　　　　社会科学論集（埼玉大学経済学会）
佐賀　　　　　　佐賀大学経済論集（佐賀大学経済学会）
札院　　　　　　札幌学院法学（札幌学院大学法学会）
札大　　　　　　札幌法学（札幌大学法学会）
産法　　　　　　産大法学（京都産業大学法学会）
際商　　　　　　国際商事法務（国際商事法務研究所、月１）〒104-0032中央区八丁堀2-25-10．T03-3553-6838

〈し〉
志学館　　　　　志學館法学（志學館大学法学部）
静岡ロー　　　　静岡法務雑誌（静岡大学大学院法務研究科）
静法　　　　　　法政研究（静岡大学法経学会、年４）
島法　　　　　　島大法学（島根大学法文学部法学科）
下関　　　　　　下関市立大学論集（下関市立大学学会、年３）
修道　　　　　　修道法学（広島修道大学法学会）
秀明　　　　　　秀明大学紀要国際研究論集（秀明大学国際研究学会）
首法　　　　　　法学会雑誌（首都大学東京法学会、年２）
商討　　　　　　商学討究（小樽商科大学、年４）
上法　　　　　　上智法学論集（上智大学法学会、年３）
志林　　　　　　法学志林（法政大学法学志林協会、年４）
信州　　　　　　信州大学経済学論集（信州大学経済学部）
信法　　　　　　信州大学法学論集（信州大学経済学部）
新報　　　　　　法学新報（中央大学法学会、月１）〈入手先：中央大学出版部、〒192-0393八王子市東中野742-1．T042-674-2351〉
JCA　　　　　　JCA ジャーナル（国際商事仲裁協会、月１）〒100-0006千代田区

	有楽町1-9-1，T03-3287-3061
CIPIC	CIPIC ジャーナル（公益財団法人日本関税協会知的財産情報センター）〒102-0083千代田区麹町4-7-8，T03-5275-5511
自研	自治研究（第一法規株式会社、月1）
自正	自由と正義（日本弁護士連合会、月1）〒100-0013千代田区霞が関1-1-3，T03-3580-9841
自治実務	自治実務セミナー（第一法規株式会社、月1）
司法書士	月報司法書士（日本司法書士会連合会　月1）〒160-0003新宿区本塩町9-3，T03-3359-4171
住行	住民行政の窓（日本加除出版、月1）
ジュリ	ジュリスト（有斐閣〈雑誌編集部〉）〒101-0051　千代田区神田神保町2-17　神田神保町ビル10F，T03-3264-1311
訟月	訟務月報（法務省訟務局内訟務研究会）
商事	旬刊商事法務（商事法務研究会、月3）〒103-0025中央区日本橋茅場町3-9-10，T03-5614-5644
職研	地方自治職員研修（公職研、月1）〒101-0051千代田区神田神保町2-20，T03-3230-3701
新医療	月刊・新医療（エムイー振興協会、月1）〒104-0061中央区銀座7-13-15，T03-3545-6177
新研	新聞研究（日本新聞協会、月1）〒100-8543千代田区内幸町2-2-1日本プレスセンタービル7F，T03-3591-4401

〈す〉

駿河台	駿河台法学（駿河台大学法学会）
駿大比	比較法文化（駿河台大学比較法研究所）

〈せ〉

成蹊	成蹊法学（成蹊大学法学会、年2）
成蹊法政	法学政治学研究（成蹊大学大学院法学政治学研究科）
成城	成城法学（成城大学法学会、年4）
西南	法学論集（西南学院大学学術研究所）
清和	清和法学研究（清和大学法学会、年2）
摂南	摂南法学（摂南大学法学部、年2）
専大院	専修法研論集（専修大学大学院）

付録

専修ロー	専修ロージャーナル（専修大学法科大学院）
専所 *	専修大学法学研究所所報（専修大学法学研究所）
専紀 *	専修大学法学研究所紀要（専修大学法学研究所）
専法	専修法学論集（専修大学法学会、年3）
税研	税研 JTRI（日本税務研究センター、年6）〒141-0032品川区大崎1-11-8日本税理士会館1 F, T03-5435-0912
税弘	税務弘報（中央経済社、月1）
税事	税務事例研究（日本税務研究センター、年6）
税新	税経新報（税経新人会全国協議会、月1）〒110-0016台東区台東4-26-9東京合同ビル6 F, T03-3835-7941

〈そ〉

早科	早稲田社会科学総合研究（早稲田大学社会科学学会、年2）
早研	法研論集（早稲田大学大学院法学研究科）
早公	早稲田政治公法研究（早稲田大学大学院政治学研究科、年3）
早誌	早稲田法学会誌（早稲田大学法学会、年1）
早政	早稲田政治経済学雑誌（早稲田大学政治経済学会、年6）
早比	比較法学（早稲田大学比較法研究所、年2）〈入手先；成文堂〉
早法	早稲田法学（早稲田大学法学会、年4）〈入手先；成文堂〉
創法	創価法学（創価大学法学会、年4）
捜研	捜査研究（東京法令出版、月1）〒112-0002文京区小石川5-17-3, T03-5803-3304
曹時	法曹時報（法曹会、月1）〒100-0013千代田区霞が関1-1-1, T03-3581-2146
損保	損害保険研究（損害保険事業総合研究所、年4）〒101-8335千代田区神田淡路町2-9損保会館8 F, T03-3255-5511

〈た〉

大憲	大憲論叢（西日本短期大学法学会、年2）
大東	大東法学（大東文化大学法政学会、年1）
高岡	高岡法学（高岡法科大学、年2）
拓論	拓殖大学論集（拓殖大学政治経済研究所）

〈ち〉

知財政策学研究 　　知的財産法政策学研究（北海道大学）

千葉 　　　　法学論集（千葉大学法学会、年4）

中大院 　　　中央大学大学院研究年報（中央大学大学院、年1）

中央学院 　　中央学院大学法学論叢（中央学院大学法学部、年2）

中央ロー 　　中央ロー・ジャーナル（中央大学法科大学院）

中京 　　　　中京法学（中京大学法学会、年4）

中京院 　　　中京大学大学院生法学研究論集（中京大学大学院法学研究科、年1）

中京ロー 　　CHUKYO LAWYER（中京大学法科大学院法曹養成研究所）

知財 　　　　知財管理（日本知的財産協会、月1）〒100-0004千代田区大手町2-6-1朝日生命大手町ビル18F, T03-5205-3321

知財研究 　　知的財産法研究（夢工業所有権研究所出版部）〒101-0062千代田区神田駿河台3-2新御茶ノ水アーバントリニティ5F 、T03-3253-5371

中公 　　　　中央公論（中央公論新社、月1）〒104-8320中央区京橋2-8-7, T03-3563-1261

中労 　　　　中央労働時報（労委協会、月1）〒105-0011港区芝公園1-5-32労働委員会会館内、T03-3431-1132

賃社 　　　　賃金と社会保障（賃社編集室、月2）〒162-0814新宿区新小川町7-7NKBアゼリアビル202, T03-6411-0830

〈つ〉

筑波 　　　　筑波法政（筑波大学社会科学系〈法学・政治学〉）

筑波ロー 　　筑波ロー・ジャーナル（筑波大学法科大学院）

罪罰 　　　　罪と罰（日本刑事政策研究会、年4）〒100-0013千代田区霞が関1-1-1法務総合研究所内、T03-3592-7103

〈て〉

帝京 　　　　帝京法学（帝京大学法学会、年2）

帝塚山 　　　帝塚山法学（帝塚山大学法学会）

〈と〉

桐蔭 　　　　桐蔭法学（桐蔭横浜大学法学会、年2）

桐蔭ロー	桐蔭法科大学院紀要（桐蔭横浜大学法務研究科）
東海	東海法学（東海大学法学部、年2）
東経	東京経大学会誌（東京経大学会誌編集委員会）
東経法	東京経済大学現代法学会誌／現代法学（東京経済大学現代法学部）
東社	社会科学研究（東京大学社会科学研究所、年6、同研究所HP）
東大ロー	東京大学法科大学院ローレビュー（東京大学法科大学院、年1、同法科大学院HP）
常葉*	常葉法学　（常葉大学法学部）
東福紀	東北福祉大学研究紀要（東北福祉大学、年1）
同法	同志社法学（同志社法学会、年6）
東北	東北法学（東北大学大学院東北法学刊行会）
東北学院	東北学院法学（旧　東北学院大学論集・法律学　64号より誌名変更）（東北学院大学学術研究会、年2）
東洋ロー	白山法学（東洋大学法科大学院）
独協	獨協法学（獨協大学法学会、年3）
独協ロー	獨協ロー・ジャーナル（獨協大学法科大学院）
登研	登記研究（テイハン、月1）
登情	登記情報（金融財政事情研究会、月1）〈入手先：きんざい〉
時法	時の法令（朝陽会、月2）〒114-0003北区豊島4-2-4，T03-3913-5526〈入手先：政府刊行物サービス・センター〉
図月	国立国会図書館月報（国立国会図書館、月1）〒100-8924千代田区永田町1-10-1，T03-3581-2331
都研	都市問題研究（大阪市、年2）〒530-8201大阪市北区中之島1-3-20市民情報プラザ、T06-6208-9723 平成24年春号（2012年3月で終刊）
都市	都市政策（神戸都市問題研究所、年4）〒651-0083神戸市中央区浜辺通5-1-14神戸商工貿易センタービル18F，T078-252-0984〈入手先：勁草書房、〒112-0005文京区水道2-1-1，T03-3814-6861〉
都問	都市問題（後藤・安田記念東京都市研究所、月1）〒100-0012千代田区日比谷公園1-3市政会館、T03-3591-1262

〈な〉

奈良産	奈良法学会雑誌（奈良産業大学法学会、年4）
南山	南山法学（南山大学法学会、年4）

〈に〉

新潟	法政理論（新潟大学法学会、年3）
日政	政経研究（日本大学法学会、年4）
日大紀要	法学紀要（日本大学法学部法学研究所、年1）
日福	研究紀要（日本福祉大学）
日法	日本法学（日本大学法学会、年4）
日本ロー	法務研究（日本大学大学院法務研究科）
日科	日本の科学者（日本科学者会議、月1）〒113-0034文京区湯島1-9-15茶州ビル9F, T03-3812-1472〈入手先：本の泉社、〒113-0033文京区本郷2-25-6, T03-5800-8494〉
日税	日税研論集（日本税務研究センター）
二弁フロンティア	NIBEN Frontier（第二東京弁護士会　月1）〒100-0013千代田区霞ヶ関1-1-3, T03-3581-2255

〈の〉

ノモス	Nomos（関西大学法学研究所、年1、同研究所HP）

〈は〉

白鴎	白鴎法学（白鴎大学法学部）
白鴎ロー	白鴎大学法科大学院紀要（白鴎大学大学院法学研究科）
阪学	法学研究（大阪学院大学法学会、年2）〈入手先：成文堂〉
阪経法	大阪経済法科大学論集（大阪経済法科大学経法学会、年3）
阪経法論	法学論集（大阪経済法科大学法学会）
阪法	阪大法学（大阪大学大学院法学研究科、年6）
発明	発明 THE INVENTION（社団法人発明協会、月1）〒105-0001港区虎ノ門2-9-14, T03-3502-5491
判時	判例時報（判例時報社、月3）〒112-0015文京区目白台1-7-12, T03-3947-7371
判タ	判例タイムズ（判例タイムズ社、月1）〒102-0083千代田区麹町3-2-1, T03-5210-3040
犯刑	犯罪と刑罰（刑法読書会）〒603-8577京都市北区等持院北町56-1立命館大学法学部研究室〈入手先：成文堂〉
判例自治	判例地方自治（ぎょうせい、月1）〒136-8575江東区新木場1-18-11-2F, T0120-953-431

〈ひ〉

彦論	彦根論叢（滋賀大学経済学会、年6）
一橋ロー*	一橋ローレビュー（一橋大学法科大学院、同大学 HP）
姫路	姫路法学（姫路獨協大学法学部、年3）
姫路独協ロー	姫路ロー・ジャーナル（姫路獨協大学法科大学院）
広経	広島経済大学経済研究論集（広島経済大学経済学会、年4、同大学 HP）
弘前	人文社会論叢〈社会科学篇〉（弘前大学人文学部、年2）
広島ロー	広島法科大学院論集（広島大学法学会）
広法	広島法学（広島大学法学会、年4）
比雑	比較法雑誌（日本比較法研究所、年4）〒192-0393八王子市東中野742-1中央大学内、T042-674-3302〈入手先：中央大学出版部〉
ひろば	法律のひろば（ぎょうせい、月1）

〈ふ〉

福院	福岡大学大学院論集（福岡大学大学院）
福島	行政社会論集（福島大学行政社会学会、年4）
府経	大阪府立大学経済研究（大阪府立大学経済学部、年4）
福法	福岡大学法学論叢（福岡大学研究推進部、年4）
富士	富士大学紀要（富士大学学術研究会、年2）
不研	不動産研究（日本不動産研究所、年4）〒105-8485港区虎ノ門1-3-2勧銀不二屋ビル、T03-3503-5335
不セ	不動産法律セミナー（東京法経学院、月1）〒160-0003　新宿区本塩町21ラボ東京ビル8F, T03-6457-8541
PRIME OP	PRIME Occasional Papers（明治学院大学国際平和研究所）
文春	文藝春秋（文藝春秋、月1）〒102-8008千代田区紀尾井町3-23, T03-3265-1211

〈へ〉

平成国際	研究所論集（平成国際大学社会・情報科学研究所）

〈ほ〉

法学	法学（東北大学法学会）
法研	法学研究（慶応義塾大学法学研究会、月1）〈入手先：慶應義塾大

学出版会、〒108-8346　港区三田2-19-30 T03-3451-3584〉

法雑	法学雑誌（大阪市立大学法学会、年4）〈入手先；有斐閣、〒101-0051千代田区神田神保町2-17 T03-3264-1310〉
法政	法政研究（九州大学法政学会、年4）
法政ロー	法政法科大学院紀要（法政大学法科大学院）
法政論究	法学政治学論究（慶応義塾大学大学院法学研究科、年4）
法論	法律論叢（明治大学法律研究所、年6）
北園	北海学園大学法学研究（北海学園大学法学会、年3）
北園論	学園論集（北海学園大学学術研究会）
北法	北大法学論集（北海道大学法学部、年4）
北陸	北陸法学（北陸大学法学会）
貿関	貿易と関税（日本関税協会、月1）〒103-0023中央区日本橋本町3-11-11コミネビル3F, T03-5614-8871
法協	法学協会雑誌（法学協会事務所、月1）〒113-0033文京区本郷7-3-1東京大学法学部研究室内〈入手先；有斐閣〉
法教	法学教室（有斐閣〈雑誌編集部〉、月1）
法支	法の支配（財団法人一般日本法律家協会、年4）〒100-0013千代田区霞が関1-1-1, T03-3581-6867
法資	法令解説資料総覧（第一法規株式会社、月1）
法時	法律時報（日本評論社、月1）
法セ	法学セミナー（日本評論社、月1）
法民	法と民主主義（日本民主法律家協会、月1）〒160-0004新宿区新宿1-14-4 AMビル2F, T03-5367-5430

〈ま〉

| 松山 | 松山大学論集（松山大学学術研究会、年6） |

〈み〉

三重	法経論叢（三重大学法律経済学会、年2）
三重短	三重法経（三重短期大学法経学会、年4）
宮崎産	宮崎産業経営大学法学論集（宮崎産業経営大学法学会、年2）
民月	民事月報（法務省民事局、月1）〒100-8977千代田区霞が関1-1-1 法務省民事局、T03-3580-4111
民研	民事研修（日本加除出版、月1）

付録

| 民商 | 民商法雑誌（有斐閣〈京都編集室〉、月1）〒606-8225京都市左京区田中門前町44, T075-791-4193 |

〈む〉

| 武蔵 | 武蔵大学論集（武蔵大学経済学会、年6） |
| 武蔵野 * | 武蔵野法学（武蔵野大学法学会） |

〈め〉

名学	名古屋学院大学論集〈社会科学篇〉（名古屋学院大学産業科学研究所、年4）
明学	法学研究（明治学院大学法学会）
名企法	企業法研究（名古屋経済大学企業法制研究所、26号で終刊）
明経	政経論叢（明治大学政治経済研究所、年6）
名経	名経法学（名古屋経済大学法学会、同大学HP）
明治学院ロー	明治学院大学法科大学院ローレビュー（明治学院大学大学院法務職研究科）
名城	名城法学（名城大学法学会、年4）
名城ロー	名城ロースクール・レビュー（名城大学大学院法務研究科）
名城論	名城法学論集（名城大学大学院法学研究科、年1）
明治ロー	明治大学法科大学院論集（明治大学法科大学院）
明大院	法学研究論集（明治大学大学院、年1）
名法	名古屋大学法政論集（名古屋大学法学部、年4）

〈や〉

山院	山梨学院大学法学論集（山梨学院大学法学研究会、年1）
山形	山形大学紀要〈社会科学〉（山形大学、年2）
山口	山口経済学雑誌（山口大学経済学会、年6）
山梨学院ロー	山梨学院ロー・ジャーナル（山梨学院法科大学院）
山法	山形大学法政論叢（山形大学法学会）

〈よ〉

洋比	比較法（東洋大学比較法研究所、年1）
洋法	東洋法学（東洋大学法学会、年2）
横法	横浜法学（旧横国、横浜国際経済法学より誌名変更）（横浜法学会）

| 横市 | 横浜市立大学論叢〈社会科学系列〉（横浜市立大学学術研究会、年3） |

〈り〉

立教	立教法学（立教法学会、年1）
立教院	立教大学大学院法学研究（立教大学大学院法学研究会、年1）
立教ロー	立教法務研究（立教大学大学院法務研究科）
立正	立正法学論集（立正大学法学会、年4）
立命	立命館法学（立命館大学法学会、年6）
流経	流経法学（流通経済大学法学部）
龍谷	龍谷法学（龍谷大学法学会、年4）
龍谷院	法学研究（龍谷大学大学院、年1）
龍社	社会科学研究所年報（龍谷大学社会科学研究所、年1）
龍政	龍谷政策学論集（龍谷大学政策学会）
琉法	琉大法学（琉球大学法文学部、年1）
立調	立法と調査（参議院事務局企画調整室、月1）〒100-0014千代田区永田町1-11-16, T03-5521-7686
リマークス	私法判例リマークス（法律時報別冊）（日本評論社、年2）

〈れ〉

| レファ | レファレンス（国立国会図書館調査立法考査局、月1） |

〈ろ〉

六甲台	六甲台論集（神戸大学大学院研究会、年4）
論叢	法学論叢（京都大学法学会、月1）〈入手先；有斐閣〉
労経速	労働経済判例速報（日本経団連事業サービス、月3）〒100-0005千代田区大手町1-9- 4, T03-5204-1919
労研	日本労働研究雑誌（労働政策研究・研修機構、月1）〒177-8502練馬区上石神井4-8-23, T03-5903-6255
労旬	労働法律旬報（旬報社、月2）〒112-0015文京区目白台2-14-13, T03-3943-9131
労判	労働判例（産労総合研究所、月2）〒102-8616千代田区平河町2-4- 7清瀬会館、T03-3237-1600
論ジュリ	論究ジュリスト（有斐閣〈雑誌編集部〉、季刊）

付
録

〈わ〉

早稲田ロー　　　LAW AND PRACTICE（早稲田大学大学院法務研究科・臨床法学
　　　　　　　　　研究会）

◆学会誌　＊（　　）内略語

アメリカ法（米法）	日米法学会
INTER JURIST	日本国際法律家協会
環境法研究	人間環境問題研究会
経営実務法研究	日本経営実務法学会
刑法雑誌（刑法）	日本刑法学会
憲法研究	憲法学会
憲法問題	全国憲法研究会
公共政策研究	日本公共政策学会
公証法学（公証法）	日本公証法学会
交通法研究（交通）	日本交通法学会
公法研究（公法）	日本公法学会
国家学会雑誌（国家）	国家学会事務所
国際私法年報（国際私法）	国際私法学会
国際法外交雑誌（国際）	国際法学会
私法	日本私法学会
司法福祉学研究（司福）	司法福祉学会
社会保障法	日本社会保障法学会
社会経済史学	社会経済史学会
宗教法	宗教法学会
ジェンダーと法	ジェンダー法学会
情報ネットワーク・ローレビュー（情報ネットワーク）　　情報ネットワーク法学会	
スポーツ法学会年報（スポーツ法）＊　日本スポーツ法学会	
信託法研究（信託法）	信託法学会
世界法年報	世界法学会
租税法研究（租税）	租税法学会
著作権研究（著研）	著作権法学会
ドイツ研究	日本ドイツ学会
日仏法学（日仏）	日仏法学会

416

日本教育法学会年報	日本教育法学会
日本経済法学会年報（経法）	日本経済法学会
日本工業所有権法学会年報	日本工業所有権法学会
日本国際経済法学会年報（国経法）	日本国際経済法学会
日本政治研究	日本政治研究学会
日本台湾法律家協会雑誌	日本台湾法律家協会
日本不動産学会誌（日不）	日本不動産学会
日本労働法学会誌（労働）	日本労働法学会
日本 EU 学会年報	日本 EU 学会
年報医事法学（医事法）	日本医事法学会
年報政治学	日本政治学会
農業法研究（農法）	農業法学会
賠償科学（賠科）	日本賠償科学会
犯罪社会学研究（犯社）	日本犯罪社会学会
被害者学研究	日本被害者学会
比較憲法学研究	比較憲法学会
比較法研究	比較法学会
防衛法研究	防衛法学会
法社会学（法社）	日本法社会学会
法制史研究（法史）	法制史学会
法政論叢	日本法政学会
法哲学年報（法哲）	日本法哲学会
法と心理	法と心理学会
法と精神医療	法と精神医療学会
法の科学（法科）	民主主義科学者協会法律部会
民事訴訟雑誌（民訴）	日本民事訴訟法学会

索　引

索
引

420

索
引

索
引

索
引

索引

索
引

索引

索
引

◆著者……………

著者はそれぞれ、法科大学院の図書館、ロー・ライブラリーでライブラリアンとして勤務する一方、学部・大学院・法科大学院での「リーガル・リサーチ」の授業、図書館ガイダンス、図書館スタッフの研修会講師、教員向けセミナーの講師もつとめ、法学・情報関係の雑誌に論文を執筆したり、学会パネラーを務めるなど、情報発信にも力を入れています。

いしかわ　まりこ

元北海道大学法学部法令判例新刊雑誌室助手、元筑波大学ビジネス科学研究科法曹専攻、企業法学専攻講師、ロー・ライブラリアン研究会員、法律図書館連絡会賛助員、情報ネットワーク法学会員。

著作：『法情報の調べ方入門——法の森のみちしるべ』（ロー・ライブラリアン研究会編、
　　　日本図書館協会、2015年）12章「法分野の人物・図書館・書店情報」

　　　『法令読解心得帖』（吉田利宏・いしかわ共著、日本評論社、2009年）

藤井　康子（ふじい・やすこ）

平成国際大学図書館課長。筑波大学ビジネス科学研究科法曹専攻、企業法学専攻講師。慶應義塾大学三田・日吉メディアセンター、大宮法科大学院大学図書館課長を経て現職。法律図書館連絡会研修委員会委員長、法律図書館連絡会メディア委員会委員、ロー・ライブラリアン研究会会員。

著作：『情報リテラシー入門』共著（慶應義塾大学日吉メディアセンター編、慶應大学出
　　　版会、2002年）

　　　『わかりやすい法情報の調べ方DVD』（法律図書館連絡会、商事法務、2007年）

　　　『判例学習のAtoZ』共著（池田真朗編、有斐閣、2010年）

　　　『法情報の調べ方入門——法の森のみちしるべ』共著（ロー・ライブラリアン研究
　　　会編、日本図書協会、2015年）第8章「判例とは」

　　　「法律情報のプロフェッショナルに求められる自己研鑽」　情報の科学と技術63（4）
　　　（2013年4月）

村井　のり子（むらい・のりこ）

國學院大學法科大学院准教授・ローライブラリアン。一橋大学法律資料室助手、カリフォルニア大学バークレー校東アジア図書館アシスタントライブラリアン、國學院大學法学資料室資料室員を経て、現職。

情報ネットワーク法学会員、法律図書館連絡会メディア委員会委員、ロー・ライブラリアン研究会員、龍谷大学法情報研究会員。

著作：『法情報の調べ方入門――法の森のみちしるべ』共著（ローライブラリアン研究会編、日本図書館協会、2015年） 4章「法令の解説資料を探す」

『わかりやすい法情報の調べ方 DVD』（法律図書館連絡会、商事法務、2007年）

「公立図書館におけるリーガル・リサーチ」みんなの図書館34号（2006年1月）

『疑わしきは――ベルショー教授夫人殺人事件』共訳（日本評論社、1995年）

◆監修……………

指宿　信　（いぶすき・まこと）成城大学教授
齊藤　正彰　（さいとう・まさあき）北海道大学教授

リーガル・リサーチ [第5版]

◆

2003 年 3 月30日　第 1 版第 1 刷発行
2005 年12月25日　第 2 版第 1 刷発行
2008 年 3 月30日　第 3 版第 1 刷発行
2012 年 4 月25日　第 4 版第 1 刷発行
2016 年 4 月 1 日　第 5 版第 1 刷発行
2023 年12月30日　第 5 版第 4 刷発行

◆

著者……………いしかわまりこ・藤井康子・村井のり子
発行所…………株式会社日本評論社

　　　　　〒170‑8474 東京都豊島区南大塚 3 ‑12‑ 4
　　　　　電話 03‑3987‑8621（販売）‑8592（編集）
　　　　　振替 00100‑3‑16
　　　　　https://www.nippyo.co.jp/

装幀……………銀山宏子
印刷所…………精文堂印刷
製本所…………難波製本

© ISHIKAWA, Mariko　FUJII, Yasuko　MURAI, Noriko
2016　Printed in Japan
ISBN 978‑4‑535‑52162‑9